DIESES BUCH GEHÖRT

KATARINA REMPE

CARREFOURS
Testi & Ricerca / Textes & Recherche
11.

collana diretta da
Giovanna Angeli, Elena Del Panta,
Anna Lia Franchetti, Marco Lombardi

© copyright ALINEA EDITRICE s. r. l. – Firenze 2013
50144 Firenze, via Pierluigi da Palestrina, 17 / 19 rosso
Tel. +39 055/333428 — Fax +39 055/6285887

tutti i diritti sono riservati:
nessuna parte può essere riprodotta in alcun modo
(compresi fotocopie e microfilms)
senza il permesso scritto dalla Casa Editrice

e-mail ordini@alinea. it
info@alinea. it
http:/www. alinea. it

ISBN 978-88-6055-773-5

In copertina:
Odilon Redon, *Dante et Béatrice*, 1914.

Ricerca stampata con il contributo del MIUR.
Progetto di ricerca:
"Rilctture e riscritture del Medioevo nella letteratura francese
dal classicismo alla modernità" (PRIN 2008)
(Università di Firenze, Padova e Cagliari).

finito di stampare nel maggio 2013
–
d.t.p.: "Alinea editrice srl" – Firenze
stampa: Genesi Gruppo Editoriale s.r.l. – Città di Castello (PG)

MEDIOEVO E MODERNITÀ NELLA LETTERATURA FRANCESE
Moyen Âge et modernité dans la littérature française

a cura di
Giovanna Angeli e Maria Emanuela Raffi

con la collaborazione di
Michela Landi e Fabio Vasarri

INDICE

9   *Giovanna Angeli e Maria Emanuela Raffi*
    Premessa

13   *Claudio Galderisi*
    La communion lyrique: problématiques et impasses de la réécriture poétique

27   *Francis Gingras*
    Le degré zéro de la réécriture: *Dom Ursino le Navarin*, *Bliombéris* et *Morgus ou la Tour sans huis*, textes pseudo-médiévaux de la «Bibliothèque universelle des romans»

43   *Barbara Innocenti*
    Dal Medioevo ai Lumi: l'*Istoria della principessa di Ponthieu* (1781)

55   Appendice
    Istoria della Principessa di Ponthieu, tradotta da me Francesco Ginori l'anno 1781 e tratta da un antico manoscritto comunicatomi da un amico

77   *Patrizio Tucci*
    Chateaubriand, le Moyen Âge comme patrie

99   *Fabio Vasarri*
    Chateaubriand: comment réécrire le Moyen Âge?

119   *Anna Fierro*
    «Drolatiquement illustré»: il Medioevo secondo Balzac

143   *Mario Richter*
    Baudelaire face au Moyen Âge dans *Les Fleurs du Mal*

153   *Michela Landi*
    «Écoutez la chanson bien douce»: forme e temi della *Chanson de Roland* nella poesia verlainiana

- *171 Olivier Bivort*
  «Le Moyen Âge énorme et délicat» ou la fortune d'un vers

- *185 Roberta Capelli*
  Jean Moréas medievista: la lirica

- *203 Daniel Heller-Roazen*
  Marcel Schwob et l'art des Coquillars

- 213 *Anna Maria Babbi*
  Agiografia all'Opera: *Thaïs*

- *229 Michel Zink*
  Anatole France et moi

- *237 Claude Debon*
  L'Enchanteur enchanté: les fées chez Apollinaire

- *253 Maria Dario*
  Il viaggio di Dante nei C*alligrammes* di Apollinaire

- *271 Alessandra Marangoni*
  Péguy poeta tra *mystère* e *tapisserie*

- *285 Giovanna Angeli*
  Griselda – Grisélidis: de la peinture au cinéma

- *307 Olivier Wicky*
  Figures de la guerre de Cent Ans chez Louis Aragon

- *329 Marco Lombardi*
  Pia de' Tolomei e il museo immaginario di Marguerite Yourcenar

- 349 Note sugli autori

- 355 Indice dei nomi

Premessa

Giovanna Angeli
Maria Emanuela Raffi

Questo volume riunisce gli Atti di due convegni (Firenze, 20-21 giugno 2011: «Medioevo e modernità nella letteratura francese» e Padova, 26 settembre 2011: «'Souvenir et avenir'. Le Moyen Âge dans la littérature française de 1850 à 1950») che si sono sviluppati attorno ad una ricerca comune su «Riletture e riscritture del Medioevo nella letteratura francese». Ricerca che ha visto coinvolta anche l'Università di Cagliari in cui si è tenuto un seminario sul medesimo argomento (3 aprile 2012): «Quattro modi di rileggere il Medioevo». Di letteratura soprattutto si è trattato, ma anche di musica, cinema e arti visive, data l'impossibilità – e l'inopportunità – di scindere i vari ambiti.

Non sarà inutile ricordare che, negli ultimi anni, molti sono stati i colloqui e le giornate di studio dedicate a questo tema, e che alcuni dei ricercatori impegnati in quest'indagine avevano già avuto esperienze comuni: un primo incontro a Rovereto, Villa Lagarina, organizzato da Anna Maria Babbi e ospitato da Maria Gemma e Tullo Guerrieri Gonzaga («Rileggere il Medioevo», 24 maggio 2008), e un convegno al Collège de France, progettato e realizzato da Michel Zink – «Lire un texte vieilli, du Moyen Âge à nos jours» 1-3 avril 2009 – i cui Atti sono stati pubblicati nel 2010 sotto il titolo *Livres anciens, lectures vivantes. Ce qui passe et ce qui demeure* (Paris, Odile Jacob).

Numerosi segnali di interesse per i rimaneggiamenti e le rielaborazioni del Medioevo nei secoli successivi hanno avuto uno spiccato carattere settoriale, tematico (convegno sul gioco con «Le Moyen Âge en jeu», avril 2008, edito dalle Presses Universitaires de Bordeaux nel 2009, sul cinema con «Fantasy: le merveilleux médiéval aujourd'hui», 16-17 mars 2006, pubblicato nel 2007, ed. Bragelonne) ma soprattutto cronologico: Medioevo e Rinascimento, Classicismo, Illuminismo («La Personnification du Moyen Âge au XVIIIe siècle», 4-5 oct. 2010), Medioevo e Romanticismo (*Le Moyen Âge au miroir du XIXe siècle, 1850-1900*, Paris, L'Harmattan, 2003; *La Fabrique du Moyen Âge au XIXe siècle*, Paris, Champion, 2006); Medioevo e secoli XX-XXI (*La trace médiévale et les écrivains d'aujourd'hui*, Paris, PUF, 2000; *Passé Présent. Le Moyen Âge et les fictions contemporaines*, Paris, Éds rue d'Ulm, 2009; *Fantasmagories du Moyen Âge,* Presses Universitaires de Provence, 2010). E questa è solo una pallida traccia della fervida attività che si è svolta e che si sta tuttora svolgendo attorno al revival del medievalismo.

La settorialità cronologica, cui abbiamo fatto cenno, è giustificata dal fatto che, nonostante l'inefficacia delle periodizzazioni, la percezione del Medioevo è cambiata profondamente dall'epoca dell'*Astrée*, tanto per nominare il più famoso dei romanzi pastorali secenteschi, a quella di Voltaire.

Il dilemma romanzesco del Seicento, e prendiamo a prestito riadattandola la fortunata formula di Georges May, è bene rappresentato da Charles Sorel che in gioventù non disdegnava le imprese tardo-medievali messe in bella prosa narrativa (l'*Histoire comique de Francion* è del 1623):

> C'estoit donc mon passe-temps que de lire des chevaleries[1]

e nella maturità (*De la connaissance des bons livres*, 1671) denigrava invece l'esuberante produzione delle coraggiose gesta cavalleresche ampiamente vulgate:

> Si l'on doit mespriser la lecture de l'*Amadis*, du Chevalier du Soleil et des autres Livres qui sont des mieux faits de leur espece, combien plus se doit-on garder de s'arrester à ceux qui racontent de semblables exploicts avec des circonstances ridicules et impertinentes, comme ceux des Quatre fils Aymon, de Morgan le Geant et les autres[2].

Potremmo dire che, in fondo, Sorel si allineava al giudizio di Montaigne, I, XXVI (*De l'Institution des enfants*): «Car des Lancelot du Lac, des Amadis, des Huon de Bor-

---

[1] Ch. Sorel, *Histoire comique de Francion,* éd. Y. Giraud, Paris, Garnier-Flammarion, 1979, p. 172.

[2] Ch. Sorel, *De la connoissance des bons livres, ou examen de plusieurs autheurs,* Paris, Pralard, 1671, p. 100.

deaux et tel fatras de livres à quoi l'enfance s'amuse, je n'en connaissois pas seulement le nom [...]»[3].

Il secolo dei Lumi supera quest'aporia sia attingendo a piene mani in un repertorio para-leggendario (Eloisa e Abelardo, storie orientaleggianti) o cronachistico per costruirne drammi o romanzi pittoreschi, sia iniziando una timida riappropriazione delle fonti originali. È tuttavia nell'Ottocento che assistiamo al vero trionfo del Medioevo, al 'Neo-medievalismo', sotto le forme più diversificate: dai primi veri tentativi di ricostruzione filologica ai recuperi antiquari, alla ricreazione di atmosfere facili e banalizzate – fantasie di amor cortese ma anche di violenza, sangue e barbarie – alla mitizzazione di una temporalità fissata, congelata, all'ideazione, soprattutto sul finire del secolo, di un «Medioevo anemico e crepuscolare»:

> Le Moyen Âge des enfants de Baudelaire [...] est anémié, crépusculaire: les tristes paladins qui peuplent les *Syrtes* de Jean Moréas ou les *Petits poèmes d'automne* de Stuart Merrill tendent la main aux princesses chlorotiques de Maeterlinck[4].

Nessuna sfera artistico-letteraria, nel secolo che si apre col Romanticismo, resta immune dalla moda dei cavalieri erranti, delle cattedrali gotiche, degli amanti infelici: pittura e musica, scultura e architettura ripercorrono forme e vicende di un passato fantasmagorico che si fa serbatoio inesauribile di idee e invenzioni. Basta leggere quanto scrive Gautier nella «Préface» a *Mademoiselle de Maupin* nel 1834 per convincersi della presenza massiccia di un Medioevo artefatto e spesso grossolano nella produzione artistica e letteraria dell'epoca:

> – Encore du moyen âge, toujours du moyen âge! qui me délivrera du moyen âge, de ce moyen âge qui n'est pas le moyen âge? – Moyen âge de carton et de terre cuite qui n'a du moyen âge que le nom. – Oh! les barons de fer, dans leur armure de fer, avec leur cœur de fer, dans leur poitrine de fer! – Oh! les cathédrales avec leurs rosaces

---

[3] M. de Montaigne, *Saggi*, ed. F. Garavini e A. Tournon, Milano, Bompiani, 2012, I, XXVI, p. 318 (il volume è con il testo a fronte, il testo è quello dell'Imprimerie nationale, curato da André Tournon e basato sull'esemplare di Bordeaux; la traduzione è di Fausta Garavini).

[4] J.-Y. Tilliette, *Les décadents, les symbolistes et le Moyen Âge latin* in *Le Moyen Âge au miroir du XIXe siècle (1850-1900)*, éd. L. Kendrick, F. Mora et M. Reid, Paris, L'Harmattan, 2003, p. 277.

toujours épanouies et leurs verrières en fleurs, avec leurs dentelles de granit, avec leurs trèfles découpés à jour, leurs pignons tailladés en scie, avec leur chasuble de pierre brodée comme un voile de mariée, avec leurs cierges, avec leurs chants, avec leurs prêtres étincelants, avec leur peuple à genoux, avec leur orgue qui bourdonne et leurs anges planant et battant de l'aile sous les voûtes! – comme ils m'ont gâté mon moyen âge, mon moyen âge si fin et si coloré! comme ils l'ont fait disparaître sous une couche de grossier badigeon! quelles criardes enluminures! – Ah! barbouilleurs ignorants, qui croyez avoir fait de la couleur pour avoir plaqué rouge sur bleu, blanc sur noir et vert sur jaune, vous n'avez vu du moyen âge que l'écorce, vous n'avez pas deviné l'âme du moyen âge, le sang ne circule pas dans la peau dont vous revêtez vos fantômes, il n'y a pas de cœur dans vos corselets d'acier, il n'y a pas de jambes dans vos pantalons de tricot, pas de ventre ni de gorge derrière vos jupes armoriées: ce sont des habits qui ont la forme d'hommes, et voilà tout. – Donc, à bas le moyen âge tel que nous l'ont fait les faiseurs (le grand mot est lâché! les faiseurs)! Le moyen âge ne répond à rien maintenant, nous voulons autre chose.

Le pagine che seguono, riflesso di una ricerca collettiva, si propongono precisamente di cercare «autre chose»: le tracce cioè di quel «moyen âge si fin et si coloré» la cui assenza Gautier lamentava nel 1834 e che si manifesta invece, prima e dopo tale data, con vitalità ed esuberanza anche grazie a trasformazioni radicali e palesi infedeltà. Il Novecento, qui parzialmente esplorato attraverso proiezioni dantesche, testimonianze residuali di figure diventate leggenda, rivisitazioni poetiche e drammaturgiche, esperimenti colti abilmente mimetizzati, darà un impulso, sostanzialmente fantasioso, brillante e inautentico alle versioni narrative – visive e romanzesche – di quello che potremmo chiamare 'Neo-neo-medievalismo'. Ancora dei *faiseurs*, come direbbe Gautier? Ciò che appare innegabile è la presenza di un mondo medievale suggestivo e misterioso, trasformato in mito da una parte della cultura del Novecento – cui il surrealismo degli anni quaranta ha dato un significativo contributo –, che sembra destinato a sopravvivere a lungo in forme diverse.

La communion lyrique: problématiques et impasses de la réécriture poétique

Claudio Galderisi
(Université de Poitiers – CESCM – CNRS)

L'éloge que François Rabelais tresse des «debteurs» et des «presteurs» dans deux chapitres célèbres du *Tiers livre* est une magnifique métaphore de la réécriture littéraire. Mais bien avant lui, les clercs médiévaux avaient fait de l'emprunt aux géants du passé, de la dette contractée envers leurs pairs un art et une éthique du savoir partagé. Déjà au IVe siècle, Basile de Césarée avait forgé l'image des abeilles, ne butinant que ce qui leur est profitable. Or parmi ces fleurs, la plus élégante, la plus légère, la plus délicate à l'apparence, la poésie lyrique, ne semble pas avoir eu auprès des abeilles littéraires le succès qu'ont rencontré les boutons du roman, de la nouvelle, du théâtre et de l'essai. Rarement visité par les traducteurs médiévaux mais aussi modernes, le myosotis lyrique semble aussi très peu revisité par les poètes eux-mêmes. C'est sans doute parce que le profit de la poésie lyrique est tout entier dans une gratuité artistique que l'horizon pré-hégélien ne connaît pas encore; mais c'est aussi parce que son nectar apparaît consubstantiel à un état de la langue qui met en communion le poète et son lecteur. Un état que la réécriture ne semble pas pouvoir reproduire, sinon à travers le jeu de la parodie, du contre-chant, ou en réunissant à nouveau dans la chanson la musique naturelle et la musique artificielle.

Retour au Moyen Âge

Le thème du colloque définit clairement la périodisation historique comme une condition de la réécriture, comme un seuil esthétique. La permanence, la rémanence ou la résurgence sont liées au temps historique, et à travers lui, du moins dans le spécifique de la littérature française, à la transformation d'une langue qui en évoluant du même au même est devenue autre.

Par-delà la continuité qu'elle affiche et qu'elle mime, la réécriture est aussi sinon surtout une forme subtile de rupture épistémique, qui cache ou révèle selon les entendements du réécrivain la «rumeur des distances traversées», chère au Proust de la madeleine. La continuité esthétique qu'elle subsume est de fait une forme de différenciation, de distanciation, de mise en perspective, de dépassement. En littérature le même est autre.

Ce que je me propose est de réfléchir brièvement sur les raisons d'une réécriture empêchée, pour parler comme Freud, de la poésie lyrique.

Je ne pourrai dans l'espace limité de la présente étude que poser quelques jalons typologiques, en m'appuyant sur les impasses de la traduction médiévale[1]. L'antimatière que constituent les textes non revisités est bien plus diffuse et plus difficile à piéger que la matière que nous lèguent les réécritures modernes. Il serait en effet prétentieux de vouloir inférer une quelconque théorie de l'*oubli* à partir des lacunes que nous constatons aujourd'hui, car les *argumenta ex silentio* sont souvent fallacieux et réversibles. Lorsqu'on s'apprête à interroger les silences de l'histoire il faut savoir que l'on risque d'entendre les échos de sa propre ignorance.

Et pourtant, il est difficile de ne pas constater que de tous temps, la poésie lyrique a fait l'objet de beaucoup moins de traductions et de réécritures que les autres genres littéraires. «La métrique n'a pas bon rythme chez les traducteurs»[2], selon Henri Meschonnic, elle n'en a pas meilleur chez les réécrivains.

D'une constellation de traductions et d'adaptations à l'autre, des Belles Lettres grecques à l'antiquité latine, des premiers siècles d'une *translatio* encore balbutiante à ce XIVe siècle qui marque le triomphe de la traduction savante, du Moyen Âge à la Modernité, et de la Modernité à nos jours, les espaces blancs laissés par la translation lyrique semblent bien plus étendus et plus nombreux que les pages noircies par la lettre seconde.

---

[1] Cette partie de l'article reprend et développe un chapitre du volume 1 du projet *Transmédie* consacré à la traduction empêchée (*Silence et fantômes de la translatio studii. La traduction empêchée*, in *Translations Médiévales. Cinq siècles de traduction en français (XIe-XVe) Étude et Répertoire*, éd. C. Galderisi, Turnhout, Brepols, 3 vol., 2011, vol. 1, pp. 433-457.)

[2] H. Meschonnic, *Poétique du traduire*, Paris, Verdier, 1999, p. 258.

Un bref historique de cette infortune s'impose. Je me bornerai ici pour des questions de temps au Moyen Âge, bien que dans ce cas nous ne soyons pas, ou pas tout à fait, dans le cadre du même au même, et que mon propos portera donc plus sur la *translatio* que sur la réécriture, alors même que cette dernière déborde largement le cadre de la traduction.

Le phénomène de la traduction médiévale peut sans doute nous offrir une première clé de lecture. On sait que le Moyen Âge français ignore une large part de la littérature grecque, ne traduit pas tout un pan des lettres latines et passe sous silence l'ensemble ou presque des littératures européennes, romanes et anglo-saxonnes. Nous ne trouvons aucune trace parmi les traductions médiévales françaises des œuvres d'Homère[3] ou d'Hésiode, mais aussi de Catulle, Tibulle ou Lucrèce, etc.[4]. Sans parler des poèmes de Dante[5], mais également de celui que son époque couronne comme le prince des poètes, ce Pétrarque dont les œuvres latines sont pourtant souvent traduites. Certes les *Trionfi* sont translatés à plusieurs reprises – sans doute à partir d'un intermédiaire latin – mais ces traductions sont soit partielles (c'est le cas de celle en huitains réalisée par Jean Robertet, qui par ailleurs concerne les distiques latins), soit en prose (deux versions, dont une fragmentaire, exécutées par Georges de La Forge). La seule traduction complète est celle en sizains de Jean Molinet, mais toutes datent de la seconde moitié du XVe siècle. Ce premier relevé jette une ombre sur la réalité de la *translatio studii et*

---

[3] Cfr. Homère, Ὀδύσσεια, in *Translations Médiévales...*, cit., vol. 3, pp. 1361-1362. Souvent cité, en vertu de ses "métalents" de poète, Homère n'est traduit en latin qu'en 1362-1363 (en Italie). Il faudra attendre 1530 et Jehan Samxon pour avoir une première traduction française complète de l'œuvre d'Homère, qui s'appuyant par ailleurs sur la traduction latine faite par Lorenzo Valla, en reproduit les erreurs et les imprécisions. L'«âge d'or homérique» n'arrivera que quelques décennies plus tard. Cfr. Ph. Ford, *De Troie à Ithaque. Réception des épopées homériques à la Renaissance*, Genève, Droz, "Travaux d'Humanisme et Renaissance", 2007.

[4] On pourrait ajouter également des auteurs plus tardifs, Eusèbe et son *Histoire ecclésiastique*, Cassiodore et son *Histoire tripartite*, ou encore Bède, mais nous voulons nous borner ici à l'antiquité classique.

[5] Mais les traités latins du *poeta theologus* (*De vulgari eloquentia*, *De Monarchia*) sont également ignorés par les traducteurs français alors même que dès la moitié du XIVe siècle ils font autorité en Italie. Ce n'est donc pas seulement la poésie avec sa *rima terza* qui doit sembler particulièrement "intraduisible" aux clercs français, qui par ailleurs traduisent très peu de l'italien, c'est toute l'œuvre d'un des plus grands écrivains que le Moyen Âge occidental ait connu qui reste à la marge de la culture française.

imperii, sur ce transfert des sources de la culture antique vers l'Occident médiéval, en général, et vers l'horizon français en particulier.

La *translatio studii* est donc avant tout une histoire de transfert du même au même médiéval, du médiolatin à la langue d'oïl. Ce qui frappe le plus est le grand écart entre le faible nombre d'auteurs et d'œuvres de l'Antiquité traduits dans les langues de la France médiévale (moins d'une centaine) et la moyenne de leurs traductions qui est pratiquement supérieure de 50 % à la moyenne générale des autres œuvres traduites (97 œuvres-source et 333 traductions, soit une moyenne de 3,44). Si les traductions des *seniores* constituent des best-sellers et souvent des long-sellers, l'assiette de ce succès est étroite.

Les géants ont des épaules solides, mais les clercs ne sollicitent qu'un faible nombre d'entre eux et ne se juchent que sur quelques-uns. En face de la liste attendue des classiques grecs (Appien, Aristote, Hippocrate, Plutarque, Pseudo-Callisthène, Xénophon) et latins (César, Cicéron, Horace, Lucain, Ovide, Sénèque, Stace, Suétone, Térence, Tite-Live, Valère-Maxime, Végèce ou Virgile)[6], se dresse celle tout aussi impressionnante des exclus (probables): Anacréon, Aristophane, Callimaque, Eschyle, Euripide, Hérodote, Hésiode, Homère, Pindare, Platon, Sappho, Sophocle, Théocrite, Théophraste, Thucydide (pour les Grecs); Apulée, Catulle, Ennius, Juvénal, Lucrèce, Pétrone, Plaute, Pline l'Ancien, Properce, Tibulle, Vitruve (pour les Latins). Sans oublier qu'un certain nombre d'œuvres capitales d'auteurs appartenant au *camp* des classiques traduits est également absent des traductions médiévales, à commencer par la *Poétique* d'Aristote, les *Satires* et les *Odes* d'Horace ou encore les *Bucoliques* et les *Géorgiques* de Virgile.

L'*auctoritas* des *seniores* constitue souvent une caution épistémique qui cache le vrai visage de la traduction médiévale. Par-delà les valeurs dont se réclament les traducteurs médiévaux et les enjeux que les prologues mettent en scène, les principaux enjeux de la traduction vernaculaire sont ceux de la pastorale chrétienne et du savoir: c'est-à-dire dans les deux cas de la science, telle que l'entend l'in-

---

[6] Cette liste n'est évidemment pas exhaustive, les index des auteurs et des œuvres-source du Corpus *Transmédie* permettront de relever facilement les noms des *auctoritates* grecques et latines traduites dans les langues de la France médiévale.

tellectuel médiéval, chercheur pluridisciplinaire avant la lettre. L'objectif, souvent inconscient, de cette traduction est l'édification d'une langue, d'une culture, d'une science en langue française[7] – le faible nombre de traductions vers l'oc (une cinquantaine) ne fait que confirmer cette identité linguistique marquée.

Ce qui saute également aux yeux, par-delà les statistiques et les grandes tendances historiques, est la nature de ces traductions. Si le fonds commun de la culture historique occidentale[8] est traduit en français, le fonds littéraire des lettres grecques et latines, mais également des lettres vernaculaires romanes, celtiques, germaniques et saxonnes est fondamentalement ignoré: la *translatio studii* est une *translatio imperii*, dans laquelle les grands textes épiques ont une place prééminente, fondatrice, à la fois d'un point de vue chronologique et sur un plan mythopoétique, elle n'est pas une *translatio poesiae*.

Poésie, mensonge et lyrisme vernaculaire

Cet ostracisme est bien connu. Les poètes sont des menteurs, qui inventent des fables et qui n'ont pas connu la Vérité de la Révélation chrétienne. Mais cet ostracisme n'est pas seulement réservé aux poètes païens et à leur «fatras» mythologique; comme nous avons pu le constater, le poète théologien n'a pas meilleure fortune chez les traducteurs français[9]. La culture médiévale française est

---

[7] Voir S. Lusignan, *Parler vulgairement: les intellectuels et la langue française aux XIIIe et XIVe siècles*, Paris-Montréal, Vrin–Presses de l'Université de Montréal, "Études médiévales", 1986, p. 154 *sqq*.

[8] B. Guenée, *Histoire et culture historique dans l'Occident médiéval*, Paris, Aubier-Montaigne, 1980, pp. 300-331.

[9] Dante, *Inferno*, XXVI, vv. 118-120. La première traduction complète de la *Divine Comédie* date comme l'on sait de la fin du XVIe siècle (*La Comédie de Dante, de l'Enfer, du Purgatoire et du Paradis*, mise en ryme françoise et commentée par M. B. Grangier, conseiller et aulmonier du roy et abbé de Saint-Barthélémy de Noyon, Paris, 1597, chez Jehan Gesselin, rue Saint-Jacques, au Soleil-d'Or). Dans un article de 1864, Charles Casati signalait un manuscrit conservé à la Bibliothèque de Turin (l. III. 17) contenant une traduction de quelques chants de l'*Enfer*, qu'il croyait pouvoir dater du XVe siècle (Ch. Casati, *Fragments d'une ancienne traduction française de Dante*, in «Bibliothèque de l'école des chartes», XXV, 1864, pp. 304-320, ici p. 305). Ce manuscrit est plus tardif, sans doute du deuxième quart du XVI siècle (voir *Les Plus anciennes traductions françaises de la Divine Comédie*, publiées pour la première fois d'après les manuscrits et précédées d'une étude sur les traductions françaises du poème de Dante, par Camille Morel, Paris, H. Welter, 1897). Par-delà la traduction faite donc par François Bergaigne autour des années 1520 de quelques chants du Paradis, la fortune de Dante en France est très limitée. Voir,

animée davantage par la soif de savoir que par le plaisir gratuit d'autres musiques naturelles.

Mais cette fermeture au lyrisme n'est pas une caractéristique de la culture médiévale, d'autres époques la pratiqueront, et surtout la théoriseront. Elle ne définit pas l'identité de la culture médiévale, elle est plutôt une caractéristique de l'intraduisibilité poétique.

Le malentendu de l'intraduisibilité médiévale

L'intraduisibilité n'est pas encore une valeur esthétique au Moyen Âge, même si l'on trouve partout la référence aux difficultés de transposer le *fort latin* dans un français qui apparaît jusqu'à la moitié du XIVe siècle comme une langue subordonnée ou sous tutelle[10].

Je ne m'attarderai pas sur la question de la compatibilité des deux diasystèmes linguistiques, latin et français, d'autant plus que la question de l'intraduisibilité ne concerne pas seulement la langue mère et sa fille aînée, mais également la traduction horizontale, y compris celle entre les langues romanes, entre langues sœurs.

Les doutes du traducteur médiéval tiennent moins au

---

en dernier lieu, A. Bertolino, *À propos de la première traduction de l'«Enfer» de Dante (Turin, Biblioteca Nazionale Universitaria, L. III. 17)*, in «Le Moyen Français», 71, 2013, pp. 3-32). Cité indirectement par Christine de Pizan (voir A. Farinelli, *Dante e la Francia dall'eta* [sic] *media al secolo di Voltaire*, Milano, Ulrico Hoepli, 1908, Slatkine Reprints, 1971), et en dernier lieu, D. De Rentiis, *'Sequere me' imitatio dans la «Divine Comédie» et dans «Le Chemin de long estude»*, in *The City Of Scholars: New Approaches to Christine De Pizan*, éd. D. De Rentiis et M. Zimmermann, Berlin - New York, W. de De Gruyter, 1994, pp. 31-42), évoqué par Laurent de Premierfait, qui croit pouvoir expliquer dans sa traduction *Des cas des nobles hommes et femmes* la genèse de la *Comédie* à travers la recherche par le poète de ce Paris où les églises et autres lieux sacrés «font figure de Paradis», Dante est de fait absent des inventaires des principales bibliothèques françaises du XVe siècle, royales ou princières. Alors que l'on compte par centaines les manuscrits médiévaux de la *Divine Comédie* (environ 800), très rares sont ceux qui sont conservés en France au Moyen Âge. On en trouve chez Jean duc de Bourbon, chez le roi René d'Anjou et chez Charles de France, frère puîné du roi Louis XI (cfr. P. Durrieu, *Dante et l'art français du XVe siècle*, in «Comptes-rendus des séances de l'Académie des Inscriptions et Belles-Lettres», LXV, 3, 1921, pp. 214-224, ici p. 219). Au début du XIXe siècle, les bibliothèques françaises conservaient trente-six manuscrits de la totalité ou d'une partie de la *Divine Comédie* (voir L. Auvray, *Les manuscrits de Dante des bibliothèques de France; essai d'un catalogue raisonné*, Paris, Ernest Thorin, 1892, p. 1).

[10] Il faut attendre la traduction faite par Nicole Oresme des *Éthiques*, pour que le traducteur revendique et l'autonomie et la dignité esthétique de la langue française par rapport à l'original: «Et comme dit Tulles en son livre de *Achadémiques*, les choses pesantes et de grant auctorité sont delectables et bien aggreables as genz ou langage de leur païs» (*Le Livre de Ethique d'Aristote*, éd. A. D. Menut, New York, G. E. Stechert, 1940, p. 101).

fait que le poème lui apparaît déjà, selon la formule célèbre de Paul Valéry, comme « cette hésitation prolongée entre le son et le sens »[11]. Le clerc médiéval n'imagine pas le poème comme un texte intangible, donc intraduisible. Ce dogme moderne, qui correspond à une sacralisation de la poésie, ne s'applique pas au Moyen Âge, qui prend parfois des libertés mêmes avec le Livre. Mais il est vrai que la traduction poétique suppose une maîtrise esthétique des deux langues qui paraît souvent problématique à l'écrivain médiéval. D'autant plus que l'évolution asynchrone de la *littera*, devenue immuable, et de la lettre vernaculaire, en perpétuelle révolution, désaxe et dérègle les mécanismes de la transposition, rendant la tâche du traducteur encore plus ardue. Dans ce sens, l'intraduisibilité médiévale est à l'opposé de celle définie par Antoine Berman. L'intraduisibilité du poème, son intangibilité, ne constituent pas pour l'écrivain médiéval « sa vérité et sa valeur »[12], mais plutôt la preuve de son étrangéité épistémique et philosophique, donc de son mensonge fondamental. La pensée évhémériste n'offre ici aucun recours. S'il est possible, voire souhaitable, de translater les fables antiques pour en révéler les vérités qui s'y cachent et montrer ainsi la toute-puissance du Verbe, qui est *in fieri* avant sa Révélation, il n'y a aucun profit moral, religieux et au final esthétique à translater une lettre, dont la valeur autotélique ne se prête pas à la moralisation, au jeu de la glose, à l'art de la réécriture, au plaisir d'un lectorat français tout entier acquis au roman et au récit long.

C'est la traduction ou la réécriture empêchée des poèmes lyriques et non la traduction qui est au Moyen Âge « l'un des lieux où le platonisme est simultanément démontré et réfuté »[13].

Démontré, car l'incompatibilité entre les systèmes métriques quantitatifs et le système roman est d'autant plus ressentie qu'elle est nouvelle et fondatrice. La lettre vernaculaire n'est peut-être pas près de tuer la lettre-mère mais elle affiche déjà dans la chanson et dans son lyrisme souvent naïf une hésitation balbutiante entre le son et le sens, entre la vie et la voie.

---

[11] P. Valéry, *Rhumbs*, in *Tel Quel, Œuvres*, t. II, Paris, Gallimard, « Bibliothèque de la Pléiade », 1960, pp. 636-637.

[12] A. Berman, *La Traduction et la lettre ou l'auberge du lointain*, Paris, Éditions du Seuil, 1999, p. 42.

[13] *Ibid.*

Réfuté, car les traducteurs sont moins frappés par l'intangibilité des poèmes antiques que par leurs malentendus, leurs anachronismes, leur gratuité, leur manque de *profit*. Même les rares traductions de l'oïl vers le domaine linguistique occitan, qui constitue à lui seul un énorme trou noir au sein de l'univers de la traduction médiévale, s'expliquent par leurs «finalités pragmatiques», par le profit immédiat que le lecteur peut tirer de son accès aux savoirs ainsi translatés: *Chirurgia* de Henri de Mondeville, *Summa collecta ex libris philosophorum* de Bernard de Trèves, *Trésor* de Brunet Latin, *Arbre des batailles* d'Honorat Bovet, *Livre de Sidrac*.

Les troubadours et les trouvères préfèrent le "toilettage" morphologique et phonétique du poème composé dans l'autre langue gallo-romane à sa traduction ou à sa réécriture poétique. Les poésies occitanes ou du domaine d'oïl que l'on rencontre respectivement dans les chansonniers des trouvères et dans ceux des troubadours montrent clairement cette volonté de limiter au minimum indispensable l'effort de mise en langue[14]. Il y a dans ce traitement linguistique la trace à la fois d'une appropriation et d'une mise à distance.

On trouve en effet dans les chansonniers du domaine d'oïl quelques chansons occitanes partiellement teintées de formes françaises[15], de même qu'il y a dans les manuscrits occitans des chansons de trouvères partiellement mises en langue d'oc[16]. Que l'on pense au planh de Gaucelm Faidit, *Fortz chausa es que tot lo major dan* (*Complainte sur la mort du roi Richard*), et à la version francisée qu'en donnent les deux chansonniers français (U et M) (qui révèlent par ailleurs une mauvaise compréhension du texte source, due sans doute à une connaissance imparfaite

---

[14] Cfr. G. Ineichen, *Autour du graphisme des chansons françaises à tradition provençale*, in «Travaux de linguistique et de littérature», VII, 1, 1969, pp. 204-208 et R. A. Taylor, *Barbarolexis Revisited: The Poetic Use of Hybrid Language in Old Occitan/Old French Lyric*, in *The Centre and its Compass. Studies in Medieval Literature in Honor of Professor John Leyerle*, éd. R. A. Taylor, Kalamazoo, Western Michigan University, "Studies in Medieval Culture (33)", 1993, pp. 457-474, Cfr. M. Raupach et M. Raupach, *Französierte Trobadorlyrik: zur Überlieferung provenzalischer französischen Handschriften*, Tübingen, M. Niemeyer, 1979, pp. 12-49, et plus particulièrement pp. 148-156.

[15] Cfr. G. Ineichen, cit., pp. 204-208 et R. A. Taylor, cit.

[16] Cfr. M. Raupach und M. Raupach, *Französierte Trobadorlyrik: zur Überlieferung provenzalischer französischen Handschriften*, cit., pp. 12-49, et plus particulièrement les pp. 148-156, et R. A. Taylor, cit.

de la langue d'oc). Ou encore à la *canso* de Bernart de Ventadorn, *Ab joi mou lo vers e·l comens*.

La fermeté platonicienne de la lettre fait moins peur aux traducteurs et poètes médiévaux que l'instabilité morphologique de leur propre langue et l'absence d'une utilité morale, religieuse ou scientifique du traduire.

Les traducteurs d'ailleurs ne traduisent presque jamais en vers, et si l'on considère l'octosyllabe comme le degré zéro de la versification, cette vérité devient alors quasi absolue. La traduction versifiée constitue un véritable défi pour le traducteur, y compris dans ces premiers siècles des lettres vernaculaires dominés par le vers. Certes, certains traducteurs utilisent le vers pour différencier et distinguer deux niveaux du texte, ou pour introduire des considérations morales, ou encore comme une sorte de paratexte discursif, tel le traducteur de l'*Histoire ancienne jusqu'à César*, qui selon Paul Meyer «conte en prose, mais il philosophe en vers»[17]. On peut cependant affirmer globalement qu'à partir de la seconde moitié du XIII siècle la prose constitue désormais la seule *langue* de la traduction. C'est ce que Dante avait déjà constaté dans un passage célèbre du *De vulgari eloquentia*:

> Allegat ergo pro se lingua *oïl* quod propter sui faciliorem ac delectabiliorem vulgaritatem quicquid redactum est sive inventum ad vulgare prosaycum, suum est […] Pro se vero argumentatur alia, scilicet *oc*, quod vulgares eloquentes in ea primitus poetati sunt tanquam in perfectiori dulciorique loquela, ut puta Petrus de Alvernia et alii antiquiores doctores[18].

Il faudra ainsi attendre la seconde moitié du XVI siècle pour que les poètes traduisent les poètes, sous l'égide du Pétrarquisme triomphant[19].

Mais le manque d'enthousiasme que les traducteurs médiévaux ont manifesté envers la poésie lyrique ne nous aide pas seulement à mieux comprendre ce qu'ils

---

[17] *Quelques vues sur l'origine et les premiers développements de l'historiographie française*, in «Société de l'Histoire de France, Annuaire-Bulletin», XXVIII, 1890, pp. 62-106.

[18] *De vulgari eloquentia*, I, X, 2.

[19] Voir en dernier lieu É. Duperray, *L'Or des mots. Une lecture de Pétrarque et du mythe littéraire de Vaucluse des origines à l'orée du XX siècle. Histoire du Pétrarquisme en France*, Paris, Publications de la Sorbonne, 1997.

entendent par profit et par plaisir (et avec eux leurs lecteurs); cette traduction empêchée ne dessine pas en creux un seuil spécifique à la civilisation médiévale, elle n'est pas seulement la particularité d'un phénomène polygénérique plus vaste. L'intraduisibilité dont parle Berman n'a pas été théorisée par les poètes ou les poéticiens médiévaux[20]: de Du Bellay à Ronsard, de Valéry à Rilke, la traduction des poèmes a été souvent considérée comme la trahison suprême, comme un commerce indigne de l'esprit. Il suffirait pour s'en convaincre d'observer le nombre de traductions, d'adaptations, de parodies et de pastiches auxquels ont donné lieu les récits en prose ou en vers en regard des réécritures de poèmes lyriques du passé. Même au sein du système linguistique qu'ils partagent, au cœur du même au même français, rares sont les poètes qui ont repris les vieux poèmes pour en faire une matière à la fois nouvelle et éternelle. Et les poètes médiévaux ont été nombreux à connaître la même infortune que les traducteurs médiévaux avaient réservée aux poètes antiques.

Nous avons tous à l'esprit, évidemment, un certain nombre de contre-exemples, de poètes traducteurs qui depuis la Renaissance jusqu'à nos jours, ont transféré en français le génie poétique d'autres époques: du peu connu François Bergaigne qui traduit autour des années 1520 quelques chants du *Paradis*[21], à l'*Énéide* de Klossowski ou aux multiples traductions de Philippe Jaccottet (Rilke, Hölderlin, Ungaretti, haïku), etc., les exemples sont de taille, même s'ils ne sont pas si nombreux qu'on pourrait le croire. Je pourrais également évoquer les cas, bien plus rares, de ceux qui ont translaté du même au même du Moyen Âge vers la Modernité les poèmes lyriques du passé.

Jean de Nostredame – je pense en particulier à *Les vies des plus celebres et anciens poetes provensaux, qui ont floury du temps des Comtes de Provence*, dans lesquelles Nostredame propose une anthologie de *vidas* troubadoresques, mélangées à des fragments poétiques

---

[20] À l'exception notable de Dante dans le *Banquet*. On se souvient de la phrase célèbre dans laquelle il explique les raisons de la *translatio* empêchée des poètes classiques: «Nulla cosa per legame musaico armonizzata si può de la sua loquela in altra trasmutare, senza rompere tutta la sua dolcezza e armonia. E questa è la cagione per che Omero non si mutò in greco e latino, come l'altre scritture che avemo da loro» (*Convivio*, I, 7).

[21] Voir *supra*, note 9.

originaux ou inventés –, Fabre d'Olivet et plus proche de nous Max Rouquette, ont joué avec le style et la matière troubadouresque et ils ont pu être considérés comme des précurseurs du félibrige, en faisant du remploi et de la citation une modalité de leur écriture poétique. D'autres poètes sont allés plus loin, en faisant du poème médiéval le palimpseste de leur poésie. On pourrait citer également le Moréas de l'*Épouse fidèle*, dont on a pu dire qu'il «rend bien l'esprit et le langage de la chanson populaire de jadis» [Niklaus], et dont Roberta Capelli a souligné l'analogie thématique et formelle avec la pastourelle, et plus particulièrement avec la *Fontana del vergier* de Marcabru, ou encore les voix des troubadours que l'on rencontre dans l'œuvre de Paul-Louis Grénier, ou les échos de Charles d'Orléans que l'on peut entendre chez Banville, Verlaine et Tardieu, etc. Mais même en multipliant les exemples, nous serions toujours au sein d'une production de niche, marginale aussi bien sur la plan quantitatif que dans sa destination esthétique.

Je pourrais ajouter à cette liste le petit recueil de poèmes de Charles d'Orléans, dans lequel plus que traduire ou adapter les ballades et les rondeaux du Prince-poète, j'ai essayé une forme de réécriture morphologique. Par-delà les faiblesses du réécrivain en question, cette réécriture littérale montre bien les limites de l'exercice. À mi-chemin entre la poésie et l'édition critique, la mise en langue morphologique est rejetée ou ignorée par les écrivains et est dédaignée par les philologues.

À vrai dire les seules véritables réécritures des poèmes lyriques médiévaux – la distinction est importante, car les contes de la *Vie des Pères* que Michel Zink a magnifiquement translatés, en choisissant la prose, sont parmi les chefs-d'œuvre poétiques médiévaux – que l'on rencontre dans la littérature moderne au sens large du terme sont celles que l'on trouve dans la chanson d'auteur. C'est ainsi que Rutebeuf ou Villon se retrouvent chez Brassens, chez Brel ou chez Fabrizio De André en Italie. La préface que le *cantautore* italien avait commise pour l'édition réalisée par Luigi De Nardis est dans ce sens éclairante[22]. C'est

---

[22] F. Villon, *Poesie*, prefazione di F. De André, traduzione, introduzione e cura di L. De Nardis, Milano, Feltrinelli, 2008 (2ª ed.), coll. «Universale Economica. I classici». La préface de De André est déjà présente dans l'édition de 1996 du recueil de poésies choisies par De Nardis.

d'ailleurs à ce même De André que l'on doit la mise en musique du poème d'un autre mal-aimé, ce Cecco Angiolieri dont l'œuvre peut faire penser à la *rudesse* poétique de Rutebeuf, notamment celle des *Grièches* ou de la *Complainte Rutebeuf*.

«Le vers est le secret de la prose, mais la prose le lui rend bien»[23], note dans sa *Poétique* Pierre Louÿs, sauf sans doute dans le domaine de la réécriture lyrique, où la prose semble incapable de restituer au vers lyrique le secret qui est le sien.

Cette impossibilité semble confirmer que l'on ne peut être poète que dans un seul idiome, celui qui résonne à la fois comme le plus familier et le plus hostile, le plus proche du langage quotidien et le plus étranger dans sa mystérieuse différence; écrire des poèmes dans la langue de l'autre, qui est selon Dante une faute contre nature[24], ne signifie pas seulement traduire d'une langue à l'autre mais aussi sinon surtout passer d'un état à l'autre de la même langue. On se souvient des mots de Marcel Proust dans le *Contre Sainte-Beuve*, lorsqu'il définit le langage littéraire comme cette «espèce de langue étrangère» dans laquelle sont toujours écrits les beaux livres.

La réécriture poétique empêchée nous montre non pas l'identité ou le seuil de la lettre médiévale française, mais le destin national de la musique naturelle:

> Mais le Père aime, le
> Maître du monde, avant toute chose,
> Que la lettre en sa fermeté soit maintenue
> Avec soin[25].

---

[23] P. Louÿs, *Poétique*, éd. J.-P. Goujon, Paris, La Vouivre, 2001, *Notes inédites à «Poétique»*, p. 47.

[24] Dante définit le reniement de la langue maternelle comme la faute contre nature la plus grave pour un clerc. Dans le *Convivio,* cette position de Dante apparaît encore plus nettement, lorsqu'il fustige avec une extrême dureté tous ceux qui «dispregiano lo proprio volgare, e l'altrui pregiano: e tutti questi cotali sono li abominevoli cattivi d'Italia che hanno a vile questo prezioso volgare», [«méprisent leur vulgaire et prônent le vulgaire d'autrui: et tous ceux-ci sont les infâmes méchants d'Italie qui n'ont pas de considération pour un vulgaire si précieux»] (Dante Alighieri, *Convivio*, I, 11). Je me permets de renvoyer à mon article à paraître, *Le maître et le juge. L'exil de Brunet Latini de la «delitable» France à l'*Enfer *de Dante*, in «Romania», 131, 1-2, 2013.

[25] Hölderlin, *Œuvres complètes*, éd. Ph. Jaccottet, trad. par G. Roud, Paris, Gallimard, «Bibliothèque de la Pléiade», 1967, p. 873.

La poésie est une langue de l'autre qui défie les lois du monolinguisme, donc de la traduction interlinguale ou de la réécriture intralinguale, et qui est accessible à tous en tant que langue étrangère, parce qu'elle ne sert pas à communiquer mais à communier[26], et cette communion poétique ne peut se faire que dans le lien, *legame musaico*, toujours renouvelé entre la lettre et une musique entendue de tous.

---

[26] *Ibidem*, p. 121.

Le degré zéro de la réécriture : *Dom Ursino le Navarin*, *Bliombéris* et *Morgus ou la Tour sans huis*, textes pseudo-médiévaux de la «Bibliothèque universelle des romans»

Francis Gingras
(Université de Montréal)

L'histoire du roman a longtemps été une histoire de réécriture. Depuis les premières translations/adaptations anglo-normandes jusqu'aux mises en prose de la cour de Bourgogne, le roman médiéval se donne à lire, souvent explicitement mais parfois faussement, comme la réécriture d'une source que la langue – ancienne – ou la forme – vieillie – a rendu illisible. L'invention de l'imprimerie n'a pas éradiqué ce mouvement. Au contraire, la nécessité de limiter les risques encourus par les premiers imprimeurs les a souvent conduits à reprendre à peu de frais des textes anciens et déjà bien connus en limitant l'intervention à une réécriture plutôt cosmétique. Les chansons de geste du tournant des XIIe et XIIIe siècles, *Huon de Bordeaux* et *Renaud de Montauban*, font ainsi l'objet d'une trentaine de rééditions chacune entre 1480 et 1787. Des romans, comme *Mélusine* ou *Pierre de Provence*, qui sont déjà diffusés sous forme d'incunables, sont réaménagés à la fin du XVIIe siècle pour entrer dans les collections de colportage qui en assurent la pérennité, parfois même jusqu'au premier tiers du XIXe siècle.

Ce long Moyen Âge du roman est alimenté par une pratique de la réécriture à laquelle s'adonnent aussi ceux pour qui «l'histoire des romans est véritablement celle de l'esprit et des connaissances humaines pendant un assez grand nombre de siècles», selon les mots programmatiques de l'équipe d'érudits du XVIIIe siècle finissant qui entreprend l'analyse raisonnée de tous les «romans anciens et modernes, françois ou traduits dans notre langue» dans ce qui se veut rien de moins qu'une «Bibliothèque universelle des romans»[1]. Les rédacteurs de cette vaste entreprise y proposent dans quatorze livraisons annuelles des notices qui réécrivent sous forme de miniatures les romans de tous les temps et de tous les pays. Dans sa première période, entre 1775 et 1778, les auteurs se conforment à cette volonté de réécriture au sens strict, dans l'esprit scientifique affirmé sous le patronage du marquis de Paulmy.

Des dissensions profondes sur la nature de ces réécritures romanesques se font cependant jour assez rapidement et conduisent à la démission de Paulmy en décembre 1778. L'année 1779 voit ainsi la publication de trois textes qui prennent à rebours la réécriture fidèle des textes médiévaux chère au cœur du marquis: entre janvier et mai 1779 paraissent trois romans qui se présentent comme des réécritures modernisées de manuscrits perdus ou oubliés alors qu'il s'agit dans tous les cas de textes sortis tout droit de l'imagination de trois contributeurs: le Comte de Tressan, à qui l'on doit *Dom Ursino le Navarin* paru en deux livraisons, dans le second volume de janvier et dans celui de février 1779[2], Florian, connu pour ses fables – et plus encore pour les paroles de la chanson *Plaisir d'amour* – qui donne *Bliombéris* pour la livraison d'avril[3], avant que Poinsinet de Sivry ne fasse paraître *Morgus ou la tour sans huis* dans le numéro du mois de mai[4].

Un retour sur les débats qui ont entouré la question de la reprise des textes médiévaux dans la «Bibliothèque

---

[1] *Discours préliminaire*, in «Bibliothèque universelle des romans, ouvrage périodique dans lequel on donne l'analyse raisonnée des Romans anciens & modernes, François ou traduits dans notre Langue; avec des Anecdotes & des Notices historiques & critiques concernant les Auteurs ou leurs Ouvrages; ainsi que les mœurs, les usages du temps, les circonstances particulieres & relatives, & les personnages connus, déguisés ou emblématiques», juillet 1775, vol. 1, p. 13.

[2] *Histoire merveilleuse & mémorable des prouesses & des Amours de Dom Ursino le Navarin, & de Dona Inèz d'Oviedo, traduite de l'Espagnol*, in «Bibliothèque universelle des romans», janvier 1779, vol. 2, pp. 47-142 et *Suite de l'Histoire merveilleuse & mémorable des prouesses & des Amours de Dom Ursino le Navarin, & de Dona Inès d'Oviedo, traduite de l'Espagnol par M. le Comte de Tress...*, in «Bibliothèque universelle des romans», février 1779, pp. 3-106.

[3] *Histoire de Bliombéris, chevalier de la Table Ronde*, in «Bibliothèque universelle des romans», avril 1779, pp. 3-90.

[4] *Morgus, ou la tour sans huis. Extrait d'un ancien Manuscrit rare*, in «Bibliothèque universelle des romans», mai 1779, pp. 113-146.

universelle des romans» permet de mieux mettre en contexte les problèmes de la réécriture au moment même où, pour la première fois, le rapport aux œuvres se pose en termes juridiques avec la fondation par Beaumarchais, en 1777, de la Société des auteurs et compositeurs dramatiques. La réécriture n'est dès lors plus essentiellement affaire de mouvance ou de variance mais bien une question de droits. Dans le contexte plus limité de la querelle entre les rédacteurs du périodique, la mise en scène de la réécriture permet de se jouer des conceptions divergentes, tout en étant riche d'enseignements sur une certaine persistance du rapport à la source controuvée. Dans ce contexte bien particulier, où l'invention se donne des airs de réécriture, on peut voir à l'œuvre une autre dimension des jeux de relecture et de réécriture entre Moyen Âge et modernité: car, au-delà de la fiction de reprise, le texte pseudo-médiéval s'inscrit bel et bien dans un jeu d'échos avec les motifs, voire avec la langue même, de la source présumée. Dans cette petite crise éditoriale, à l'avant-veille de la Révolution, se donne à lire le passage difficile entre deux conceptions de l'écriture romanesque, entre inscription dans une tradition bien établie et revendication du génie original et novateur.

Deux conceptions de la réécriture

Le conflit entre des conceptions divergentes du rapport aux textes médiévaux se dessine très tôt dans le projet de «Bibliothèque universelle des romans», pilotée d'abord conjointement par le Marquis de Paulmy et le Comte de Tressan. Dès la première livraison d'avril 1777, les missions contradictoires apparaissent alors que la classe des romans de chevalerie est toujours consacrée aux manuscrits de La Curne de Sainte-Palaye. Le Grand d'Aussy, qui adapte *Le Chevalier de la Charrette* et *Le Chevalier au Lion*, met en avant l'intérêt de publier un texte inédit à partir des «manuscrits possédés par M. de Sainte-Palaye et déchiffrés sous yeux»[5], valorisant au passage l'importance scientifique de ce travail, subtilement privilégiée par rapport à la seule dimension plaisante:

---

[5] «Seconde classe: romans de chevalerie [*Histoire du Chevalier à la Charrette*]», in «Bibliothèque universelle des romans», avril 1777, vol. I, p. 67.

> & nous pouvons assurer que ce que nous allons extraire n'a jamais encore été mis sous la presse: c'est donc un service que nous allons rendre à la Littérature, en même-temps que nous pourrons procurer quelques plaisirs à ceux de nos Lecteurs qui n'envisagent que l'amusement dans cette Lecture[6].

Dans cet esprit, les rédacteurs (Le Grand d'Aussy, sans doute revu par Paulmy) s'engagent à livrer la notice «sans [s']écarter de l'idée de l'Auteur ancien, dont [ils ont] un extrait exact & fidele qui [leur] servira de guide»[7].

Cent pages plus loin, dans la même livraison, l'attitude du comte de Tressan, qui ouvre la classe des romans d'amour avec le *Cléomadès* d'Adenet le Roi, présente une réplique presque terme à terme. Alors qu'il admet avoir accès à un «Manuscrit en vers, qui n'a jamais été imprimé»[8], il préfère néanmoins recourir à l'édition du XVIe siècle «traduite en prose»[9]. Qui plus est, dans la notice précédant l'extrait, l'auteur revendique une part d'invention dans sa rédaction:

> M. le comte de Tressan a bien voulu encore prêter à cet Extrait les grâces de son style: dans quelques endroits celles de son imagination; & nous sommes persuadés que l'on trouvera ce morceau aussi agréable que ceux dont il a déjà daigné enrichir notre travail[10].

La fidélité à la source le cède ici aux attraits de l'imagination; pour le comte, déjà dissident par rapport à l'érudition revendiquée par les pères – ou peut-être plus exactement les grands-pères – de la philologie, l'agrément est la seule vertu. L'histoire du périodique marquera d'ailleurs la victoire de la vision plaisante du comte sur celle, savante, du marquis.

La démission de Paulmy en décembre 1778 marque en cela le véritable tournant. S'ils font encore quelques concessions aux romans de l'âge gothique, les rédacteurs

[6] *Ibid.*, p. 68.

[7] *Ibid.*

[8] «Quatrième classe: romans d'amour; *Histoire & Chronique du vaillant Chevalier Cléomadès, & de la belle Clarémonde*», in «Bibliothèque universelle des romans», avril 1777, vol. I, p. 168.

[9] *Ibid.*, pp. 168-169.

[10] *Ibid.*, p. 169.

de la «Bibliothèque universelle des romans» abandonnent alors progressivement toute volonté encyclopédique et même toute prétention historique. La classe des romans de chevalerie (qui devient en quelque sorte le tombeau des vieux romans) ne paraît plus que de manière fluctuante entre 1781 et 1785, après quoi elle disparaît corps et biens, deux ans avant que toute division par classes ne soit définitivement abandonnée. Le XVIIIe siècle constitue ainsi plus de la moitié des ouvrages analysés à partir de 1784 pour dépasser les 70 % en 1786: le répertoire initial aux prétentions scientifique et historique le cède alors à ce qui s'apparente de plus en plus clairement à un ancêtre direct du célèbre *Reader's Digest*.

Après décembre 1778, les textes médiévaux sont donc réduits à la portion congrue et les rares textes qui ont encore l'heur de figurer dans la «Bibliothèque» sont généralement fort bien diffusés par ailleurs, notamment à travers la «Bibliothèque bleue». C'est le cas, par exemple, de *Pierre de Provence et la Belle Maguelonne*, dont l'extrait est donné en août 1779. Le mouvement s'était amorcé en 1778 avec la classe des romans de chevalerie qui, contre la politique éditoriale pratiquée jusqu'alors, faisait la part belle aux textes réédités sans discontinuer dans les collections bon marché: *Ogier le Danois*, *Huon de Bordeaux*, *Maugis d'Aigremont*, *Les Quatre Fils Aymon*. La *Fleur des Batailles*, qui ouvre cette classe pour l'année 1778, alimente ainsi le contentieux entre Paulmy et Tressan. Quand Tressan la réédite en 1782, au tome second de son *Corps d'extraits de romans de chevalerie*, il insiste sur les amendements qui lui ont été imposés: «dans la vue de rendre cet extrait plus court & plus analogue à ceux de la Bibliothèque des Romans, on l'avoit tellement changé, qu'à peine pouvois-je reconnaître mon ouvrage»[11]. Il le réédite donc dépouillé des «notes intéressantes et savantes» et du «discours préliminaire» qui accompagnaient l'extrait dans la «Bibliothèque universelle des romans».

---

[11] Comte de Tressan, *Corps d'extraits des romans de chevalerie*, Paris, Pissot, 1782, t. II, p. 2.

La mise en scène de la réécriture

L'opposition entre ces deux conceptions de la réécriture, l'une savante l'autre plaisante, serait à l'origine de ces pseudo-romans médiévaux qui s'ouvrent avec *Dom Ursino le Navarin*. Ce dernier aurait même été écrit spécialement dans le but de se jouer du marquis de Paulmy, si l'on en croit une lettre que Tressan adresse à Condorcet le 2 avril 1779:

> Je vous avoue que c'est pour faire une niche à M. de Paulmy notre très bibliomane confrère que j'ai feint d'avoir trouvé *Dom Ursino le Navarin*, lequel est en entier de mon invention[12].

L'invention assumée dans la lettre à Condorcet a cependant d'abord été masquée derrière une subtile mise en scène de la réécriture où le romancier inventait une source crédible, un manuscrit trouvé dans un fonds par ailleurs bien connu:

> J'ai à moitié fait de mémoire l'extrait d'un roman qui m'a fait beaucoup de plaisir lorsque je l'ai lu dans la Bibliothèque de la Reine Christine. Ce roman est d'autant plus intéressant qu'il y met en actions les us et coutumes de l'ancienne chevalerie. Le roman a d'abord été écrit en espagnol ou du moins il est de la classe de cette nation. Le roman est intitulé: *Histoire des faits mémorables du noble prince Dom Ursino le Navarin et de la belle Inès Soviedo*[13].

Cette lettre, adressée au Marquis de Paulmy le 8 octobre 1777, laisse voir que la duperie préparée pour le directeur de la «Bibliothèque universelle des romans» a germé assez tôt dans l'esprit de Tressan, un peu plus de deux ans après qu'il s'est joint au projet. Le comte facétieux se donne une certaine marge de manœuvre en écrivant qu'il a «à moitié fait de mémoire» ce résumé du roman pseudo-médiéval et pseudo-espagnol, tout en inscrivant son récit dans une réalité bien connue, celle du fonds manuscrit légué par

---

[12] Lettre à Condorcet, 2 avril 1779. Cité par H. Jacoubet, *Le Comte de Tressan et les origines du genre troubadour*, Paris, Presses Universitaires de France, 1923, p. 252. Pour le *Dictionnaire de l'Académie*, faire une niche à quelqu'un consiste à faire «un tour de malice».

[13] Lettre au Marquis de Paulmy, 8 octobre 1777. Cité par H. Jacoubet, cit., p. 252.

la reine Christine de Suède à la Bibliothèque du Vatican.

Il insistera encore davantage sur la mise en scène du manuscrit trouvé dans l'introduction à son extrait au moment de sa parution dans la «Bibliothèque universelle des romans». Il évoque l'amitié du Cardinal Querini qui lui aurait permis d'accéder à la Bibliothèque du Vatican et donne même une description des lieux dont la précision devrait convaincre le lecteur de la réalité du manuscrit évoqué:

> À l'extrémité de l'immense & double galerie qui porte le nom de Sixte-Quint, qui la fit construire, on trouve une seconde galerie, moins étendue qu'on a fait bâtir depuis. La partie gauche de cette galerie, contient la Bibliotheque des Ducs d'Urbain (*sic*), très-riche en livres, en manuscrits Italiens, & plusieurs grands volumes de miniatures, très-précieuses. La partie droite renferme la Bibliotheque de la célebre Reine Christine[14].

L'abondance d'information qui doit laisser l'impression d'une description méthodique des lieux permet de faire illusion, tout en évitant de donner une indication de localisation plus précise, comme la cote du manuscrit, qui aurait permis à un lecteur zélé (ou simplement «bibliomane») de recouper l'information.

Les deux autres romans se donnent beaucoup moins de mal pour faire croire au sérieux de leur source. L'*Histoire de Bliombéris, chevalier de la Table Ronde*, n'est introduite que par quelques lignes qui devraient suffire à convaincre de l'heureuse découverte d'un roman arthurien jusqu'alors inconnu:

> Nous croyions avoir épuisé, il y a dix-huit mois, les Romans de la Table Ronde. Un bienfait nous désabuse. Nous revenons, pour un moment, sur nos pas: il est doux de rétrograder à ce prix[15].

Quand il reprend ce texte en tête de ses *Six Nouvelles* en 1784, Florian présente ce texte comme «la vieille histoire d'un chevalier de la table ronde»[16], mais il ajoute une phrase où s'expose le jeu avec les sources médiévales:

---

[14] *Dom Ursino le Navarin*, cit., p. 47.

[15] *Histoire de Bliombéris*, cit., pp. 3-4.

[16] J.-P. C. de Florian, *Nouvelles*, éd. René Godenne, Paris, Didier, 1974, p. 4.

> Je ne vous apprendrai rien de nouveau: en fait de mensonges, l'on a tout dit; mais, heureusement, on peut varier encore sur la manière de mentir[17].

Avec Florian, l'écriture s'assume pour ce qu'elle est, la constante réécriture des mêmes lieux si souvent visités. Pour lui, la «nouvelle» consiste bien plus à dire autrement qu'à raconter l'inédit.

Quant à *Morgus ou La Tour sans Huis*, la «Bibliothèque universelle des romans» se contente de faire suivre le titre d'un sous-titre en italique: *Extrait d'un ancien Manuscrit rare* et d'une introduction aussi brève qu'évasive:

> Des recherches non interrompues nous font découvrir encore des trésors dans les monumens de la première Chevalerie. Nous croyons plaire à nos Lecteurs en les leur offrant[18].

Poinsinet de Sivry qui, fait plutôt rare, signe cet extrait dans la «Bibliothèque universelle des romans», ne le republiera pas. Réduit à écrire des romans pour des motifs alimentaires, il semble l'avoir fait sans grande conviction, sa véritable passion restant l'écriture dramatique. Il sera d'ailleurs au cœur des débats sur le droit des auteurs dramatiques sous la Convention signant les pétitions pour «qu'aucune pièce d'un auteur vivant ne soit jouée sans qu'il y ait consenti et qu'il perçoive des droits»[19] et souhaitant réserver aux Comédiens français «les grands ouvrages du passé, de Molière à Voltaire»[20]. Après ses échecs au théâtre, notamment *Pygmalion* en décembre 1760 et *Ajax* en août 1762, il survit en se mettant «aux gages des libraires», notamment des responsables de la «Bibliothèque universelle des romans» à laquelle il aurait collaboré avec «plus de quarante volumes» d'après la lettre qu'il adresse à l'abbé Desmarais le 22 mars 1784[21]. De ces quarante

---

[17] *Ibid.*

[18] *Morgus, ou la tour sans huis*, cit., p. 113.

[19] *Adresse des auteurs dramatiques à l'Assemblée nationale, prononcée par M. de la Harpe, dans la séance du mardi soir 24 août*, s. l. n. d.

[20] *Observations pour les Comédiens François ordinaires du Roi, occupant le Théâtre de la nation. Sur le Rapport fait à la Commune de Paris par ses Commissaires, le 27 mars 1790*, Paris, Prault, 1790.

[21] Paris, BnF fr. 12410 fol. 4r°. Dans l'ensemble de la *Bibliothèque*

ouvrages, *Morgus* reste néanmoins l'unique cas de réécriture sans source directe.

Nature de la réécriture

Car ces trois fausses notices de romans médiévaux dans un contexte où tous les extraits qui les entourent sont d'évidentes réécritures de textes, par ailleurs bien connus, conduisent à interroger la nature même de la réécriture. Par-delà la supercherie littéraire ou la légitimation que donne le motif du manuscrit trouvé, ces réécritures qui n'en sont pas s'inscrivent dans un horizon d'attente auquel elles répondent au moins minimalement pour assurer la fausse inscription dans le passé médiéval. À travers elles se devinent les composantes essentielles du roman médiéval vu par un auteur/lecteur du XVIIIe siècle.

Car pour n'être pas liées directement à une source unique, ces réécritures apparentes n'en demeurent pas moins tributaires de ce que leurs auteurs connaissaient du Moyen Âge et de ses romans. Le sentiment, au reste justifié, que les recoupements sont nombreux entre des œuvres médiévales distinctes rend d'autant plus crédible la possibilité d'écrire à partir d'une topique commune, actualisée çà et là dans des œuvres singulières. Tressan l'écrit d'ailleurs à Paulmy en faisant lui-même le rapprochement entre sa propre invention, *Dom Ursino le Navarin*, et le roman médiéval de *Valentin et Orson* (dont la «Bibliothèque universelle des romans» avait donné un extrait en mai 1777). Dans la lettre où il annonce sa volonté de transcrire de mémoire le manuscrit trouvé autrefois à la Vaticane, Tressan explique ainsi son retard dans la préparation de l'extrait:

> Ce qui m'empêcha au mois d'août de finir cet extrait ce fut la lecture charmante de *Valentin et d'Orson*. Les premières aventures et la nourriture d'Ursino le Navarin est la même que celle d'Orson et il est très vraisemblable qu'un des deux auteurs a pris cette première idée de l'autre, mais toutes les aventures sont différentes[22].

universelle des romans, outre *Morgus*, seuls cinq autres notices sont signées «par M. de Sivry»: *Les Désespérés* et *Le Caloandre fidèle*, tous deux de Giovanni Ambrosio Marini, les *Annales galantes de Grèce* de Madame de Villedieu et les *Aventures d'Ulysse dans l'isle d'Æœa* de Mamin, tous parus en 1779.

[22] Lettre au Marquis de Paulmy, 8 octobre 1777. Cité par H. Jacoubet, cit., p. 255.

Tressan brouille un peu les cartes en jouant du réseau d'influences impossible à reconstituer pour retrouver la source primitive, mais il laisse tout de même filtrer que, même pour un roman «en entier de [s]on invention», comme il s'en vantait auprès de Condorcet, le recours au moins partiel à une source précise alimente aussi bien l'écriture que la réécriture. Car les premières pages de *Dom Ursino* sont en effet clairement redevables à *Valentin et Orson*, roman médiéval dont aucun témoin manuscrit ne nous est parvenu mais qui a été largement diffusé sous l'Ancien Régime, depuis la version de Jacques Maillet, en 1489[23], jusqu'aux collections de colportage[24]. Le roman de Tressan développe ainsi longuement, à l'instar du roman médiéval, l'éducation par une ourse et le conflit entre l'éducation et la sauvagerie.

D'autres motifs facilement repérables émaillent le texte de Tressan. Certains ne sont pas propres à la narration médiévale, comme la marque distinctive sur le corps du héros ou le combat dans l'île, mais d'autres renvoient plus clairement à un épisode précis d'un roman médiéval. Ainsi, à l'image du Perceval de Chrétien de Troyes (dont la «Bibliothèque universelle des romans» a donné une première version en novembre 1777) qui ne connaît rien à l'armement des chevaliers, le jeune Ursino, voyant une armure pour la première fois, «avoit attaché comme des bracelets à ses bras les éperons dorés dont il ignoroit l'usage» (*Extraits*, p. 28). Le lien avec les romans arthuriens est d'ailleurs subtilement mis en abyme par Tressan qui précise que son héros «avoit appris bien plus facilement à lire dans l'histoire d'Artus, de Lancelot & de Tristan, que dans les légendes de S. Jacques & de S. Pacôme. Il embarassoit souvent le bon hermite par ses questions sur la belle Genièvre, la tendre Yseut, & sur l'amour» (*Extraits*, p. 31)[25]. Au dire du narrateur, il reste d'ailleurs complètement tributaire de son éducation romanesque quand il est confronté à la gent féminine.

---

[23] *Histoire de Valentin et Orson*, Lyon, Jacques Maillet, 1489.

[24] *L'histoire des deux nobles et vaillants chevaliers Valentin et Orson* a été rééditée, entre autres, à Paris, chez la Veuve Bonfons en 1569, à Lyon, par Benoît Rigaud, en 1590 et par Pierre Rigaud en 1605, à Troyes, chez Jacques Oudot en 1698, édition réimprimée par sa veuve en 1719 et en 1723. Elle a aussi fait l'objet d'une notice dans la «Bibliothèque universelle des romans» en mai 1777.

[25] On pourrait encore citer le vœu et le pèlerinage d'Inigo qui rappellent ceux de Perse et de Topaze dans *Flores et Blanchefleur*.

L'onomastique est un autre moyen efficace pour ancrer le texte dans l'univers du roman médiéval. Le titre de la nouvelle de Florian repose tout entier sur l'écho que pouvait avoir le nom d'un personnage secondaire du corpus arthurien. Il faut dire que, dans ce cas précis, l'auteur appartenait à l'Ordre des Jardins où les pseudonymes des membres faisaient la part belle aux personnages des romans médiévaux puisqu'on y comptait un Lionel, un Lancelot, un Tristan et un Gauvain et que, dans sa correspondance avec les membres de cette société, Florian signe lui-même «votre chevalier Claris»[26]. Son *Bliombéris*, situé à l'époque de Pharamond, met en scène, entre autres, Boort, Palamède, Lionel, Perceval le Gallois et Blanchefleur. Certains noms évoluent entre la version de 1779 et celle de 1784: ainsi le Brechus sans pitié de la «Bibliothèque des Romans» devient simplement Brehus dans l'édition des *Six Nouvelles*.

Poinsinet de Sivry reprend à son tour un certain nombre des grands noms du roman médiéval, mais il sait aussi en jouer, comme avec son personnage principal, chevalier médisant dont le nom fait écho à celui de la fée Morgue. Lui-même, pour s'emparer de la femme qu'il aime et berner les Chevaliers de la Table Ronde, se présente comme «Merlinor, élève de Merlin»[27]. D'autres éléments laissent entendre à la fois l'ironie de l'auteur et une certaine connaissance du roman médiéval, notamment au moment du combat où les principaux héros arthuriens sont mis hors jeu par l'ingéniosité d'un nain hideux, ce qui permet au narrateur de commenter sur «le roi Marc de Cornouailles, qui n'avoit jamais vu bien clair»[28], avant de développer cet aspect quand les dames se rendent en pleurs au chevet des chevaliers blessés. Alors que Guenièvre doit se contenter de regards furtifs vers Lancelot, «la vraie cause de ses larmes», Yseut profite au contraire très directement des blessures de son mari:

> Pour la belle Yseut, femme du Roi de Cornouailles, elle

---

[26] Voir, entre autres, les lettres à M. et Mme de Pioger, respectivement du 20 avril et du 20 octobre 1778, in Florian, *Mémoire et correspondance*, éd. J.-L. Gourdin, pré-édition limitée à 250 exemplaires, Sceaux, JBM21, 2005, pp. 96-98 et 111-113.

[27] *Morgus, ou la tour sans huis*, cit., p.123.

[28] *Ibid.*, p. 132.

ne donnoit point dans cette réserve gênante. Son imbécile mari avoit une compresse sur chaque œil. Elle tira parti de ce surcroît d'aveuglement, pour courir à l'alcove où reposoit son cher Tristan[29].

L'aveuglement métaphorique du roi Marc dans le roman médiéval prend, dans la pseudo-réécriture, une dimension très concrète. La connivence avec le public autour de ce que chacun sait du roman médiéval lui permet d'en donner une version souriante, entre parodie et pastiche.

De son côté, Tressan se situerait plutôt entre pastiche et falsification, notamment en donnant un certain nombre de passages non seulement dans le style médiéval, mais mieux encore dans la langue médiévale ou, plus exactement, pseudo-médiévale. Par exemple, au moment où, nouvel Alexandre, Ursino vient de dompter en un instant un cheval qu'il avait pris pour un monstre, l'ermite le rassure sur la bonté de la bête:

> *Biou fils, lui* [*dit*] *adonques l'hermite, de pieça ne vistes beste plus gente & que deviez mieux aimer; or sus caressez la beste, en brief temps bon besoin vous fera telle*[30].

Dépourvues de la dimension ludique caractéristique du pastiche, les citations en ancien français relèveraient donc davantage du travail de faussaire censé convaincre de l'authenticité de la source d'où le passage serait extrait tel quel, y compris l'incise. Seul problème, Tressan a présenté ce texte comme la traduction d'un ouvrage espagnol. Mais le comte n'est pas à une contradiction près! L'important pour lui est de donner à son récit un vernis espagnol (dont il a pu mesurer l'intérêt plus grand sans doute que pour les romans arthuriens à travers l'*Amadis* dont il a été un important relais à l'époque des Lumières), dussent les chevaliers ibériques parler ancien français!

Poinsinet de Sivry n'a pas les mêmes scrupules quand il donne à entendre le discours intérieur de ses personnages. L'étrangeté du passage est signalée dans la «Bibliothèque universelle des romans» par les italiques, réservées par convention aux citations originales, mais c'est plutôt l'excès que l'ancienneté qui caractérise ici le discours prêté

---

[29] *Ibid.*, p. 135.
[30] *Dom Ursino le Navarin*, cit., p. 75.

aux amants transis que sont Fragel, frère d'Yseut, et Carly, fille d'un des premiers barons de l'Écosse:

> *Formés l'un pour l'autre, épris l'un de l'autre, promis l'un à l'autre, Hymen! ô Hymen! hâte toi de nous unir*[31].

S'il ponctue son texte de rares anachronismes (ainsi p. 137: «[le faucon de Fragel] penche la tête de côté pour *mirer* le haut de la tour, secoue son *pennage*, étend les ailes...»), Poinsinet de Sivry ne semble pas trop prendre au sérieux son histoire de chevalier médisant à qui ce mauvais penchant avait déjà coûté l'œil droit, l'oreille gauche et la virilité, puisqu'il subit le même sort que le cheval rendu hongre sur ordre de Danain qui «n'étoit pas roux pour rien» au dire du narrateur[32]. Au terme du récit, après avoir tenu en otage la belle Carly dans une tour sans porte, il est puni en y laissant sa dernière oreille. Après la fin attendue du mariage des deux amants, pour lequel «Morgus, en enrageant, paya les violons», précise le narrateur, le roman conclut sur la triste fin de son méprisable héros: «Il finit par être fui de tout le monde, & sur ses derniers jours, il étoit réduit à s'enivrer avec son Nain, digne fin d'un calomniateur du beau sexe»[33]. Lui-même plutôt porté sur la bouteille, d'après la *Bibliographie Universelle*[34], Poinsinet de Sivry qui rêvait de succès théâtraux en est réduit à écrire des miniatures pour ce genre mineur qu'est le roman et il semble avoir choisi de le faire avec une certaine malice. En feignant de réécrire un roman médiéval, Poinsinet de Sivry met à mal les ressorts de la fiction romanesque et quelques-uns des poncifs de l'écriture médiévale vue du Siècle des Lumières.

À travers ces exemples de réécritures qui n'en sont pas vraiment, la définition de ce geste fondamental, en quelque sorte à l'origine même du genre romanesque, se précise peut-être un peu. Même sans source réelle, le travail du romancier est toujours enté sur d'autres textes, hanté par d'autres textes. Le *Dom Ursino* de Tressan ne

---

[31] *Morgus, ou la tour sans huis*, cit., pp. 118-119.

[32] *Ibid.*, p. 116.

[33] *Ibid.*, p. 146.

[34] «En cherchant à s'étourdir sur les embarras de sa position, il eut le malheur de contracter la funeste habitude des liqueurs fortes, et il cessa d'être admis dans la bonne compagnie, dont il avait oublié jusqu'au langage», *Bibliographie universelle ancienne et moderne*, nouvelle édition revue et corrigée, Paris, Desplaces et Leipzig, Brockhaus, t. 33, 1854, p. 576b.

repose peut-être pas sur un manuscrit trouvé au Vatican, mais il s'appuie néanmoins, très consciemment, sur une relation intertextuelle assumée avec *Valentin et Orson*. Le *Bliombéris* de Florian revient, avec un renouvellement somme toute superficiel, sur «la vieille histoire d'un chevalier de la Table Ronde»[35]. Quant au *Morgus* de Poinsinet de Sivry, il prend la réécriture comme un jeu, cet aspect ludique transformant le pseudo-roman médiéval en anti-roman médiéval et orientant la réécriture du côté de la parodie, au sens le plus musical de reprise en contrepoint de motifs, renversés mais toujours identifiables.

Or, même en faussaire, le jeu du pseudo-romancier se laisse deviner et le *Dom Ursino* de Tressan, qui a connu un succès de librairie considérable, réimprimé jusqu'en 1849, n'a pas fait complètement illusion auprès de tous ses premiers lecteurs. Ainsi une lectrice, qui signe Madame de Saint-P., apostrophe Tressan dans le «Journal de Paris» du 29 mai 1779 pour lui déclarer son amour du roman et tenter de lever le voile sur son véritable auteur:

> Cet *Ursino* que j'aime à la folie
> A trop d'attraits pour être un revenant.
> [...]
> Je ne crois pas aux morts sortis du Vatican
> Pour revivre aux dépens de votre modestie
> Mais un je-ne-sais quoi me dit très clairement
> Que de ce très-joli Roman
> L'original est dans votre génie.
> [...]
> Vous n'avez mis au jour que des enfans aimables
> Vous leur devez à tous de les légitimer[36].

Dans la livraison du 3 juin 1779, Tressan lui répond en reconnaissant la paternité de son roman et en s'inscrivant dans un réseau d'autorités (il cite Fontenelle, Bussy-Rabutin, d'Alembert et Buffon) qui du lecteur ont fait un romancier[37]. Alimentés par la lecture, celle des savants

---

[35] Introduction à la réédition sous le titre *Bliombéris, nouvelle françoise* dans Florian, *Nouvelles nouvelles*, Paris, 1784, p. 178.

[36] *Épître à M. le Comte de Tressan, au sujet du Roman d'Ursino, dont il a divisé l'extrait dans les deux volumes de la Bibliothèque des Romans du mois de Janvier*, in «Journal de Paris», 149, samedi 29 mai 1779, p. 597.

[37] *Réponse de M. le Comte de Tressan à l'Épître que Madame de S. P... lui a adressée dans le Journal du 29 mai dernier*, in «Journal de Paris», 154, jeudi 3 juin 1779, p. 617.

comme celles des romans aux couvertures en papier bleu, l'écriture s'assume ainsi pour ce qu'elle est toujours, même sans source avérée: réécriture du déjà lu. Dans ce jeu de masques et d'aveux, le romancier se révèle un faussaire qui ne voulait qu'imparfaitement faire illusion.

Dal Medioevo ai Lumi: l'*Istoria della principessa di Ponthieu* (1781)

Barbara Innocenti
(Università di Firenze)

Istoria della principessa di Ponthieu, tradotta l'anno 1781: è questo il titolo del manoscritto, tuttora inedito, conservato nel Fondo Martini della Biblioteca Forteguerriana di Pistoia[1]. Celebre uomo di stato e di lettere, Ferdinando Martini[2] aveva raccolto durante tutta la sua vita un ricco nucleo librario costituito soprattutto da testi (in lingua italiana e francese) pubblicati nei secoli che vanno dal XVI al XIX. Il volume che raccoglie le carte rilegate su cui erano state trascritte le avventurose vicende dalla contessa di Ponthieu doveva far bella mostra di sé sugli scaffali della ricca biblioteca raccolta nella sua villa di Monsummano Terme già a partire dagli anni Ottanta dell'Ottocento; il manoscritto è infatti citato nella prima versione del catalogo bibliografico che Martini stesso si era preoccupato di redigere e nel quale erano elencati i «testi più preziosi e degni di nota conservati nella sua raccolta»[3]. L'*Istoria della Principessa di Ponthieu* era quindi considerata dal suo possessore come uno dei "gioielli" di quella biblioteca che aveva catturato, nel tempo, l'attenzione di letterati e giornalisti italiani e stranieri, i quali la lodarono ripetutamente per la sua «ricchezza, completezza e rarità di molti volumi e documenti ivi conservati». Una biblioteca che Martini era riuscito ad incrementare

[1] Archivio-Vetrina Martini, 52.

[2] Sulla figura di Ferdinando Martini (1841-1928) si veda in particolare: A. Chiappelli, *Ferdinando Martini: scrittore, uomo politico e cittadino*, Milano, Rivista d'Italia, 1928; M. Ferrigni, *Ferdinando Martini*, Milano, s.n., 1920; C.O. Gori, *Ferdinando Martini, profilo di un letterato impegnato in politica*, in «Microstoria», III, 17, maggio-giugno 2001, pp. 8-9; G. Spadolini, *Ferdinando Martini, un toscano europeo: impegno culturale e impegno civile intimamente associati in questo personaggio emblematico fra due secoli*, Firenze, Fondazione Nuova Antologia, 1988; C. Weidlich, *Ritratto di Ferdinando Martini*, Palermo, Domino, 1934; *A Ferdinando Martini, nel centenario della sua nascita*, Monsummano, il Ferruccio, 1941; *Ferdinando Martini e Giuliana Benzoni: tessere contatti, intrecciare culture*, Atti dell'incontro di studi, a cura di M. Nardini e T. Pasquinelli, Firenze, Polistampa, 2009.

[3] Il catalogo è conservato nell'Archivio Martini, cass. 59.

nel corso degli anni accogliendovi i doni che gli giungevano in quanto personalità politica e letteraria e anche grazie ai ripetuti acquisti che egli stesso effettuava alle aste o nelle librerie antiquarie italiane e francesi[4].

Il manoscritto oggetto della nostra attenzione faceva probabilmente parte di quella «bella eredità libraria e documentaria» che i genitori gli avevano lasciato in dono: Marianna Gerini, madre di Martini, era infatti imparentata con quel Francesco Ginori, autore del manoscritto, che si era unito in matrimonio nel 1786 con Maria Anna Gerini (1764-1842). Scarsissime sono le notizie biografiche su Ginori, di cui siamo riusciti a reperire per il momento la sola indicazione dell'anno di nascita (1739) e di morte (1827), avvenute entrambe a Firenze. Quel che è certo è che egli apparteneva a quell'ambiente nobile fiorentino che nel Settecento intratteneva proficui rapporti culturali con la Francia, da cui venivano "importate" produzioni letterarie e drammaturgiche non solo contemporanee ma anche dei secoli precedenti. L'*Istoria della Principessa di Ponthieu* si inserisce in questo contesto: l'opera manoscritta, presentata a sua volta come «traduzione di un antico manoscritto»[5], si configura infatti come una trasposizione fedele del racconto *Histoire de la Princesse de Ponthieu* inserito nel primo degli otto volumi, pubblicati nel 1722, delle *Journées amusantes*[6] di Mme de Gomez, al secolo Madeleine Angélique Poisson (1684-1770)[7], figlia dell'attore Paul Poisson (1658-1735) e nipote del più

---

[4] Quanto al Fondo Martini ci permettiamo di rinviare il lettore a due nostri contributi: B.Innocenti, *Ferdinando Martini e l'Enfer della Biblioteca Forteguerriana di Pistoia*, in «Culture del testo e del documento», n. 26, 2008, pp. 71-85; B.Innocenti, *Gocce di Memoria. Postille autografe nei libri e sugli involucri delle carte d'archivio di Ferdinando Martini*, in *Books seem to me to be pestilent things*, Studi in onore di Piero Innocenti, raccolti, ordinati e curati da C. Cavallaro, Roma, Vecchiarelli, 2011, vol. I, pp. 79-88.

[5] Questo quanto riportato sulla prima pagina del manoscritto: «Istoria della Principessa di Ponthieu, tradotta da me Francesco Ginori l'anno 1781 e tratta da un antico manoscritto comunicatomi da un amico».

[6] Mme de Gomez, *Les journées amusantes, dédiées au roi*, Paris, André Morin, 1722.

[7] Sulla biografie a le opere di Madeleine Angélique Poisson cfr. W.F. Edmiston, *Plots, patterns and challenges to gender ideology in Gomez and Sade*, in «French Review», 73, 2000, pp. 463-474; S. Jones, *A woman writer's dilemma: Madame de Gomez and the early eighteenth-century novel*, in *Femmes savantes et femmes d'esprit: Women intellectuals of the french eighteenth century*, New York, Peter Lang, 1994, pp. 77-98; S. Jones, *A woman novelist of the 1730's*, in «Studies on Voltaire and the Eighteenth Century», 304, 1992, pp. 788-791.

celebre Raymond Poisson (1630-1690), autore ed attore dell'Hôtel de Bourgogne.

La traduzione di Ginori testimonia l'interesse che si era diffuso anche in Italia nei confronti delle vicende leggendarie legate alla contessa di Ponthieu, che furono riscoperte in Francia nel Seicento per poi conoscere uno straordinario successo nel Settecento. La storia, lo ricordiamo brevemente[8], era stata tramandata nel Medioevo in due versioni: la più antica, reperibile in un manoscritto conservato alla Bibliothèque Nationale, fu redatta verso la fine del XIII secolo ed è generalmente conosciuta con il titolo di *La fille du comte de Ponthieu* (anche edita nell'Ottocento sotto il titolo *Voyage d'outre-mer du comte de Ponthieu*); la seconda, di poco più tarda, è stata interpolata in due manoscritti miscellanei della fine del XIII secolo (anch'essi conservati alla Bibliothèque Nationale), all'interno di una cronaca dal titolo *L'Histoire d'outre-mer et du Roi Saladin*. La leggenda fu poi ripresa nel XV secolo all'interno di un romanzo ciclico in prosa dal titolo *Jean d'Avesnes* composto alla corte dei duchi di Borgogna in una data anteriore al 1468, in cui le vicende della contessa sono poste al centro di un trittico che inizia con le gesta di Jean d'Avesnes (presentato come il padre del conte di Ponthieu) e termina con una serie di avventure favolose di cui è protagonista Saladino. Fu tuttavia soprattutto nel XVIII secolo, come si è detto, che la storia della bella e sfortunata contessa catturò l'attenzione di autori, lettori e spettatori. Basandosi su svariate analisi dei manoscritti medievali che vennero condotte nel secolo precedente (fra le tante possiamo citare quella contenuta nell'opera di Adrien de Bouffler, *Le choix de plusieurs histoires et autres choses mémorables tant anciennes que modernes*)[9] nonché su alcuni tentativi di fornire un fondamento storico alla narrazione leggendaria (fra i più importanti quello di Padre Ignace Joseph, che nella sua *Histoire généalogique*

---

[8] Non possiamo qui che rimandare alle varie edizioni critiche che sono state fornite, nel tempo, delle diverse versioni della leggenda. Cfr. in particolare: J.P.S. Makeieff, *La fille du comte de Ponthieu*, edition and study, Berkeley, University of California, 2007; C. Brunel, *La fille du comte de Ponthieu*, conte en prose, versions du XIIIe et du XIVe siècle, Paris, Champion, 1923; *La comtesse de Ponthieu*, conte en prose du XIIIe siècle, traduit par F. Fleuret, Paris, Éditions de la Sirène, 1920.

[9] A. de Bouffler, *De la dame de Dommarc*, in *Le choix de plusieurs histoires et autres choses memorables tant anciennes que modernes, appariées ensemble, pour la plupart non encore divulguées*, à Paris, chez P. Mettayer, 1608, pp. 493-499.

des comtes de Ponthieu[10] identificò la contessa in Adèle, figlia di Jean, conte di Ponthieu, e il suo sposo in Thomas Saint-Valéry, signore di Domart, morto nel 1214), alcuni letterati e drammaturghi settecenteschi offrirono al pubblico diverse versioni della leggenda, che divenne di volta in volta racconto, romanzo, tragedia, tragedia lirica e infine balletto-pantomima.

Ma quali erano gli elementi della più antica novella in prosa francese (tale almeno viene considerata) che avevano saputo catturare l'attenzione di lettori e spettatori della Francia del XVIII secolo? La storia della contessa di Ponthieu ruota intorno allo stupro di cui era rimasta vittima la nobildonna nel corso di un pellegrinaggio intrapreso con il marito, Thibault, per chiedere una grazia a San Giacomo di Galizia: uniti in un matrimonio d'amore, i due sposi non riuscivano ad avere quei figli che tanto desideravano, e che avrebbero fatto la gioia del vecchio conte di Ponthieu, da tempo rimasto vedovo. Fermatisi durante il tragitto a riposare in una locanda, Thibault e la moglie ripartono dopo aver incautamente inviato in avanscoperta i loro servitori. Rimasti soli, si imbattono in un gruppo di briganti, che riescono ad avere la meglio sul cavaliere: denudato e legato, Thibault viene gettato in un roveto ed è costretto ad assistere alle violenze subite dalla moglie, che viene infine abbandonata sul ciglio della strada dai banditi. La contessa, ripresasi dalle violenze di cui è stata vittima, raccoglie una spada che si trova accanto al corpo di uno degli uomini che Thibault era riuscito ad uccidere, si precipita sul marito e tenta, con gran stupore di quest'ultimo, di colpirlo. Quel colpo riesce però solo a recidere le corde che gli legavano le mani. Nessuna giustificazione per questo strano gesto è data dalla protagonista o dal narratore. Il pellegrinaggio si conclude nella più profonda tristezza ed inquietudine; di ritorno a Ponthieu, la contessa persiste nei tentativi di uccidere il marito fino a che il padre, venuto a conoscenza dell'accaduto e di quanto la figlia sta progettando, la fa rinchiudere in una botte e la abbandona in mare. La contessa viene salvata da mercanti olandesi e condotta infine nel serraglio del sultano d'Almeira, che se ne

---

[10] J. Samson, *Histoire généalogique des comtes de Ponthieu et maieurs d'Abbeville*, à Paris, chez Clouzier, 1657.

innamora e ne fa la sua sposa, dopo averla indotta ad abiurare la religione cattolica. Nel frattempo il vecchio conte di Ponthieu, in preda al rimorso, decide di partire per le crociate insieme al figlio minore e a Thibault, distrutto dal dolore per la perdita dell'amata moglie. Dopo un anno trascorso in combattimenti vittoriosi, i tre uomini decidono di tornare in Francia; una terribile tempesta fa tuttavia naufragare il loro vascello proprio sulle coste di Almeira. Fatti prigionieri dai soldati del sultano, sono condannati a morte; la contessa, che inizialmente non si fa riconoscere dai propri congiunti, riesce a salvarli con uno stratagemma. Svelerà la propria identità solo quando sarà sicura che l'affetto dei suoi cari nei suoi confronti è rimasto immutato, ed è solo allora che fornirà una spiegazione all'istinto omicida che l'aveva spinta a dare la morte a Thibault. La contessa pone all'origine del suo comportamento la paura di essere rimproverata e disprezzata per l'accaduto da un marito profondamente amato e stimato, e con il quale riesce infine a ritornare in Francia, in compagnia del padre, del fratello e di uno dei due figli (il figlio maschio) avuti dal sultano. Riconciliatasi con la fede cattolica, alla morte del padre la nobildonna entra in possesso della contea di Ponthieu, ereditata successivamente dai due figli avuti dal marito dopo il suo ritorno in patria. In quanto ai figli avuti dal sultano, saranno entrambi all'origine di importanti dinastie: quella dei baroni normanni di Préaux, casata in cui il figlio della principessa entra per matrimonio, e quella di Saladino, nipote della bambina che la contessa aveva lasciato in Almeira alle cure del padre.

Molti sono quindi gli elementi della leggenda che dovettero affascinare i lettori-spettatori del Settecento: l'ambientazione medievale, la patina orientale delle vicende ricche di colpi di scena, ma soprattutto quel "perturbante" che scaturiva da un'azione violenta, seguita da un comportamento apparentemente inspiegabile da parte della vittima, che Alfred Delvau, letterato ottocentesco autore di una traduzione in francese moderno di uno dei manoscritti medievali, cercò di esplicitare con le seguenti parole:

> Ce que je ne puis résister à l'envie de dire [...], c'est qu'après m'avoir frappé – et même scandalisé – l'esprit par sa hardiesse, par sa nouveauté, par son imprévu, comme une sorte d'anachronisme moral, il [ce récit] m'a

fait longtemps, et longtemps encore, rêver. J'en étais resté, moi, à la légende de Lucrèce, qui avait poussé la sauvagerie de l'honneur outragé jusqu'à se tuer pour se punir du crime commis par un autre, [...], j'en était resté à cette héroïque légende, qui place le nom de l'épouse de Collatin à la première page du Livre d'Or des femmes; et voici la femme d'un obscur chevalier picard qui, tout aussi chaste que l'autre, tout aussi fidèle à l'honneur, interprète cependant d'une façon diamétralement opposée les conséquences du même crime, puisqu'au lieu de se tuer elle veut tuer son mari! Par quels raffinements inouïs de délicatesse féminine la comtesse de Ponthieu en arrive à cette conclusion, de préférence à celle de Lucrèce, on le devine en cherchant bien et pendant longtemps; mais, tout en le devinant, tout en se rendant compte des mouvements d'âme et des inspirations de conscience qui l'ont amenée à agir ainsi et non pas, purement et simplement, à la façon de mille autres femmes dans le même cas, on n'en reste pas moins comme étourdi de la singularité du fait. Tant il est vrai qu'il y a, en certaines actions humaines, une hauteur mystérieuse insupérable pour le commun des esprits![11]

Ma che cosa era rimasto di tutto questo nelle riscritture e trasformazioni settecentesche della leggenda? Ben poco nel romanzo in due volumi del conte di Vignacourt, pubblicato nel 1723 con il titolo di *Edèle de Ponthieu*,[12] dove lo stupro è sostituito dal rapimento della principessa coinvolta successivamente in varie avventure a sfondo orientale; molto di più invece nel già citato racconto di Mme de Gomez, fonte del nostro manoscritto, che l'autrice probabilmente compose, come si è accennato, sulla base di uno dei riassunti della leggenda medievale composti nel XVII secolo. Se l'impianto della storia tramandataci dai componimenti medievali è generalmente rispettato, l'*Histoire de la Princesse de Ponthieu* scritta dalla Gomez e la traduzione italiana manoscritta differiscono invece notevolmente nella narrazione, in cui sono introdotti elementi di caratterizzazione psicologica sconosciuti ai testi originari. Tre sono inoltre gli assi principali intorno ai quali ruotano le modifiche apportate dal Mme de Gomez alla *fabula* originale:

– il richiamo alla contemporaneità

---

[11] A. Delvau, *La comtesse de Ponthieu*, roman de chevalerie, Paris, Librairie de Bachelin-Deflorenne, 1865, pp. XII-XIII. Nel corso di questo intervento citerò la Ponthieu sia come principessa che come contessa.

[12] A. de la Vieuville de Vignacourt, *Edèle de Ponthieu*, nouvelle historique, Paris, Robinot, 1723.

- la razionalizzazione
- l'adeguamento alle *bienséances*

L'ambientazione medievale fornisce l'occasione alla scrittrice, che interviene frequentemente nel testo, di richiamare i contemporanei a dei modelli di comportamento che gli uomini del suo secolo sembrano aver abbandonato. Esempio virtuoso per una società in cui alcuni valori basilari appaiono irrimediabilmente perduti, il mondo cavalleresco è spesso posto in antitesi con quello del primo Settecento:

> Questa idea, che cominciava ad inquietare Tebaldo, lo fé risolvere a fare un voto a San Giacomo di Galizia. Gli uomini di quel secolo non erano guasti in spirito come in questo. L'eroe cercava al pari di dimostrare la pietà e il suo valore, e ciò che al giorno d'oggi passerebbe per una debolezza, dava in quel tempo un novello splendore alla virtù.[13]

E ancora:

> Il conte gli giurò da cavaliere (giuramento sacro in quel tempo) che non vi era cosa ch'ei non fosse capace di fare per assicurare la di lui felicità.

Il recupero dell'etica cavalleresca va di pari passo con il tentativo di "razionalizzazione", da parte dell'autrice, di alcuni elementi della leggenda. Se il compilatore medievale non si preoccupa di fornire spiegazioni logiche e psicologiche a molti degli avvenimenti, Mme de Gomez invece interviene cercando di giustificare vicende e comportamenti, tradendo così ad esempio quel "perturbante" dell'originale che tanto aveva colpito Alfred Delvau. I tentativi della nobildonna di uccidere il marito dopo lo stupro (a cui la contessa riesce a sfuggire nella riscrittura in virtù delle *bienséances* che ne rendevano impossibile la narrazione completa) sono immediatamente svelati in questi termini:

> Ma chi può descrivere la spaventevole disperazione dell'infelice principessa? Ella si strappava i capelli, si

---

[13] La citazione presente e quelle che seguono sono tratte dal manoscritto (cfr. la nostra trascrizione in Appendice), citato all'inizio di questo nostro contributo, conservato nel Fondo Martini della Biblioteca Forteguerriana di Pistoia. Il Ginori segue fedelmente l'andamento della scrittura della Gomez, compresi i suoi interventi d'autrice. Le pagine sono prive di numerazione.

percuoteva il viso, pregava, minacciava, si dibatteva, e faceva risuonar la foresta dei suoi gridi violenti senza che i barbari cangiassero disegno. Non vi fu mai femmina che desiderasse con maggiore ardore d'esser bella di quello che desiderò la principessa in quel tempo di divenir deforme. Ella avrebbe voluto a costo della propria bellezza che la sua testa si fosse cangiata con quella di Medusa; ma i suoi voti e le sue grida furono del pari inutili. Vittima della forza, e del furore, ella avrebbe sofferto tutto l'orrore di quello spaventevole sagrifizio se uno strepito di cavalli e di voci umane non avesse obbligato quegli empi a fuggire ed a nascondersi. Lo spavento inseparabile dai delitti li costrinse ad abbandonare la loro preda e fuggendo essi con una prontezza incredibile, l'infelice Principessa li perdette tosto di vista. Ma la sua funesta avventura troppo presente a'suoi occhi per poter sparire con quelli che ne erano gli autori, intorbidò sì crudelmente il suo spirito che immaginandosi d'esser divenuta l'obbrobrio della natura e credendo di non poter più ispirare nel cuore del suo sposo che del disprezzo per la sua persona, lo riguardò da quel punto come il più crudele de' suoi nemici. Testimonio essendo quei della sua disgrazia, la sua turbata fantasia, o per meglio dire immaginazione, gli fé credere che era d'uopo liberarsi dell'unica persona che ne era stata spettatrice e che sola potea pubblicarla: piena di quest'idea d'essere ormai resa indegna della di lui stima e amore, il suo si cangiò in furore e in odio e divenuta altrettanto barbara quanto coloro che erano fuggiti, vedendo a' suoi piedi la spada di uno degli assassini che Tebaldo aveva ucciso, l'impugnò e corse col braccio alzato per togliere la vita all'infelice suo sposo.

Alla mancanza di reazione della contessa nel momento in cui viene rinchiusa nella botte, poi abbandonata in mare, l'autrice settecentesca offre invece questa spiegazione, affidata alle parole rivolte al padre dalla protagonista:

> La perturbazione dell'animo mio mi impedì di conoscere tutto l'orrore del mio supplizio e vi può sovvenire, o Signore, che io non feci sforzo veruno per difendermi, essendo in una specie di avvilimento che partecipava più di imbecillità che di stupidezza.

La fuga verso la Francia, e l'abbandono della figlia nelle mani del Sultano a cui era legata da profonda stima ed affetto, sono spiegate con queste parole, che la contessa consegna ad una lettera fatta da lei recapitare dopo la sua partenza:

> S'io non avessi avuto che da combattere la tua generosità, t'avrei scoperta la cagione della mia fuga, persuasa che piuttosto d'impedirla tu l'avresti favorita. Ma il tuo amore e la tua religione essendo ostacoli insuperabili m'è convenuto usar l'artifizio per liberarmi dalle tue mani. Io non t'abbandono per effetto d'incostanza ma seguo il mio sposo, mio padre e mio fratello che sono i tre schiavi de' quali tu m'hai donato la vita. Il mio sposo avendo esposta la sua per la tua gloria, per quella del tuo regno e per la sicurezza della tua persona, egli mi ha liberato presso te da tutte le mie obbligazioni. Io sono cristiana, e sovrana, pria dell'esser tua; quindi ben vedi a cosa mi obblighino il mio rango e la mia religione. Non dimenticherò mai l'amore che tu mi hai reso e sarà eterna la mia riconoscenza. Ti lascio mia figlia, la cui tenera età mi ha obbligato abbandonare. Riguardala con occhio di padre. Ti auguro tutte quelle felicità che ti meriti e prego il cielo che ti doni quel lume divino che manca alle tue virtù.
>
> La Principessa di Ponthieu

Numerosi gli esempi a cui potremmo fare ulteriore riferimento e che testimoniano i tentativi di Mme de Gomez, seguita dal suo traduttore, di dissipare parte di quella "nube fantastica e irrazionale" in cui era avvolta la leggenda, tentativi che avrebbero potuto non incontrare il gusto dei contemporanei. Sulla strada della "razionalizzazzione dell'irrazionale" medievale si mossero anche gli autori delle opere teatrali ispirate alle avventure della contessa di Ponthieu: Antoine de la Place, con la sua tragedia *Adèle, comtesse de Ponthieu*[14], rappresentata nel 1757, e Jean-Paul-André de Razins Saint-Marc, con la sua *Adèle de Ponthieu*[15], tragédie-lyrique in tre atti rappresentata nel 1772 e più volte rielaborata successivamente nella struttura e nella trama. La Place, ispirandosi al romanzo di Vignacourt, si allontanò molto dall'originale medievale, e presentò sulla scena una vicenda che poneva al centro il rapimento della contessa e la sua suc-

---

[14] A. de la Place, *Adèle, comtesse de Ponthieu*, tragédie, représentée pour la première fois par les Comédiens ordinaires du Roi le 28 avril 1757 et remise au théâtre au mois de novembre de la même année, à Paris, chez Barrois l'aîné, 1783.

[15] J.P.A. de Razins Saint-Marc, *Adèle de Ponthieu*, tragédie-lyrique en trois actes, in *Œuvres de Monsieur de Saint-Marc*, de l'Académie de Bordeaux, troisième édition, dédiée au Roi de Suède, à Paris, de l'Imprimerie de Monsieur, 1775.

cessiva liberazione in Terra Santa da parte del marito, a cui era stato fatto credere che la moglie fosse fuggita in compagnia di un amante. L'editore della tragedia giustificò i sostanziali rimaneggiamenti operati dal drammaturgo appellandosi alle regole della verosimiglianza:

> Cette princesse, injustement condamnée par son père, attachée à son mari, vendue à un Soudan, reconnue longtemps après, et ramenée triomphante dans sa patrie, ayant présenté à M. de la Place un sujet digne de la scène française, il s'agissait, après en avoir écarté le merveilleux de nos anciens chroniqueurs, de soumettre sa fable aux règles de la vraisemblance[16].

Significativi cambiamenti nell'intreccio furono operati anche da Saint-Marc, che incentrò la vicenda sul rapporto padre-figlia: il conte di Ponthieu, rifiutando la mano di Adèle a Raymond, che la donna ama e dalla quale è riamata, è causa della sua infelicità. Il marito impostole, geloso e collerico, accusa ingiustamente la nobildonna di infedeltà. L'onore di Adèle sarà difeso dallo stesso Raymond, che trionferà uccidendo il rivale in un combattimento cavalleresco rappresentato con grande pompa; un combattimento, avverte l'autore in una didascalia, da rappresentarsi a cavallo in occasione delle messe in scena nei giardini di Versailles. L'ambientazione medievale della pièce, resa con ricchezza di costumi e scene sontuose, contribuì al reiterato successo della tragedia, che Saint-Marc presentò nella raccolta delle sue opere complete in questi termini:

> Le désir de voir sur le théâtre la pompe et les usages si respectables de la chevalerie, sans aucun mélange fabuleux, m'a fait naître l'idée de cette tragédie. [...] J'ai voulu rappeler ces jours, peut-être trop oubliées, où les premières instructions que recevait la jeune noblesse étaient des leçons d'amour et de respect pour les dames, de dévouement à sa religion, à sa patrie, à son souverain, des leçons de valeur, de franchise et d'humanité. [...] Quand j'ai cru devoir espérer quelque succès de cet ouvrage, c'est sur le choix du sujet que j'ai principalement fondé mon espérance. Pouvais-je m'en défendre, dans cette ivresse qu'il est si naturel de ressentir en parlant de sa nation, en l'entretenant d'elle-même, en lui rappelant

---

[16] *Avertissement de l'éditeur*, in A. de la Place, *Adèle, comtesse de Ponthieu*, cit., pp. III-IV.

ses vertus, ses agréments, et surtout cette estime qu'elle
se doit? En effet, remettre les temps glorieux de la chevalerie sous les yeux de la nation française, c'est sans
doute lui retracer son attachement à ses devoirs, à son
souverain, à la patrie; c'est intéresser une nation aussi
généreuse que guerrière par l'image de ses triomphes;
c'est intéresser la nation la plus aimable par le tableau
de cette galanterie héroïque qui l'a toujours particulièrement caractérisée[17].

Al pari di Mme de Gomez, Saint-Marc proponeva ai suoi contemporanei un modello a cui ispirarsi; quello di un tempo che appariva dominato da valori (quelli etici e cortesi dell'antica cavalleria) che sembravano perduti per sempre.

Le vicende della contessa di Ponthieu furono, in sostanza, oggetto di numerosi rimaneggiamenti nel corso del Settecento, tra i quali il famoso balletto-pantomima di Noverre[18] messo in scena a Vienna nel 1773.

Trasformate e modificate più o meno profondamente, la narrazione e l'intreccio dell'originale medievale conservarono nonostante o in virtù delle mutazioni, un fascino che seppe attrarre e sedurre spettatori e lettori non solo della Francia dei Lumi ma anche dell'Italia settecentesca. La traduzione manoscritta di Francesco Ginori conservata alla Forteguerriana non è infatti che uno degli importanti "testimoni" rivelatori dell'interesse di letterati e drammaturghi italiani nei confronti della leggenda, diffusa attraverso una precedente traduzione delle *Journées amusantes* ad opera di Pietro Chiari[19], nonché dei riadattamenti delle tragedie dedicate alla contessa di Ponthieu. Ripresa nell'Ottocento, in racconti e opere teatrali nonché oggetto di recenti studi filologici, la leggenda ha esercitato un'attrazione che non si è ancora esaurita, e che è indice della sua "modernità".

---

[17] *Avant-Propos*, in J.P.A.Razins de Saint-Marc, *Adèle de Ponthieu*, cit., pp. 3-6.

[18] J.G. Noverre, *Adèle de Ponthieu*, ballet tragi-pantomime en cinq actes, Vienne, s.n., 1773.

[19] Il manoscritto della traduzione è conservato presso la Biblioteca Medicea Laurenziana di Firenze (S. Marco 913).

M.A.P. de Gomez, *Histoire de la Princesse de Ponthieu*, Paris, s.n., 1731.

Appendice

*Istoria della Principessa di Ponthieu, tradotta da me Francesco Ginori l'anno 1781 e tratta da un antico manoscritto comunicatomi da un amico**

Fra tutti i Grandi che brillavano nella Francia sotto il regno di Filippo I, i conti di San Polo e di Ponthieu si facevano maggiormente distinguere; particolarmente il conte di Ponthieu, che possedendo una considerabile estensione di stati, sosteneva il titolo di Sovrano con un'unica figlia, il di cui spirito e bellezza sostenuti dalle grandi qualità di suo padre rendevano la sua corte galante e superba, e v'attraevano tutti i più valorosi cavalieri di quel tempo.

Il Conte di S. Polo non avea figli, ma un nipote figliuolo di sua sorella, e del Signor di Domar, il quale era l'unico erede de' suoi beni e del suo nome. La speranza di questa eredità formava allora tutta la sua fortuna; ma essendo stato formato dal Cielo per piacere, si può dire che egli era di quegl'uomini che non hanno di bisogno che si sé stessi per assoggettare gli altri: venendo in lui risarciti dal suo valore, spirito, e buona mina, accompagnati da una gran nascita, ciò che gli mancava di fortune e ricchezze. Questo giovine cavaliere, essendosi fatto ammirare dal Conte di Ponthieu, in un torneo di cui egli riportò tutto l'onore, prese questi tanta stima di lui che volle averlo alla sua corte. I vantaggi considerevoli, che gli esiti per impegnarvelo, ponevano il nipote del Conte di S. Polo tanto al di sopra di ciò che poteva in allora pretendere, che gl'accettò con piacere, ed il Conte di Ponthieu si crede fortunato per esser riuscito nel suo disegno.

Tebaldo, così nomina la storia questo giovine cavaliere, non giunse appena alla corte del Conte, che la libertà di far la sua alla Principessa gliene fece scoprir tutte le bellezze con una ammirazione che diede luogo bentosto all'amore: e benché la ragione volesse opporvisi, rappresentandogli che ei non era in stato d'alzar le sue mire sino a questa Principessa, gli convenne cedere alla sua passione: ma per punirsi in qualche maniera di questo ardor temerario, egli si condannò ai rigori di un eterno silenzio.

La Principessa era veramente la più bella persona dell'età sua; ma non era già insensibile ed avea lo spirito troppo illuminato per non scoprire l'effetto della potenza de'suoi vezzi. Malgrado la diligenza di Tebaldo, essa conobbe il dardo che l'avea ferito e

* La nostra trascrizione è fedele all'originale.

fece a se stessa un secreto applauso d'una conquista per ottener la quale non avrebbe il suo core sospirato. Nondimeno le stesse ragioni, che obbligavano Tebaldo a tacere, la costrinsero a celare i suoi sentimenti; ed i loro occhi soli diedero loro ad intendere che essi si trovavano più amabili che il rimanente del mondo, e soli degni d'amarsi scambievolmente.

Siccome i Sovrani in quel tempo erano in gran numero, essi aveano sovente da sostenere delle guerre gli uni contro degli altri. Il Conte di Ponthieu avendo maggior estensione ne suoi stati, v'era altresì il più esposto ma Tebaldo, col suo valore e prudenza, lo rese si rispettabile a' suoi vicini che a misura che egli ampliava i suoi stati ve lo rendeva sempre altrui pacifico possessore.

I suoi importanti servigi accrebbero l'amore del Conte per lui, e la secreta inclinazione della Principessa. Intanto una strepitosa vittoria che Tebaldo riportò, e che era dell'ultima conseguenza al Conte di Ponthieu, spinse la stima e la riconoscenza di questo Principe a tal grado che in mezzo a tutta la sua corte e allo strepito delle acclamazioni del popolo, egli abbracciò il giovine eroe e lo pregò a domandargli il prezzo de'suoi servigi, e che quand'anche questo fosse la metà de'suoi stati, ei si stimerebbe felice di poter contrassegnargli la sua gratitudine e tenerezza.

Tebaldo, che non avea fatto nulla, che per rendersi degno della passione che l'accendeva, incoraggito da offerte si generose si gettò ai piedi del Conte assicurandolo che la sua ambizione era soddisfatta, poiché aveva avuto la buona sorte di combattere e vincere per lui; ma che il suo cuore era ben più temerario e più difficile da contentare, e che egli solo osava dimandargli una grazia dalla quale dipendeva tutta la sua felicità.

Il Conte lo strinse a spiegare e gli giurò da Cavaliere (giuramento sacro in quel tempo) che non vi era cosa ch'ei non fosse capace di fare per assicurare la di lui felicità. Questa avendo rimesso Tebaldo dal torbido cagionatogli dall'arditezza de'suoi desideri: Oso dunque o Signore, gli disse, supplicarvi di permettermi che io mi dichiari Cavaliere della Principessa e che io possa servirla e adorarla in tal qualità. Non ignoro già la temerità dei miei voti, ma s'è necessaria o Signore, gli disse, una corona per meritarla, lasciatemi una lusinghiera speranza che già questa spada assai felice per aver debellato i vostri nemici, animata e condotta dall'amore mi formerà un giorno una sorte degna della gloria alla quale aspiro. Non si può perfettamente descrivere l'allegrezza del Conte di Ponthieu a questa domanda; egli rialzò Tebaldo, che si era sempre tenuto ai suoi piedi e abbracciandolo teneramente: Non mi resta più nulla a bramare, gli disse, oh mio figlio, e prego il Cielo che ei renda mia figlia altrettanto favorevole a' vostri voti quanto io mi compiacerò a soddisfarli. A queste parole prendendolo per la mano lo condusse all'appartamento della Principessa. Mia figlia, le disse il conte, siccome io non ho cosa più cara di voi, voi sola potete compensare quanto devo a questo giovine eroe. Il suo rispetto per voi non gli permette di dimandare che l'onore d'esser vostro Cavaliere, ed io vengo a pregarvi di riceverlo per vostro sposo. Egli ha troppo merito, e troppo amore perché il vostro cuore possa essergli insensibile. Arrossì la Principessa, abbassò gli occhi; ma costretta a rispondere ella confessò che la scelta del Conte gli era cara, ed era disposta a' suoi voleri. Tebaldo la ringraziò di questa favorevole confessione con termini che contrassegnavano egualmente l'eccesso dell'amor suo e della sua allegrezza.

Non volle il Conte farli languire nell'aspettazione d'una felicità che egli avea già stabilita, perciò nell'istesso momento comandò i preparativi di questo sposalizio, il quale pochi giorni dopo si celebrò con una magnificenza degna degl'oggetti della solennità. L'imeneo di concerto con l'amore non servì che a rendere più durevole il loro ardore: il possesso ben lungi d'estinguerli sembrò la face che li riaccendesse. Il Conte era incantato della loro unione, ed il suo cuore avea difficoltà a decidere chi amasse egli più, il genero o la figlia.

Passarono così due anni senza alcun torbido, fuor che il dispiacere di non aver figli, e benché ciò nulla diminuisse il loro amore, sembrava loro che la sua perfezione consistesse in averne de frutti.

Questa idea, che cominciava ad inquietare Tebaldo, lo fe' risolvere a fare un voto a S. Giacomo di Galizia. Gli uomini di quel secolo non erano guasti di spirito come in questo. L'eroe cercava al pari dimostrare la sua pietà, che il suo valore, e ciò che al giorno d'oggi passerebbe per una debolezza, dava in quel tempo un novello splendore alla virtù.

Non recò dunque veruna sorpresa la risoluzione che prese il valoroso Tebaldo di fare il viaggio di Compostella: ma non potendo la principessa dividersi da uno sposo sì caro, non volle acconsentirvi che a condizione che ella l'accompagnerebbe, ed unirebbe i propri voti alli suoi. La sua tenerezza per lei gli fe' accettare con gioia questa proposizione: ed il conte di Ponthieu sempre desideroso di soddisfare suo genero, fece preparare un equipaggio degno di questi illustri personaggi pellegrini, volendo che fossero accompagnati da molte genti, per non avere a temer nulla nel loro viaggio. Essi partirono, e la speranza di rivederli in breve rese il loro addio men doloroso al Conte di Ponthieu.

Nulla accadde loro sino ad una giornata distante da Compostella, ove Tebaldo si fermò per dar riposo alla Principessa: essi dormirono nella migliore osteria del luogo e la mattina susseguente, trovandosi alquanto stanchi, Tebaldo fe' partire tutte le sue genti prima di lui per non perder tempo, non ritenendo seco che il suo cameriere.

Quando essi credettero d'aver riposato abbastanza si posero in cammino, ma avendo inteso che vi era nella foresta un posto periglioso, il Principe spedì il suo cameriere per far tornare addietro parte della sua gente per liberare la Principessa dallo spavento di traversarla sola. Essi intanto s'avanzavano sempre più e la loro disgrazia li fe' impegnare in una strada di cui ignoravano l'uscita. I ladri abitanti in quel bosco aveano appianato delle strade, e le aveano rese praticabili, le quali conducevano i viaggiatori ne' passi i più impraticabili, e che li rendevano padroni della lor sorte.

Tebaldo ingannato da quelle apparenze s'incamminò per una di queste strade fatali, credendo che fosse quella per cui le sue genti dovevano raggiungerlo: ma ben tosto conobbe il suo inganno, vedendosi assalito da otto uomini armati di tutto punto, che avendolo circondato gli comandarono di por piede a terra. Tebaldo, benché fosse disarmato, non gli permettendo il suo coraggio di riflettere alla situazione in cui si trovava, ricusò d'obbedire. Uno degli assassini volendo astringerlo a scendere da cavallo lasciò il suo posto e si spinse a lui con lancia abbassata: ma Tebaldo schivandola l'afferrò e gliela strappò di mano con la forza d'un braccio avvezzo a vincere. Allora vedendosi in stato di potersi difendere egli spronò il cavallo contro degl'altri con un'eroica fierezza, trafisse il primo che se li fe'innanzi ed opponendosi a tutti ne uccise un secondo; ma nel colpire il terzo si ruppe la lancia in mille pezzi e quindi fu posto di nuovo fuori di stato di poter combattere. I cinque che restavano lo circondarono, uccisero il suo cavallo, lo presero, e malgrado i di lui sforzi, e la resistenza, e i dolorosi gridi della principessa lo spogliarono e lo legarono strettamente ad un albero, non volendo, dicevan essi, lordar le loro mani del sangue d'un uomo si valoroso.

Il calore del combattimento, e l'avidità di quei scellerati di impadronirsi dei ricchi abiti di Tebaldo, non avea permesso a quei scellerati d'osservare la Principessa; ma non rimanendo che lei da vincersi li sorprese la sua bellezza, sembrandogli un bottino più prezioso di quello che aveano fatto. Nelle anime ben fatte Amore non ispira che belle imprese e in altri cuori, che in quelli di questi barbari, ei non si sarebbe insinuato che per mezzo della pietà: ma a coloro essendo ignota questa virtù, i vezzi di questa infelice Principessa non fecero che raddoppiare la loro crudeltà. Il furore e la brutalità, servendo loro di face amorosa, essi ne disputarono il possesso come di un bene lor proprio, ed avrebbero forse rivolte l'armi gli uni contro gl'altri se il loro capo non li avesse accordati, permettendo loro di partecipare con lui dei favori che i maggiori Principi del mondo avrebbero voluto acquistare e conservarli co' più gravi perigli della propria vita.

Quale spettacolo per uno sposo? L'infelice Tebaldo vide ferir la sua anima de' colpi i più dolorosi; disperato di non poter né soccorrere, né vendicar colei che gli era mille volte più cara della propria vita, ei scongiurava il cielo a farlo morire dall'eccesso del suo dolore poiché non voleva che morisse per il ferro di quegli assassini.

Ma chi può ben descrivere la spaventevole disperazione dell'infelice Principessa? Ella si strappava i capelli, si percuoteva il viso, pregava, minacciava, si dibatteva e faceva risuonar la foresta de suoi gridi violenti senza che i barbari cangiassero disegno.

Appendice: Istoria della principessa di Ponthieu

Non vi fu mai femmina, che desiderasse con maggior ardor d'esser bella di quello che desiderò la Principessa in quel tempo di divenir deforme. Ella avrebbe voluto a costo della propria bellezza che la sua testa si fosse cangiata in quella di Medusa; ma i suoi voti e le sue grida furono del pari inutili. Vittima della forza, e del furore, ella avrebbe sofferto tutto l'orrore di questo spaventevole sagrifizio, se uno strepito di cavalli e di voci umane non avesse obbligato quegli empi a fuggirsene e nascondersi.

Lo spavento inseparabile dai delitti li costrinse ad abbandonare la loro preda, e fuggendo essi con una prontezza incredibile, l'infelice Principessa li perdette tosto di vista. Ma la sua funesta avventura troppo presente a' suoi occhi, per poter sparir con quelli che ne erano gli autori, intorbidò sì crudelmente il suo spirito che immaginandosi d'esser divenuta l'obbrobrio della natura e credendo di non poter più ispirar nel cuor del suo sposo che del disprezzo per la sua persona, lo riguardò da quel punto come il più crudele de' suoi nemici. Testimonio essendo quei della sua disgrazia, la sua turbata fantasia, o per meglio dire immaginazione, gli fe'credere che era d'uopo liberarsi dell'unica persona che n'era stata spettatrice, e che sola potea pubblicarla: piena di quest'idea d'essere oramai resa indegna della di lui stima ed amore, il suo si cangiò in furore e in odio e divenuta altrettanto barbara quanto coloro che erano fuggiti, vedendo a'suoi piedi la spada d'uno degli assassini che Tebaldo avea ucciso, l'impugnò, e corse col braccio alzato per toglier la vita all'infelice suo sposo; ma poco avvezza a simili azioni, cadde il colpo sopra i legami che lo tenevano avvinto e gli diede la libertà di strappargli il ferro con cui tentava trafiggerlo.

Egli conobbe tutto il fondo del di lei cuore e per calmarla non impiegò a principio che la dolcezza. Se voi voleste, egli disse, penetrare in questo mio cuore che è tutto vostro, non vi conoscereste che del dolore e della pietà della vostra disgrazia. Di che poss'io accusarvi? Di che potete voi esser colpevole? Io sono in ogni tempo lo stesso sposo che vi adora, solo testimonio della vostra disavventura, io la nasconderò agl'occhi dell'universo, ne mai vi farò conoscere che nemmeno io me lo ricordi. Non cercate adunque col vostro furore di pubblicare la vostra vergogna, rasserenatevi, e con sentimenti di dolcezza e di pietà tentiamo di purificarci d'un delitto involontario. Un discorso tanto saggio non fece veruna impressione sullo spirito della Principessa, ella non vi corrispondeva che con nuovi sforzi per strappargli la spada e trafiggerlo.

Nel tempo di questo infelice contrasto giunsero le genti di Tebaldo; essi pure aveano smarrita la strada e girata tutta la foresta per trovare i loro padroni, e lo strepito de' loro cavalli, sebbene ancor lontano, era stato quello ch'avea fatto fuggir gl'assassini.

Fremé di rabbia la Principessa alla lor vista, scorgendosi fuori di stato d'eseguire il suo disegno, né si acquetò se non quando ebbe giurato al suo sposo che ei dovea morire di sua mano. Ei nulla rispose a tali minacce, ma col cuore penetrato dal più vivo dolore disse alle sue genti che essi erano stati assaliti e rubati da otto ladroni, tre de' quali egli ne avea uccisi e gli altri erano fuggiti per lo strepito che essi aveano fatto avvicinandosi. Si fe' dare un abito e avendo fatto porre a cavallo la Principessa vi montò egli pure e giunsero a Compostella senza mai dirsi l'un l'altro una sola parola. Compariva sul loro viso una profonda tristezza ma negli occhi della Principessa v'era un certo torbido che dimostrava quello del suo spirito.

Al loro arrivo Tebaldo la pose in un monastero ed egli andò a umiliarsi a' piedi degl'altari, non già col disegno di prima ma per implorare forza dal Cielo da poter sopportare la sua crudele avventura. Quindi avendo supplito agli atti di pietà ei ritornò all'Abbazia a prender la Principessa a cui nulla avea potuto restituir la ragione.

Essi ripresero la strada di Ponthieu, e vi furono ricevuti con un'allegrezza di cui i loro cuori non poterono partecipare. Tebaldo fece novellamente tutti gli sforzi possibili per provare alla Principessa che ei tuttavia l'amava, ma vedendo che tutte le sue proteste erano inutili ed essendosi accorto che ella la notte nascondeva un pugnale per trovare il tempo d'assassinarlo, ei prese un appartamento separato e più non ebbe per lei che le attenzioni che erano necessarie per nascondere al pubblico il motivo della loro discussione; tanto più da compiangersi il misero Principe, quanto che egli non potea lasciar di amarla perdutamente.

Si accorse intanto di un tal cangiamento il Conte di Ponthieu: non si poteva nasconderlo alle sue osservazioni. Tebaldo era oppresso da una secreta malinconia, la Principessa non si lasciava vedere che di rado e appena alzava gli occhi sopra il suo sposo, quando il vedeva. Il silenzio che essa affettava, le sue parole mal ordinate quand'era obbligata a parlare, tutte finalmente le loro azioni dimostrando dell'alterazione fecero risolvere il Conte di Ponthieu a voler informarsi da Tebaldo della cagione d'un tal cangiamento.

Egli lungamente se ne difese, ma pressato troppo vivamente da un Principe a cui era debitore di tutto, gli raccontò la sua avventura senza nulla dimenticarsene e gli dipinse l'amor suo e l'ingiusto furore della Principessa con colori si teneri e vivi che il Conte ne rimase penetrato e con molta difficoltà poté appena frenare i trasporti dell'ira contro sua figlia. Ei compianse Tebaldo, lo consolò e gli promise di parlare alla Principessa in maniera da farle mutar condotta. La vostra, ei soggiunse, è tanto saggia e modesta che io non posso lasciar d'ammirarla, io per me ve ne professo obbligazione e nulla risparmierò per ridurre la Principessa al suo dovere; spero che rimessa dal suo accicamento riprenderà per voi l'amore e il rispetto che merita il vostro generoso procedere, non potendomi persuadere che la debolezza della sua smarrita ragione possa resistere alla forza delle mie.

A queste parole ei l'abbracciò e passò nell'appartamento della Principessa. La trovò assisa con le braccia appoggiate sopra una tavola, e sostenendo con le mani la testa, come una persona immersa in profondi pensieri; le sue donne d'intorno a lei in un tristo silenzio sembravano temer di distrarla. Il Conte fe' loro cenno che si ritirassero e vedendosi solo con lei: Eh che mia figlia!, le disse, non avete maggior considerazione per un padre che v'ha tante volte contrassegnata la sua tenerezza, né vi vedrò mai deporre quest'umor tetro e funesto che sbigottisce tutta la mia corte? So le vostre disgrazie, il generoso vostro sposo in questo punto me le ha confidate. Io ne sono intenerito, ma sono ancor più sensibile al procedere di Tebaldo, il quale malgrado il vostro cieco furore ha conservato per voi e per me tanto rispetto, che non se n'è mai lamentato, contentandosi solo di porre in sicuro se stesso da' vostri ingiusti trasporti. A queste parole alzando la Principessa sul Conte gli occhi pieni di furore, e riguardandolo con un volto da atterrire tutt'altri che un padre: che, disse ella, Tebaldo ha avuto l'ardire di rivelarvi questo secreto? Ah Principessa, l'interruppe il Conte, abbiate maggior riguardo e riserva nel parlare d'un uomo che vi adora malgrado la vostra ingiustizia e la poca vostra ragione; rientrate in voi stessa, pensate che voi avete amato questo sposo, ch'io non v'ho forzata ad accettarlo e che la vostra avventura, per quanto sinistra ella sia, non avendo alterato la di lui tenerezza e stima, voi gli dovete per riconoscenza lo stesso amore e la stessa confidenza. Io ve ne prego come vostro amico e ve lo comando come vostro padre e vostro padrone. Approfittatevi della pietà che risento per voi, temiate d'irritarmi e che dopo aver con voi operato da padre io non operi da Sovrano.

Un tal discorso ben lungi d'addolcire la Principessa, raddoppiò i suoi trasporti ed ella dimostrò al Conte tanto furore che egli credette esser d'uopo aspettare un momento più favorevole per ridurla alla ragione. Egli uscì; ma comandò che fosse custodita nel suo appartamento, sicché non potesse aver comunicazione con altre persone che con le sue donne, e ritornò a trovare Tebaldo al quale raccontò il cattivo successo che avea avuto il tentativo. Tuttavia non disperò affatto, né lasciò passare un giorno nel corso quasi di due mesi senza far qualche nuovo tentativo su quel torbido spirito; ma tutti riuscendo inutili, e l'accesso del di lei furore non facendo che accrescersi giornalmente, cominciò ad accendersi quello del Conte, la cui pazienza s'estinse del tutto intendendo da un cortigiano suo confidente, che la Principessa tentava di subornare qualche domestico di Tebaldo per assassinarlo. La sua collera non ebbe più ritegno; e senza consultare d'avvantaggio prese la risoluzione di liberar la sua famiglia da una femmina che riguardava allor come un mostro. Per questo effetto sotto pretesto di far prender aria alla Principessa e di ragionar con lei più liberamente, egli la fe' montare seco in una scialuppa e quando furono alquanto avanzati in mare, ei la fe' prendere da marinai che per di lui comando la posero in una botte a ciò preparata, la fe' riturare e gettar nell'onde. Dopo questa crudele spedizione ei tornò a terra.

Ma ohimé! Qual divenne Tebaldo quando il Conte tutto ancor pieno del suo furore gli narrò ciò che aveva allora operato! Qual fu mai il suo dolore, e quali i rimproveri che egli non fece a quel barbaro padre! Corse a quella parte del mare che avea servito di tomba alla sfortunata Principessa, ma nulla trovando che gli desse speranza di salvarla, tornò a Ponthieu in uno stato degno di compassione. La gioventù della Principessa, la quale non avea che venti anni, e la di lei maravigliosa bellezza, gli stavano indelebilmente impresse nella memoria e si considerava il più infelice degli uomini per non poter vendicare la sua morte.

Il Conte di Ponthieu non istette lungo tempo senza pentirsi della sua barbara azione, e sì vivi divennero i suoi rimorsi che lo sventurato Tebaldo si vide in necessità di consolarlo. Credé quel Principe che un secondo imeneo, e la speranza di avere un erede, potessero dissipare il torbido che l'agitava e ben sapendo che suo genero non vorrebbe prender mai verun altro impegno, si rimaritò, e fu tanto fortunato che al termine d'un anno n'ebbe un figlio. I suoi rimorsi nondimeno, e il suo dolore, per ciò non cessarono punto, gli ritornava di continuo sua figlia alla memoria e la vista di Tebaldo, il quale era oppresso da una mortale languidezza, accresceva ancora più la sua disperazione.

Passarono entrambi questi nove anni in questo stato al termine de' quali il Conte essendo divenuto vedovo una seconda volta prese la risoluzione di arruolarsi alla crociata con suo genero, e con suo figlio, malgrado la giovinezza di questo, e di dare il viaggio di Terra Santa con la speranza d'espiare con questa devozione il suo delitto.

Tebaldo, il quale credette trovare un'occasione di morir gloriosamente combattendo per la fede, abbracciò avidamente una simile proposizione. Tutto fu pronto in breve per il loro viaggio, ed il Conte di Ponthieu avendo lasciato il governo de suoi stati in mano di persone fedeli, essi partirono e giunsero felicemente a Gerusalemme.

Tebaldo ed il Conte s'impegnarono per un anno al servizio del Tempio ed avendo trovato in questo spazio di tempo il modo di segnalare il loro valore e zelo, essi ferono delle azioni degne d'immortale memoria e gli infedeli sperimentarono sovente la forza delle loro braccia e l'ardore della loro fede.

L'anno essendo passato, ed adempiti i loro voti, essi si imbarcarono ad Acri per riparare in Francia. I venti furono loro favorevoli per qualche giorno; ma avendo susseguito alla calma una tempesta delle più violente, si videro battuti dai venti e dall'onde con un tal impeto, che non si aspettavano altro già che la morte, quando il vascello fu gittato sulle coste d'Almeira, città appartenente agli infedeli.

Ei fu ben tosto circondato da brigantini e barche di saracini, e siccome il vascello era fuor di stato di riporsi in mare, era ancor meno in istato di potersi difendere.

Il Conte di Ponthieu, il giovinetto Principe suo caro figlio e Tebaldo furono fatti schiavi e condotti nelle prigioni e tutti i cristiani che erano nel vascello furono trattati nella stessa guisa. In questa maniera carichi di catene essi non furono liberati da un periglio che per ricadere in un altro, che lor prediceva una morte inevitabile. Questi eroi però vi si preparavano con una risoluzione conveniente al loro coraggio e alle loro disgrazie.

Vollero intanto gl'infedeli lasciarli in vita sino al giorno natalizio del Sultano d'Almeira loro sovrano, essendovi in quel paese il costume di sacrificare i delinquenti o i cristiani in tal solennità per contrassegno di allegrezza. Giunse al fine il fatal momento, ed avendo i saracini commesso alla sorte la scelta di chi dovesse perire il primo, cadé questa sul Conte di Ponthieu. Suo figlio e Tebaldo volevano esser preferiti ma tutta la grazia che essi poterono ottenere fu di seguirlo al luogo del suo supplizio, e d'attendere la loro volta.

Tutta la corte del Sovrano, cioè dire del Sultano, era adunata per veder questo spettacolo; egli stesso vi era presente con la Sultana Regina sua sposa, la cui bellezza attraeva gli occhi degl'infedeli, quand'essi ne furono rimossi dall'arrivo dell'illustri vittime che dovevano sagrificarsi.

Ma la Regina la di cui anima era altrettanto bella che il corpo, fu sorpresa dall'aspetto maestoso del Conte di Ponthieu, che ella ancor non mirava che da lontano; la di lui venerabil vecchiezza, e il disprezzo che ei dimostrava del rigor della sua sorte, la obbligarono a comandare che fusse a lei avvicinato. Siccome egli era straniero ella abbassò il suo velo, essendo costume delle femmine di quel paese di non lasciarsi vedere che da' soli saracini.

A misura ch'ei s'avanzava, sentivasi essa agitata da un movimento di tenerezza che non attribuì da principio che alla pietà: ma avendo considerato il Conte con attenzione, ella conobbe la cagione degl'interni suoi movimenti e sforzandosi per contenerli, dimandò al Conte chi era, donde veniva e per quale accidente era stato preso.

La dolcezza della voce sua penetrò al fondo del cuore del Conte e con un movimento che non poté rattenere gli rispose senza esitanza che egli era francese, e dello stato di Ponthieu. Siete voi qui solo? gli chiese la Regina. Ho due compagni, disse egli, della mia sfortuna, l'uno è mio genero, l'altro mio figlio. Che si faccian venire, soggiunse la Sultana. Siccome avevano seguitato il Conte furono ben tosto condotti.

La bella Regina li considerò con attenzione e credendo non ingannarsi nelle sue congetture comandò che il sagrifizio si sospendesse, e corse dal suo trono a quello del Sultano a cui piedi gettandosi: Signore, gli disse, se ebbi mai la buona sorte di piacerti e se posso compromettermi del tuo amore, donami la vita di questi tre schiavi: essi sono del mio paese la pietà mi interessa per loro e io spero che la tua clemenza corrisponderà al merito di quelli che io sono per obbligare a servirti.

Il Sultano, che l'adorava, la rialzò teneramente: Voi siete, oh Madama, l'arbitra della mia sorte, le disse, come mai potrò negarvi la disposizione di codesti stranieri? Disponetene a piacer vostro; io ve li dono, senza riserbarmi sopra di loro alcun diritto. La Sultana lo ringraziò, e ritornando verso gl'illustri suoi schiavi annunziò loro la grazia; né volendo esser presente al rimanente della solennità, ella comandò loro di seguirla nel suo appartamento.

Vedendovi ivi sola con essi, fece un novello sforzo per nascondere la perturbazione del suo spirito; e prendendo un'aria di fierezza che era accresciuta dalla sua naturale maestà: Io vi ho salvata la vita, lor disse, e voi potete giudicare che quella che dà prove d'un tanto potere può aver l'autorità di riporvi nel primiero periglio, perciò dunque risolvetevi a soddisfare la mia curiosità raccontandomi le vostre avventure senza celarmi nulla. Io vi do tempo fino a domani per disporvi al racconto, se sarete sinceri sperate tutto dalla mia bontà.

Tebaldo, che non avea osato d'alzar gl'occhi sopra di lei finché erano stati dinanzi al Sultano, tentava con sguardi vivissimi di rilevare di sotto al velo che la copriva delle fattezze la beltà delle quali malgrado questo ostacolo non lasciava di risplendere; le fila di quello erano tanto fini, che conveniva che lo splendore di tante bellezze ne tralucesse. Egli sentì commoversi il cuore, e questa Principessa eccitò nel di lui animo dei movimenti che non aveva più provato dopo la morte dell'infelice sua sposa. Intenerito suo malgrado, e pieno di rispetto che gl'ispirava la bella Sultana, si gittò a'suoi piedi: Per me, gli disse, o Madama, non sarà già il timor della morte, che mi farà narrare la mie disgrazie; siccome esse sono di tal natura che mi rendono incapace di consolazione, se mi fosse permesso di abbreviar la mia vita, non vi è cosa che io non facessi per terminarla in vece di prolungarla. La pietà vostra ce l'ha serbata e se la funesta narrazione delle nostre avventure può contrassegnarvi la nostra gratitudine, siate sicura della nostra sincerità.

Ebbe difficoltà la Regina a mantenersi costante in udire un discorso si tenero, ma facendo un novello sforzo: Alzatevi, gli disse, m'intenerisce la vostra sorte e m'interessa più che voi non pensate: il Sultano è per giunger fra pochi momenti, ritiratevi non vi mancherà nulla. Rimettetevi da' vostri timori e dalle sofferte fatiche, dimani riceverete i miei ordini.

A queste parole avendo chiamato una schiava la quale godeva la sua confidenza: Saida, le disse, conduceteli e fate ciò che v'imposi. Allora avendo loro fatto cenno che si ritirassero essi ubbidirono e seguirono la schiava. Nell'uscire essi sentirono sospirar la Regina, ed essi pur sospirarono, e Tebaldo, che s'allontanava da lei con dispiacere, essendosi rivoltato per nuovamente vederla, accorgendosi che ella alzava agli occhi un fazzoletto per asciugar le sue lacrime, non poté ritenere le sue.

Saida li condusse in un appartamento piccolo che corrispondeva dietro a quello della Regina. Egli era composto di tre stanze al termine delle quali vi era una galleria fatta a volto in cui si riserbavano i frutti che presentavansi ogni giorno in tavola alla Sultana. Ecco, Saida loro disse, il solo servizio in cui la Reina vuole impiegarvi; non avrebbe ella potuto alloggiarvi sì comodamente senza darvi un impiego che vi tenesse a lei vicini; voi perciò avrete cura di questi frutti, di disporli con arte nei canestri destinati a questo uso, e di presentarglieli ne' suoi conviti. Con questo pretesto voi potete occupare questo appartamento, ed esser serviti da schiavi a ciò comandati; questi saranno soggetti a' vostri comandi e voi non lo sarete che a quelli del Sultano e della Sultana. Ecco ciò che la regina mi ha comandato dirvi. A queste parole partì da loro e li lasciò in una incredibile sorpresa per tutto ciò che vedevano.

Quando essi furono soli, Tebaldo, che più non poteva rinchiudere in se stesso la calca dei differenti pensieri che s'offerivano alla sua mente, si avvicinò al Conte e teneramente abbracciandolo: Qual donna, gli disse, qual donna oh Signore è questa Regina? Per qual miracolo regna ella fra' barbari? E quali servigi gli abbiamo noi resi per meritar attenzioni si generose? Ah Signore quanto mi tocca la sua pietà! E quanto è per me perigliosa! Ah! Mia cara Principessa, ei soggiunse, voi sola eccitavate altre volte tutti quei movimenti che presentemente sento nell'anima mia.

Io ignoro, rispose il Conte, qual sia per essere la nostra sorte e quali sieno i disegni di questa Sovrana, le sue bontà non mi muovono il core nella stessa maniera che a voi. Voi siete giovine, e il vostro cuore conserva un fondo di tenerezza che lo può render soggetto a movimenti più impetuosi de' miei; io nondimeno vi confesso che ho sentito per lei una tenerezza da padre, e che ascoltandola, mia figlia è tornata mille volte alla mia memoria. Ecco i miei sentimenti, io li sviluppo meglio che voi non fate de' vostri e molto io temo, che voi mio caro Tebaldo, non perdiate doppiamente in questi luoghi funesti la vostra libertà. Tebaldo non rispose che sospirando e poiché vennero gli schiavi a servirli convenne loro lasciare un discorso che non ammetteva testimoni.

La Regina intanto, cui le avventure di quel giorno interessavano troppo perché potesse esser tranquilla, non si trovò appena sola con la sua Saida che abbandonandosi ai trasporti che essa avea nascosto con tanta cura, il suo bel volto fu bagnato da lacrime troppo a lungo fino allor trattenute. Saida, stupita di un tale eccesso di dolore, essendosi gittata a' suoi piedi, e prendendole le mani: Oh Dio, le disse, quali sono, Madama, le vostre disgrazie! Sono forse venuti quegli stranieri a turbare la tranquillità che cominciavate a godere? Voi mi avete onorata sempre della vostra confidenza, onde poss'io sperar oggi d'intendere la cagion de' vostri pianti? Ah mia cara Saida, le disse la Regina, tu non t'inganni nell'interpretare l'oggetto delle mie lacrime. L'allegrezza, l'amore, la natura, e il timore, più che l'affanno, me le fan spargere. Quello sposo si caro di cui t'ho parlato ciaschedun giorno è uno di quei schiavi a' quali ho salvato la vita, l'altro è mio padre, e il più giovine de' tre è mio fratello. L'orrore d'aver veduto mio padre esposto al supplizio per il divertimento d'un popolo di cui sono Regina, m'ha penetrato del più vivo dolore, né posso comprendere come mai io non abbia perduto la ragione una seconda volta; il mio sposo condannato alla sua stessa sorte, la sua malinconia, l'avvilimento in cui l'ho veduto alla mia presenza, i suoi sguardi pieni d'amore, de' quali un solo formava altre volte tutta la felicità della mia vita, hanno lacerato l'anima mia nella più sensibile maniera. Io non ho osato scoprirmi, voglio intendere i loro sentimenti prima di farlo e lo sforzo che mi convenne fare per questo eccesso di prudenza, cagiona di presente i pianti che tu mi vedi spargere. Custodisci il mio segreto, mia cara Saida, né voler espormi a tremar nuovamente per la vita di persone dalla quale dipende la mia. Non dubitate punto, o Madama, gli rispose ella, della mia fedeltà; ella è inviolabile, la mia religione, la bontà vostra da me tanto tempo sperimentata e la confidenza di cui mi onorate, m'uniscono a voi strettamente sino all'ultimo momento della mia vita. Piacquero alla Regina simili proteste ed entrambe presero insieme delle misure per avere il giorno seguente la libertà di ragionare con gli illustri suoi schiavi.

Il Sultano, che allor si fe' intendere, obbligò la Principessa a troncare un discorso sì interessante. Questo Principe, che non avea altro difetto che di esser saracino, si avvicinò a lei con quell'aria di contentezza che ispira il piacere di aver fatto un benefizio. Ebbene, Madama, avete voi alcun motivo di dubitare dell'amor mio? Poss'io lusingarmi che ciò che io ho fatto per voi sia per distruggere quella tristezza che da sì lungo tempo turba il vostro riposo e la mia felicità? Io vi devo tutto, Signore, gli rispose la Sultana, ne io altro bramo che di contrassegnarvi la mia gratitudine. Il Sultano contentissimo di aver trovato un'occasione per compiacerla, gli discorse ancor qualche tempo della sua amorosa passione, dopo di che le narrò che egli partiva dal Consiglio ove s'avea preso la risoluzione di opporsi fortemente alle irruzioni che un Principe confinante faceva ne' suoi stati e che dovea dichiarargli la guerra con le solite formalità. Questa notizia fe' nascere nella Regina un pensiero che gli riuscì felicemente e volendo profittare della disposizione in cui era il Sultano di accordargli tutto: Il Cielo, gli disse, mi favorisce in una maniera straordinaria dandomi il modo di mostrarmi grata alla vostra bontà. Uno degli schiavi de' quali mi avete, oh Signore, donato la vita è l'uomo il più valoroso dell'età sua, ed io son sicura della vittoria, se voi gli date la libertà di combattere contro i vostri nemici. Il Sultano gli oppose la differenza della religione e la poca sicurezza ch'egli poteva avere della fedeltà d'un cristiano. Io ve ne sono mallevadrice, gli disse con trasporto la Regina, e vi servirò di sicurtà della sua fede e per meglio assicurarsene custodirò gli altri due prigionieri che gli sono cari all'estremo per ostaggio della sua fedeltà e della mia parola.

Il Sultano gli accordò ciò che essa dimandava con tanto ardore, lasciandola padrona assoluta di far ciò che volesse e si ritirò nel suo appartamento, molto più sensibile all'allegrezza di poterle provare il suo amore di quanto fosse inquieto del successo della guerra. La bella Regina intanto passò la notte in movimenti affatto diversi. L'amore avea ripreso novelle forze, la Natura, che era stata sconvolta per la memoria dell'orribile supplizio a cui era stata esposta, riprendeva l'antico impero; e il di lei cuore e il suo spirito non era occupato che dal timore di non esser bastevolmente amata per essere riconosciuta con gioia.

I Conti di Ponthieu e di S. Polo non godettero una notte più tranquilla. Tebaldo si sentiva agitato dal torbido che ispira un amor nascente; egli lo considerava un delitto e non si credeva meno colpevole che allora quando la sua immaginazione gli rappresentava alla memoria il sembiante, la taglia e il suono della voce della Principessa di Ponthieu, e ritrovava in lei tanta simiglianza con la Regina, che non incolpava questa uguaglianza della vivacità de'suoi sentimenti.

Il Conte di Ponthieu riguardo a'propri era nell'istesso imbarazzo benché egli fosse del tutto sicuro che l'amore non li cagionava. Persuaso d'aver data la morte all'infelice sua figlia, non potea credere che per alcun miracolo avesse potuto salvarsi. Tuttavia la tenerezza che la Sultana gli avea ispirato era tanto conforme a quello che avea per suo figlio che la sua meraviglia era incomprensibile. Essi così passarono la notte in queste differenti occupazioni ed il giorno che allora spuntava, altre lor prescrivendone si alzarono, e si posero a preparare la frutta della Regina attendendo i suoi ordini.

Non passò guasi, che furono lor recati dalla fedele Saida, comandandogli per nome della Sultana, che gli portassero i canestri. Ciò fu prontamente eseguito, ispirando loro i secreti movimenti che li agitavano una somma impazienza di rivederla, onde erano animate tutte le loro più minime azioni.

Saida li introdusse nell'appartamento della Sultana, ove avendo essi posti i canestri sopra una tavola d'alabastro, ella colcata su d'un ricco sofà, vestita con un'incredibile magnificenza, rilucente di innumerevoli gioie e coperta d'un velo che non gli nascondeva che parte del viso, dopo aver alcun poco considerati gli schiavi, ebbene, lor disse, siete voi disposti a soddisfarmi? Sarebbe inutile che mi nascondeste cosa alcuna: io so già chi voi siete.

Parlate o Conte di Ponthieu, soggiunse a lui volgendosi, e istruitemi per quali accidenti voi siete giunti in questi paesi.

Rimase il Conte estremamente sorpreso all'udirsi nominare, e conoscendo che non era tempo di fingere, sinceramente raccontò la sua storia. Ma quando giunse al passo di sua figlia i suoi singhiozzi interruppero mille volte il suo racconto. Ei non se ne dimenticò veruna circostanza e confessò il delitto da lui commesso in dargli la morte. Ma ohimé! Da quanti rimorsi non sono stato io tormentato dopo quel giorno funesto! Con maggior forza che mai s'è risvegliata nel mio cuore tutta la mia tenerezza, e di continuo ho bramato che tornasse in vita l'infelice Principessa perché fosse testimone del mio dolore. Egli dipoi gli narrò i voti da loro fatti, il viaggio a Gerusalemme, il ritorno, la tempesta, la schiavitù, e la morte alla quale erano stati condannati.

Ecco Madama, proseguì egli, un fedel racconto delle nostre disgrazie le quali malgrado il loro eccesso sono di molto raddolcite per l'interesse che ne prendete per effetto di vostra bontà. Di fatto la Sultana era tutta bagnata di lacrime, anzi stette alcun tempo senza poter proferir parola.

Io non vel niego, ella alfin gli disse, il racconto fattomi mi ha penetrato al vivo, e compiango estremamente la Principessa di Ponthieu, ella era giovine, avrebbe potuto ricuperare il buon senno, e il generoso procedere del suo sposo l'avrebbe senza dubbio ridotta a conoscere il suo dovere. Voi avete già ricevuto dal cielo il castigo della vostra crudeltà, non è più tempo di rimproverarvela. Ma con qual occhio vedreste in questa Principessa, se per un miracolo non preveduto ella avesse sfuggita la morte? Ah!, gridò il Conte, come un padre che non vorrebbe impiegar la propria vita che in renderla felice e fortunata. E voi, disse ella a Tebaldo che vide tutto molle di pianto, vi sarebbe ella nuovamente cara codesta sposa? Gli perdonereste i suoi furori? Gli rendereste un cuor sensibile e tenero? In una parola l'amereste ancora? Non ne dubitate Madama, ei le rispose con una voce da' sospiri interrotta, la sola sua presenza potria formare la mia felicità.

Ricevetela adunque ella allora, gli disse gettandosi nelle sue braccia e alzando del tutto il suo velo, voi la vedete questa sposa sventurata, questa è quella figlia, ella soggiunse correndo da suo padre, che vi ha costato tante lagrime; riconoscetela Signore e che la sua vista non estingua la tenerezza che non conoscendola gli avete dimostrata.

Chi può mai esprimere al vivo la gioia e lo stupore di queste illustri persone! Apertosi loro gli occhi, e sviluppati i loro interni movimenti, essi la riconobbero per sposa e per figlia. Tebaldo ai suoi piedi gli baciava le mani, che ei bagnava delle sue lacrime mentre che il Conte la stringeva nelle sue braccia, senza poter proferire altre parole che mia figlia, mia cara figlia. Il giovinetto Principe le baciava le vesti, e Saida attonita ad uno spettacolo così tenero non potea trattenersi di piangere dirottamente.

Avendo finalmente cessata la prima sorpresa, questo muto linguaggio diede luogo a tutto ciò che l'amore e la natura ponno ispirar di più tenero. La bella Regina abbracciò di nuovo Tebaldo e gli dimostrò una rinnovazione di tenerezza tanto perfetta che quella di lui riprese la sua forza e s'offrì al suo cuore con gli allettamenti della novità. La Regina pose tregua alle tenere sue carezze per dividerle con il giovine Principe di Ponthieu, che non lasciava d'abbracciare i di lei ginocchi. Ella lo prese fra le braccia e benché non lo conoscesse che per il racconto allora fattogli da suo padre, la di lui gioventù e bellezza l'aveano già per lui interessata sin dal primo giorno.

Dopo aver soddisfatto in tal maniera ai suoi primi trasporti, egli è oramai tempo, disse la Sultana, che io vi narri le mie avventure.

Il Sultano è occupato nei preparativi della guerra che dee sostenere, e noi abbiamo la libertà di discorrere senza timore d'essere interrotti. Avendoli allora fatti sedere, e Saida essendosi posta fuori dal gabinetto per avvertirli in caso comparisse alcuna persona sospetta, la bella Regina volgendosi al Conte di Ponthieu cominciò il suo discorso in questi termini:

Io non voglio rammentarvi la cagione del mio supplizio, ella vi è stata troppo sensibile, e la perdita della mia ragione è troppo nota per riportarvi dinnanzi agli occhi oggetti tanto funesti. Vi dirò solamente che ho dipoi molto ben conosciuto che il solo eccesso del mio amore avea intorbidato il mio spirito, e che prevenuta dall'idea di non esser più degna dell'amor del mio sposo, immaginandomi di vederlo rimproverarmi incessantemente la mia disgrazia, e tentare di liberarsi di me, la ragione mi avea abbandonata sino all'eccesso di decidere la sua morte, come l'unico mezzo capace di restituirmi il riposo.

Un tal pensiero m'avea tanto occupato lo spirito, che udii la sentenza della mia morte come un colpo da lui comandato; la perturbazione dell'animo mio mi impedì di conoscere tutto l'orrore del mio supplizio e vi può sovvenire, o Signore, che io non feci sforzo veruno per difendermi, essendo in una specie di avvilimento che partecipava più d'imbecillità che di stupidezza. Io non so a qual parte fosse spinto dall'onde il mio funesto vascello e quante ore abbia consumato nel suo viaggio. So unicamente che io mi trovai in un vero navilio in mezzo a molte persone sconosciute che si affaticavano a farmi riavere. Ma il più sorprendente egli è che in un istante io recuperai e la ragione e la memoria sia per effetto ordinario de' mortali perigli, sia per proprietà dell'onde o per meglio giudicare per opera della Provvidenza.

Mi tornò allora in mente tutto ciò che aveo fatto, detto e pensato, e io mi conobbi tanto colpevole verso di voi, e del mio sposo, che il primo segno di vita che io diedi a' miei liberatori fu un'abbondanza di pianto tanto eccessiva che io fui per esserne soffocata. Fu questa tanto più violenta, quanto che dopo il nostro ritorno a Ponthieu io non avea versata una lacrima. Fu presa intanto tanta cura di me, e mi furono fatti tanti rimedi, che sebbene il mio dolore non si diminuiva, non per tanto non si temé più della mia vita.

Le genti del vascello m'aveano posto al fianco una giovine amabilissima, la cui premura in assistermi diligentemente era sì grande che io non potei trattenermi di porvi attenzione. Siccome ella era sola femmina che si trovasse con quella gente, io non poteva prendere confidenza che in lei sola.

Quand'essa mi vide più tranquilla, mi fece intendere che noi eravamo con dei mercanti fiamminghi che andavano a trafficare in Levante, che avendo essi veduto ondeggiare il mio straordinario vascello, la speranza di trovarvi di che arricchirsi li aveva persuasi ad afferrarlo, che essi l'avevano tratto a bordo del loro naviglio e che avendolo aperto erano rimasti sorpresi di non trovarvi che una donna riccamente vestita, che a principio essendo io estremamente gonfia m'aveano creduta morta, ma che avendomi posta all'aria, una specie di movimento dalla parte del cuore gli avea data speranza di potermi soccorrere, onde essi avevano impiegato tutti i rimedi atti a salvarmi la vita, che essendo giunti al termine della lor brama, ed avendo scoperta in me qualche bellezza, avevano essi formato il disegno di trarre dalla perdita della mia libertà di che consolarsi di non aver trovato nella botte che la mia sola persona. Con tale intenzione, soggiunse questa giovine figlia, il nostro viaggio è diretto ad Almeira, ove questi mercanti hanno stabilito di vendervi al Sultano. Essi mi hanno rapito sei mesi fa sulle coste di Francia, ove sono nata, con l'istesso disegno ma io Madama preveggo che la beltà vostra mi libererà dal pericolo di essere esposta alle voglie del Sultano. Nondimeno poiché è impossibile che io schivi la schiavitù oso supplicarvi a non soffrire che io sia da voi separata. Il Sultano d'Almeira senza dubbio vi comprerà, fate ch'egli compri me pure con voi, e che io non porti altre catene che formate dalle vostre mani. Mi intenerì questa preghiera, ed essendo molto consolata per aver meco una francese, io le promisi che qualunque fosse per essere la mia sorte essa ne verrebbe a parte; ma ciò che ella m'avea partecipato dandomi dell'inquietudine, io feci pregare il principale del vascello a venir da me, perché volea parlargli.

Io cominciai dal ringraziarlo del soccorso prestatomi e volendo impegnarlo colla speranza della ricompensa l'assicurai che questa sarebbe superiore alle sue speranze, s'ei volesse pormi sulle coste di Francia. Ei mi rispose che non dubitava della mia generosità né che io non fossi una persona molto considerabile per ben ricompensarlo del servigio che mi aveva reso, ma ch'ei non era padrone di seguire la propria inclinazione col far ciò che io desiderava, che dovea render conto di tutto ai suoi compagni, i quali avevano risoluto di vendermi con la giovine francese al Sultano d'Almeira, che questo era per loro un guadagno sicuro in luogo di che l'effetto delle mie promesse sembrerebbe incerto, e senza voler d'avvantaggio ascoltarmi egli andò a riunirsi ai suoi compagni.

Mi fu impossibile fargli cangiar sentimento ed io mi vidi costretta ad abbandonarmi al mio destino. A misura che la mia ragione andava ristabilendosi, la mia tenerezza per il caro mio Principe riacquistava la primiera sua forza. Io conobbi le mie sventure in tutta la loro estensione e la mia disperazione non avrebbe avuto forse alcun limite senza i saggi e consolanti discorsi della giovine mia compagna. Malgrado le di lei attenzioni io caddi in una languidezza che spaventò i mercatanti per il timore che io non perdessi la bellezza da cui pretendevano trarre il loro profitto. Essi giunsero ad Almeira e s'affrettarono di condurmi al Sultano. Siccome egli era solito trafficare con queste genti li accolse molto bene e sembrò tanto contento della loro preda, che comprò Saida e me per un prezzo il doppio maggiore che egli non aveano sperato.

Quindi noi fummo condotte nel serraglio del Sultano, ove ben tosto egli venne a trovarci, ed io ebbi la sventura di piacergli tanto eccessivamente, che sembrò questo Principe riguardasse come un affare di Stato la maniera di farsi amare da me e di trarmi dalla mia malinconia.

Io chiamo sventura ciò che avrebbe formato la felicità di alcun'altra, imperciocché devo rendere al Sultano questa giustizia, che egli è pieno di merito, e possiede dell'eroiche virtù, ma io ero cristiana e prevenuta da una passione che non lasciava loro nel mio cuore per verun'altra. Perciò io riguardavo le di lui premure come la maggiore delle mie disgrazie. Questo Principe intanto scorgendo il mio amore per Saida (questo è un nome che per nascondere il vero io gli ho fatto prendere) me la donò e mi separò dall'altre sue donne facendomi servir da regina.

Tutti questi onori raddoppiavano le mie pene, la sommissione nondimeno del Sultano mi fe'sperare, posciaché non impiegava la forza per assoggettarmi alle sue voglie, che il tempo lo risanerebbe o qualche novello oggetto lo svolgerebbe dalla sua passione. Io mi ingannava, s'accrebbe ogni giorno il suo amore e qualunque fosse il rigore con cui l'accoglieva egli usò sempre meco l'istesso rispetto.

Avevo io un'intera confidenza in Saida; gli raccontai le mie sventure e gli contrassegnai la ripugnanza che avevo in accettar le intenzioni del Sultano: ma alla fine questo Principe, astretto delle mormorazioni de' suoi sudditi, che non potevano approvare che egli avesse tanta considerazione in una cristiana per non costringerla almeno a cangiar religione, si risolse a parlarmi più fortemente e che non avea ancor fatto. Avea durato un anno la mia resistenza, ed ei credette d'avermi dato sufficienti prove del suo rispetto per avermi permesso un tempo sì lungo da consigliarmi.

Venne egli dunque un giorno a trovarmi e vedendomi immersa in una profonda tristezza: Madama, mi disse, con mio sommo dispiacere io mi vedo costretto ad uscir da que' limiti ch'io m'avea prescritto per toccarvi il cuore ma è d'uopo che vi risolviate ad accettar la mia mano o a cangiar religione pubblicamente: tutto il poter mio non basta a garantirvi dalle leggi che obbligano le femmine che son rinchiuse in questo palazzo ad abbracciar la nostra. Io vi adoro, e bench'io dovessi astringervi a questo cangiamento, io vi prometto di non farlo se volete accettar la corona che vi offerisco. I miei sudditi e tutta la mia corte saranno persuasi che voi abbiate abbracciata la nostra religione, se volete accettarmi per sposo, senza esigerne più forti prove, e voi sarete in libertà di seguire in secreto quella che voi paventate d'abbandonare. Questo è l'unico mezzo di garantirvi dal furore d'un popolo che quando è inasprito neppur rispetta il proprio Sovrano. Io vorrei che l'amor mio e la mia sommissione anziché il timore vi impegnassero a questo passo; ma spero che il tempo porterà nel vostro cuore quei sentimenti che devono formare la vostra e la mia felicità.

Io non potei frenar le lacrime al discorso del Sultano; l'alternativa mi parve terribile. È egli possibile Signore, io gli risposi, che di tante bellezze a voi soggette voi non ne troviate alcuna che sia più degna di me dell'onore che volete concedermi? Considerate Signore qual gloria sarebbe per voi il vincere il vostro amore e facilitarmi i mezzi di ritornare al mio paese. Qual felicità può esser la vostra nel vivere con una femmina cui la forza e la paura avranno assoggettato ai vostri voleri e che passerà tutti i suoi giorni a piangere i suoi parenti, e la sua libertà.

Sorrise a queste parole il Sultano. Si vede bene, disse egli, che voi ignorate la vostra sorte. Voi siete qui per sempre; quando s'è entrati in questo palazzo una volta la speranza di uscirne è perduta per sempre. Perciò voi mi siete debitrice, Madama, di qualche gratitudine per il rispetto che ho conservato per voi essendo l'arbitro di vostra sorte.

Io lo pregai a darmi tre giorni di tempo per rispondergli, egli me li accordò, ed io lo impiegai in orazioni, ma finalmente vedendomi senza soccorso, senza alcuna speranza di riveder la mia patria ove era creduta certa la mia morte, e che io non avea mezzo alcuno di farvi giungere mie notizie, persuasa inoltre che poiché voi m'avevate voluto togliere la vita nulla avereste voluto impiegare per recuperarmi, io mi considerai come una persona abbandonata, senza speranza di rimedio, e la facilità di seguire in segreto la mia religione mi fe'risolvere d'arrendermi alle persuasioni del Sultano.

Al termine di tre giorni egli tornò ed io gli dissi, che se ei volea giurarmi di mai non costringermi a non rinnegar la fede, io ero pronta a dargli la mano. Fu inconcepibile la sua allegrezza e quantunque ei ben conoscesse che io non mi arrendevo che per l'impossibilità di far altrimenti, mi assicurò che me ne era obbligato e mi fece un giuramento inviolabile nella sua legge di lasciarmi in secreto il libero esercizio della mia religione a condizione che io userei tutta la diligenza per tenerla celata.

Questa novella fu pubblicata ben tosto in Almeira e destinata sempre a commettere delle infedeltà sforzate fui incoronata e proclamata Sultana Regina con una magnificenza che avrebbe abbagliato ogni altra che la Principessa di Ponthieu.

Nel tempo di questa cerimonia l'immagine di Tebaldo non mi lasciò un momento, io gli parlavo, gli domandavo perdono, ero finalmente tanto smarrita che poi Saida mi disse che aveo l'aria più tosto di statua che d'una persona vivente.

Quanto a ciò che spetta a voi, Signore, io vi rimproverai sovente una crudeltà che mi avea tratto nel precipizio in cui mi trovava: non passò giorno dopo nove anni che sono unita al Sultano in cui io non abbia versato un torrente di lacrime e che con la fedel Saida non abbia parlato del caro mio Principe.

Il Sultano mi ha serbato la promessa; tutta la sua corte mi crede rinnegata, ei solo sa la verità, senza rimproverarmi la mia tristezza ei non ha avuto altro pensiero che di dissiparla. Lo stesso rispetto di prima e la stessa compiacenza hanno sempre accompagnato tutte le sue azioni, e voi siete stati testimoni del mio potere sopra di lui, avendo veduto con quanta prontezza egli mi ha accordato la vostra vita. Io vi riconobbi tosto che v'ebbi veduti e mi sarei fatta conoscere da voi sin da ieri se non avessi voluto prima assicurarmi che ancora m'amiate.

Ecco, proseguì la Sultana, la vita di questa sventurata. Ma ciò non basta ancora mio caro Principe, soggiunse a voi rivolta (cioè a Tebaldo); per rendervi la vostra sposa e la libertà è necessario che io esponga la vostra vita a nuovi pericoli. Ditemi: vi sentite voi capace di combattere per togliermi dalle braccia di un rivale potente e formidabile, e il vostro amore corrisponderà egli al vostro valore? Potete voi dubitare senza offendermi, ei le rispose, e non è sufficiente che voi siate il premio della battaglia per ispirarmi un coraggio invincibile? Principessa, ei proseguì, vi giuro che il piacere che provai nell'ottenervi da vostro padre, per la felicità c'ho gustato in essere da voi amato, per le mie sventure e per la gioia che io provo in rivedervi, che io non vi ho amato mai più teneramente di quanto io vi amo al presente. Perciò dunque non temiate a spiegarvi e disponete, come mia Sovrana, del mio braccio e della mia vita.

Appendice: Istoria della principessa di Ponthieu 73

La Sultana rimase contentissima d'una sì tenera protesta, e non essendovi presente persona alcuna sospetta, abbracciò di nuovo il caro suo sposo, dipoi gli disse quanto avea proposto al Sultano. Egli è dell'ultima importanza, ella soggiunse, che voi vi acquistiate la di lui confidenza per mezzo di rilevanti servigi affinché i miei disegni riescano più facilmente. Il Sultano ha già perdute molte battaglie per l'ignoranza de' suoi capitani e se voi combattete per lui, io non dubito punto della vostra vittoria. Quand'egli vi vedrà colle armi alla mano, non vi potrà negare la sua stima, e allora io potrò eseguire ciò che ho divisato.

Il Conte e Tebaldo approvarono ciò che la Regina avea operato. Il giovine Principe la pregò di fare in maniera ch'ei potesse accompagnare all'armata suo cognato ma questa Principessa gli disse che non potea soddisfar l'eroico suo coraggio, perché avea promesso al Sultano di trattenerlo con suo padre in ostaggio della fedeltà di Tebaldo.

Dopo essersi trattenuti insieme ancor lungo tempo la Sultana li fe' ritirare non volendo che il Sultano li vedesse con lei. Non tardò questo Principe a venirla a trovare e avendogli domandato se l'illustre prigioniero s'uniformasse alle sue intenzioni: Sì Signore, ella gli disse, egli arde di desiderio di comprovarti il suo zelo e riconoscere con i suoi servigi le obbligazioni ch'io gli ho detto di professarti.

Il Sultano la pregò di farli venir tutti e tre. Essi vennero e questo Principe, che non li avea fino d'allora quasi osservati, rimase incantato dalla loro bella presenza. La vecchiezza del Conte gl'ispirò della venerazione, la bellezza del giovine Principe gli diede della meraviglia ma Tebaldo, che avea portamento nobile, maestoso, e pieno di grazie, accompagnato da una bellezza virile che ispirava nello stesso tempo amore e rispetto s'acquistò nel suo cuore una stima particolare.

La Sultana, ei gli disse, che vi ha salvato la vita, mossa da eccesso di zelo per me, e di stima per voi, vuole v'esponiate per mio servizio. Il vostro aspetto mi ispira una intiera confidenza perciò preparatevi a partire dopo dimani. Io vi ho fatto approvare nel mio consiglio per Generale del mio esercito. Sono tanto stanchi i miei sudditi delle loro perdite che loro non sembra strano che io cerchi di ripararle per mezzi straordinari, e benché voi siate cristiano, i miei soldati vi obbediran con piacere se alla loro speranza corrisponde il vostro valore.

Tebaldo assicurò quel Principe del suo zelo e della sua fedeltà dopo di che ricevé dal Sultano le necessarie istruzioni, e quest'ultimo essendosi ritirato, lasciò Tebaldo in libertà di ricevere quelle della Sultana.

Non era appena partito, che questa Principessa volgendosi a Tebaldo: Voi andate, gli disse, a combattere contro gl'infedeli, il che si accorda con la nostra religione; ma caro mio Principe accordate altresì col vostro coraggio il mio riposo; combattete per vincere, non già per morire; senza risparmiare i nemici, risparmiate la vostra vita da cui dipende la felicità della mia, e pensate che io non vi espongo che per meglio salvarvi. Tebaldo la ringraziò del suo timore tanto obbligante e gli promise di non combattere che per porsi in stato di seguirla.

Siccome era tempo di ritirarsi, essi lasciarono la bella Regina e rientrando nel loro appartamento Tebaldo trovò una veste magnifica ed una scialla gioiellata di cui il Sultano lo regalava. Egli tosto se ne adornò e comparve al pranzo del Principe che lo accolse con piacere. Parlarono essi lungamente insieme delle differenti maniere di guerreggiare e il Sultano riconobbe il suo schiavo tanto consumato in quest'arte, che si compromise della vittoria, e dipoi lo presentò ai Grandi della corte. Il rimanente di quel giorno e il seguente furono impiegati nella rassegna delle truppe che erano in Almeira, e dovendo Tebaldo partire il giorno dopo, per mezzo di Saida egli fe'dimandare alla Sultana la permissione di darle un addio senza testimoni. La Regina, che lo desiderava ugualmente che lui, stabilì questo allocamento nell'ore della notte. Quindi allorché tutti nel palazzo furono quieti, Saida introdusse Tebaldo nella camera della Sultana.

Ivi questi teneri sposi più che mai amorosi si rinnovarono le cordiali proteste d'un eterno amore, e dimenticandosi ogni altra cosa al mondo, si diedero in preda al piacere di rivedersi e alla dolce speranza di riunirsi per sempre. Passarono essi una parte della notte in questa piacevole occupazione e il giorno ve li avrebbe sorpresi se non fusse venuta Saida ad avvertirli che era oramai tempo di separarsi. La Sultana pianse moltissimo e Tebaldo si commosse estremamente, ma riprendendo forza la ragione si abbracciarono e si dissero addio, pregando il cielo di riunirli ben tosto. Il Principe fu condotto nel suo appartamento con la stessa secretezza ed alcuno accidente non intorbidò la goduta soddisfazione.

Era appena giorno, che Tebaldo credendo avanzare il suo ritorno con la prontezza di sua partenza, abbracciò il Conte di Ponthieu e suo cognato e raccomandò al Conte la Sultana pregandolo a star lungi da lei quanto meno fosse possibile. Indi si rese dal Sultano a ricevere gli ultimi suoi comandi e partì con una fiducia che parea presagirgli una certa vittoria.

Nel tempo di sua lontananza la Sultana si maneggiò tanto bene, che si acquistò un'infinità di creature disposte a tutto intraprendere nell'occasione di servirla. Ella fe'prestare altresì per intercessione del Conte molti servigi dal Sultano, il quale avea concepito per quello tanto amore che non potea stare un momento senza di lui. Il Conte era bravo cacciatore, e il Sultano avea una violenta passione per questo esercizio il che faceva che questo Principe lo volea seco in tutte le sue partite di caccia. Le notizie che una dopo l'altra si ricevevano delle vittorie che Tebaldo riportava sopra i nemici, accrescevano giornalmente la considerazione del Sultano per gl'illustri suoi schiavi.

Passarono in tal maniera tre mesi in maneggi per parte della Regina e in confidenza per parte del Sultano ma fu perfetta la gioia quando giunse l'avviso di una battaglia decisiva che Tebaldo avea guadagnato sopra i nemici; egli li avea tagliati a pezzi e ucciso di sua mano il loro Principe; e con questa vittoria avea

Appendice: *Istoria della principessa di Ponthieu* 75

conquistato i di lui stati e recuperato quelli che avea per lo avanti invaso al Sultano.

Queste azioni strepitose furono celebrate in Almeira con estrema allegrezza. Più non si parlava che del valore dell'invitto schiavo, e delle obbligazioni che tutti loro avevano.

Quanto a lui, vedendo che non vi erano più nemici da combattere, egli s'affrettò a por guarnigione alle piazze acquistate, ed avendo nominato da per tutto dei governatori fedeli ritornò trionfante in Almeira. Il Sultano lo accolse come il suo Dio tutelare.

Ciò che la Regina avea preveduto quello appunto avvenne. Il Sultano rese a Tebaldo la libertà e lo strinse gentilmente a voler accettare, cangiando religione, la prima carica dell'Impero; ma questo Principe gli fe' intendere rispettosamente, ch'ei non potea profittare della di lui bontà assicurandolo per altro, che finché vi fosse bisogno di lui, si fermerebbe alla sua corte. Un tal rifiuto lungi d'irritare il Sultano gli fe'concepire maggior stima per lui e questo illustre liberto divenne tanto considerabile nella corte d'Almeira che senza il suo consiglio non si facea più nulla.

La Sultana vedendo riuscire sì bene il suo progetto gli diede l'ultima mano fingendo d'essere incinta e che l'aria d'Almeira gli fosse pregiudiziale. Un medico rinnegato da lei guadagnato a forza di benefizi assicurò il Sultano che la vita della Regina era in pericolo se non gli si facesse mutar aria. Questo Principe spaventato la pregò a sceglier quella che più le gradisse delle sue case di piacere per andarvi ad abitare. La Sultana n'elesse una che era sulla spiaggia e da cui si andava per mare. Fece prontamente il Sultano equipaggiare una galera e la Regina ebbe la cura di riempirla delle sue creature. Quando tutto fu pronto, ella supplicò il Sultano a permettergli che si facesse accompagnare dal Cavalier francese per sicurezza della sua persona. Quanto al Conte di Ponthieu e il di lui figlio, poiché erano di sua famiglia, essa non ebbe d'uopo di permissione per seco condurli. Il Sultano gli accordò tutto, ed essa imbarcossi con suo padre, suo fratello ed il suo sposo, conducendo seco altresì un figlio in età di sette anni che ella avea partorito al Sultano, e la fedele Saida, lasciando in Almeira una figlia ancor bambina.

Sembrando che il Cielo già favorisse i loro disegni, non furono appena avanzati in mare che i nostri guerrieri secondati dalle creature della Regina costrinsero i forzati a vogare dritto verso Brindisi, ove giunsero felicemente. La Principessa donò la libertà agli schiavi cristiani che erano sulla galera, e vi pose in loro vece tutti i saracini che poté riscattare, rimandandoli al Sultano, con ordine di consegnargli questa lettera:

La Principessa di Ponthieu al Sultano di Almeira

S'io non avessi avuto da combattere che la tua generosità, t'avrei scoperto la cagione della mia fuga persuasa che piuttosto d'impedirla tu l'averesti favorita. Ma il tuo

amore e la tua religione essendo ostacoli insuperabili m'è convenuto impiegare l'artifizio per liberarmi dalle tue mani. Io non t'abbandono per effetto d'incostanza ma seguo il mio sposo, mio padre e mio fratello che sono i tre schiavi de' quali tu mi hai donato la vita. Il mio sposo avendo esposta la sua per la tua gloria, per quella de tuo regno e per la sicurezza della tua persona, egli mi ha liberato presso te da tutte le mie obbligazioni. Io sono cristiana, e Sovrana, pria d'esser tua; quindi ben vedi a cosa m'obblighino il mio rango e la mia religione. Non mi dimenticherò mai l'onore che tu m'hai reso e sarà eterna la mia riconoscenza. Ti lascio mia figlia, la cui tenera età m'ha obbligato abbandonare. Riguardala con occhio di padre. Ti auguro tutte quelle felicità che tu meriti e prego il Cielo caldamente che ti doni quel lume divino che manca alle tue virtù
La Principessa di Ponthieu

Il Sultano vide il ritorno della galera, e ricevé la lettera della Principessa nel tempo che ella continovava il suo viaggio per rendersi a Roma. Egli sentì un dolore inconcepibile a tal notizia. Fu grande la sua disperazione, ma riprendendo vigor la sua ragione egli cercò di consolarsi rivolgendo tutte le sue attenzioni e tenerezze alla Principessa sua figlia.

Giunsero intanto i nostri illustri fuggitivi a Roma, ove il Papa li accolse con onori straordinari, e dopo che la Principessa e Saida furono riconciliate alla fede cristiana, essi partirono colmi di presenti e gentilezza e ritornarono a Ponthieu, ove la gioia di rivederli con la Principessa può meglio sentirsi che esprimersi.

Alcun tempo dopo, essendo morto il Conte di Ponthieu, suo figlio eredità i suoi stati ma non avendo questo giovine Principe sopravvissuto molto a suo padre, egli lasciò la sovranità di Ponthieu alla Principessa sua sorella, la quale trasferendola nel suo sposo la ressero entrambi con gloria e con una perfetta concordia.

Il figlio che la Principessa avea partorito al Sultano sposò una ricca erede di Normandia dal cui matrimonio sono discesi i Signori di Preau e la Principessa che rimase nelle mani del Sultano fu maritata ad un Principe saracino, da una figlia della quale nacque il famoso Saladino Sultano d'Egitto tanto noto e temuto nella cristianità.

Chateaubriand,
le Moyen Âge comme patrie

Patrizio Tucci
(Università di Padova)

> Il ne fallait pas à Talma le monde intermédiaire: il ne savait pas le *gentilhomme*; il ne connaissait pas notre ancienne société; il ne s'était pas assis à la table des châtelaines, dans la tour gothique au fond des bois; il ignorait la flexibilité, la variété de ton, la galanterie, l'allure légère des mœurs, la naïveté, la tendresse, l'héroïsme d'honneur, les dévouements chrétiens de la chevalerie: il n'était pas Tancrède, Coucy, ou, du moins, il les transformait en héros d'un moyen âge de sa création[1].

Chateaubriand passe généralement pour avoir donné à son époque le goût du Moyen Âge, et il a lui-même revendiqué à diverses reprises la primauté de date de cette valorisation. C'est exemplairement le cas pour un passage de la préface de 1826 au *Génie du Christianisme* dans l'édition Ladvocat des *Œuvres complètes*, qui considère les conséquences politiques, au sens large, du livre de 1802: «Les Français apprirent à porter avec regret leur regard sur le passé; les voies de l'avenir furent préparées, et des espérances presque éteintes se ranimèrent»[2]. En d'autres occasions, l'écrivain affecte de réprouver «la manie du moyen âge» qu'il a précédée et «qui nous hébète à présent», de «mourir d'ennui» – lui qui a «rappelé le jeune

---

[1] Chateaubriand, *Mémoires d'outre-tombe*, éd. J.-C. Berchet, Paris, Bordas, «Classiques Garnier», 1989-1998, t. II, p. 44; XIII, 9. Je me référerai à cette édition par le sigle *Mot*, suivi du signalement du tome, de la page, du livre et du chapitre.

[2] *Génie du christianisme* (avec *Essai sur les révolutions*), éd. M. Regard, Paris, Gallimard, «Bibliothèque de la Pléiade», 1978, p. 460.

siècle à l'admiration des vieux temples» – à force d'en entendre «rabâcher»[3]. On se souvient du reste qu'il se livre aux mêmes mouvements d'impatience en s'entretenant de «l'école dite romantique», par lui inaugurée, et qu'il a soin de se démarquer des excès et des défauts (notamment «l'extravagance d'invention et le rocailleux d'exécution») de ceux qu'il appelle ses «disciples»[4].

Mais quel Moyen Âge? Ce n'est pas ici le lieu d'exhumer le contraste entre un «vrai» et un «faux» Moyen Âge, contraste qui était devenu un lieu commun de la critique littéraire à partir de 1830[5]. On opposait alors les acquis proprement scientifiques dans la connaissance du patrimoine littéraire médiéval au Moyen Âge en carton-pâte forgé par les auteurs romantiques de tradition royaliste et aristocratique, qui d'ailleurs étaient redevables à Chateaubriand de bien des motifs convenus. Or, c'est à un Moyen Âge «mi-parti de vision et de système», pour reprendre les termes dont Sainte-Beuve use en 1864 à propos de la mode moyenâgeuse dominant dans les années 1820[6], que Chateaubriand donne forme dans la première décennie du siècle, et qui se rattache moins à un état de civilisation précis, «qu'à un "autrefois" imaginaire», à une ancienne France «engloutie dans le cataclysme révolutionnaire»[7]. Une perception intériorisée prend ainsi le pas sur des appréciations d'ordre culturel ou esthétique.

L'attitude de Chateaubriand évoluera dans le temps, mais il ne saurait être question ici de le suivre dans ses flottements, ses contradictions, ses palinodies, dont on trouve le reflet dans les *Mémoires d'outre-tombe*. Il suffit de citer la comparaison désobligeante au moyen de

---

[3] *Mot*, t. II, p. 53; XIII, 11; *Essai sur la littérature anglaise, suivi de la traduction du «Paradis perdu» de Milton* (1836), Paris, Victor Sarlit, 1873, p. 258.

[4] *Mot*, t. I, p. 390; XI, 3.

[5] Voir M. Glencross, *La littérature française du Moyen Âge dans la critique littéraire sous la monarchie de Juillet*, in «Zeitschrift für französische Sprache und Literatur», CIII (1993), p. 245.

[6] Sainte-Beuve, *Premiers lundis*, t. III, Paris, Calmann-Lévy, 1874, pp. 156-157.

[7] J.-C. Berchet, *François de Chateaubriand*, in *La Fabrique du Moyen Âge au XIXe siècle. Représentations du Moyen Âge dans la culture et la littérature française du XIXe siècle*, éd. S. Bernard-Griffiths, P. Glaudes et B. Vibert, Paris, Champion, 2006, p. 301. Voir aussi B. G. Keller, *The Middle Ages Reconsidered. Attitudes in France from the Eighteenth Century through the Romantic Movement*, New York, Peter Lang, 1994, pp. 54-63.

laquelle, dans un passage daté de Dieppe, 1836, il évoque la France qu'il avait retrouvée en 1800, après huit ans d'«enfermement» en Angleterre: «Cette nation, qui semblait au moment de se dissoudre, recommençait un monde, comme ces peuples sortant de la nuit de la barbarie et de la destruction du moyen âge»[8]. Voici un autre cas très apparent, au chapitre où il narre sa visite de la Danse macabre de Holbein à Bâle, le 12 août 1832. Une biffure appuyée efface dans le manuscrit de 1845 les mots qui décrivaient, avec une pointe quelque peu venimeuse, l'attitude des chevaliers de la fin du Moyen Âge face à la Mort, moins courageuse et plus chicaneuse que celle des autres états d'ici-bas (les crochets encadrent le passage rayé): «Pas un ne l'accepte de bonne grâce. [Les Chevaliers surtout supplient et succombent misérablement; ils se croyaient sûrs de tuer et de n'être pas tués dans leur armure]»[9]. J'aurai néanmoins recours à quelques passages des *Mémoires* s'accordant à la perspective qui retient mon attention ici. Par contre ne seront pas pris en compte les textes de Chateaubriand étiquetés formellement comme historiques, y compris les recensions d'ouvrages d'histoire. L'*Analyse raisonnée de l'histoire de France*, publiée en 1831, est en majeure partie une compilation, dont le trait saillant, au regard de notre propos, est de faire de Don Quichotte «le dernier des chevaliers», pour cette raison singulière: «Tel est l'attrait de ces mœurs du moyen âge et le prestige du talent, que la satire de la chevalerie en est devenue le panégyrique immortel»[10]. Chateaubriand venait néanmoins de distinguer quelques lignes plus haut la chevalerie «historique» de la chevalerie «romanesque». Quant aux *Études historiques* (1831), leur titre complet spécifie la matière qui y est traitée, à savoir «*la chute de l'Empire romain, la naissance et les progrès du christianisme et l'invasion des barbares»,* et elles ont effectivement pour terme le Ve siècle. Il est notable que, dans la préface, soit proposée la même distinction entre chevalerie «historique» et chevalerie «romanesque», avec une indication supplémentaire que le Chateaubriand de la première décennie du siècle

---

[8] *Mot*, t. II, p. 20; XIII, 3.

[9] BNF n.a.f. 26454, p. 3184; *Mot*, t. IV, p. 131; XXXV, 11.

[10] Chateaubriand, *Analyse raisonnée de l'histoire de France*, Paris, La Table Ronde, 1998, p. 146.

n'aurait sans doute ni su ni voulu offrir: «Cette chevalerie romanesque, qui marche avec la chevalerie historique, donne aux temps moyens un caractère d'imagination et de fiction qu'il est essentiel de distinguer»[11].

Seuls nous intéresseront, dans ce qui va suivre, les textes où se dessine avec netteté le concept plein de sens, militant, d'un Moyen Âge à dominante religieuse et chevaleresque. Aussi mon corpus de référence sera-t-il constitué de trois œuvres, s'inscrivant dans trois genres différents: le *Génie du Christianisme* (1802), texte de doctrine qui opère une re-sacralisation de la cathédrale profanée par la Révolution et retravaille le mythe chevaleresque hérité du courant troubadour du XVIIIe siècle; *Les Aventures du dernier Abencérage*, texte de fiction composé en 1810, où Chateaubriand illustre l'automne flamboyant de la chevalerie médiévale et l'éthique amoureuse qui en est le complément; l'*Itinéraire de Paris à Jérusalem*, texte autobiographique de 1811 où il endosse le double vêtement de pèlerin et de croisé, et dont le point culminant est le récit de la cérémonie initiatique par laquelle il fut adoubé chevalier de l'ordre du Saint-Sépulcre. Mon propos est ainsi de cerner son culte du Moyen Âge comme patrie morale: une patrie perdue, disons-le d'entrée de jeu, saisie dans son irréparable éloignement.

Les carences de la culture médiéviste de Chateaubriand ont déjà été relevées, et il n'est donc pas nécessaire de s'y arrêter ici, sinon pour souligner qu'elle se limite, en 1802, aux *Mémoires sur l'ancienne chevalerie considérée comme un établissement politique et militaire* (1759-1781) de La Curne de Sainte-Palaye[12]. Dans les trois tomes de l'ouvrage, dont le dernier offre quelques extraits de roman, la civilisation médiévale est appréhendée à travers le prisme de la chevalerie, que La Curne tient pour un ordre comparable aux ordres monastiques et qu'il présente comme une école de morale et de civilité[13].

---

[11] Chateaubriand, *Œuvres complètes*, Paris, Garnier, [1859-1861], t. IX, *Études historiques*, p. 67. Dans le *Génie du Christianisme*, cit., p. 680, il est dit que «la chevalerie seule offre le beau mélange de la vérité et de la fiction» (IIe partie, livre II, chapitre XI).

[12] Il faut remarquer que dans les *Mémoires* Chateaubriand se targue précisément d'avoir examiné, à Londres, «les manuscrits français du douzième siècle, de la collection de Camden», et que ceux-ci lui «avaient rendu familières les mœurs et les institutions du moyen âge» (t. I, pp. 562 et 605; X, 7 et XI, 5).

[13] Voir J. Sgard, *La Curne de Sainte-Palaye (1697-1781)*, in *La Fabrique du Moyen Âge au XIXe siècle*, cit., pp. 123-126.

Par ailleurs, Chateaubriand admettra dans les *Mémoires* les lacunes de sa documentation. Il regrettera surtout de n'avoir pas tiré un parti suffisant des vies des saints et des légendes: «On y pouvait faire une moisson abondante. Ce champ des richesses de l'imagination du moyen âge surpasse en fécondité les *Métamorphoses* d'Ovide et les fables milésiennes»[14]. Dans le même passage, il avouera qu'à cette époque il ne connaissait pas les arts, d'où les défauts de «cette partie de [s]a composition». Toutefois, il y a lieu de croire que des informations moins sommaires n'auraient guère modifié sa représentation, visiblement fondée sur des a priori. En fait, le monument médiéval n'est pas envisagé pour lui-même mais pour les «pensées» dont il est censé être le médiateur. Ce que Chateaubriand s'attache à mettre en relief dans le chapitre du *Génie* intitulé «Les églises gothiques», destiné à faire date, c'est l'aura de spiritualité qui flotte à l'intérieur de ces édifices, le rappel des «antiques mœurs» qui descend de leurs voûtes «toutes noires de siècles». Lorsqu'on y entrait – comprenons: avant 1789 –, «l'ancienne France semblait revivre: on croyait voir ces costumes singuliers, ce peuple si différent de ce qu'il est aujourd'hui»[15]. Ces images nostalgiques traduisent elles aussi une vision politique au sens large, qui souhaite renouer le fil rompu par la violence révolutionnaire. Les vieilles basiliques sont les «temples de nos pères», elles sont toutes remplies de leurs âmes: elles entretiennent ainsi le culte des «souvenirs qui se lient à la religion et à l'histoire de la patrie». Une telle perspective trouve son expression la plus accomplie dans le chapitre intitulé «Tombeaux dans les églises», dont voici les premières lignes:

> Rappelez-vous un moment les vieux monastères ou les cathédrales gothiques telles qu'elles existaient autrefois; parcourez ces ailes du chœur, ces chapelles, ces nefs, ces cloîtres pavés par la mort, ces sanctuaires remplis de sépulcres. Dans ce labyrinthe de tombeaux, quels sont ceux qui vous frappent davantage? Sont-ce ces monuments modernes, chargés de figures allégoriques, qui écrasent de leurs marbres glacés des cendres moins glacées qu'elles? Vains simulacres qui semblent partager la double léthargie du cercueil où il sont assis et des cœurs

---

[14] *Mot*, t. II, p. 53; XIII, 11.

[15] *Génie du Christianisme*, cit., pp. 801-802 (IIIe partie, livre I, chapitre 8).

> mondains qui les ont fait élever? A peine y jetez-vous un coup d'œil: mais vous vous arrêtez devant ce tombeau poudreux, sur lequel est couchée la figure gothique de quelque évêque revêtu de ses habits pontificaux, les mains jointes, les yeux fermés. [...] Et quelle est cette grande dame qui repose ici près de son époux? L'un et l'autre sont habillés dans toute la pompe gauloise; un coussin supporte leurs têtes, et leurs têtes semblent si appesanties par les pavots de la mort qu'elles ont fait fléchir cet oreiller de pierre[16].

Sur ce passage, une remarque terminologique: de même que «gothique» signifie «médiéval», adjectif dont on n'enregistre aucune occurrence dans le *Génie* (l'expression «Moyen Âge», elle, figure uniquement dans une note tardive alignant des passages tirés de l'*Histoire des Croisades*, de Joseph-François Michaud), ainsi l'adjectif «gaulois» est ici, et dans d'autres évocations rétrospectives, le synonyme de «français». Une telle équivalence a pour résultat évident – et, vraisemblablement, elle y vise – d'affirmer une continuité nationale allant de l'antiquité à la Révolution. Dans une note de 1802 à cette même page, Chateaubriand mène une attaque en règle contre le musée des Monuments français, qui avait ouvert ses portes au début du Consulat. Selon la description-catalogue publiée par son fondateur Alexandre Lenoir à cette occasion, près de cinq cent tombeaux anciens et modernes posés «çà et là» sur une pelouse verte «s'élèvent avec dignité au milieu du silence et de la tranquillité»[17]. C'est précisément la logique présidant à ce «Jardin Élysée» que Chateaubriand condamne: «Resserrés dans un petit espace, divisés par siècles, privés de leurs harmonies avec l'antiquité des temples et du culte chrétien, *ne servant qu'à l'histoire de l'art*, et non à celle des mœurs et de la religion; n'ayant pas même gardé leur poussière, ils ne disent plus rien ni à l'imagination ni au cœur» (c'est moi qui souligne)[18]. Passage

---

[16] *Ibid.*, p. 935 (IVe partie, livre II, chapitre 8).

[17] Je cite ce passage de la *Description historique et chronologique des monuments de sculpture réunis au musée des monuments français* d'après le catalogue de l'exposition «Jardins romantiques français», Paris, Musée de la Vie romantique, 8 mars-17 juillet 2011, sous la direction de C. de Bourgoing, pp. 160-161 (n° 89: Hubert Robert, *L'«Élysée» du musée des Monuments français*, huile sur toile, 1803).

[18] *Génie du Christianisme*, cit., p. 936, note A. Sur les réactions de

capital, où se reflète en des formules lapidaires l'essence de l'attitude de l'apologiste chrétien. Le regard porté sur les arts médiévaux demeure étranger tant à l'angle d'une histoire des formes qu'à celui des jugements de valeur, même si le chapitre consacré aux églises établit un rapport d'analogie entre l'«ordre gothique» et les «forêts des Gaules»[19], et trouve ainsi à ces monuments, «au milieu de leurs proportions barbares», une beauté «qui leur est particulière».

La visite idéale des sépultures abritées dans les «temples gothiques» se clôt sur celles des chevaliers, «antique honneur du nom français» et second grand pôle du médiévisme de Chateaubriand. Il est vrai que dans un des deux passages où il parle longuement de la chevalerie – la partie de la «Poétique du christianisme» portant sur les épopées chrétiennes – le Moyen Âge n'est invoqué que par ricochet. En fait, Léon Gautier, dans son grand livre de 1865 sur les épopées françaises, ne pourra s'empêcher de noter que Chateaubriand ne paraît «même pas soupçonner l'existence de nos vieux poèmes», et se borne à citer la *Jérusalem délivrée* et la *Henriade*[20]. Défaut excusable, à vrai dire, la première édition de la *Chanson de Roland* ne datant que de 1837. Dans les chapitres du *Génie* où il s'agit d'établir lesquels, des héros antiques et des chevaliers, «méritent la préférence, soit en morale soit en poésie», et où se produit une étonnante mais significative identification de l'histoire avec la littérature – ou de la littérature avec l'histoire, si vous préférez –, ce sont les guerriers d'Homère, de Virgile et du Tasse que Chateaubriand fait entrer en lice: et c'est Godefroi de Bouillon, et non pas Agamemnon ou Énée, qu'il tient pour le véritable héros[21]. À ses yeux, les personnages de la *Jérusalem délivrée* sont supérieurs aux

---

Chateaubriand en 1802 et dans un chapitre des *Mémoires* daté de 1821, voir les fines analyses de J.-C. Bonnet, *Naissance de l'historien artiste: Chateaubriand, Mercier et Michelet au musée des Monuments français*, in *Chateaubriand, penser et écrire l'histoire*, éd. J.-M. Roulin et I. Rosi, Publications de l'Université de Saint-Étienne, 2009, en part. pp. 283-289.

[19] Sur ce rapport et ses antécédents culturels, voir J.-C. Berchet, *Chateaubriand, Séroux d'Agincourt et les arts du Moyen Âge*, in *Chateaubriand et les arts*, Actes du Colloque de Paris, 20-21 mars 1997, éd. M. Fumaroli, Paris, Éditions de Fallois, 1999, pp. 60-62.

[20] L. Gautier, *Les Épopées françaises. Étude sur les origines et l'histoire de la littérature nationale*, Paris, Victor Palmé, 1865, pp. 605-606.

[21] *Génie du Christianisme*, cit., p. 680.

personnages des épopées antiques parce qu'ils incarnent le «beau idéal moral», c'est-à-dire le «beau idéal des caractères», grâce aux vertus chrétiennes dont ils sont parés: fidélité, véridicité, désintéressement, charité, clémence, respect pour la faiblesse, et même honneur et bravoure[22]. Dans un autre passage qui confond la littérature et l'histoire en évoquant «les temps chevaleresques», il est dit que si ces temps étaient barbares «pour tout le reste», la morale, au moyen de l'Évangile, s'était élevée en revanche «à son dernier point de perfection»[23]. Contrairement aux apparences, Chateaubriand ne prend pas pour cible la barbarie *morale* des premiers âges de la Grèce, contrastant avec la «simplicité» de leurs mœurs, et donc l'inaptitude du polythéisme à «changer la nature sauvage et l'insuffisance des vertus primitives». Ce qu'il vise, ce sont «les siècles tout à fait modernes», que dépare une philosophie matérialiste et sensualiste. Le poète qui voudrait les chanter serait obligé de bannir la vérité, en dérobant à la vue non seulement «l'intérieur de nos ménages», mais encore et surtout «le fond de nos cœurs». Reste que le tableau des mœurs chevaleresques brossé par Chateaubriand à cette occasion est loin d'évoquer un monde barbare. Il présente au contraire les marques du processus d'idéalisation étant à l'œuvre dans les romans de style troubadour: «Un vieux château, un large foyer, des tournois, des joutes, des chasses, le son du cor…»[24].

L'idéalisation – la mythification, devrait-on dire – de la chevalerie médiévale en tant que système de valeurs et de pensée est manifeste dans le livre de la IVe partie intitulé «Ordres militaires ou chevalerie», qui met à contribution les *Mémoires* de La Curne, mais en portant au dernier degré

---

[22] Sous des prétextes quelque peu spécieux: «La véritable religion nous enseigne que ce n'est pas par la force du corps que l'homme se doit mesurer, mais par la grandeur de l'âme. D'où il résulte que le plus faible des chevaliers ne tremble jamais devant un ennemi; et, fût-il certain de recevoir la mort, il n'a pas même la pensée de la fuite», alors que «les Ajax […] fuyaient devant Hector, qui fuyait à son tour devant Achille» (*ibid.*, p. 683).

[23] *Ibid.*, pp. 681-682.

[24] Dans le chapitre consacré aux tombeaux des églises on trouve des traits allant dans le même sens: «N'y a-t-il donc rien de merveilleux dans ces temps des Roland, des Godefroi, […] ces temps où Thibaut chantait, où les troubadours se mêlaient aux armes, les danses à la religion, et les tournois aux sièges et aux batailles?» (*ibid.*, p. 936). Sur le genre troubadour, on se reportera à la synthèse de Pierre Glaudes in *La Fabrique du Moyen Âge au XIXe siècle*, cit., pp. 760-779.

des traits qui y étaient à peine ébauchés[25]. Dans le dernier chapitre, focalisé sur la vie et les mœurs des chevaliers, Chateaubriand proclame que «le seul mot de chevalerie, le seul nom d'un illustre chevalier, est proprement une merveille». Un peu plus loin, il fait la théorie de cette confusion entre histoire et littérature qu'il pratique à maintes reprises: «Il n'est guère possible de parler, même historiquement, de la chevalerie sans avoir recours aux Troubadours qui l'ont chantée, comme on s'appuie de l'autorité d'Homère en ce qui concerne les anciens héros»[26].

C'est donc le regret de cet «âge de la féerie et des enchantements»[27], de ce temps «du merveilleux en toute chose», comme Chateaubriand le dira en 1836 encore, dans l'*Essai sur la littérature anglaise*[28], qui s'exprime, en guise de *pars pro toto*, par le biais de la représentation des modes d'existence et des faits et gestes des chevaliers. Cette représentation se veut érudite (Chateaubriand conteste sur plus d'un point les affirmations de La Curne) et à la fois proprement *poétique* (c'est un des «sujets qui parlent le plus à l'imagination»), mais elle traduit clairement une vision politique, dans le cas présent au sens fort du terme. En fait, on a séparé à tort, lui semble-t-il, la chevalerie militaire de la chevalerie religieuse[29], qui ne sont au contraire qu'une seule et même chose (conséquence implicite: c'est sur la solidarité entre le temporel et le spirituel que reposaient les fortunes de l'Europe médiévale); et les chevaliers n'ont pas fait que redresser les torts et

[25] J.-B. de La Curne de Sainte-Palaye, *Mémoires sur l'ancienne chevalerie*, avec une introduction et des notes historiques par Charles Nodier, Paris, Girard, 1826, t. I, p. 341: «Je n'ai point parlé jusqu'ici des chevaliers errants, tels que ceux de *la Table ronde* et autres, que les fictions romanesques ont rendus si fameux. [...] Ces héros [...] visitoient toutes les contrées pour redresser les torts, venger les opprimés». Dans le *Génie* on lit, entre autres exemples: «Dans la cour du baron [...] se rendaient sans cesse des chevaliers connus ou inconnus, qui s'étaient voués à des aventures périlleuses, qui revenaient seuls des royaumes du Cathay, des confins de l'Asie et de tous ces lieux incroyables où ils redressaient les torts et combattaient les infidèles» (p. 1021).

[26] *Génie du Christianisme*, cit., p. 1010.

[27] *Ibid.*, p. 1012.

[28] «L'aumônier, le moine, le pèlerin, le chevalier, le troubadour, avaient toujours à dire ou à chanter des aventures» (*Essai sur la littérature anglaise*, cit., p. 20).

[29] Mais dans l'*Analyse raisonnée de l'histoire de France*, cit., p. 145, Chateaubriand écrit qu'«on a eu tort de vouloir faire des chevaliers un *corps* de chevalerie», et que les ordres religieux chevaleresques ont fait supposer l'existence d'une «chevalerie historique *collective*», lorsqu'il n'existait qu'une «chevalerie historique *individuelle*».

secourir la veuve et l'orphelin. Leur action en Europe et en Orient a rendu d'«importants services à la société», dont le principal est d'avoir «donné le temps à la civilisation de faire des progrès». L'Ordre de Malte est représenté comme le rempart qui a préservé l'Italie des invasions turques, les ordres militaires de l'Espagne sont loués d'avoir combattu les Maures, tandis que les chevaliers teutoniques ont évité que se reproduisent les déferlements des hordes barbares arrivant de l'Occident et du Septentrion[30]. Ainsi, de même que l'art de l'âge gothique, malgré sa grossièreté apparente, «forme l'anneau où les siècles antiques viennent se rattacher aux siècles modernes»[31], de même le Moyen Âge pourrait bien apparaître comme une étape décisive du progrès de la société.

Quoique Chateaubriand parle dans le *Génie* d'un «retour naturel vers les mœurs de nos aïeux» qui est en train de se produire «dans ce siècle incrédule», et dont lui semble témoigner le curieux plaisir qu'ont les poètes et les romanciers à introduire dans leurs fictions «des souterrains, des fantômes, des châteaux, des temples gothiques»[32], il considère néanmoins cette époque comme à jamais révolue: «Sans doute ils étaient merveilleux ces temps, mais ils sont passés»[33]. Patrie idéale de l'honneur et de la fidélité, modèle de grandeur tendu à un monde de pygmées, le Moyen Âge chevaleresque ne peut revivre, ni offrir des modèles pour l'organisation politique et sociale de l'âge moderne. Dans le paragraphe qui clôt un compte rendu de la *Législation primitive* de Bonald publié dans le «Mercure de France» du 20 novembre 1802, et rédigé quelques jours auparavant en descendant la vallée du Rhône, Chateaubriand dit avoir vu à un certain moment deux tours en ruines sur deux montagnes opposées. Au sommet de ces tours étaient attachées de petites cloches que les montagnards sonnaient au passage des voyageurs:

> Ces sons, ces monuments gothiques, amusent un moment les yeux des spectateurs; mais personne ne s'arrête pour aller où la cloche l'invite. Ainsi les hommes

---

[30] *Génie du Christianisme*, cit., pp. 1018-1019.

[31] *Ibid.*, p. 1061 (IVe partie, livre VI, chapitre 9).

[32] *Ibid.*, p. 800.

[33] *Ibid.*, p. 936.

qui prêchent aujourd'hui morale et religion, donnent en vain le signal du haut de leurs ruines à ceux que le torrent du siècle entraîne; le voyageur s'étonne de la grandeur des débris, de la douceur des bruits qui en sortent, de la majesté des souvenirs qui s'en élèvent, mais il n'interrompt point sa course, et au premier détour du fleuve, tout est oublié[34].

Le passage final sera cité dans les *Mémoires d'outre-tombe*, avec ce commentaire: «Les lignes qui terminent ma critique voyageuse sont de l'histoire; mon esprit marchait *dès lors* avec mon siècle» (c'est moi qui souligne)[35].

Mais s'il est impossible de ressusciter les temps chevaleresques, qu'il regarde comme «les seuls temps poétiques de notre histoire»[36], et de restaurer les valeurs qui les fondaient, c'est aussi que l'ancien éthos aristocratique a irréversiblement sombré dans la nuit. Loin de croire au retour de la plénitude d'autrefois, l'attitude de Chateaubriand, comme je l'ai déjà noté, consiste à chercher dans le passé une grandeur abolie et à en plaindre l'absence dans le présent. On retrouvera cette attitude dans certains passages des *Mémoires d'outre-tombe*, où il donne à mesurer la distance cruelle qui existe entre l'aristocratie «dans la force de l'âge» et l'aristocratie «dans la décrépitude»: «L'abbé Delille était le poète des châteaux modernes, de même que le troubadour était le poète des vieux châteaux [...]: l'abbé peint des lectures et des parties d'échecs dans les manoirs, où les troubadours chantaient des croisades et des tournois»[37]. Un regard rétrospectif encore plus dédaigneux sera jeté sur la «haute émigration» dont Bruxelles, en 1792, fut le quartier général: «Les femmes les plus élégantes de Paris et les hommes les plus à la mode [...] attendaient dans les

---

[34] Chateaubriand, *Œuvres complètes*, t. XXI, *Mélanges littéraires*, Paris, Ladvocat, 1826, pp. 146-147.

[35] *Mot*, t. II, pp. 66-67; XIV, 2. Voir aussi t. I, pp. 424-425 (VII, 11): «Contemplons avec vénération les siècles écoulés, rendus sacrés par la mémoire et les vestiges de nos pères; toutefois n'essayons pas de rétrograder vers eux, car ils n'ont plus rien de notre nature réelle, et si nous prétendions les saisir, ils s'évanouiraient».

[36] *Génie du Christianisme*, cit., p. 1012 (IVe partie, livre V, chapitre I). Jean-Claude Berchet a glosé pertinemment cette déclaration: «La seule période de notre "modernité" qui soit susceptible de fournir au poète (mais aussi au peintre) des sujets dignes de rivaliser avec les sujets bibliques ou antiques» (*François de Chateaubriand*, cit., p. 302).

[37] *Mot*, t. I, p. 590; XI, 2.

plaisirs le moment de la victoire. Ils avaient de beaux uniformes tout neufs: ils paradaient de toute la rigueur de leur légèreté. [...] Ces brillants chevaliers se préparaient par les succès de l'amour à la gloire, au rebours de l'ancienne chevalerie»[38].

Quelque douze ans plus tôt, Chateaubriand avait illustré dans *Les Aventures du dernier Abencérage* le rapport orthodoxe entre chevalerie et amour, et écrit que «souvent un chevalier [...] oublie l'amour pour la renommée»: proposition d'autant plus marquante qu'elle est placée sur les lèvres d'une femme et adressée à un chevalier[39]. La nouvelle raconte la rencontre, à Grenade, de quatre personnages d'élection, qui ne parviennent pas à constituer une communauté véritable en raison de différences difficiles à surmonter. Il s'agit de trois chevaliers venant de pays divers et en conflit (la Tunisie, l'Espagne, la France en 1526) et de l'espagnole Blanca, sœur de l'un deux, qui lors de sa première apparition a un vêtement semblable à celui des «reines gothiques sculptées sur les monuments de nos anciennes abbayes»[40]. Les termes clés de «vaillance», «courtoisie», «générosité», représentant l'axiologie du genre troubadour, caractérisent ces «âmes sublimes» tout au long du texte. Une passion naît au premier regard entre le Maure éponyme, Aben-Hamet, et Blanca, et cette reprise d'un *topos* romanesque vénérable sert ici comme signe «d'une ressemblance profonde, d'une vocation à s'aimer»[41]. Mais la menace qui pèse sur la satisfaction du désir est la même qui empêche les affinités électives de s'épanouir dans la transparence d'une identité collective: il s'agit d'un «principe irréductible d'altérité»[42]. Deux religions, deux chevaleries, trois traditions. Le chevalier français Lautrec est prisonnier de

---

[38] *Mot*, t. I, p. 503; IX, 8.

[39] *Les Aventures du dernier Abencérage* (avec *René* et *Atala*), éd. J.-C. Berchet, Paris, GF Flammarion, 1996, p. 222.

[40] *Ibid.*, p. 210.

[41] F. Bercegol, *Chateaubriand: une poétique de la tentation*, Paris, Champion, 2009, p. 595.

[42] X. Bourdenet, *Histoire et mémoire dans «Les Aventures du dernier Abencérage»*, communication présentée au Colloque *Chateaubriand et le récit de fiction: héritages, ruptures et postérité* (Toulouse, 30, 31 mars, 1er avril 2011). Par la suite je tirerai tacitement parti de cette excellente contribution.

don Carlos avant d'en être l'ami. Et on ne tiendra certes pas pour un détail insignifiant qu'il ait été blessé à Pavie, «en défendant le roi chevalier qui perdit tout alors, *fors l'honneur*»[43]. De son côté Aben-Hamet incarne l'exilé qui se découvre étranger sur sa terre natale – posture mélancolique à laquelle on connaît l'attachement de Chateaubriand – et qui se sent appelé à racheter le désastre et l'humiliation de sa lignée.

La nouvelle recourt de bon gré aux motifs codés du genre troubadour, préoccupé d'armes mais surtout d'amour, et elle s'inspire visiblement de *Mathilde* (1805) de Sophie Cottin, dont l'action se situe au temps de la troisième croisade et est axée sur l'amour entre la virginale femme qui donne son nom au roman, sœur de Richard Cœur de Lion, et Malek Adhel, frère de Saladin. Plus encore que *Mathilde*, l'*Abencérage* prête des déchirements cornéliens aux personnages, tous suspendus entre des choix auxquels les astreint une ascendance par rapport à laquelle ils ne veulent pas déchoir. Mais l'évocation des temps chevaleresques n'est pas, comme dans le genre troubadour, au service d'une volonté de retour en arrière, d'annulation de l'Histoire ou d'une certaine Histoire; autrement dit, au service d'une utopie passéiste, et même réactionnaire. Comme l'a observé avec perspicacité en 1842 le critique Alfred Michiels, cette ouverture des esprits au Moyen Âge, pendant la période allant de l'Empire jusqu'à la Monarchie de Juillet, était aussi celle des émigrés rentrés dans leurs terres: «Pour se consoler de leur détresse, de leur humiliation, ils tournèrent les yeux vers leur ancienne gloire. [...] Les sujets chrétiens, les idées pieuses, furent seuls goûtés; les livres, les tableaux qui peignaient les mœurs chevaleresques obtinrent de même la préférence. En littérature, comme en politique, on essayait d'exhumer le Moyen Âge ossement par ossement»[44]. Si Chateaubriand anticipe ici encore sur

---

[43] *Les Aventures du dernier Abencérage*, cit., p. 227.

[44] *Histoire des idées littéraires en France au XIXe siècle et de leurs origines dans les siècles antérieurs*, Paris, Renouard, 1842, t. II, p. 99, cité par M. Glencross, cit., pp. 249-250. Comme le souligne Barbara G. Keller, cit., p 48, cette attitude est précoce: «Nostalgia for the fallen grandeur of France contributed to the continuation of the *genre troubadour* in the royalist literature of the émigrés». C'est vrai de Louis de Fontanes, qui retrouve en Angleterre son ami Chateaubriand, et compose dans ces années de nombreux poèmes sur ce moule. Dans l'un d'eux, muni d'un titre parlant, *Le vieux château*, il célèbre avec nostalgie «l'honneur chevaleresque» et ses champions, de Roland au roi Arthur.

l'idéologie de la première Restauration et sur la littérature (notamment poétique) qui la consacre, marquées toutes les deux par l'illusion «de retrouver le passé et de le transporter au sein du présent»[45], il le fait, comme on voit, d'une façon plus problématique que ne le feront ses successeurs, Victor Hugo compris. Certes, les rapports qui se tissent entre les personnages magnifient la transparence d'un monde idéal, où les valeurs chevaleresques et courtoises sont portées jusqu'au raffinement, «dans la conciliation parfaite de l'amour, de l'honneur et de la vertu»[46]. L'«Avertissement» rédigé en 1826 pour la publication de la nouvelle dans les *Œuvres complètes* chez Ladvocat (t. XVI) indique qu'y sont présentés «la peinture des vieilles mœurs de l'Europe, les souvenirs de la gloire d'un autre temps». Seulement, Chateaubriand utilise la fiction pour faire revivre avec faste l'idéal qu'il s'apprête mélancoliquement à congédier «pour cause de caducité»[47]. Tel est en effet l'ultime, cuisant constat d'Aben-Hamet: «Ah! faut-il que je rencontre ici tant d'âmes sublimes, tant de caractères généreux, pour mieux sentir ce que je perds!»[48].

Le choix même de l'époque mise en scène dans *l'Abencérage* est significatif: ce n'est pas le Moyen Âge dans sa splendeur héroïque, mais la fin de l'âge chevaleresque. Hantés par leur ascendance, les personnages savent bien qu'ils n'auront pas de descendance. Un cycle d'existence, d'histoire est en train de se clore. C'est à Blanca qu'il reviendra de dire, non sans amère complaisance: «Je sens que nous sommes les derniers de notre race; nous sortons trop de l'ordre commun pour que notre sang fleurisse après nous: le Cid fut notre aïeul, il sera notre postérité»[49]. Comme l'a bien noté Jean-Claude Berchet, qui saisit dans ce phénomène des harmoniques freudiennes, presque tous les personnages, tant fictifs que titulaires d'une identité

---

[45] Sainte-Beuve, *Espoir et vœu du mouvement littéraire et poétique après la Révolution de 1830*, in *Œuvres*, t. I, *Premiers lundis, début des Portraits littéraires*, éd. M. Leroy, Paris, Gallimard, «Bibliothèque de la Pléiade», 1949, p. 374. Cet article, non signé, a paru dans «Le Globe», 11 octobre 1830.

[46] P. Glaudes, *«Les Aventures du dernier Abencérage» et le genre troubadour*, in *La Fabrique du Moyen Âge au XIXe siècle*, cit., p. 783.

[47] F. Bercegol, cit., p. 585.

[48] *Les Aventures du dernier Abencérage*, cit., p. 243.

[49] *Ibid.*, p. 229.

historique, ont perdu leur épée. Celle de Boabdil est suspendue dans une salle du Généralife; celle de François Ier à été remise à Charles-Quint sur le champ de bataille de Pavie; celle de Carlos se brise contre la lame d'Aben-Hamet, qui résiste, mais dont celui-ci est bien résolu à ne jamais se servir: «Les anciens héros de la chevalerie, maures ou chrétiens, ne peuvent donc plus brandir les armes de leur virilité défunte»[50]. (Chateaubriand, pour sa part, déclarera dans *l'Itinéraire* avoir touché la «longue et large épée de fer» de Godefroy de Bouillon). On a aussi noté à juste titre que, de Boabdil et de saint Louis à François Ier, la nouvelle reprend de manière obsédante le motif de la chute du roi, de sa mort, de sa dépossession ou de son emprisonnement, «pour marquer symboliquement la fin des temps héroïques et pour s'écarter d'autant de la naïve nostalgie véhiculée par les romans de style troubadour»[51].

À rebours de la tendance générale de ceux-ci, dans lesquels *omnia vincit amor*, triomphant même sur les divisions et les haines ancestrales, l'amour ne parvient pas à sauver ce monde en perdition, jeté qu'il a été par un hasard funeste entre deux êtres qui ne peuvent se correspondre sinon au prix d'abandonner leur univers d'appartenance: la conversion de Blanca à l'Islam ou celle du Maure au christianisme apparaissent pendant longtemps comme le moteur de la diégèse et le vrai pivot idéologique de la nouvelle. Mais l'honneur, le devoir du nom, comme une inexorable fatalité condamne les deux amants à un veuvage éternel. La nouvelle s'achève en fait sur la séparation, la perte et la mélancolie: sur «cette héroïque douleur, capable d'arracher à sa victime la vie plutôt qu'un soupir, ce mot déchirant et sublime: *Retourne au désert!* dénoûment prévu et presque désiré»[52]. Dans cette impossibilité du bonheur la différence des races et des religions ne joue donc qu'un rôle secondaire malgré les apparences; elle sert de détonateur à l'explosion d'un désaccord intérieur dont le ressort – et à la fois l'enjeu – est l'honneur. Aben-Hamet déclare aimer Blanca «plus

---

[50] «Introduction» à *Les Aventures du dernier Abencérage*, cit., p. 55.

[51] F. Bercegol, cit., pp. 589-590.

[52] Ce commentaire passionné est d'Alexandre Rodolphe Vinet, *Études sur la littérature française au dix-neuvième siècle: Madame de Staël et Chateaubriand* (1849), Lausanne, L'Âge d'Homme, 1990, pp. 106-107.

que la gloire et moins que l'honneur»[53]. Il y a même lieu de croire que l'amour de Blanca faiblirait si le Maure consentait à devenir chrétien. Ne dit-elle pas à son frère: «J'aime Aben-Hamet; Aben-Hamet m'aime; depuis trois ans il renonce à moi plutôt que de renoncer à la religion de ses pères. Noblesse, honneur, chevalerie, sont en lui; jusqu'à mon dernier soupir je l'adorerai»[54]. Comme dans l'épilogue d'*Atala*, Chateaubriand fait intervenir à la fin de la nouvelle un narrateur voyageur appelé à constater la fin du monde qui vient d'être évoqué: aux cendres des derniers *Natchez* fait ici écho «le tombeau du dernier Abencérage», vestige insignifiant d'une civilisation défunte, que l'on fait découvrir au voyageur dans un coin de cimetière[55].

Les Aventures du dernier Abencérage ont été qualifiées de «marche funèbre de la chevalerie»; l'*Itinéraire de Paris à Jérusalem* est traversé, de même, par une célébration vibrante de l'idéal de noblesse – au sens héraldique et au sens spirituel – jadis incarné par la chevalerie, sur le mode de la perte et du regret. S'il fallait citer un exemple pour éclairer mon propos, je renverrai au passage dans lequel, après avoir évoqué la diaspora des descendants des Maures chassés d'Espagne par Ferdinand et Isabelle, dont certains étaient devenus à Jérusalem des portiers, l'écrivain se demande: «Que diraient Saladin et Richard si, revenant tout à coup au monde, ils trouvaient les chevaliers maures transformés en concierges au Saint-Sépulcre, et les chevaliers chrétiens représentés par des frères quêteurs?»[56].

On aurait tort, cependant, de vouloir réduire à cette dimension unique un livre se présentant au contraire comme un lieu de croisement d'instances divergentes, et de ce fait même fortement ambigu. Pour que les références médiévales se multiplient, et que leur arrière-plan idéologique se découvre, il faut au voyageur quitter Homère et Virgile, les ruines de Sparte, la tombe d'Achille et tous les autres

---

[53] *Les Aventures du dernier Abencérage*, cit., p. 222.

[54] *Ibid.*, p. 229.

[55] J'emprunte mot pour mot cette remarque à F. Bercegol, cit., p. 640.

[56] Chateaubriand, *Itinéraire de Paris à Jérusalem*, éd. Jean-Claude Berchet, Paris, Gallimard, 2005, p. 396.

miroitements du mythe classique, auquel il est notoirement tout aussi sensible dans les mêmes années. Pour ne rien dire, bien sûr, des récits du cycle américain et de l'intérêt pour le débat entre l'état de société et l'état de nature qu'ils attestent.

Une mention toute spéciale doit être faite du début de l'*Itinéraire*, sorte de notice liminaire intégrée dans le texte. Si Chateaubriand y subordonne le motif religieux au besoin d'inspecter les lieux où les personnages des *Martyrs* se meuvent, puis à la volonté de compléter par l'observation des ruines «d'Athènes, de Memphis et de Carthage» le cycle d'études *in situ* qu'il avait entrepris dans les déserts de l'Amérique, il n'en indique pas moins qu'il était parti «aussi» en voyageur de Dieu. Et il ne fait pas seulement entendre, par l'intermédiaire d'une citation de la *Jérusalem délivrée*, qu'il avait voulu acquitter un vœu en accomplissant le pèlerinage – détail notable –, mais il souligne combien une telle expérience allait à contre-courant de son époque. On sait en effet que l'*Encyclopédie* avait condamné le pèlerinage comme un «voyage de dévotion mal entendue», dont la pratique était heureusement tombée en désuétude. Chateaubriand s'enorgueillit, de manière provocatrice, de son appartenance à «la classe des superstitieux et des faibles», et il revendique prophétiquement son statut de «dernier Français» ayant visité les Lieux saints avec l'état d'esprit et les aspirations d'un pèlerin du Moyen Âge. Il y a justement chez le *je* racontant et chez le *moi* raconté un parti pris de foi, voire de crédulité. Dans l'*Itinéraire*, tout se passe comme si remettre en cause l'authenticité de la relique ou de la trace revenait à adhérer au scepticisme de «ce siècle antireligieux» qui «avait perdu mémoire du berceau de la religion; comme il n'y avait plus de chevalier, il semblait qu'il n'y eût plus de Palestine»[57].

Dans son rôle d'apologiste dressé contre la philosophie des Lumières, Chateaubriand déplore aussi que celle-ci se soit plu à représenter les Croisades sous un jour odieux, alors qu'elles, entre autres bienfaits, «nous» ont empêchés de devenir la proie des adeptes d'un culte «ennemi de la civilisation, favorable par système à l'ignorance, au

---

[57] *Ibid.*, p. 68 (*Préface* de 1826).

despotisme, à l'esclavage»[58]. Le *Voyage en Syrie et en Égypte* de Volney, référence immédiate de l'*Itinéraire* en la matière, avait bafoué Mahomet et le *Coran*, rattachant la dérive despotique de la société ottomane (et, plus en général, les troubles des états et l'ignorance des peuples dévots à l'Islam) à la malformation du Verbe fondateur[59]. Chateaubriand, au contraire, ne met pas en question les assises théologiques de la religion musulmane. Le passage que je viens de citer est le seul du livre où «l'esprit du Mahométisme» soit pris à partie. À la lecture, cependant, on perçoit aisément que la condamnation des «Sarrasins» et de leur foi n'est pas la visée ultime du discours, mais qu'elle sert d'appui à une glorification qui la transcende et dont le véritable enjeu est à retrouver dans deux affirmations faites à peu de distance l'une de l'autre. La première est que les Croisades «nous ont sauvés de nos propres révolutions; elles ont suspendu, par la *paix de Dieu*, nos guerres intestines». L'autre, que «le temps de ces expériences est le temps héroïque de notre histoire».

Sainte-Beuve était agacé par le rôle de «pèlerin officiel» que Chateaubriand lui semblait tenir dans toute la seconde partie du livre, et dont celui-ci s'autorisait en tant qu'auteur du *Génie du Christianisme*[60]. Mais ce qui, dans l'*Itinéraire*, ressortit spécialement à sa condition de grand écrivain catholique est la préséance dans la hiérarchie des valeurs spirituelles, morales et esthétiques qu'il reconnaît ici encore au christianisme sur le paganisme; une préséance qui, dans le *Génie*, ne reposait que sur une présomption, encore qu'irréfragable pour un croyant, tandis que dans l'*Itinéraire* la célébration des beautés de la religion chrétienne s'appuie sur l'expérience directe du voyageur, ayant foulé tant le Parthénon que les parvis de Jérusalem. Tour à tour Chateaubriand glorifie le «temple indestructible» que saint Paul éleva à Corinthe, il note que, à Corinthe même, le spectacle de «quelques chapelles chrétiennes» compense et justifie la pulvérisation des «autels du paganisme», il compare –

---

[58] *Ibid.*, pp. 372-373.

[59] Volney, *Voyage en Syrie et en Égypte* (3ᵉ édition, 1799), in *Œuvres*, éd. A. Deneys-Tunney et H. Deneys, t. III (avec *Considérations sur la guerre des Turcs*), Paris, Fayard, 1998, pp. 551 sqq. (chap. XXXV).

[60] Sainte-Beuve, *Chateaubriand et son groupe littéraire sous l'Empire*, éd. Maurice Allem, Paris, Garnier, 1948, t. II, p. 58.

victorieusement – la fête chrétienne à la fête païenne, et l'héroïsme chrétien à l'héroïsme païen, personnifié par Caton[61]. Ce Caton qui est regardé comme moins heureux que saint Louis rendant le dernier soupir sur les ruines de Carthage; car le roi gothique ne devait pas lire, comme le sage antique, un traité sur l'immortalité de l'âme, pour se convaincre de l'existence d'une vie future: «Il en trouvait la preuve invincible dans la religion»[62].

Pour finir, il importe de noter que l'«ancien» pèlerin venant de France ne garde pas seulement, *dans* le texte, son identité d'auteur du *Génie du Christianisme:* il garde aussi celle de noble Franc. Ce n'est pas un hasard, ni un simple effet de l'aversion pour les Turcs et pour l'Islam, si sur l'*Itinéraire de Paris à Jérusalem* planent «les souvenirs des Croisades et les ombres des héros de Jérusalem», pour reprendre des mots qu'on lit dans le passage évoquant la plaine d'Ascalon (et faisant significativement référence à la *Jérusalem délivrée*)[63]. L'esprit croisé qui circule dans le livre, s'il se dirige d'une part sur les ennemis historiques de la foi chrétienne, traduit d'autre part une nostalgie brûlante de la spiritualité et de l'éthique féodales, que Chateaubriand avait prônées dans le *Génie*, et dont il pleure ici la perte.

Faire le voyage de piété c'est aussi, pour Chateaubriand, visiter et célébrer les reliques de l'«honneur chrétien», les «monuments de la chevalerie»[64]. Parmi les stations essentielles jalonnant son programme de visites figurent les cendres de Godefroy de Bouillon et de son frère Baudouin, «ces rois chevaliers qui méritèrent de reposer près du grand Sépulcre qu'ils avaient délivré»[65]. Les mausolées gothiques qui les abritent, avec leurs «formes étrangères, sur un sol étranger», donnent un moment au voyageur l'illusion d'être transporté «dans un de nos vieux monastères»[66]: artifice rhétorique pour indiquer la combinaison de qualités aristocratiques et de vertus chrétiennes qui définit la vraie noblesse.

---

[61] *Itinéraire de Paris à Jérusalem*, respectivement pp. 152, 153, 118, 84.

[62] *Ibid.*, p. 539.

[63] *Ibid.*, p. 284.

[64] *Ibid.*, p. 270.

[65] *Ibid.*, p. 351.

[66] *Ibid.*, p. 406.

Mais l'essentiel pour notre propos est que ces chevaliers dont il contemple avec vénération les reliques sont, comme le texte le récite en toutes lettres, «des pèlerins devenus rois, des héros de la *Jérusalem délivrée*». Dans une telle perspective, la relecture du poème du Tasse[67] à laquelle le voyageur procède dans le « théâtre » même qui est le sien se configure comme une séquence clé. Le jeu de va-et-vient de la page aux lieux et des lieux à la page n'a pas pour seule conséquence une réactualisation de la geste des croisés en tant qu'événement historique: il la (re)consacre aussi comme *épopée*, au sens propre – littéraire – et au sens figuré, en raison de son caractère héroïque et sublime.

Chateaubriand déclare son *Itinéraire* terminé par le récit de la mort de saint Louis, montrant le *moi* raconté heureux de rentrer dans sa patrie «par un antique monument de ses vertus», et «de finir au tombeau du Roi de sainte mémoire ce long pèlerinage aux tombeaux des grands hommes»[68]. L'«obscur pèlerin» qu'il affirmait être, en regard de tant de pèlerins illustres l'ayant précédé sur le sol de la Judée, a donc accompli son vœu et traversé l'épreuve, et il peut aspirer à être admis dans le cercle élu des héros de la foi. D'autre part, ce processus d'émulation s'était dessiné de manière visible tout au long du texte, touchant à son sommet, aussi au point de vue du relief narratif, lors de l'obtention du titre de chevalier du Saint-Sépulcre, «dans l'église du Calvaire, à douze pas du Tombeau de Jésus-Christ». Les frères forment autour de lui un cercle, les bras croisés sur la poitrine; on tire du trésor les éperons et l'épée de Godefroy de Bouillon, l'officiant lui fait chausser les éperons, lui frappe trois fois l'épaule avec l'épée et lui donne l'accolade; les moines chantent des cantiques, prononcent des oraisons.

Chateaubriand fait modestement allusion aux «faibles services» qu'il avait rendus à la religion, et qui lui avaient valu cet honneur. Mais il ne savait que trop que le titre de chevalier du Saint-Sépulcre se donnait aux «pèlerins de noble race», s'étant distingués «contre les Sarrasins ou par les incidents de leur voyage»[69]. Aux liminaires des *Aven-*

---

[67] Sur cet épisode voir les remarques pénétrantes de Christine Montalbetti, *Le Voyage, le monde et la bibliothèque*, Paris, P.U.F., 1997, pp. 217 *sqq*.

[68] *Itinéraire de Paris à Jérusalem*, cit., p. 532.

[69] A. Couret, *Notice historique sur l'Ordre des chevaliers du Saint-Sépulcre de Jérusalem des origines jusqu'à nos jours (1099-1905)*, Paris, Bureau des Œuvres d'Orient, 1905, pp. 230-231.

tures du dernier Abencérage, on lit ces mots: «Il faut au moins que le monde chimérique, quand on s'y transporte, nous dédommage du monde réel». Dans l'*Itinéraire de Paris à Jérusalem,* c'est précisément un tel dédommagement que Chateaubriand a obtenu. Au bout de son récit, il ne se trouve pas seulement être le «dernier Grec» parmi des Grecs devenus barbares: il est aussi le dernier chevalier chrétien, consacré tel par le fait d'une cérémonie perpétuant «le souvenir de mœurs qui n'existent plus»[70].

---

[70] *Itinéraire de Paris à Jérusalem,* cit., p. 445.

Chateaubriand: comment réécrire le Moyen Âge?

Fabio Vasarri
(Università di Cagliari)

Un roman du XIe siècle ou une histoire en images comme on en trouve dans les vieux manuscrits: tels sont les comparants littéraire et visuel qu'utilise Chateaubriand à propos du récit de son enfance à Combourg[1]. L'intention est claire d'inscrire son roman familial dans la féodalité, et de l'enraciner dans une tradition historique et culturelle, au moment où bien des membres de sa famille ont disparu, et où le château lui-même est abandonné. Le château est sinistre, le père est un spectre semant la terreur autour de lui: pour le mémorialiste, qui a d'ailleurs vécu en Angleterre de 1793 à 1800, la mise en scène moyenâgeuse passe moins par les mièvreries du style troubadour que par l'imaginaire gothique du roman noir. D'ailleurs, au début du chapitre sur les cathédrales du *Génie du christianisme*, Chateaubriand s'était réjoui du fait que

> dans ce siècle incrédule les poètes et les romanciers, par un retour naturel vers les mœurs de nos aïeux, se plaisent à introduire dans leurs fictions des souterrains, des fantômes, des châteaux, des temples gothiques: tant ont de charmes les souvenirs qui se lient à la religion et à l'histoire de la patrie![2]

L'apologiste en arrive donc à légitimer la littérature terrifiante dans une perspective conservatrice, catholique et romantique. Lorsqu'il commence ses mémoires, vers 1811,

---

[1] «Un seul incident variait ces soirées qui figureraient dans un roman du XIe siècle»; «le tableau [de la vie au château] semblera calqué sur les vignettes des manuscrits du moyen âge». De fait, le premier comparant ne se trouve que dans les *Mémoires de ma vie*, premier état des *Mémoires d'outre-tombe*; il est reproduit dans Chateaubriand, *Mémoires d'outre-tombe*, éd. J.-C. Berchet, Paris, Le Livre de Poche-Classiques Garnier, «La Pochothèque», 2003-2004, 2 tomes (t. I, pp. 71, 75 et 194 pour les passages en question).

[2] IIIe partie, livre I, chap. 8 (*Essai sur les révolutions-Génie du christianisme*, éd. M. Regard, Paris, Gallimard, «Bibliothèque de la Pléiade», 1978, p. 800).

Chateaubriand pense d'abord insister sur ce registre, se fondant sur le prototype sombre et intimidant du père. Il insère donc dans le récit de sa vie à Combourg quelques histoires de revenants, attribuées à sa mère ou à sa sœur Lucile; mais lui-même, si l'on en croit la première version du texte, aurait été «bercé de toutes les histoires d'apparitions que les nourrices bretonnes se racontent depuis le temps d'Olivier de Clisson et de Bertrand Duguesclin»[3]. On devine, à travers quelques témoignages, son goût pour ce genre d'histoires. On sait même que, pendant les lectures d'extraits des *Mémoires* qui eurent lieu à l'Abbaye-aux-Bois en 1834, le public apprécia particulièrement ces récits terrifiants; en témoigne un volume collectif contenant entre autres les réactions de Sainte-Beuve, de Jules Janin et d'Edgar Quinet[4]. Mais les contes en question vont disparaître de la version définitive du texte. Le succès même des lectures de l'Abbaye-aux-Bois avait dû signaler à Chateaubriand, ou à ses proches, le risque de l'assimilation à une littérature à effet et à un genre suspect, le récit de fantômes. Ces textes ont toutefois été retrouvés et publiés à plusieurs reprises[5].

Quelques-uns de ces exercices posent, chacun à sa manière, le problème du rapport à un hypotexte médiéval plus ou moins déterminé. Le récit connu sous le titre *Le Revenant*, loué par Sainte-Beuve, a été défini par Jean-Claude Berchet comme un «étincelant pastiche du romantisme noir»[6]. Pastiche, donc, sans hypotexte précis mais marqué par un vernis linguistique archaïsant. Ailleurs, pourtant, on peut repérer des sources et observer la transformation

---

[3] *Mémoires de ma vie*, dans *Mémoires d'outre-tombe*, cit., t. I, p. 78.

[4] Voir *Lectures des Mémoires de M. De Chateaubriand, ou Recueil d'articles publiés sur ces Mémoires, avec des fragments originaux*, préface de D. Nisard, Paris, Lefèvre, 1834; cfr. Comte de Marcellus, *Chateaubriand et son temps*, Paris, Michel Lévy, 1859, p. 88 et Comtesse de Pange, *Chateaubriand à Méréville*, in «Société Chateaubriand. Bulletin», 1, 1931, pp. 15-24.

[5] Voir M.-J. Durry, *En marge des «Mémoires d'outre-tombe». Fragments inédits*, Paris, Le Divan, 1933, pp. 85-96. J.-C. Berchet a aussi regroupé ces récits dans son édition des *Mémoires d'outre-tombe*, cit., t. I, pp. 1565-1570; voir enfin mon édition bilingue (français-italien) de ces *Histoires de fantômes*, Roma, Portaparole, 2012, à laquelle je me permets de renvoyer pour de plus amples détails sur l'histoire des textes.

[6] *Mémoires d'outre-tombe*, cit., t. I, p. 1565. Sur la conception du Moyen Âge chez l'auteur, voir surtout T. Weber-Maillot, *La scène médiévale dans l'œuvre de Chateaubriand*, in «Revue d'histoire littéraire de la France», XCVIII, 6, nov.-déc. 1998, pp. 1125-1136, la synthèse de Jean-Claude Berchet dans *La Fabrique du Moyen Âge au XIXe siècle*, dir. S. Bernard-Griffiths, P. Glaudes et B. Vibert, Paris, Champion, 2006, pp. 297-311 et, dans ce volume, la contribution de Patrizio Tucci.

opérée par l'auteur. Je voudrais étendre ici l'analyse à l'ensemble des textes, pour montrer les différents résultats d'un cas majeur de «fabrication» du Moyen Âge à l'orée du romantisme.

On distinguera donc les réécritures de sources des pastiches, tout en précisant que cette frontière est floue, puisque les seconds peuvent à leur tour s'inspirer de sources orales ou inconnues. Quoi qu'il en soit, il se trouve que les sources indiquées par Chateaubriand se situent en marge des genres littéraires (poèmes historiques, chroniques, ouvrages pieux) et, d'autre part, que leurs reprises ne sont pas des parodies, dans la mesure où il n'y a pas, généralement, de visée satirique par rapport aux hypotextes[7]. La satire des clichés et des excès du romantisme noir et, d'autre part, un humour plus subtil, dont il faudra dégager les nuances, marquent éventuellement les pastiches.

Le Revenant contient ce qui est manifestement la citation d'un texte médiéval, qui pourtant n'est pas mentionné. Au début du conte, l'auteur situe son récit, qui se passe au début de la guerre de Cent Ans. Jeanne de Montfort, soutenue par les Anglais, disputait la succession du duc Jean III de Bretagne au gendre de ce dernier, Charles de Blois, soutenu par la France. Le combat dit des Trente eut lieu en mars 1351. Johan de Tinténiac, ancêtre de Chateaubriand, et Jean de Beaumanoir sont parmi les héros de cette victoire des Bretons:

> L'an de grâce, mil trois cent cinquante, le samedi devant *Lætare Jerusalem* fut fait en Bretagne au chêne de Mivoie la bataille de xxx Anglois contre xxx Bretons.
>
> De sueur et de sang la terre rosoya.
> À ce bon samedi Beaumanoir se jeuna;
> Grand soif eust le Baron, à boire demanda;
> Messire Geoffroy de Boves tantost respondu a:
> «Bois ton sang, Beaumanoir, la soif te passera»[8].

Marie-Jeanne Durry a indiqué la source du paragraphe et des vers cités: un poème anonyme sur la bataille, publié

---

[7] Voir, outre la mise au point fondatrice de Gérard Genette, *Palimpsestes*, Paris, Seuil, 1982, la définition élargie de Daniel Sangsue, *La Relation parodique*, Paris, Corti, 2007 (en particulier aux pages 103-105); pour le genre voisin, voir P. Aron, *Histoire du pastiche*, Paris, PUF, 2008, qui trace son évolution de la Renaissance à aujourd'hui.

[8] *Mémoires d'outre-tombe*, cit., t. I, pp. 1566-1567.

en 1819 par le chevalier de Fréminville et en 1827 par Georges-Adrien Crapelet. Chateaubriand en parle dès 1819, ce qui contribue à dater le conte. Mais, selon le témoignage de Célestine de Vintimille, comtesse de Ségur, Chateaubriand aurait raconté une histoire analogue dès 1807. Et le *Génie* contient déjà une allusion à Beaumanoir «qui buvai[t] [s]on sang dans le combat des Trente»[9].

Or, la comparaison du poème médiéval et du récit gothique ne présente pas de surprises: Chateaubriand se borne dans ce cas à reproduire sa source. *Le Revenant* se poursuit en passant de l'Histoire à l'aventure individuelle, et en virant décidément au fantastique: un jour, Tinténiac arrive dans une abbaye en ruine où il rencontre un moine mystérieux. C'est le conte à proprement parler, présenté comme une légende bretonne et raconté avec quelques moyens stylistiques archaïsants. Nous le retrouverons donc à propos des pastiches.

Pour ce qui est des sources, l'auteur se montre beaucoup plus libre vis-à-vis des chroniqueurs, en particulier Froissart et Monstrelet. Dans la section de l'*Analyse raisonnée de l'histoire de France* (1831) consacrée au règne de Charles VI, Chateaubriand dramatise le récit du célèbre accès de folie subi par le roi en 1392. Voici la version de Froissart:

> [...] ainsi que il chevauchoit et étoit entre la forêt du Mans, une très grand'signifiance lui advint [...]. Il lui vint soudainement un homme en pur le chef et tout deschaulx et vêtu d'une povre cotte de burel blanc; et montroit mieux que il fût fol que sage; et se lança entre deux arbres hardiment, et prit les rênes du cheval que le roi chevauchoit, et l'arrêta tout coi et lui dit: «Roi, ne chevauche plus avant, mais retourne, car tu es trahi». Cette parole entra en la tête du roi qui étoit faible, dont il a valu depuis trop grandement pis, car son esprit frémit et se sang-mêla tout.
>
> A ces mots saillirent gens d'armes avant et frappèrent moult vilainement sur les mains dont il avoit arrêté le cheval, tant que il le laissa aller, et demeura derrière; et ne firent compte de sa parole non plus que d'un fol. [...]

---

[9] *Génie du christianisme*, IV, II, 8, cit., p. 936; cfr. M.-J. Durry, cit., pp. 88 et 160 et Comtesse de Pange, art. cité. Pour les éditions mentionnées du poème, voir *Le Combat des Trente, poème du XIVe siècle, transcrit sur le manuscrit original [...] par M. le Chevalier de Fréminville*, Brest, Lefournier et Deperiers, 1819 (pp. 19 et 32 pour les passages cités par Chateaubriand) et *Le combat de trente Bretons contre trente Anglois, publié d'après le manuscrit de la Bibliothèque du Roi par G. A. Crapelet*, Paris, Crapelet, 1827 (pp. 13 et 30-31).

[Ils] le laissèrent derrière; ni on ne sait qu'il devint [...][10].

Monstrelet, lui, ne dit mot de l'homme mystérieux:

> [...] le roi dessus dit, chevauchant de ladite ville du Mans [...], lui prit assez soudainement une maladie, de laquelle il devint comme hors de sa bonne mémoire; et incontinent tollit [...] à un de ses gens un épieu de guerre qu'il avoit, et en férit le varlet au bâtard de Langres, tellement qu'il l'occit; et après occit ledit bâtard de Langres [...][11].

Chateaubriand conteste Monstrelet précisément au sujet des meurtres: selon lui, le roi n'aurait tué personne. Quant à l'étrange rencontre dans la forêt, voici le récit de l'*Analyse raisonnée de l'histoire de France*:

> Dans la forêt du Mans, une espèce de fantôme, enveloppé d'un linceul, la tête et les pieds nus, se précipite d'entre deux arbres sur la bride du cheval de Charles VI, disant: «*Roi, ne chevauche plus avant; retourne, car tu es trahi*». Le spectre rentre dans la forêt, sans être poursuivi[12].

Chateaubriand s'inspire donc de Froissart, ce que confirme aussi la suite du texte, relatant l'avancée du trouble du souverain. Il s'engage pourtant dans une voie différente. Froissart réduit au minimum la part de l'irrationnel, en offrant des explications supplémentaires de l'attitude de Charles VI: la chaleur de la journée, la nutrition insuffisante et «son esprit troublé et travaillé»[13]. Chateaubriand, au contraire, appuie sur le surnaturel et fait de l'homme un revenant. Dans les pages suivantes de son texte, il parle à nouveau d' «apparition du fantôme» et de «vision extraordinaire»[14]. On verra qu'il opère une métamorphose analogue sur un voleur, dans l'une des histoires de Combourg.

La liberté vis-à-vis des sources n'est pas inhabituelle chez Chateaubriand, et elle tient d'ailleurs aux usages de

---

[10] *Les Chroniques de Jean Froissart*, livre IV, chap. 29, an 1392, éd. J. A. C. Buchon, Paris, Desrez, 1835, 3 tomes, t. III, p. 159.

[11] *Chroniques d'Enguerrand de Monstrelet*, livre I, chap. 1, éd. J. A. C. Buchon, Paris, Verdière, 1826, 8 tomes, t. I, p. 55.

[12] *Analyse raisonnée de l'histoire de France*, Paris, La Table Ronde, 1998, p. 318.

[13] *Les Chroniques de Jean Froissart*, cit., t. III, p. 159.

[14] *Analyse raisonnée de l'histoire de France*, cit., pp. 320 et 324.

son époque. Lorsque, dans le même ouvrage, il évoque les miracles de saint Déicole en tant qu'exemple de merveilleux médiéval, Chateaubriand termine son texte par un renvoi aux vies de saints des pères Bollandistes, publiées à partir de 1643. Or, de fait, tout en suivant le texte latin, il le condense d'une manière considérable au profit d'une parataxe rapide et efficace:

> Weissart, terrible châtelain, menace de faire mutiler Déicole; mais Berthilde, femme de Weissart, a une grande vénération pour le prêtre de Dieu. Déicole entre dans la forteresse; les serfs empressés le veulent débarrasser de son manteau; il les remercie, et suspend ce manteau à un rayon de soleil qui passait à travers la lucarne d'une tour[15].

L'origine du dernier exemple de réécriture qu'on retiendra ici date aussi du XVIIe siècle. Mais Chateaubriand supprime tout indice chronologique et met en place une transformation si radicale qu'elle finit par produire un effet de pastiche archaïsant et vaguement moyenâgeux. Il faut se reporter au sixième chapitre du livre V des *Mémoires d'outre-tombe*. Le titre de ce chapitre («Le revenant. – Le malade») désigne deux épisodes distincts datant du printemps 1789. Le premier concerne un certain Livorel, administrateur de Bénigne de Chateaubriand, sœur de l'auteur, qui se dit persécuté par le spectre de l'ancien propriétaire du château où il habite; le second a trait à un officier obnubilé par une fièvre cérébrale, que l'auteur assiste. Entre les deux, devait trouver place un très court récit qui a fini par être supprimé.

Ce texte, connu sous le titre *Les Damnés*, est l'exemple le plus intéressant de réécriture dans le domaine qui nous occupe. Chateaubriand déclare d'emblée sa source, qui pourtant n'a pas jusqu'ici retenu l'attention des spécialistes: «J'ai lu cette histoire dans le trésor des Âmes du Purgatoire»[16]. Or, *Le Trésor des Âmes du Purgatoire* est effectivement le titre exact d'un ouvrage pieux de Pierre de Laura, texte dialogué entremêlé de récits exemplaires. On sait très peu de l'auteur, un religieux du XVIIe siècle

---

[15] *Ibid.*, p. 181; cfr. Société des Bollandistes, *Acta Sanctorum Ianuarii*, t. II, Antwerp, 1643, pp. 203-204 (consultable sur le site Internet documentacatholicaomnia.eu).

[16] *Mémoires d'outre-tombe*, cit., t. I, p. 1569.

ayant vécu dans le Sud-Ouest et à Lyon[17]. Marie-Jeanne Durry déclare n'avoir pu l'identifier, mais il devait en être autrement au XIXe siècle, puisque, d'une part, Chateaubriand se borne à mentionner le titre comme si l'ouvrage était connu, et que, d'autre part, Proudhon s'élève en 1858 contre son influence pernicieuse: «Il est un livre [...] qui circule encore dans nos campagnes: c'est le *Trésor des Âmes du Purgatoire*. Tout plein d'apparitions de morts et de damnés, on ne saurait imaginer le mal qu'a fait cet abominable ouvrage, de quelle pusillanimité il a rempli l'âme du peuple»[18]. Il n'y a pas de rapport direct, en revanche, entre l'esquisse de Chateaubriand, datant vraisemblablement des années 1830, et le conte de Mérimée *Les Âmes du Purgatoire* (1834), où don Juan a une vision fantastique de ses propres funérailles, dont le cortège comprend justement des âmes pénitentes.

Les Damnés reprennent incontestablement une histoire comprise dans le dixième chapitre de la IVe partie du recueil de Pierre de Laura[19]. Un religieux s'offre pour secourir le seigneur d'un château hanté près de Bruxelles; à minuit, les apparitions commencent:

> [on frappe violemment la porte de la chambre jusqu'à ce qu'elle s'enfonce] et pour lors parut dans la chambre une grande et hideuse carcasse de mort, toute décharnée, les joues hâves, le nez affilé, la langue noire, les yeux éticelants de l'ardeur d'un feu bleuâtre, tirant sur le noir, dont elle était brûlée. Le Père, sans perdre courage, lui demande d'une voix hardie: Qui es-tu et que cherches-tu en ce lieu? Le fantôme prenant un siège, se mettant vis-à-vis du Père, lui dit: Celui qui vient après moi te le dira. Un quart d'heure après arriva un autre aussi brusquement que le premier, auquel le Père ayant fait la même demande: qui es-tu et que cherches-tu en ce lieu? il ouït la même réponse: Celui qui vient après moi te le dira: un quart d'heure après il en vint un troisième du même pas que les deux premiers, lequel, après la même demande et la même réponse, prit encore place vis-à-vis du Père, et tout auprès de ses compagnons. Enfin, après un grand quart d'heure, un quatrième vint bien différemment des

---

[17] L'édition la plus ancienne qu'on connaisse de ce texte date de 1681 (Lyon, Olyes). Je remercie Stefano Genetti de sa collaboration.

[18] P.-J. Proudhon, *De la justice dans la Révolution et dans l'Église*, 5e étude, chap. V, Paris, Garnier, 1858, 3 tomes, t. II, p. 114.

[19] P. de Laura, *Le Trésor des Âmes du Purgatoire*, Grenoble, Imprimerie Centrale, 1894, pp. 119-127.

trois autres, car il était vêtu de blanc, d'un visage gai, d'une face riante, d'un port modeste et vénérable et, en cet état, ayant doucement traversé toute la salle, il entra les mains jointes dans la chambre [...][20].

Dans la suite du texte, ce dernier fantôme offre au religieux la clé du mystère avec force détails. Il dit être l'âme du père du propriétaire du château, alors que les trois damnés précédents en sont respectivement le trisaïeul, le bisaïeul et le grand-père. Le trisaïeul s'est emparé du château par la force, et ce tort n'a jamais été réparé. Cela s'est passé «durant la fureur des guerres civiles»[21], c'est-à-dire, vraisemblablement, pendant les guerres de religion et d'indépendance des Pays-Bas, entre la seconde moitié du XVIe siècle et la première moitié du XVIIe. Le dernier spectre, qui a toujours ignoré cet abus, va rester au Purgatoire jusqu'à ce que le bien ne soit pas rendu au propriétaire légitime actuel, qui est un domestique de la maison. Le religieux en informe le seigneur, qui s'accorde avec son domestique. Celui-ci renonce à ses droits, mais il va être traité en gentilhomme. Les apparitions cessent.

Voici ce que devient cette histoire exemplaire sous la plume de Chateaubriand:

> Un religieux étant couché seul dans un vieux château, entendit au milieu de la nuit frapper à sa porte. Entre un Damné, [grande carcasse de mort] le nez affilé, les yeux étincelants d'un feu bleuâtre, la langue noire.
> «Qui es-tu et que cherches-tu?», dit [hardiment] le Moine fortifié de Dieu.
> «Celui qui vient après moi te le dira», répond ce premier Damné.
> Entre un second Damné.
> «Qui es-tu et que cherches-tu?», dit le Moine.
> «Celui qui vient après moi te le dira», répond le second Damné.
> Entre un troisième Damné.
> «Qui es-tu et que cherches-tu?», dit le Moine.
> «Celui qui vient après moi te le dira», répond le troisième Damné.
> Que dit le quatrième Damné? Il ne vint pas[22].

---

[20] *Ibid.*, pp. 122-123.

[21] *Ibid.*, p. 123.

[22] *Mémoires d'outre-tombe*, cit., t. I, pp. 1569-1570.

Chateaubriand a pensé insérer cet *exemplum* paradoxal à la suite de l'histoire de l'administrateur Livorel, en raison du lien thématique (la situation classique du spectre qui hante sa propre ancienne demeure) et surtout pour montrer que la philosophie doit se rendre face aux mystères surnaturels: «C'est en vain que la philosophie prétend expliquer des choses que la religion seule connaît»[23]. Il a sans doute commencé en suivant d'assez près l'hypotexte, comme en témoignent les variantes. D'ailleurs, quelque chose de la description hideuse du premier damné reste dans le portrait de l'officier malade de l'épisode suivant, qui s'inscrit dans le registre terrifiant et macabre[24]. Mais, très vite, l'auteur a opté pour un choix tout à fait opposé, celui de la sécheresse voire de la neutralité. La narration se morcelle en de courts alinéas répétitifs et parataxiques, le temps est un présent indéfini. Et l'absence de commentaires et de conclusion, qui marque toutes les histoires de fantômes de Chateaubriand, est ici radicalisée dans une direction surprenante et ambiguë, qui de fait gomme complètement le côté rassurant, providentiel et «contre-révolutionnaire» de la source.

Du point de vue catholique, en effet, la croyance aux revenants, équivoque en soi, peut être rachetée par son côté édifiant et expiatoire: les vivants peuvent aider en quelque sorte les défunts à rédimer leurs péchés; dans le chapitre du *Génie du christianisme* consacré aux superstitions («dévotions populaires»), on rappelle que «nul ne commet une méchante action, sans se condamner à avoir, le reste de sa vie, d'effroyables apparitions à ses côtés», et que «tout homme qui jouit d'une prospérité mal acquise a fait un pacte avec l'Esprit de Ténèbres et légué son âme aux enfers»[25]. Pour ce qui est du conservatisme politique, il s'agit évidemment d'exercer la justice en restituant à l'église et à l'aristocratie leurs biens confisqués sous la

---

[23] C'est l'incipit des *Damnés*.

[24] «[...] les ongles bleus, le visage violet et grincé, les dents serrées, la tête chauve, une longue barbe descendant de son menton pointu et servant de vêtement à sa poitrine nue maigre et mouillée», *Mémoires d'outre-tombe*, cit., t. I, p. 282.

[25] *Génie du christianisme*, III, V, 6, cit., p. 891. Dans la table des exemples qui ouvre *Le Trésor des Âmes du Purgatoire*, l'hypotexte des *Damnés* est résumé en ces termes: «L'histoire rapportée à la page 120 fera savoir à tous comme plusieurs âmes de l'Enfer et du Purgatoire ont fait leur retour ensemble dans ce monde pour faire faire restitution du bien mal acquis» (P. de Laura, cit., p. III).

Révolution. Quant à la notion typiquement médiévale de Purgatoire, elle est exaltée dans la section correspondante du *Génie du christianisme* en tant qu'apport chrétien original, plus poétique que le ciel et l'enfer, car inscrit dans le temps et doué d'un devenir. Qui plus est, le Purgatoire est un véritable réservoir de revenants, multipliant leurs apparitions afin d'accélérer leur passage au Paradis. On peut aller jusqu'à affirmer, selon la formule de Daniel Sangsue, que «le Purgatoire explique l'existence des revenants, et réciproquement»[26].

Cependant, l'auteur des *Damnés* oblitère tout à fait cette histoire de justice divine, qui devrait récompenser le peuple oppressé mais qui se résout de fait au profit des maîtres. On songe à son expérience révolutionnaire: pessimisme enraciné ou plutôt conscience du devenir historique? Dans le monde nouveau, on ne rachète plus les fautes des pères. Mais ce pessimisme historique se double d'un soupçon nihiliste: et s'il n'y avait pas d'explication, même religieuse? Autant de raisons qui éclairent non seulement la suppression de ce texte, mais aussi, d'abord, le fait qu'il est resté à l'état d'ébauche.

Pour ce qui est des exemples sans hypotexte, rappelons d'abord que Chateaubriand a pratiqué le pastiche même en dehors du médiévalisme, sans compter évidemment les cas virtuellement innombrables où sa prose polyphonique manie des stylèmes allographes[27]. Son héritage classique favorise le recours à l'imitation stylistique des grands auteurs, au détriment du culte romantique de l'originalité. Il est vrai que, dans une optique classiciste, Chateaubriand nie l'existence même d'un style médiéval: «Le moyen âge n'est pas le temps du style proprement dit, mais c'est le temps de l'expression pittoresque, de la peinture naïve, de l'invention féconde»[28]. Pas de (beau) style donc et, pour-

---

[26] D. Sangsue, *Fantômes, esprits et autres morts-vivants*, Paris, Corti, 2011, p. 108; voir aussi pp. 119-120 et, pour les remarques de Chateaubriand sur le Purgatoire, *Génie du christianisme*, II, IV, 15, cit., pp. 755-757.

[27] Un cas explicite de pastiche est celui du romancier allemand à succès August Lafontaine (*Mémoires d'outre-tombe*, XXXVI, 11, cit., t. II, pp. 688-689). Pour ce qui est de l'anglicisme «médiévalisme», on le retiendra ici pour désigner une tendance culturelle et des pratiques de réécriture, alors que «médiévisme» implique une attitude savante et philologique. Voir à ce sujet l'introduction de Vincent Ferré dans *Médiévalisme: Modernité du Moyen Âge*, «Itinéraires littérature, textes, cultures», 3, 2010, pp. 7-25.

[28] *Essai sur la littérature anglaise*, dans *Œuvres complètes*, Paris, Garnier, 1861, t. XI, p. 516.

rait-on ajouter, peu d'auteurs canoniques. Il en découle qu'on peut imiter sans vergogne cette «manière» généralisée, en se passant, à la limite, de suggérer ses sources ou ses cibles. Mais, de fait, on finit par aboutir de la sorte à une écriture anticlassique, moderne et d'une paradoxale originalité[29].

Si le pastiche relève le plus souvent du jeu ou de la satire, la cible de Chateaubriand, on l'a rappelé, est moins le Moyen Âge à proprement parler que le médiévalisme noir romantique. Cette tendance est bien ancrée dans son époque. La démystification du surnaturel suit de près le développement du roman noir, dans des constructions parodiques bien représentées par l'abbaye de Northanger (Jane Austen) et par celle des cauchemars (Thomas Peacock). Plusieurs études spécifiques soulignent la coexistence du gothique et de sa caricature, non seulement, comme il arrive aux ouvrages à succès, à cause de la parution rapide de parodies inférieures aux originaux, mais surtout grâce à la pratique subversive de la part des auteurs eux-mêmes, tels que Lewis ou Beckford. En France, tant le jeune Balzac (*L'Héritière de Birague*) que le jeune Nerval (*La main enchantée*) conjuguent la terreur et l'ironie[30]. Le caractère stéréotypé du roman frénétique et l'inflation de la mode médiévaliste vers 1830 expliquent des pratiques littéraires où la satire du médiévalisme l'emporte sur la parodie du Moyen Âge proprement dit[31].

À sa manière, Chateaubriand a contribué à cette tendance. En réécrivant Pierre de Laura, on l'a vu, il renonce au style baroque «tragique» de l'hypotexte pour atteindre une sorte d'abstraction métaphysique; mais ailleurs, et même en l'absence d'une source directe, il essaie au contraire de «faire gothique», de s'inscrire dans le registre terrifiant. C'est le cas des fantômes de Combourg. Il est intéressant de comparer les deux versions qui subsistent

---

[29] Sur cette ambiguïté du pastiche romantique voir les remarques de Paul Aron, cit., pp. 134-136 et de Daniel Sangsue, *Pasticheries*, in «Romantisme», 148, 2010, pp. 77-90.

[30] Sur tous ces points voir entre autres: J. Prungnaud, *Gothique et décadence*, Paris, Champion 1998, pp. 97-104; J. Pollock commente *Le Moine* (de Lewis) d'A. Artaud, Paris, Gallimard, «Foliothèque», 2002, pp. 132-144; A. Glinoer, *La littérature frénétique*, Paris, PUF, 2009, pp. 184-185 et 222-223, et D. Sangsue, *Fantômes, esprits...*, cit., pp. 279-288.

[31] C'est l'opinion de Daniel Sangsue, dans *La Relation parodique*, cit., pp. 301-312.

de ces récits: celle du livre III des *Mémoires de ma vie*, incunable écrit pour l'essentiel dans la deuxième décennie du XIXe siècle, et celle revue vers 1831-1832 et destinée au livre III des *Mémoires d'outre tombe*. La première anecdote concerne un ancêtre de la famille, le comte de Combourg:

> Tous les contes qui faisaient la tradition du château, leur [à ma mère et à ma sœur] revenaient en mémoire. Les gens étaient persuadés qu'un certain comte de Combourg, mort il y avait deux cents ans, apparaissait à certaines époques, et qu'on l'avait rencontré plusieurs fois dans le grand escalier de la tourelle (*Mémoires de ma vie*).
>
> Toutes les traditions du château, voleurs et spectres, leur revenaient en mémoire. Les gens étaient persuadés qu'un certain comte de Combourg, à jambe de bois, mort depuis trois siècles, apparaissait à certaines époques, et qu'on l'avait rencontré dans le grand escalier de la tourelle; sa jambe de bois se promenait aussi quelquefois seule avec un chat noir (*Mémoires d'outre-tombe*)[32].

D'une version à l'autre, le spectre du comte de Combourg vieillit d'un siècle (alors que, selon la conjecture de Maurice Levaillant, il serait mort à peine en 1727!)[33]. En outre, il se voit doté d'un chat noir; et surtout, il finit par se réduire à l'image presque surréaliste d'une jambe de bois détachée du corps rôdant dans le château.

On voit que l'effet global de la deuxième version est plus expressif et fantastique. Qui plus est, dans les *Mémoires de ma vie* l'auteur a soin de distinguer l'évocation du comte de Combourg de ce qui suit, en séparant la peur des voleurs de celle du noir et des fantômes: «Deux faits mieux prouvés venaient mêler pour ma mère et pour Lucile la crainte des voleurs à celle des revenants et de la nuit»[34]. Les deux anecdotes suivantes, qui seront supprimées dans les *Mémoires d'outre-tombe*, se trouvent donc appartenir à la première catégorie, et elles en sont réduites aussitôt à des phénomènes explicables. En particulier, la première anecdote (une nuit,

---

[32] Voir respectivement *Mémoires d'outre-tombe*, cit., t. I, pp. 76-77 et 200.

[33] Il s'agirait de Malo III, marquis de Coëtquen, comte de Combourg, qui perdit une jambe dans la bataille de Malplaquet (1709) et mourut en 1727, donc bien plus tard que le texte ne l'affirme; voir la note de M. Levaillant (*Mémoires d'outre-tombe*, édition du Centenaire, Paris, Flammarion, 1948, 4 tomes, t. I, p. 111).

[34] *Mémoires d'outre-tombe*, cit., t. I, p. 77.

les sœurs et le père de l'auteur entendent des bruits suspects dans leurs chambres) se termine, comme une intrigue policière classique, par une solution raisonnable: l'homme en question voulait sans doute voler et tuer le père de l'auteur et, puisqu'il devait bien connaître le château, on est même allé jusqu'à soupçonner un domestique. La version postérieure, au contraire, élimine tout commentaire explicatif, en gardant le mystère.

Mais c'est surtout la seconde anecdote qui nous retient:

> Une autre fois dans une soirée du mois de décembre, mon père écrivait auprès du feu dans la grande salle. On ouvre une porte derrière lui, il tourne la tête et aperçoit un homme qui le regardait avec des yeux hagards et étincelants. Mon père tire du feu de grosses pinces dont on se servait pour remuer les quartiers d'arbres dans le foyer: armé de ces tenailles rougies, il se lève: l'homme s'effraye, sort de la salle, traverse la cour intérieure, se précipite sur le perron et s'échappe à travers la nuit (*Mémoires de ma vie*).

> Une autre fois dans une soirée du mois de Décembre, [Monsieur] mon père écrivait seul près du foyer au bout de la grand'salle; on ouvre une porte derrière lui; il tourne la tête et aperçoit une espèce de haut lutin à face d'ébène, roulant des yeux hagards. M. de Chateaubriand arrache du feu les forceps dont on se servait pour remuer les quartiers d'ormes. Armé de tenailles rougies, il se lève, marche sur l'apparition noire qui sort, perce les ténèbres et se cache dans la nuit (*Mémoires d'outre-tombe*)[35].

De l'un à l'autre récit, Chateaubriand met l'accent sur le côté inquiétant du probable voleur, qui d'humain qu'il était devient une sorte d'esprit diabolique, affublé d'une altérité troublante (mauresque?). Le dénouement achève la métamorphose fantastique. Dans le premier texte, l'homme s'effraie et s'enfuit comme n'importe quel voleur, tandis que, dans le deuxième, le démon disparaît d'une façon plus vague et fantastique.

Dans *Le Revenant*, le clivage est net entre le réel et le merveilleux. On a vu que l'auteur fournit les coordonnées spatiales et temporelles au début du conte, en puisant directement au poème anonyme sur le combat des Trente. Aussitôt après ces quelques lignes, on quitte l'Histoire

---

[35] *Ibid.*, pp. 77 et 1566.

pour suivre un des protagonistes de la bataille dans une aventure fantastique qui n'aura pas de conclusion. L'auteur présente ce récit comme un conte oral transmis par sa mère. Tinténiac «s'enforeste» et arrive à une abbaye en ruine. Ce décor est très marqué par les clichés du roman noir. Un moine mystérieux accueille le chevalier et son écuyer. Or, c'est surtout dans les formules de bienvenue du moine que se concentrent les archaïsmes:

> «Beaux fils, soyez les bienvenus, cette vesprée de la Toussaint. Mais jeûner il vous faudra; nul qui vit ne mange céans; quant au logis, point n'en chômerez si vous savez dormir aux étoiles. Les Anglais ne laissèrent ici que les murs. Les Pères ont été massacrés; je suis resté seul pour garder les morts: c'est demain leur jour»[36].

Cette réplique est le seul échantillon de discours direct dans le texte. Chateaubriand a sans doute tenu à éviter la mimésis linguistique de l'ancien français dans le reste du conte, pour la réserver aux paroles du moine. En témoigne la suppression, juste avant, de la phrase au discours indirect «Johan à travers l'huis requiert la manse et l'hostellage». D'autres variantes de détail montrent par ailleurs que l'auteur a voulu éliminer quelques excès frénétiques: les restes de l'oiseau «cloué depuis maintes années» à la porte de l'abbaye ou une chaîne «rouillée»[37].

Dans l'ensemble, *Le Revenant* est moins un pastiche médiévaliste au pied de la lettre qu'une réélaboration plus complexe, dans la mesure où, comme l'a observé Sainte-Beuve, «cette langue du Moyen Âge, condensée, refrappée, laisse des traces énergiques dans tout le récit»[38]. Il est aussi, d'autre part, une reprise mi-amusée mi-dramatique des *topoï* du roman noir. L'attitude de l'auteur consiste en effet en un mélange singulier de fascination et de distance sceptique, où peut s'insinuer l'ironie[39]. Mais la peur est là, et l'écriture n'en est pas moins efficace pour renoncer au vernis ancien français:

---

[36] *Ibid.*, p. 1567.

[37] Voir M.-J. Durry, cit., p. 91, qui reproduit toutes ces variantes.

[38] *Lectures des Mémoires de M. de Chateaubriand*, cit., pp. 136-137.

[39] Cette attitude n'est pas loin d'évoquer celle de Nerval dans les moins sombres de ses récits; voir par exemple *La sonnette enchantée*, courte histoire de revenants insérée dans *Angélique* (1854), *Les Filles du feu*, éd. J. Bony, Paris, GF-Flammarion, 1994, pp. 100-101.

> La voix, les mouvements, la pâleur, les regards du moine avaient du surnaturel, comme je ne sais quoi qui a été: ses lèvres ne remuaient point lorsqu'il parlait, et son haleine glacée sentait la terre.
> [...] La tempête et la nuit étaient descendues; la pluie battait les débris du Monastère. On entendait les vagissements lointains des Décédés. [...] Johan lève les yeux; il aperçoit au lieu du solitaire, un fantôme qui le regardait. Une tête de mort hochait dans l'enfoncement d'un froc et deux bras décharnés sortaient des larges manches d'une robe monacale[40].

Le conte se poursuit par un crescendo terrifiant: le spectre conduit Johan à travers la basilique vers une crypte. Le chevalier descend l'escalier le premier, suivi du moine. C'est à ce moment que le récit s'interrompt brusquement:

> Le reste de l'histoire est perdu. Mme de Chateaubriand était femme à suppléer le texte et à remplir très bien la lacune; mais elle avait trop de conscience pour altérer la vérité et pour interpoler un document authentique: les œuvres des nourrices bretonnes, comme les annales de Tacite, ont leur fatal *cætera desunt*[41].

C'est donc, apparemment, un souci philologique voire positiviste avant la lettre qui explique l'inachèvement du texte. Il n'en est rien, bien sûr: Chateaubriand protège de fait l'inconnaissable métaphysique, comme il va le faire explicitement dans *Les Damnés*, à moins, si l'on préfère, qu'il ne reprenne une thématique du vide et du manque qui lui est chère. Mais surtout, dans ce cas précis, il a recours à une sorte d'ironie romantique à la Gautier ou à la Nerval, pour lever la tension et prendre du recul vis-à-vis de son récit. On pourrait aller jusqu'à soutenir que, contrairement à ce que semble affirmer cette clausule, c'est la fiction qui est dénoncée.

La suppression des histoires de Combourg, du *Revenant* et des *Damnés* est en quelque sorte compensée par l'insertion d'un autre conte situé plus loin dans le texte des *Mémoires d'outre tombe*, au treizième chapitre du livre IX. Selon les souvenirs du comte de Marcellus, il s'agit d'«un effort de mémoire ou d'imagination», écrit à Londres

---

[40] *Mémoires d'outre-tombe*, cit., t. I, pp. 1567-1568.

[41] *Ibid.*, p. 1569.

en 1822[42]. Mais, s'il en est ainsi, il est très probable que l'auteur l'ait revu bien plus tard, puisque les auditeurs des lectures de 1834 n'y font pas référence, et que la concision du style et l'absence relative d'effets terrifiants faciles font supposer une datation postérieure, comme c'est d'ailleurs le cas pour *Les Damnés*. Quant à la possibilité qu'il s'agisse d'un «effort de mémoire», Marcellus n'en indique pas les sources, orales ou écrites.

Le contexte de l'épisode concerne le service de l'auteur dans l'armée des Princes, à l'époque des guerres révolutionnaires. Pendant l'été 1792, Chateaubriand participe au siège de Thionville. L'ambiance du camp est plutôt gaie, on installe un marché improvisé et on écoute les histoires d'un conteur formidable, un capitaine surnommé «Dinarzade», comme la sœur de Shéhérazade. Le conte médiéval dont il va être question est justement le seul exemple du talent narratif du «ramenteur». Tel est le néologisme, tiré du verbe «ramentevoir», qui désigne le capitaine. À ce sujet, notons que le vernis archaïsant ou populaire, assuré par des mots tels que «chère-lie» ou «rogomme», caractérise moins le conte que le cadre quelque peu rabelaisien de la foire. On sait d'ailleurs que pour la génération de l'auteur du *Dernier Abencérage*, les frontières entre le Moyen Âge et le XVIe siècle sont floues[43].

De fait, tout le chapitre présente une texture assez complexe et une abondance de références culturelles: les *Mille et une nuits* (le surnom du conteur) et la Grèce (l'auditoire de Dinarzade est comparé à un chœur de silènes et de bacchantes), le Moyen Âge et la Renaissance, la Révolution et le présent. Qui plus est, le capitaine-conteur a tous les traits romantiques et modernes de l'humoriste (un «goguenard sérieux», «entre le suicide et le luron», qui «prenait au tragique tout ce qu'il disait»): il fait rire mais il ne rit pas, et d'ailleurs ce qu'il raconte est d'une gaieté douteuse. Voici son récit:

---

[42] Comte de Marcellus, cit., p. 88.

[43] Voir J.-M. Gautier, *Le Style des «Mémoires d'outre-tombe» de Chateaubriand*, Genève-Paris, Droz-Minard, 1959, en particulier au chapitre 2, et J. Mourot, *Le Génie d'un style: Chateaubriand, rythme et sonorité dans les «Mémoires d'outre-tombe»* [1960], Paris, Colin, 1969, pp. 170-173. Marcellus (cit., p. 88) parle de son côté de «pittoresques trivialités» à propos de la langue de cet épisode. Quant aux archaïsmes lexicaux des *Aventures du dernier Abencérage*, que je n'aborde pas ici, J.-C. Berchet a montré que Chateaubriand s'inscrit dans le style troubadour tout en s'en démarquant (voir son édition du texte, avec *René* et *Atala*, Paris, GF Flammarion, 1996, p. 50).

«Messieurs, disait le ramenteur, vous avez tous connu le chevalier Vert, qui vivait au temps du roi Jean?».
[...] «Ce chevalier Vert, messieurs, vous le savez, puisque vous l'avez vu, était fort beau: quand le vent rebroussait ses cheveux roux sur son casque, cela ressemblait à un tortis de filasse autour d'un turban vert».
[...] «Par une soirée de mai, il sonna du cor au pont-levis d'un château de Picardie, ou d'Auvergne, n'importe. Dans ce château demeurait la *Dame des grandes compagnies*. Elle reçut bien le chevalier, le fit désarmer, conduire au bain et se vint asseoir avec lui à une table magnifique; mais elle ne mangea point, et les pages-servants étaient muets».
[...] «La dame, messieurs, était grande, plate, maigre et disloquée comme la femme du major; d'ailleurs, beaucoup de physionomie et l'air coquet. Lorsqu'elle riait et montrait ses dents longues sous son nez court, on ne savait plus où l'on en était. Elle devint amoureuse du chevalier et le chevalier amoureux de la dame, bien qu'il en eût peur».
[...] «Le chevalier Vert, tout anéanti, se résolut de quitter le château; mais avant de partir, il requiert de la châtelaine l'explication de plusieurs choses étranges; il lui faisait en même temps une offre loyale de mariage, si toutefois elle n'était pas sorcière».
[...] Tout à coup Dinarzade s'écria comme hors de lui: «Oui, messieurs, la Dame des grandes compagnies, c'était la mort!».
Et le capitaine, rompant les rangs et s'écriant: «La mort! La mort!» mit en fuite les cantinières. La séance fut levée: le brouhaha fut grand et les rires prolongés[44].

Le récit est entrecoupé d'exclamations du public et de gestes très physiques du narrateur (Dinarzade dévore une crêpe en se brûlant la langue, ou vide sa pipe). Ces pauses, que nous n'avons pas reproduites, ont évidemment été calculées pour garder le suspens; mais elles peuvent à leur tour servir à introduire une distance ironique vis-à-vis du conte.

L'origine de ce dernier reste mystérieuse. Dans la section de l'*Analyse raisonnée de l'histoire de France* consacrée au royaume de Jean II, Chateaubriand mentionne un chevalier Vert avec d'autres aventuriers aux surnoms expressifs («Arnaud de Cervolles, surnommé l'Archi-prêtre, le chevalier Vert, le petit Meschin, Aymérigot Tête-Noire»), appartenant aux «grandes compagnies» de l'époque, et il commente: «[ils] rappelaient, par leurs faits d'armes, dans

---

[44] *Mémoires d'outre-tombe*, cit., t. I, pp. 480-481.

les gorges des vallées qu'ils occupaient, dans les châteaux dont ils s'étaient emparés, tout ce que les romans nous racontent des mécréants et des enchanteurs»[45]. À la même époque (deuxième moitié du XIVe siècle), on appelait Amédée VI de Savoie le Comte Vert car il portait des habits de cette couleur. Dans la première *Épître de l'Amant Vert* (1505), Jean Lemaire de Belges évoque au passage «le Vert Conte» avec le célèbre Chevalier Vert, antagoniste de Gauvain dans le roman arthurien anglais *Sir Gawain and the Green Knight*[46]. Ce sinistre personnage est à son tour habillé en vert, couleur très ambivalente pouvant symboliser selon les cas la fertilité, le diable ou le malheur.

La référence la plus probable de ce Chevalier Vert reste pourtant celle de l'aventurier mentionné dans l'*Analyse raisonnée de l'histoire de France*. Quant à la Dame des grandes compagnies, elle s'inscrit à l'évidence dans le motif fantastique de l'incarnation féminine de la mort. Chez Chateaubriand, tout est dans l'ambiguïté d'une image séduisante et repoussante à la fois. Sur ce plan, la Dame du Chevalier Vert peut rappeler certaines formules du mémorialiste. L'aspect horrible sous lequel la mort peut se présenter nous fait oublier qu'«[elle] est belle» et que, dans une perspective chrétienne, «elle est notre amie». Et surtout, la définition du trépas comme «mariage avec une dame blanche, un peu maigre», qui termine une réflexion sur la fuite du temps, résume en raccourci tout le conte de Dinarzade[47].

Quoi qu'il en soit, on part encore une fois de quelques données historiques (le roi Jean II, les *compagnie di ventura*) pour basculer aussitôt dans le fantastique, en suspendant toute explication finale. Mais on voit la distance vis-à-vis du *Revenant*: le récit est télégraphique et lapidaire; tant le style que l'absence de décor attestent de la part de l'auteur l'effort de se dissocier du romantisme noir et même de sa satire, pour tenter de se rapprocher directement du Moyen Âge, au

---

[45] *Analyse raisonnée de l'histoire de France*, cit., p. 304.

[46] J. Lemaire de Belges, *Épîtres de l'Amant Vert*, I, v. 266; éd. J. Frappier, Lille-Genève, Giard-Droz, 1948, pp. 13 et 48-49.

[47] *Mémoires d'outre-tombe*, II, 4 et XXIII, 5, cit., t. I, pp. 177 et 1140. L'expression «dame blanche» peut renvoyer au fantôme de Walter Scott (*Le Monastère*), répandu à l'époque en France; mais, dans un sens plus général, elle peut aussi désigner des spectres qui, comme Mélusine, apparaissent pour annoncer une mort imminente. Chateaubriand a évoqué la légende de Mélusine dans l'*Analyse raisonnée de l'histoire de France*, cit., pp. 180-181.

niveau thématique et culturel. C'est cette sobriété qui doit faire passer l'insertion équivoque d'un conte d'épouvante dans les *Mémoires d'outre tombe*, tandis que le cadre, lui, peut se permettre l'effet de style.

Enfin, si comique il y a, il s'agit d'une version bien ambiguë: on rit pour se protéger de la peur, comme dans l'humour. Compte tenu aussi du caractère du conteur, «goguenard sérieux», et du contexte historique, la reprise du Moyen Âge étaye une conception moderne, post-révolutionnaire du rire, amer et même cruel. Ces noces de la terreur et du rire ne découlent pas seulement du dessein de ridiculiser un genre banalisé et suspect, elles évoquent une conception de l'humour proche de celles de Freud ou de Breton: l'humour en tant que défense vis-à-vis de la souffrance, voire de la mort.

Les Damnés et le conte de Dinarzade pourraient donc être postérieurs aux autres récits, ce qui contribuerait à expliquer leurs tons respectifs. En 1836, l'*Essai sur la littérature anglaise* atteste désormais le refus de l'inflation gothique, de la «fantasmagorie des cimetières, des souterrains et des vieux châteaux» et des «romanciers de ruines et de fantômes». Chateaubriand prend ses distances de Scott et sans doute de Hugo tout en soulignant son propre rôle de pionnier vis-à-vis de la mode médiévaliste:

> moi, qui tant décrivis, aimai, chantai, vantai les vieux temples chrétiens, à force d'en entendre rabâcher, j'en meurs d'ennui: il me restait pour dernière illusion une cathédrale; on me la fait prendre en grippe[48].

Plus de trente ans après le *Génie du christianisme*, on aboutit donc à une attitude opposée vis-à-vis d'un *revival* envahissant. Mais dans le même ouvrage on trouve aussi la trace d'une effusion lyrique qui confirme, sur le mode de la rêverie et du fantasme, l'appropriation du Moyen Âge. Il est question de l'emplacement de la forêt de Brocéliande ou Bréchéliant:

> Pieux et sincère Breton, je ne place pas Bréchéliant près Quintin, comme le veut le roman du Rou; je tiens Bréchéliant pour Becherel, près de Combourg. Plus heureux que Wace, j'ai vu la fée Morgen et rencontré Tristan et Yseult; j'ai puisé de l'eau avec ma main dans

---

[48] *Essai sur la littérature anglaise*, cit., pp. 591 et 764.

> la fontaine (le bassin d'or m'a toujours manqué), et en jetant cette eau en l'air, j'ai rassemblé les orages: on verra dans mes *Mémoires* à quoi ces orages m'ont servi[49].

C'est exactement le tic vaniteux de l'appropriation égocentrique que Musset ou Proust ont pastiché... Cependant, la tentative qui se manifeste ici de lier la culture médiévale et la personne du mémorialiste est celle qui oriente aussi son récit familial, comme on l'a observé en commençant cette étude, et qui fonde en définitive sa relation au Moyen Âge. Ce dernier reste une patrie idéale pour les apatrides de la Révolution, une origine perdue qu'on essaie de ressusciter par la mémoire historique et l'écriture, et aussi un âge d'or des passions énergiques et de la parole dégagée des contraintes classiques[50].

Le conte du Chevalier Vert ajoute un élément supplémentaire à cette conception que Chateaubriand contribue largement à imposer, mais qu'il partage aussi avec l'idéologie contre-révolutionnaire de son époque. Cet apport consiste à dépasser tant le roman noir que sa parodie, et les archaïsmes vrais ou faux, pour essayer une nouvelle écriture qui véhiculerait le Moyen Âge dans la littérature moderne. Toutes distinctions gardées, ce parcours peut en évoquer un autre, qui, des clichés «troubadour» d'Emma Bovary, aboutit à saint Julien l'Hospitalier. Chateaubriand n'a pas insisté dans cette voie, et on peut le regretter, mais il a montré une direction à suivre.

---

[49] *Ibid.*, p 514; Chateaubriand n'a pas repris cette rêverie quelque peu hyperbolique dans les *Mémoires d'outre tombe* (voir le passage correspondant, I, 6, cit., t. I, pp. 153-154 et note 9).

[50] Pour ce dernier aspect, cfr. entre autres exemples *Mémoires d'outre-tombe*, IV, 8, cit., t. I, p. 244.

«Drolatiquement illustré»:
il Medioevo secondo Balzac

Anna Fierro
(Università di Firenze)

> Et, sur les bases de ce palais, moi *enfant* et *rieur*, j'aurai tracé l'immense arabesque des *Cent Contes drolatiques*. [...] S'il y a quelque chose en moi qui puisse vivre, ce sont ces *Contes*. L'homme qui en fera cent ne saurait mourir.
> (H. de Balzac, *Lettres à Madame Hanska*)

Nell'aprile 1832 viene pubblicato il *Premier dixain* dei *Cent Contes drolatiques*, progetto ambizioso, rimasto incompiuto, che avrebbe dovuto comporsi di cento racconti, suddivisi in dieci decine, ciascuna preceduta da un prologo e chiusa da un epilogo. Ambientati in un Medioevo di fantasia, dalle frontiere cronologiche incerte – a partire dal XIII secolo fino al Rinascimento – i *Contes* sono scritti in un francese arcaizzante anch'esso inventato e si ispirano, per forma e tematiche, ai *fabliaux*, nonché alle raccolte di novelle più note come il *Decameron*, le *Cent Nouvelles Nouvelles*, l'*Heptaméron*. Sebbene esistano diversi frammenti e abbozzi del *Quatriesme, Quint* e *Dixiesme dixain*, rimasti inediti mentre Balzac era in vita, di fatto soltanto le prime tre parti di questo vasto progetto saranno completate e vedranno la luce rispettivamente nel 1832, nel 1833 e nel 1837[1].

---

[1] Il *Premier dixain* è pubblicato nell'aprile del 1832 da Gosselin, il *Secund dixain* presso lo stesso editore nel luglio del 1833, mentre il *Troisiesme dixain* nel dicembre del 1837 da Werdet. Per la storia dei testi, le diverse fasi di pubblicazione e le numerose varianti, si rimanda al corposo apparato critico dei *Cent Contes drolatiques*, in *Œuvres diverses*, sous la direction de P.-G. Castex, avec la collaboration de R. Chollet, R. Guise et N. Mozet, Paris, Gallimard, «Bibliothèque de la Pléiade», 1990-1996, 2 voll., vol. I, pp. 1109-1186. D'ora in avanti, salvo diversa indicazione, tutte le citazioni si riferiranno a questa edizione per la quale si adotterà la sigla *OD*.

L'immaginario Medioevo balzachiano trova una corrispondenza grafica pressoché perfetta nei disegni della prima edizione illustrata dei *Contes drolatiques,* affidata a un Gustave Doré poco più che ventenne, ma già capace di restituire l'ironia, la comicità, il grottesco dell'opera[2]. Per avere un'idea della personalità dell'artista strasburghese e della quantità esorbitante delle opere realizzate[3], è sufficiente osservare la «photo-biographie» di Carlo Gripp (fig. 1): il ritratto di Doré, al centro dell'immagine, è circondato da dodici vignette corredate da una didascalia, narranti la vita di questo personaggio poliedrico. L'illustratore insiste sulla «précocité de son génie» (evidente già nei primi anni di vita dell'artista, nella collaborazione al «Journal pour rire», diretto da Philipon, e nella pubblicazione del primo libro, *Les douze travaux d'Hercule,* del 1847); sui successi economici ottenuti in seguito alle edizioni illustrate dell'*Inferno* di Dante e della Bibbia; sui riconoscimenti ufficiali per l'illustrazione delle opere di Shakespeare. Ma Doré è anche pittore di enormi tele, violinista, acrobata, cantante. Ironizzando sulla sua produttività, Gripp lo rappresenta al lavoro «en dormant» e in crisi, con le mani nei capelli, per aver realizzato a trentatré anni soltanto «100.000 dessins!». L'esuberanza creativa è messa ancor più in rilievo dalla montagna di pubblicazioni che sovrasta la foto, da cui emergono, fra le altre opere, la Bibbia, l'*Inferno* di Dante, i *Contes* di Perrault, il *Don Chisciotte* di Cervantes, le *Fables* di La Fontaine, *Le Capitaine Fracasse* di Gautier, le *Œuvres* di Rabelais e, ovviamente, i *Contes drolatiques* di Balzac.

Nonostante Balzac e Doré non si siano mai conosciuti, né abbiano mai lavorato insieme, l'edizione illustrata dei *Contes* sorprende per la totale sinergia fra testo e immagine, al punto che Henri Béraldi, parafrasando un celebre verso di Hugo, afferma a proposito dei libri illustrati da

---

[2] H. de Balzac, *Les Contes drolatiques,* cinquiesme édition illustrée de 425 dessins par Gustave Doré. Se trouve à Paris, ez bureaux de la Société générale de librairie, Dutacq, 1855.

[3] Sulla vita e le opere di Gustave Doré, cfr. P. Kaenel, *Le plus illustre des illustrateurs... le cas Gustave Doré,* in «Actes de la recherche en sciences sociales», 66/67, mars 1987, pp. 35-46; P. Kaenel, *Le Métier d'illustrateur, 1830-1880. Rodolphe Töpffer, J.-J. Grandville, Gustave Doré,* Paris, Éditions Messene, 1996; A. Renonciat, *La Vie et l'œuvre de Gustave Doré,* Paris, ACR Édition – Bibliothèque des Arts, 1983; J. Valmy-Baysse, *Gustave Doré. L'Art et la vie,* Paris, Éditions Marcel Seheur, 1930.

Fig. 1. Carlo Gripp, *Gustave Doré, Photo-biographie des contemporains*, s.d.

Fig. 2. *Balzac l'entomologiste*, vignetta, p. 221.

Doré: «s'il n'en reste qu'un seul, ce sera celui-là»[4]. Nei suoi 425 disegni, l'artista è riuscito a cogliere ed enfatizzare non solo la personalità dell'autore (come emerge dalla vignetta inserita nel prologo al *Secund dixain*, in cui Balzac, servendosi di una enorme lente di ingrandimento[5], esamina diversi "tipi" umani (fig. 2)[6], ma anche certuni degli aspetti più originali della raccolta. Ad esempio, il lato ludico dei racconti o la forza comunicativa della lingua, aspetti su cui avremo modo di tornare più avanti, sono stati spesso ignorati dai contemporanei di Balzac. Secondo

---

[4] H. Béraldi, *Les Graveurs du XIXe siècle, Guide de l'amateur d'estampes modernes*, Paris, Libraire L. Conquet, 1887, vol. VI, p. 10. Il riferimento è al verso di Hugo «Et s'il n'en reste qu'un, je serai celui-là!», da *Ultima Verba*, contenuto nella raccolta *Les Châtiments* (1853).

[5] Nell'«Introduction» di Philarète Chasles ai *Romans et contes philosophiques* si può leggere: «Qu'est-ce que le talent du conteur, sinon tout le talent? […] Le narrateur est tout. Il est historien; il a son théâtre; sa dialectique profonde qui meut ses personnages; sa palette de peintre et sa *loupe d'observateur*», in H. de Balzac, *La Comédie humaine,* nouvelle édition publiée sous la direction de P.-G. Castex, Paris, Gallimard, «Bibliothèque de la Pléiade», 1976-1981, 12 voll., vol. X, pp. 1185-1186; il corsivo è nostro. Sigla adottata *CH*.

[6] Tutte le illustrazioni dei *Contes drolatiques* che appaiono in questo articolo sono tratte dalla «diziesme édition, illustrée de 425 dessins par Gustave Doré», Paris, Garnier Frères, Libraires-Éditeur, 1884. Pertanto nelle didascalie ci limiteremo a segnalare i titoli delle immagini (attribuibili a Doré), il tipo di illustrazione e il numero di pagina. Ringraziamo la prof. Isabella Bigazzi per gli utili spunti di riflessione sulle immagini di Doré.

Béraldi, Doré possiede: «l'esprit gaulois, l'imagination ardente, la production infatigable, l'invention fantastique, l'abondance des idées imprévues et grandioses, la facilité, l'effet: en un mot, le génie de l'illustration»[7], qualità in gran parte condivise con Balzac, tanto da far pensare che questa versione illustrata sia il frutto di una proficua collaborazione, piuttosto che una pubblicazione postuma e per così dire "autonoma".

Il titolo completo della raccolta, *Les Cent Contes drolatiques, colligez ès abbaïes de Touraine et mis en lumière par le sieur de Balzac, pour l'esbattement des pantagruelistes et non aultres*, fornisce immediatamente le chiavi di lettura per affrontare questo insieme di "contes à rire [en prose]"[8]. Innanzitutto Balzac definisce i suoi racconti "drolatiques", ossia piacevoli, allegri, o sollazzevoli, come suggerisce l'ultima traduzione italiana del 1995[9]. Attribuito erroneamente a Rabelais, l'aggettivo figura nel titolo di un'opera apocrifa del 1565, *Les Songes drolatiques de Pantagruel*[10]: grazie a questo testo, ristampato nel 1797 e poi nel 1826, il termine "drolatique" è entrato a far parte del vocabolario romantico e, di conseguenza, del titolo balzachiano[11]. Balzac, inoltre, situa topograficamente i suoi racconti nella Turenna – Tours, nello specifico, sarà uno dei luoghi di predilezione della raccolta – li dedica a quanti sapranno

---

[7] H. Béraldi, cit., p. 8.

[8] Si riprende qui, adattandola ai testi balzachiani, la fortunata formula di J. Bédier che definisce i *fabliaux* come "contes à rire en vers", in *Les fabliaux. Études de la littérature populaire et d'histoire littéraire du moyen âge*, Paris, Champion, 1894, p. 30. In un articolo del 1830, *Complaintes satiriques sur les mœurs du temps présent*, mentre attacca i suoi contemporanei oramai incapaci di ridere e, di conseguenza, di scrivere alcunché di gaio, Balzac afferma che per questo genere occorre molto più talento che per qualsiasi tipo di ode, sonetto o meditazione piagnucolosa, in *OD*, vol. II, p. 743.

[9] H. de Balzac, *Le Sollazzevoli istorie*, illustrazioni di Gustave Doré, traduzione di Aurelio Valesi, Milano, Sonzogno, 3 voll., 1995. La prima traduzione italiana, a cura di Aldo Fortuna, risale al 1921 (*Gli allegri racconti: raccolti dalle badie di Turenna e messi in luce dal signor di Balzac per il divertimento dei pantagruelisti e non per gli altri*, Milano, Società anonima editoriale Quartieri, 3 voll.). Nel 1957 i racconti vengono ristampati e, per la prima volta, sono riprodotte integralmente le 425 illustrazioni di Doré presso l'Istituto grafico editoriale italiano, Napoli (la traduzione è di Angelo Maggi).

[10] Il titolo completo dell'opera, che per secoli ha tratto in inganno i critici, è *Les Songes drolatiques de Pantagruel, où sont plusieurs figures de l'invention de Maistre François Rabelais, dernière œuvre d'Iceluy, pour la récréation des bons esprits*. Soltanto nel 1936 l'aggettivo "drolatique" è stato attribuito da Jean Porcher a François Desprez.

[11] Cfr. W. Conner, *Les titres de Balzac*, in «Cahiers de l'Association internationale des Études françaises», 1963, p. 289.

apprezzare "l'esprit gaulois" tramandato da Rabelais, l'autore di cui vorrebbe essere il degno erede, e soprattutto li connota con forza attraverso l'uso di una bizzarra quanto inventiva lingua pseudoantica.

Apparentemente stravagante, il progetto dei *Contes drolatiques* si inserisce in un processo di rinnovato interesse verso l'arte, la letteratura e la lingua medievali, tendenza già presente nei secoli precedenti ma di grande fortuna nell'Ottocento e che vede in Charles Nodier un significativo precursore[12]. Nel 1828 vengono pubblicati due testi nodieriani fondamentali per quel che riguarda il problema della scrittura arcaizzante e che, con tutta probabilità, Balzac conosceva: nel primo, *Questions de littérature légale* pubblicato anonimo nel 1812 ma riedito nel 1828, questa volta con la firma di Nodier e in una nuova versione corretta e ampliata, si elencano molteplici procedimenti stilistici, differenziando, ad esempio, il plagio dal *pastiche*, il prestito dall'imitazione; inoltre, si designa l'"ancien langage" come la lingua più adatta a esprimere i sentimenti semplici e le emozioni forti, la lingua che meglio può trasportarci ai giorni felici e innocenti del passato[13]. Nel secondo, *Dictionnaire raisonné des onomatopées françaises*, Nodier sostiene che «tout mot qui a été tenu et employé pour français par un auteur renommé, dans un âge quelconque de notre littérature, est essentiellement français, nonobstant les dictionnaires»[14], rivendicando così, in linea con quanto auspicato da Hugo nella celebre *Préface* di *Cromwell*[15], una piena libertà lessicale.

Nel 1830 Nodier pubblica poi un "libro illustrato", l'*Histoire du roi de Bohême et de ses sept châteaux*, opera atipica, "récit" senza storia né personaggi che, com'è noto,

---

[12] Sul Medioevo nel XIX secolo e in particolare su Balzac, si veda: S. Bernard-Griffiths, P. Glaudes e B. Vibert (a cura di), *La fabrique du Moyen Âge au XIXᵉ siècle. Représentations du Moyen Âge dans la culture et la littérature françaises du XIXᵉ siècle*, Paris, Champion, 2006; M. Arrous, F. Boussard e N. Boussard (a cura di), *Une Liberté orageuse. Balzac-Stendhal: Moyen Âge, Renaissance, Réforme*, Atti del convegno internazionale, Tours, 27-28 giugno 2003, Paris, Eurédit, 2004.

[13] Ch. Nodier, *Questions de littérature légale*, Paris, Barba, 1828, p. 51.

[14] Ch. Nodier, *Dictionnaire raisonné des onomatopées françaises*, Paris, Delangle Frères, 1828, p. 32.

[15] Com'è noto, uno dei concetti chiave della *Préface* è il grottesco: per Hugo, la scrittura stessa è grottesca poiché scava nelle «entrailles de l'art», ma soprattutto è una scrittura "libera" perché gioca su associazioni violente; cfr. V. Hugo, *Théâtre complet*, préface par R. Purnal, notices et notes par J. J. Thierry et J. Mélèze, Paris, Gallimard, «Bibliothèque de la Pléiade», 1963, vol. I, p. 443.

segna un cambiamento radicale nella complessa relazione fra testo e immagine: rispetto a quanto accadeva alla fine del XVIII secolo, le vignette sono inserite "liberamente" nel testo, cioè non sono poste all'inizio o alla fine dei capitoli, ma conquistano lo spazio bianco della pagina, innescando un processo di reciprocità fra parola e immagine[16]. I giochi tipografici, che restituiscono visivamente quanto narrato, e le 50 illustrazioni di Tony Johannot, in continuo dialogo con il "récit", fanno del *Roi de Bohême* un'opera singolare a partire dalla quale, nel corso del XIX secolo, l'illustrazione si moltiplica, invade la pagina, instaura con il testo un rapporto egualitario e dialettico[17].

Oltre a rappresentare il punto di partenza di una produzione di libri illustrati che vedrà il suo apice negli anni Quaranta e Cinquanta dell'Ottocento[18], il *Roi de Bohême* costituisce un modello anche sul piano linguistico: vi si trova infatti un capitolo, «Navigation»[19], scritto in un "francese arcaico" che può aver ispirato e influenzato Balzac per la redazione dei suoi racconti. L'autore si appropria dei suggerimenti di Nodier, «son maître en archaïsme», come lo definisce Chollet[20], elaborando una lingua che, nonostante si ispiri agli autori del XVI

---

[16] «L'image et le texte deviennent complices, au service d'une imagination doublée d'un humour proche de la dérision», in B. Blasselle e C. Cayol, *L'image en liberté, une expérience originale: l'Histoire du roi de Bohême*, on line http://classes.bnf.fr/ecritures/arret/page/textes_images/03.htm. Consultato il 14 giugno 2011. Un esempio emblematico di tale rapporto è la p. 107, in Ch. Nodier, *Histoire du roi de Bohême et de ses sept châteaux*, Paris, Delangle Frères, 1830.

[17] Cfr. A.-M. Bassy, *Le Livre mis en pièce(s). Pensées détachées sur le livre romantique*, in «Romantisme», 43, 1984, pp. 19-28; P. Hamon, *Imageries: littérature et images au XIX*e *siècle*, Paris, José Corti, 2001 (si veda in particolare il cap. VII, «L'Image-seuil: frontispices», pp. 247-271); M. Melot, *Le Texte et l'image*, in *Histoire de l'édition française, vol. III, Le Temps des éditeurs. Du Romantisme à la Belle Époque*, a cura di R. Chartier e H.-J. Martin, Paris, Fayard/Promodis, 1990 (1985), pp. 329-350.

[18] Soltanto per citare i più noti, *Les Français peints par eux-mêmes. Encyclopédie morale du XIX*e *siècle*, a cura di L. Curmer, Paris, Curmer Éditeur, 1840-1842, 2 voll.; *Le Diable à Paris, Paris et les Parisiens. Mœurs et costumes, caractères et portraits des habitants de Paris, tableau complet de leur vie privée, publique, politique, artistique, littéraire, industrielle, etc. etc.*, a cura di J. Hetzel, Paris, Hetzel, 1843-1845, 2 voll.

[19] Ch. Nodier, «Navigation», in Id., *Histoire du roi de Bohême et de ses sept châteaux*, cit., pp. 221-223. Balzac recensisce il testo di Nodier in questi termini: «délicieuse plaisanterie littéraire, pleine de dédain, moqueuse: c'est la satire d'un vieillard blasé, qui s'aperçoit à la fin de ses jours du vide affreux caché sous les sciences, sous les littératures», in *Lettres sur Paris*, XI, in *OD*, vol. II, p. 937 (lettera pubblicata nel «Voleur» il 9 gennaio 1831).

[20] R. Chollet, *La Jouvence de l'archaïsme*, in «L'Année balzacienne», 1995, p. 145.

secolo, ha come base il francese dell'epoca, a sua volta "medievalizzato" grazie a suffissi e prefissi presi in prestito dal greco e dal latino. Wayne Conner, a cui si deve un importante studio dei vocaboli usati nei racconti, insiste sull'eterogeneità della lingua che costituisce l'aspetto più originale dei *Contes drolatiques*:

> Le noyau en est le français de son époque, habillé d'une orthographe archaïsante, souvent capricieuse, auquel il ajoute des termes et des tours de phrases puisés aux sources les plus disparates. Il recourt à tous les moyens pour atteindre la richesse et la variété dans l'expression[21].

Balzac procederà pertanto a un'ibridazione linguistica senza precedenti, che non si concretizza solo in semplici *pastiches*, calchi o prestiti. Nei *Contes drolatiques* darà prova della propria creatività forgiando quasi un centinaio di neologismi, tra cui, solo per fare qualche esempio: "babilefique", con l'ovvio rimando alla confusione; "se desenamourer", cessare di essere innamorati; "archivenger" e "multiplivenger", vendicarsi più di una volta; "ratamorphe", che ha l'aspetto di un ratto; "tristifier", rattristare; "scriptolastre", ibrido greco-latino, che ama scrivere; "typothèque", collezione di tipi; tutta una serie di vocaboli formati aggiungendo il prefisso "super", "superagiter", "superféminin", "superfinesse", e molti altri[22].

Il maestro indiscusso da cui parte per la composizione della "sua" lingua, «notre maître à tous»[23], «[le] prince de toute sapience et de toute comédie»[24] – come esclama a più riprese un ossequioso Balzac – è Rabelais: lo dimostra chiaramente la vignetta inserita all'inizio del prologo al *Troisiesme dixain* (fig. 3) in cui Honoré, munito di carta e penna, è intento a trascrivere i consigli del maestro. Il legame fra i due autori è sottolineato anche dalla storia editoriale delle loro opere illustrate da Doré, poiché i *Contes drolatiques* furono pubblicati subito dopo la stampa

---

[21] W. Conner, *Glossaire des Cent Contes drolatiques*, in *OD*, vol. I, p. 1754.

[22] Per l'individuazione di questi termini e la spiegazione di ciascuno si rimanda al glossario di Conner, *ibid.*, pp. 1753-1813.

[23] H. de Balzac, *Physiologie du mariage*, in *CH*, vol. XI, 1980, p. 916.

[24] *Prologue* al *Premier dixain*, in *OD*, vol. I, p. 9. Dal 1820 al 1830 vi sono almeno cinque ristampe delle *Œuvres* di Rabelais, tanto che i curatori della Pléiade parlano di «résurrection littéraire» del curato di Meudon (*ibid.*, p. 1114).

Fig. 3. *Père et fils*, vignetta, p. 427.

dell'ultimo fascicolo delle *Œuvres* di Rabelais[25]. Nel 1861, la casa editrice Garnier Frères decide di ripubblicare i volumi di entrambi gli autori, pubblicizzandone l'imminente uscita in un'unica locandina, sempre disegnata dall'artista.

La presenza di Rabelais, profondamente radicata in tutta l'opera, culmina nel racconto *Le Prosne du ioyeulx curé de Meudon*, contenuto nel *Secund dixain*, in cui l'allegro curato, in presenza del re Enrico II e della sua corte, è preso da «ung malicieulx dezir de les filosophiquement compisser tous en la teste, comme le bon Gargantua se plut à estuver les Pariziens ez tours de Nostre-Dame»[26]. Doré, per rafforzare la filiazione tra i due autori, inserisce un'immagine pressoché identica sia in *Gargantua* (fig. 4), sia nel testo balzachiano (fig. 5). Al curato di Meudon vengono riconosciuti, in uno slancio di ammirazione incondizionata, «[son] omnipotence, [son] omniscience», ma soprattutto «[son] omnilanguaige»[27], una lingua onnicomprensiva,

---

[25] *Œuvres* de François Rabelais, illustrations par G. Doré, Paris, J. Bry Aîné Libraire-Éditeur, 1854.

[26] *Le Prosne du joyeulx curé de Meudon*, in *OD*, vol. I, p. 238. Cfr. F. Rabelais, *La vie très horrifique du grand Gargantua, père de Pantagruel*, cap. XVII, in *Œuvres*, cit., p. 64.

[27] *Le Prosne du joyeulx curé de Meudon*, in *OD*, vol. I, p. 251.

Fig. 4. Rabelais, *Gargantua*, Paris, J. Bry Aîné, Libraire-Éditeur, 1854, vignetta, p. 68.

Fig. 5. *Le trez-horrificque Gargantua compisse aigrement la gent parisienne*, vignetta, p. 319.

di tutti i tempi, dalla spiccata capacità espressiva. Da non sottovalutare poi, sempre dal punto di vista linguistico, l'apporto di Béroalde de Verville, da cui Balzac trae ispirazione per la terminologia erotica, e in particolare dal *Moyen de parvenir* del 1616 circa. Al linguaggio di questi due mentori, l'autore mescola termini regionali, per lo più turensi, e parole inventate di sana pianta, volutamente inesatte dal punto di vista filologico, perché, dichiara Balzac, nonostante la veridicità di alcuni episodi narrati[28], «En ceste œuvre se renconstrent nécessité, vertu, phantazie, vœu de femme, vœu d'ung pantagueliste quarré, il y ha toust»[29].

Come osserva Conner, ci troviamo di fronte a una serie di «mots savants (nombreux latinismes), étrangers et populaires, néologismes et archaïsmes, termes techniques, dialectaux et burlesques»[30], o per dirla con le parole del giornalista del «Figaro» all'indomani della pubblicazione del *Premier dixain*, «une langue que personne ne connaît»[31], al limite della leggibilità.

Una delle maggiori critiche mosse all'autore, strettamente legata all'arcaismo, è proprio l'inesattezza linguistica. La quasi totalità dei critici coevi, se da un lato lo biasima per aver scritto dei racconti in una lingua anacronistica, dall'altro lo accusa di non conoscere affatto quella di Rabelais[32]. Nel prologo al *Secund dixain,* Balzac prova a dare una spiegazione delle scelte "capricciose" che lo spingono al mancato rispetto dell'ortografia dei termini. Siccome, si giustifica l'autore, i racconti sono ambientati al tempo di Caterina de' Medici (affermazione questa non proprio esatta poiché diversi racconti si svolgono nel XIII e nel XIV secolo), epoca tumultuosa in cui la Francia era alle prese con «guerre, pacificazioni e rivolte»[33], anche

---

[28] Come è ribadito alla fine del racconto *Dezesperance d'amour*: «[…] ce conte est vray de tout poinct. Si en d'aultres endroicts, l'autheur avoyt, par caz fortuict, oultrepassé le vray, cettuy lui vauldra des indulgences prest des amoureulx conclaves», *ibid.*, p. 305.

[29] *Prologue* al *Troisiesme dixain. Ibid.*, p. 315.

[30] W. Conner, *Glossaire des Cent Contes drolatiques. Ibid.*, p. 1753.

[31] «Le Figaro», 13 aprile 1832.

[32] In genere negli articoli dell'epoca, a dimostrazione di quanto affermato, i giornalisti si sono divertiti a elencare dettagliatamente, e senza pietà alcuna, i molteplici "errori" nei quali sarebbe incorso l'autore: «Page 380, M. de Balzac écrit *futayé*. Au livre II de *Pantagruel*, Rabelais écrit *fustaye*», (*ibid.*).

[33] Prologue al *Secund dixain*, in *OD,* vol. I, p. 160.

la lingua, sostiene Balzac, era colpita dalla stessa confusione, dal momento che ogni poeta poteva inventarsi «un francese tutto per sé»:

> [...] ung françoys pour luy seul, oultre les mots bizarres, griecs, lattins, italians, hellemands, souisses, phrazes d'oultre mer et jargons hespagniols advenuz par le faict des estrangiers, en sorte que ung paouvre scriptophile ha les couddées franches en ce languaige Babilefique[34].

Alla stessa Madame Hanska che lo rimprovera per le numerose imprecisioni storiche (Balzac spesso confonde le date o i nomi dei personaggi), in una lettera del 1833, l'autore replica: «Néanmoins, dans ces *Contes*, il faut des inexactitudes, c'est de costume [sic]; mais il n'y faut pas de bourdes»[35].

L'"effetto Medioevo" è dunque ottenuto grazie alla lingua arcaizzante, all'ambientazione spazio-temporale – in un arco cronologico compreso tra l'ultima crociata e la seconda metà del Cinquecento, a fare da sfondo ai racconti sono la corte, gli imponenti castelli, le aule dei tribunali, i conventi e i monasteri –; ai temi trattati, l'amore e l'adulterio, la stregoneria e la religione, la sete di potere; ai personaggi scelti per essere i protagonisti di queste storie burlesche, dame elegantemente vestite, valorosi cavalieri che si sfidano all'ultimo sangue, paggi servizievoli, orribili streghe. Di ispirazione boccaccesca, ma non solo, al centro dei racconti vi è una sessualità salace, licenziosa – valorizzata anziché celata da Doré, grazie a una o due foglie di vite, inserite all'interno del testo, a seconda che la situazione descritta sia più o meno piccante[36] –, con protagonisti che impersonano splendide fanciulle sposate a vecchi impotenti; monaci viziosi; "coquebins", ingenui di ogni tipo ma intraprendenti; figli illegittimi, e così via.

Come nelle *Scènes de la vie privée*, anche nei *Contes drolatiques* Balzac si concentra sulle donne, focalizzando l'eros femminile, indagato sotto molteplici aspetti, e che il più delle volte le eroine dei diversi racconti soddisfano al di fuori del matrimonio. Il carattere sessualmente

---

[34] *Ibid.*

[35] H. de Balzac, *Lettres à Madame Hanska*, Paris, Laffont, 1990, 2 voll., vol. I, p. 73. Lettera del 23 ottobre 1833.

[36] Come nelle pp. 64, 70, 98, 275, 464 dell'edizione illustrata.

esplicito dell'opera contribuì non poco a destare le riserve dei contemporanei. Accanto alle aspre critiche sull'arcaismo vi sono, infatti, quelle altrettanto severe sull'oscenità: «Le Figaro» definisce la raccolta balzachiana un insieme di «contes obscénico-drolatiques»[37]; la «Revue des deux mondes» non è meno drastica nel giudizio riservato all'autore, accusato di mostrare «partout et à tout propos une débauche réfléchie, froide, calculée et qui n'a rien de libertin»[38]. Per quanto comprensibile all'epoca, la durezza di queste reazioni è un segnale inequivocabile di come critici e lettori sottovalutassero la forza innovativa del testo, fermandosi a una valutazione moraleggiante dei racconti e trascurandone interamente le potenzialità linguistico-espressive. Proprio grazie a quella lingua falsamente arcaica, Balzac riusciva a parlare di alcuni temi che non potevano essere trattati, in modo così esplicito, all'interno della *Comédie humaine*; solo spostando di qualche secolo l'asse temporale l'autore poteva affrontare i problemi legati al potere e alla politica del suo tempo, ricercando nei tragici eventi del passato le possibili cause dei disordini che avevano sconvolto la Francia nel XVIII e nel XIX secolo[39].

I *Contes drolatiques* si rivelano così un laboratorio, un banco di prova della scrittura balzachiana che sperimenta tutte le tipologie narrative, coniugando all'audacia formale la provocazione ludica[40]. Un'opera lontana dall'essere un mero esercizio di stile, o una piacevole distrazione rispetto ai romanzi e ai racconti di cui si sarebbe composto il variegato "mosaico"[41] della *Comédie humaine*. Questi due universi appartengono a un'identica concezione letteraria: la loro struttura si articola attorno a luoghi, temi e personaggi "reparaissants", innescando un gioco di influenze reciproche tra l'universo "drolatique" dei racconti e quello

---

[37] «Le Figaro», 13 aprile 1832, cit.

[38] «Revue des deux mondes», aprile 1832, p. 254.

[39] Il 1415, ad esempio, è in Francia un anno cruciale in cui tutti i poteri entrano in crisi: religioso (lo scisma cattolico); politico (la guerra degli Armagnacs e dei Bourguignons); monarchico (la follia del re). Balzac sceglie di ambientare molti dei racconti in questo determinato periodo storico.

[40] Cfr. A.-M. Baron, *Les Cent Contes Drolatiques de Balzac*, in *La Fabrique du Moyen Âge,* cit., p. 1110.

[41] Nella *Préface* alla *Femme supérieure*, romanzo pubblicato nel 1838 con il titolo *Les Employés*, Balzac afferma: «Plus tard, il se pourrait que tous ces morceaux fissent une mosaïque», in *CH*, vol. VII, p. 882.

"serio" della *Comédie*. È questo il caso, ad esempio, di *Dezesperance d'amour*: redatto nel 1832, qui Balzac trascrive, alla maniera "drolatique", la disavventura vissuta con la marchesa de Castries, episodio riscritto, a distanza di due anni, in una versione più drammatica e con tutt'altro pathos nella *Duchesse de Langeais*.

Lo stesso Balzac sembra voler enfatizzare questa rete di corrispondenze, quasi a sottolineare l'esistenza di una fonte di ispirazione unica, nel prologo al *Troisiesme dixain*, con la storiella del "doppio calamaio" nel quale l'autore intingerebbe alternativamente la penna, lavorando ora ai *Contes drolatiques*, ora alla *Comédie humaine:*

> D'ung goddet, sourdoyent choses graves qui s'escripvoient en encre brune; et de l'aultre, choses frestillantes qui rubriquoient joyeulzement les feuillets du cayer. Pauvre autheur ha soubvent, faulte de cure, meslangé les encres, ores cy, ores là[42].

Due progetti la cui evoluzione procede in parallelo, dunque, e che hanno per Balzac la medesima importanza. Nel 1836, un anno prima della pubblicazione dell'ultima decina, l'autore, stanco delle continue critiche e risentito dell'ostilità che giornalisti e pubblico gli dimostrano, inserisce nel *Lys dans la vallée* una sorta di prefazione in cui la singolarità dei *Contes drolatiques* è ribadita senza indugio:

> [...] je le dis avec un courage qui sera mal apprécié, cette œuvre est la plus originalement conçue de cette époque, ce livre n'est pas un pastiche comme on le dit, car il n'y a pas d'œuvre qui puisse être construite de *centons* pris dans Rabelais, quand ces prétendus centons font déjà trois volumes. Non, mes contes sont écrits *currente calamo* dans l'esprit du temps. Aussi pour échapper à toute contestation, ai-je signé cette œuvre de rénovation littéraire. Si j'en avais fait l'objet d'une plaisanterie à la Macpherson, je n'en aurais point eu la gloire[43].

Benché elenchi i "geni rari", come li definisce egli stesso, a cui si è ispirato (Boccaccio, Ariosto, Marguerite de Navarre, Rabelais, Verville, La Fontaine), Balzac insiste sull'unicità del suo progetto che risiede nella maniera "dif-

---

[42] *Prologue al Troisiesme dixain*, in *OD*, vol. I, p. 314.

[43] H. de Balzac, *Historique du procès auquel a donné lieu "Le Lys dans la vallée"*, in *CH*, vol. IX, p. 956.

ferente", ovvero propria dell'autore, di narrare le vicende. Per dissolvere ogni dubbio e dimostrare una volta per tutte che i *Contes drolatiques* sono molto più che modeste imitazioni, Balzac concepirà il *Quint dixain*, detto "dixain des imitacions"[44], dedicandolo espressamente ai *pastiches*. Accanto al *fabliau*, con traduzione a fronte, e alle novelle imitate dai più gloriosi scrittori di Francia, Italia e Medio Oriente, troviamo il decimo racconto *Comment un cochon feut prins d'amour pour ung moyne et ce qui en advint (conte drolatique)*. Inserendo il "conte drolatique" nell'elenco, Balzac vuole che la critica e i lettori lo considerino come un genere autonomo a tutti gli effetti, un genere che, grazie alle proprie peculiarità, sia immediatamente riconoscibile e pertanto ascrivibile all'autore.

Nell'*Avertissement du libraire*, in realtà redatto dallo stesso Balzac e precedente il prologo del *Premier dixain* del 1832, riferendosi ai suoi illustri predecessori l'autore dichiara:

> [...] ils ont presque tous été Molière moins la scène. Au lieu de peindre une passion, la plupart d'entre eux peignaient leur époque; aussi, plus nous allons vers le terme auquel meurent les littératures, mieux nous sentons le prix de ces œuvres antiques où respire le parfum d'un naïveté jeune et où se trouvent les nerf comique dont notre théâtre est privé, l'expression vive et drue qui peint sans périphrase et que personne n'ose plus *oser*[45].

La lingua deve essere franca (libera e diretta), deve "osare", arrivando anche a oltrepassare i confini imposti dal perbenismo dell'epoca. Nella decisione dell'autore di pubblicare i *Contes drolatiques* in quel preciso momento storico, si può scorgere il chiaro intento di reagire alla lenta, ma inesorabile, morte della letteratura e di risolle-

---

[44] Dall'elenco è possibile rintracciare le fonti a cui Balzac si è ispirato per la creazione dei suoi racconti: *Prologue. – La Dame empêschiée d'amour, roman en vers avec la traduction en resguard (à l'imitacion des autheurs de la langue romane). – La mère, l'enfant et l'amour, fabliau, avec la traduction en resguard. – Le Cocqu par aucthorité de iustice (conte en la méthode des cent nouvelles Nouvelles du roy Loys unze). – Le Pari du Magnifique (dans le genre des Italiens). – Le Signeur Freschi (à la fasson de la royne de Navarre). – Comment fina soupper du bonhomme (conte dans le goust de Verville). –Gazan-le-Pauvre (conte dans la mode orientale). – Le dict de l'empereur (conte dans le genre de la Bibliothèque bleue). – La Filandière (conte à la manière de Perrault). – Comment un cochon feut prins d'amour pour ung moyne et ce qui en advint (conte drolatique). – Épilogue*, in *OD*, vol. I, pp. 1182-1183.

[45] *Avertissement du libraire*, ibid., p. 6.

vare gli umori di una «société expirante»[46], «[à] la senteur cadavéreuse»[47]. Dopo il fallimento della rivoluzione del 1830, la disillusione si è impossessata dell'animo degli uomini di lettere, raggruppati sotto l'etichetta dell'"École du désenchantement"[48]. La raccolta balzachiana intende essere una risposta a quei «pleurards qui veulent se noyer à tout propos en vers et en prose, qui font les malades en odes, en sonnets, en méditations»[49], includendo così nel suo rimprovero larga parte dei poeti romantici. L'autore cerca pertanto «de restaurer l'école du rire, de réchauffer la gaieté française»[50], che gli ultimi avvenimenti storici sembrano aver cancellato, ma che resta uno degli aspetti cruciali della sua poetica. Nel prologo al *Premier dixain*, una sorta di stato dell'arte e manifesto di intenti di stampo rabelesiano, si legge:

> [...] comme le rire est ung privilége octroyé seullement à l'homme, et qu'il y ha cause suffisante de larmes avecque les libertez publicques sans en adjouxter par les livres, ai-je creu chose patrioticque en dyable de publier une dragme de joyeulsetez par ce tems où l'ennuy tumbe comme une pluie fine qui mouille, nous perce à la longue, et va dissolvant nos anciennes coustumes qui faisoyent de la *raye publique* ung amusement pour le grand numbre[51].

Un attacco burlesco al "Medioevo romantico", messo in scena grazie alle sorprendenti intuizioni di Doré, che a partire dalle descrizioni balzachiane è riuscito a restituire un quadro frenetico di quell'epoca leggendaria e inquietante. Tutto l'immaginario romantico è presente nelle sue illustrazioni, ma un immaginario di cui sia l'illustratore che lo scrittore si beffano in continuazione: epici scontri, a cui segue l'inevitabile corpo a corpo (fig. 6); cavalieri letteralmente fatti a pezzi (fig. 7); buffe impiccagioni (fig. 8); danze macabre (fig. 9); sfrenate feste pagane (fig. 10);

---

[46] H. de Balzac, *Préface* alla prima edizione del 1831 della *Peau de chagrin*, in *CH*, vol. X, p. 55.

[47] H. de Balzac, "Lettre XI", *Lettres sur Paris*, *OD*, vol. II, p. 937. Lettera pubblicata nel «Voleur» nel dicembre 1830.

[48] *Ibid.*

[49] H. de Balzac, *Physiologie du mariage*, in *CH*, vol. XI, p. 917.

[50] H. de Balzac, *Complaintes satiriques sur les mœurs du temps présent*, in *OD*, vol. II, p. 744.

[51] *Prologue* al *Premier dixain*, in *OD*, vol. I, p. 8.

«Drolatiquement illustré»: il Medioevo secondo Balzac 135

Fig. 6. *Troubles civils*, illustrazione fuori dal testo, p. 405.

Fig. 7. *Desconfiture*, vignetta, p. 349.

improbabili mostri alati; e infine, la serie di visi grotteschi, illustrazioni a piena pagina (fig. 11) o inserite all'interno del testo (fig. 12), impressionanti per la varietà e la ricchezza di dettagli, sia nei ritratti singoli che in quelli di gruppo (figg. 13, 14).

Partendo dallo stesso principio alla base del linguaggio "babilefique" dei *Contes* (ovvero l'ibridazione di generi appartenenti a epoche e autori differenti, a cui va aggiunta una dose di inventiva balzachiana), Doré si ispira a fonti

Fig. 8. *Ce bon petit iusticiard*, vignetta, p. 457.

«*Drolatiquement illustré*»: *il Medioevo secondo Balzac* 137

Fig. 9. *Ronde infernale*, vignetta, p. 390.

Fig. 10. *Les ieux de la troupe ægyptiacque*, vignetta, p. 37.

Et donna le commandement de ses hommes à ung vieulx stropiat avecques lequel il avoyt moult roulé en Palestine et aultres lieux.

Fig. 11. *Ruines d'ung brave*, illustrazione fuori testo, p. 57.

«*Drolatiquement illustré*»: il Medioevo secondo Balzac 139

232   CONTES DROLATIQUES.

que des histoires de la court de Bourgogne, lesquelles n'ont cours qu'avecques nostre monnoye...

— Eh! ventre dieu! sommes-nous pas en la terre de Beauffremont? s'escria l'aultre, monstrant les pots vuydez.

« — Ie vous diray doncques une adventure bien cogneue à

Diion, laquelle est advenue au temps où i'y commandoys, et ha deu estre mise par escript. Il y avoyt ung sergent de iustice nommé Franc-Taupin, lequel estoyt ung vieulx sac à maulvai-

Fig. 12. *Ung vieulx sac à maulvaisetez*, illustrazione nel testo, p. 232.

Ses confrères luy feirent autant de hontes et mocqueries que saint Iacques eut d'honneurs en Compostelle.

Fig. 13. *Maints iusticiards*, illustrazione fuori testo, p. 88.

«Drolatiquement illustré»: il Medioevo secondo Balzac 141

Puis la bonne Régente despescha ses femmes à l'onguent, à la toile à bender les playes, à l'eau du Bonhomme, à tant de chouses, que elle demoura seule.

Fig. 14. *Sorevers, maistres myres,* illustrazione fuori testo, p. 266.

iconografiche diverse, gioca con esse, le mescola all'interno della stessa immagine, partecipa del medesimo processo creativo innescato da Balzac, ma su un altro piano, quello figurativo. Ne risulta un Medioevo «fantastique, extravagant, impossible»[52], come il teatro sognato da Gautier, un'opera, scrive Balzac a Madame Hanska,

> [...] qui ne peut être jugée que complète et dans dix ans. C'est un monument littéraire bâti pour quelques connaisseurs. Si vous n'aimez pas les Contes de Lafontaine, ni ceux de Boccace, et si vous n'êtes folle de l'Arioste, il faut laisser les Contes drolatiques de côté, quoique ce soit ma plus belle part de gloire de l'avenir[53].

---

[52] Th. Gautier, *Mademoiselle de Maupin* (1835), Paris, Garnier-Flammarion, 1996, p. 242.

[53] H. de Balzac, *Lettres à Madame Hanska,* cit., vol. I, p. 49 (lettera del 19 agosto 1833).

Baudelaire face au Moyen Âge dans *Les Fleurs du Mal*

Mario Richter
(Università di Padova)

En 1864, l'un des premiers critiques des *Fleurs du Mal*, Alcide Dusolier, remarquant la présence plutôt fréquente du Diable ou de Satan dans cet ouvrage, déclare que Baudelaire «a l'esprit du Moyen âge». Ce jugement semble être corroboré par le fait que Baudelaire a certainement été le principal inspirateur (quoique innocent) de la forme de romantisme noir qui a caractérisé la sensibilité néo-gothique de la fin du XIXe siècle (je songe au goût de l'érotisme macabre à la Félicien Rops, mais aussi à Rollinat, à Jean Lorrain, aux habitués du Chat Noir...).

Cependant, en dépit d'indéniables aspects sataniques présents dans l'ouvrage, on ne peut certes pas affirmer que les allusions au Moyen âge présentes dans *Les Fleurs du Mal* foisonnent. Tout compte fait, on ne peut en dénombrer qu'une dizaine.

Je pense qu'au moins deux de ces allusions ont un poids particulier, qui nous permet d'éclairer dans quel sens l'affirmation de Dusolier (plus tard suivie par d'autres) ne peut être considérée comme tout à fait dénuée de fondement. Ces allusions se trouvent dans *Le Mauvais moine* et dans *La Béatrice*.

Commençons par souligner une donnée essentielle: selon Baudelaire, les «phares» de l'art (je me réfère au poème *Les Phares*) ont pour point de départ chronologique Léonard de Vinci; cela signifie qu'il a voulu commencer par la Renaissance, c'est-à-dire par l'ère nouvelle qui a essayé de récupérer les «époques» que le Poète (j'entends par là le personnage principal de l'ouvrage) appelle les «époques nues», les temps les plus reculés où l'homme et la femme, lit-on, jouissaient de la vie «sans mensonge et sans anxiété», des temps dont le Poète a dit aimer le souvenir («J'aime le souvenir de ces époques nues»).

Mais tout l'art soi-disant moderne (depuis Léonard,

précisément, jusqu'à Delacroix) n'a pas réellement changé pour Baudelaire la mentalité malsaine qui le maintient dans un rapport étroit avec le christianisme, dont le Moyen Âge a tiré ses caractères principaux.

Baudelaire dit en effet que tout l'art supposé moderne, à partir de la Renaissance, a chanté de mille façons la séquence médiévale de louange à Dieu dénommée *Te Deum*, et qu'il l'a fait avec des sentiments extrêmement altérés («Ces malédictions, ces blasphèmes, ces plaintes/ Ces extases, ces cris, ces pleurs, ces *Te Deum*...»). En résumé, l'art considéré comme 'moderne' nous met en présence d'une réalité bien lointaine de l'innocence sereine et épanouie, «sans mensonge et sans anxiété». On continue d'être bien éloignés de ces «époques nues» dont le Poète a dit aimer le souvenir. En d'autres termes, le Moyen Âge n'a pas été éliminé ou dépassé par la Renaissance et par l'art qui l'a suivi.

Tout de suite après *Les Phares* (et le terme «phare» semble alors avoir une signification n'excluant pas l'ironie), la Muse du Poète nous est présentée comme une «pauvre Muse». Car elle est affligée d'un grave état de santé (*La Muse malade*). Elle est pleine de cauchemars. Elle connaît les sombres visions nocturnes qui accablent les fiévreux. Deux petits esprits l'ont agressée en compromettant gravement sa santé: ce sont «le succube verdâtre» et «le rose lutin», deux démons qu'a enfantés l'imagination 'malade' du Moyen Âge (en particulier celui qui avait dernièrement été récupéré par le Romantisme: qu'il suffise de penser à *Gaspard de la Nuit*, publié en 1842, d'Aloysius Bertrand). Le succube était un démon femelle, le tentateur nocturne des moines, considéré comme le responsable de leurs éjaculations, alors que le lutin était un petit génie espiègle et malicieux. C'est que la Muse du poète a dans les veines un sang chrétien («ton sang chrétien»), disons même un sang encore médiéval, c'est-à-dire corrompu, dénué de santé, un sang que le Poète aimerait bien pouvoir rehausser par des «pensers forts», par des «flots rythmiques» semblables aux «sons nombreux des syllabes antiques,/ Où règnent tour à tour le père des chansons,/ Phœbus, et le grand Pan, le seigneur des moissons».

Non seulement «malade», la Muse du poète est également «vénale» (*La Muse vénale*). Elle s'est en effet asservie au pouvoir, renonçant à toute sincérité.

Nous voilà donc introduits dans la vie monacale des «cloîtres anciens» dont nous rend compte *Le Mauvais moine*. Ce sonnet nous fait assurément remonter à l'époque médiévale, et de toute manière aux artistes qui ont travaillé avant la Renaissance (Baudelaire pensait à Orcagna, un peintre florentin du XIVe siècle). En voici le texte:

> Les cloîtres anciens sur leurs grandes murailles
> Étalaient en tableaux la sainte Vérité,
> Dont l'effet, réchauffant les pieuses entrailles,
> Tempérait la froideur de leur austérité.
>
> En ces temps où du Christ florissaient les semailles,
> Plus d'un illustre moine, aujourd'hui peu cité,
> Prenant pour atelier le champ des funérailles,
> Glorifiait la Mort avec simplicité.
>
> Mon âme est un tombeau que, mauvais cénobite,
> Depuis l'éternité je parcours et j'habite;
> Rien n'embellit les murs de ce cloître odieux.
>
> Ô moine fainéant! Quand saurai-je donc faire
> Du spectacle vivant de ma triste misère
> Le travail de mes mains et l'amour de mes yeux?

Dans sa condition de moine médiéval (c'est un cénobite), le poète se présente donc comme quelqu'un qui est obligé de vivre en communauté avec d'autres moines. Ils ont tous une culture judéo-chrétienne. Cette culture se révèle être l'âme elle-même du moine (le Poète), à l'intérieur de laquelle il dit habiter «depuis l'éternité» de la même manière qu'il habite, avec les autres cénobites, dans le monastère (figure de l'âme du Christ).

Or, tandis que les autres moines (qu'on entende les autres poètes de l'époque tels que Victor Hugo, Théophile Gautier et bien d'autres appartenant à un siècle que Baudelaire n'hésitait pas à juger un «siècle vaurien») cherchent à réchauffer leurs «pieuses entrailles» en représentant à l'aide de leur peinture sur les murs du monastère les histoires consolatrices racontées par l'Écriture (Baudelaire pensait au Camposanto de Pise, un monument gothique), le Poète, qui pour ce motif se définit comme un «mauvais moine», vit à l'intérieur du monastère ou de son âme (c'est-à-dire dans la société existante, éduquée selon les principes bibliques) comme s'il était à l'intérieur d'un tombeau («Mon âme est un tombeau...»). Il n'entend pas du tout, comme le font ses confrères, décorer les parois de son tombeau avec la «sainte Vérité», autrement dit avec une création déjà faite, avec les histoires bibliques que ce triste lieu impose (c'est en effet le tombeau du Christ). Qu'est-ce qu'il fait, alors? Eh bien, il ne fait rien, il ne peut rien faire dans ce «cloître odieux». Il est, lui, en proie à l'acedia, la maladie qui atteignait les moines en leur causant une grave désaffection envers la foi et envers les œuvres pratiquées dans le monastère, maladie que, dans le haut Moyen Âge, Jean Cassien avait décrite de façon très détaillée.

Il n'invoque pas le retour du grand Pan. Non. Il est, lui (le Poète), un mauvais moine, enfermé dans son âme inévitablement chrétienne, au fond de laquelle il dit habiter comme un prisonnier sans croire à sa vertu salvatrice.

Il demeure en effet vivant dans sa propre tombe (qui est son âme elle-même), et de cette manière il va renverser ce que Victor Hugo avait fait dire, de façon solennelle et platonicienne, à sa «bouche d'ombre», à savoir que «l'homme est une prison où l'âme reste libre».

Dans la terrible inertie que cause le lieu «mortel» où il évolue, accablé par un ennui aux proportions 'immortelles', le mauvais moine se demande quand il lui arrivera de réaliser un ouvrage qui ne soit pas, comme c'est le cas pour les autres moines, la décoration d'un ouvrage déjà fait (qu'on entende, en substance, la Bible), mais une création véritablement nouvelle, à façonner précisément avec ce mal engourdissant que lui cause sa vie actuelle, une création à ouvrir par cette horrible vie qu'il est obligé de mener à l'intérieur de son âme, qui est une tombe, une «triste misère». C'est la question angoissée que le Poète-moine se pose à la fin du sonnet («Ô moine fainéant! Quand saurai-je donc faire», etc.).

J'attire l'attention sur ce premier vers du tercet final, car il nous fait éprouver de façon très efficace la réalité tout à fait paradoxale que le Poète-moine est en train de vivre.

C'est un alexandrin nettement divisé en deux hémistiches. Sa coupe médiane ne pourrait être plus sensible. Dans le silence de cette coupe, nous sommes amenés à percevoir le passage pénible de l'inertie présente au labeur espéré. Elle nous fait passer du désespoir indigné de l'exclamation («Ô moine fainéant!») à l'espérance incertaine de l'interrogation («Quand saurai-je donc faire...»). Précisons encore mieux. Le «moine fainéant» du premier hémistiche, le 'je' actuel du moine objectivé par le vocatif, interpellé comme un 'tu', observé comme s'il était un autre, s'efface au second hémistiche, cède le rôle du sujet à un 'je' recélant, lui, une obscure espérance. Cette transition du moine au 'je' s'effectue cependant avec une extrême difficulté, comme le révèle l'interrogation fortement dubitative, et surtout le rythme trop lent, un peu «fainéant» justement, du second hémistiche («Quand saurai-je donc faire»). Sur le 'je', c'est en effet toute la «triste misère» du moine, un moine médiéval, qui ne cesse de peser, toute l'horreur de ce cloître-tombeau qu'est son âme 'immortelle'.

Nous avons souligné le deux parties distinctes dont se constitue ce vers. On ne doit cependant pas oublier que le vers demeure une unité, un bloc unique, indivisible dans sa spécificité rythmique. C'est un univers, voire «le mot parfait» (comme le dira Mallarmé). Compte tenu de cela, nous pouvons affirmer que Baudelaire nous fait connaître quelque chose qui n'est ni la duplicité ni l'unité. C'est une unité double (duelle) qu'il nous fait éprouver, précisément celle dont son «Poète-Mauvais Moine» est en train de faire une difficile et douloureuse expérience. Le 'je' et le moine sont donc à la fois disjoints et unis.

Cette unité double s'explique par le fait qu'il s'agit de mener à bien une entreprise absolument inouïe: faire de la mort la vie, de l'inactivité le travail, de la faiblesse la force, de la douleur l'amour. En un mot, il s'agit de transformer le mal en bien, en «fleur du mal» précisément. Il faut pour cela entreprendre une création totalement nouvelle, accomplir un voyage désespéré vers l'inconnu: un voyage dont le but ultime serait dans le contrôle et dans la réduction en objet, au moyen du travail, de la souffrance, seule réalité vraie, et seule noblesse humaine. En résumé, nous pouvons dire qu'il s'agit de faire du Moyen Âge (matière de la douleur, de la «triste misère» du mauvais moine) une œuvre neuve et vraie, véritablement moderne.

Le caractère extrêmement ardu de l'entreprise que le Poète-moine veut tenter trouve son expression la plus accomplie et dramatique, comme on l'a dit, dans un autre poème des *Fleurs du Mal*, *La Béatrice*, qui nous renvoie encore au Moyen Âge, et en particulier, ne serait-ce qu'en raison du titre, à Dante, dont Béatrice fut, comme chacun sait, le grand amour idéalisé.

> Dans des terrains cendreux, calcinés, sans verdure,
> Comme je me plaignais un jour à la nature,
> Et que de ma pensée, en vaguant au hasard,
> J'aiguisais lentement sur mon cœur le poignard,
> Je vis en plein midi descendre sur ma tête
> Un nuage funèbre et gros d'une tempête,
> Qui portait un troupeau de démons vicieux,
> Semblables à des nains cruels et curieux.
> À me considérer froidement ils se mirent,
> Et, comme des passants sur un fou qu'ils admirent,
> Je les entendis rire et chuchoter entre eux,
> En échangeant maint signe et maint clignement d'yeux.
>
> «Contemplons à loisir cette caricature
> Et cette ombre d'Hamlet imitant sa posture,
> Le regard indécis et les cheveux au vent.
> N'est-ce pas grand'pitié de voir ce bon vivant,
> Ce gueux, cet histrion en vacances, ce drôle,
> Parce qu'il sait jouer artistement son rôle,
> Vouloir intéresser au chant de ses douleurs
> Les aigles, les grillons, les ruisseaux et les fleurs,
> Et même à nous, auteurs de ces vieilles rubriques,
> Réciter en hurlant ses tirades publiques?»
>
> J'aurais pu (mon orgueil aussi haut que les monts
> Domine la nuée et le cri des démons)
> Détourner simplement ma tête souveraine,
> Si je n'eusse pas vu parmi leur troupe obscène,
> Crime qui n'a pas fait chanceler le soleil!
> La reine de mon cœur au regard nonpareil,
> Qui riait avec eux de ma sombre détresse
> Et leur versait parfois quelque sale caresse.

Comme on le voit, ce poème s'articule en trois parties, celles-ci étant clairement indiquées par des espaces blancs. Cette tripartition peut également favoriser un certain rapport avec la structure de la Divine Comédie, qui est précisément divisée en trois grandes sections (Enfer, Purgatoire, Paradis). Mais l'atmosphère nous reportant à Dante semble particulièrement assurée par le genre de narration, dont on ne peut nullement mettre en doute le caractère allégorique.

Le Poète, qui à l'instar de Dante dans la *Divine Comédie* s'exprime à la première personne, raconte un fait qu'il a vécu.

Dans la première partie, il dit qu'il se trouvait un jour dans un endroit dévasté, sur un terrain calciné, infernal, et qu'il se «plaignait à la nature», en méditant froidement de se venger. L'allégorie de de la «forêt obscure» (la «selva oscura»), par où Dante commença son poème s'est ici précisément réduite à une plaine déserte et brûlée, prenant plutôt l'aspect de celle que l'on rencontre dans le chant de Capanée consacré aux violents contre Dieu et contre la nature, une «landa/ Che nel suo letto ogni pianta rimuove» («plaine/Qui de soi rejette toute plante», *Enfer*, XIV, v. 8-9).

À ce moment du récit, la nature répond en faisant descendre du ciel, à midi, sur la tête du Poète un «nuage funèbre et gros d'une tempête» contenant un troupeau de «démons vicieux,/ Semblables à des nains cruels et curieux». Ceux-ci sont assimilés à des «passants» qui observent un «fou» (le Poète) s'exhibant dans la rue. Ils «rient et chuchotent entre eux» en regardant ce fou qu'en même temps ils admirent.

La nature répond donc au Poète en se montrant sous un aspect relevant d'une culture essentiellement chrétienne (le troupeau des démons) et avec un merveilleux au goût médiéval (apparition d'un nuage funèbre).

La deuxième partie du poème se constitue entièrement des mots que prononcent les démons vicieux. Ils comparent le Poète à une «caricature», à una parodie romantique et lamentable d'Hamlet, risiblement présenté avec «le regard indécis et les cheveux au vent» (ainsi, après Dante, c'est également Shakespeare qui est maintenant évoqué, l'autre poète de la littérature moderne que le Romantisme a élevé au plus haut rang).

Ils le définissent comme un «bon vivant», un «histrion en vacances», un «drôle», et notamment, de façon implicite, comme une espèce d'Orphée ridicule, ridicule parce que, disent-ils, il croit intéresser, en chantant ses douleurs, «les aigles, les grillons, les ruisseaux et les fleurs», autrement dit des choses naturelles à présent manifestement inexistantes, disparues, vu qu'il se promène dans un terrain calciné et sans végétation. Mais ce qui, pour le Poète, est encore plus grave et plus humiliant, c'est que ces démons vicieux assurent que ses exhibitions artistiques ne sont autre chose qu'une habile mise en œuvre des règles, des ruses qu'ils ont eux-mêmes inventées, des «vieilles rubriques» dont ils disent précisément être les auteurs.

La troisième partie nous met à nouveau en présence du Poète, qui réagit à ce que les démons-nains ont dit de façon malicieuse et méprisante, ceux-ci ne l'ayant considéré que comme une parodie d'Hamlet et d'Orphée, comme un pauvre type qui a recours à leurs «vieilles rubriques» (l'écriture poétique). Étalant le plus grand orgueil et reprenant un modèle classique que Dante aussi adopta («O muse, o alto ingegno, or m'aiutate...», *Inferno*, II, v.7; ou également, devant les «ignavi», «non ragioniam di lor, ma guarda e passa», *Inferno*, III, v.51), le Poète assure qu'il aurait pu ignorer ce troupeau de nains vicieux. Il affirme orgueilleusement qu'il aurait pu détourner sa «tête souveraine». De la hauteur où il est, il aurait sans doute pu, ainsi que le fit Dante accueilli avec gloire dans le Paradis par Béatrice, prononcer lui aussi des paroles de ce genre:

> O insensata cura dei mortali,
> Quanto son difettivi sillogismi
> Quei che ti fanno in basso batter l'ali!
> Chi dietro a iura, e chi ad aforismi
> Sen giva, e chi seguendo sacerdozio,
> E chi regnar per forza o per sofismi,
> E chi rubare, e chi civil negozio,
> Chi nel diletto della carne involto
> S'affaticava, e chi si dava all'ozio;
> Quand'io, da tutte queste cose sciolto,
> Con Beatrice m'era suso in cielo
> Cotanto gloriosamente accolto.
> (*Paradiso*, XI, v. 1-12).

Mais, dit-il, cela ne lui fut pas possible. Il ne lui fut pas possible de faire la même expérience que Dante, celle qui permit à ce dernier, grâce à sa Béatrice, de s'élever au-dessus de toute réalité terrestre en réalisant avec plénitude l'idéal chevaleresque (l'âme à Dieu, le cœur à la dame). Quelle est la raison pour laquelle cela ne lui fut pas possible? Parce qu'il aperçut la «reine de son cœur», sa Béatrice «au regard nonpareil», rire dans «la troupe obscène» de ces démons vicieux, auxquels elle donnait aussi «parfois quelque sale caresse». Voilà pourquoi le poète n'avait pu ignorer la réalité triste et vulgaire qui l'avait humilié et dans laquelle la Beauté, sa Béatrice, se délectait lascivement.

Après avoir été une fleur pure et ennoblissante de la foi chrétienne, la médiévale Béatrice de Dante est devenue une fleur du mal. Et la «tête souveraine» (dantesque) du Poète, «tête» qui n'a pas l'air d'être tout à fait étrangère à la sublime indifférence du soleil («crime qui n'a pas fait chanceler le soleil!») ne peut nullement ignorer cette réalité douloureuse et avilissante qui accable son cœur. Il n'y a donc rien qui puisse amener le Poète à détourner le regard de sa Béatrice, rien qui puisse le pousser à se désintéresser d'elle, à négliger la «reine de son cœur» en renonçant à son «regard nonpareil», bref à sa beauté. Où que Béatrice aille, le Poète est obligé de la suivre. Dans l'*Hymne à la Beauté*, même le Destin suit docilement la Beauté: il va derrière elle à la manière d'un chien qui suit les jupons de son inconstante maîtresse («Le Destin charmé suit tes jupons comme un chien»). C'est que la véritable modernité poétique impose maintenant au Poète un renoncement total aux illusions douces et gratifiantes de la femme-ange que le Moyen Âge s'est forgées. La modernité poétique le contraint à affronter avec la plus grande douleur la réalité déprimante que le présent lui offre, une femme devenue vulgaire, une prostituée, et cela dans un terrain cendreux, calciné, «sans verdure», tout un monde dévasté que gouverne un troupeau de nains vicieux et moqueurs (dont l'apparition a, par raillerie, un caractère surnaturel).

Le parnassien et antimoderne Leconte de Lisle, par exemple, face à une situation comme celle-ci, aurait certainement, lui, «détourné simplement sa tête souveraine»: ne pouvant s'empêcher de constater que «l'impure laideur est la reine du monde», il disait en effet vouloir se réfugier dans l'art pur comme l'on se réfugie dans un sanctuaire.

Si, comme je l'ai dit au début, on lit de façon correcte un poème comme *Les Phares*, on n'a aucune difficulté à comprendre que, pour Baudelaire, le chrétien Moyen Âge, malgré toutes les bonnes intentions de la Renaissance qui a essayé de récupérer les «époques nues», se poursuit en fait jusqu'à Delacroix, disons même jusqu'au moment où, «par un décret des puissances suprêmes», le Poète des *Fleurs du Mal* apparaît et naît. Ce Poète se présente à nous comme un moine dénué de foi, contraint à faire un ouvrage constitué de la même «triste misère» qui l'opprime, qui le frappe d'inertie. Il se présente à nous comme un homme qui, raillé et humilié, vulgairement trahi dans sa haute dignité de Poète et surtout dans son idéal le plus noble, celui de la beauté et de l'amour, ne se dérobe point à la réalité horrible, au «mal» immonde que son devoir lui commande de transformer en «fleur».

Ce n'est qu'à ce prix que l'on peut véritablement surmonter le Moyen Âge. C'est là le point de départ, inévitable et douloureux, de toute modernité effective.

«Écoutez la chanson bien douce»: forme e temi della *Chanson de Roland* nella poesia verlainiana

Michela Landi
(Università di Firenze)

In quel mare di poesia che fu il Medioevo, e nel quale l'Ottocento navigò a ritroso alla ricerca del punto di incontro tra storia e mito, una coordinata fondamentale è costituita dalla *Chanson de geste*. Essa, pur fruita spesso attraverso fonti indirette[1], viene a dotare l'immaginario cavalleresco e cristiano del secolo di alcune costanti tematiche e, in qualche caso, di un vago codice formale.

L'epica francese si caratterizza, secondo Zumthor, per l'alternanza tra un dinamismo narrativo centrato sull'azione e un rallentamento scenico[2]. I due procedimenti possono considerarsi rappresentativi di due modalità di ricezione dell'epopea cavalleresca nel XIX secolo; un sistema di valori è infatti trasmesso attraverso l'enfasi posta sull'azione, o, viceversa, sulla condizione. Nel primo caso – proprio dei poeti che definiremmo dell'«avanguardia» – avremo di fronte un atteggiamento di apertura e una visione diacronica e progressiva, in quell'ottica teleologica della storia che animava lo spirito illuministico. Nel secondo – proprio dei poeti della «retroguardia» – un ripiegamento e una visione statica e acronica del mondo, centrata sulla valenza emblematica dell'evento. Laddove, ad esempio, Hugo si compiace nell'accelerazione del ritmo dell'azione (pensiamo, in particolare, alle riscritture poematiche dell'*epos* cavalleresco nella *Légende des siècles*) Vigny e Baudelaire tendono ad esasperare il rallentamento scenico sino all'immobilismo e alla stagnazione: il campo di battaglia, più che un punto di epifania in cui ha luogo un avvenimento deciso a determinare le sorti progressive d'Occidente sotto l'egida della «douce France», diviene

---

[1] Si veda, in proposito, il mio studio: *Échos de l'épopée guerrière: Roland, mythe romantique*, in «Études Médiévales», 13-14, 2012, pp. 63-75.

[2] P. Zumthor, *Essai de poétique médiévale*, Paris, Seuil [1972], 2000, p. 391.

uno spazio chiuso e saturo dei segni di un vissuto soggettivo intrasmissibile.

Un episodio in particolare si presta al «retardement épique» – quale ancora lo definisce Zumthor[3] – e alla conseguente saturazione segnica: il rifiuto di suonare il corno da parte di Roland. Accolto ad esemplificare il rinnegamento della parola transitiva come parola mortifera, in cui la «laide réception» et la «laide trahison» sono una sola cosa, tale rifiuto trova una rappresentazione nella proverbiale morte lenta, o «longue mort» del paladino cui corrisponde, sul piano acustico, il «suono lento» del corno[4].

L'intento che anima, in un contesto di oralità seconda, le poetiche simboliste è notorio: ove la parola è sostanza, solo attraverso il recedimento (o altrimenti la rimozione), del nome dell'eroe – *nominatis rebus destructis* – sarà assicurata la nominanza: pienezza memoriale, nella sua istanza insieme sospensiva e durativa. Ciò fa sì che la presenza tematica del paladino di Francia sia, in specie nella poesia del secondo Ottocento, tanto più pervasiva quanto più essa si manifesta per via indiretta, attraverso varianti predicative; talvolta, disseminandosi nel testo in forme paragrammatiche. Ed è questo il caso della poesia verlainiana, nella quale il nome di Roland, pur ricorrendo due sole volte, assume una pregnanza fino ad oggi, a nostra conoscenza, poco, se non affatto, esplorata.

A fronte del Rimbaud poeta d'avanguardia, ribelle e «communard», che esibisce e irride il nome di Roland privandolo della sua antonomasia e del suo eroismo[5], il poeta della retroguardia che è Verlaine fa del paladino, nome e nume, il custode segreto della sua controversa identità. Ad una causa data come remota e rimossa egli non ha accesso, se non attraverso l'effetto sempre differito; per questo, il suo medioevo è un tempo psichico, puro tempo della ricezione. In esso si configura una causalità parentale, insieme maschi-

---

[3] *Ibid.*, p. 401.

[4] Pierre Schaeffer ci ricorda che la costante d'integrazione acustica del corno è la più alta tra tutti gli strumenti a fiato, il che produce l'impressione di uno *sfumato*, e, con essa, di una lontananza, di una distanza. P. Schaeffer, *Traité des objets musicaux*, Paris, Seuil, 1966, p. 212. Sul simbolismo del corno nella poesia ottocentesca si veda M. Landi, *Per un'organologia poetica*, I: *Aerofoni, cordofoni*, Firenze, Olschki, 2008, pp. 6-51.

[5] «sur les plateformes au milieu des gouffres les Rolands sonnent leur bravoure». A. Rimbaud, *Villes, II, Illuminations, Œuvres complètes*, éd. établie par A. Guyaux, Paris, Gallimard, «Bibliothèque de la Pléiade» 2008, p. 302.

le e femminile, alla quale regredire: da un lato, l'aulica tradizione dei Padri di Francia, garanti, in nome della «Fleur chérie»[6], della fierezza e della fedeltà; dall'altro, la «terre matricielle» da cui il poeta ebbe i natali, ovvero, la nazione. Nel candore e nel coraggio dell'eroe cavalleresco, *puer senex*, rivivono, al tempo stesso, l'elevazione morale del Padre e l'innocenza del figlio. Estenuato dalla lotta per la sopravvivenza cui è esposto l'adulto della storia, gettato nel mondo della responsabilità[7], Verlaine si volge infatti verso una Francia ancestrale, monarchica e patriarcale, dove l'individuo è protetto dall'ala amorevole e insieme corporativa della cristianità; a differenza del soldato mercenario, indotto a lacerarsi tra dovere professionale e libero arbitrio, il guerriero antico è baluardo di obbedienza al corpo militare che, accogliendolo sotto la sua insegna, lo nutre e lo sostenta.

La strutturazione binaria del senso, fondata su opposizioni assiologiche elementari (*bon/méchant*; *jour/nuit*; *chrétien/païen*; *amour/guerre*; *fidélité/trahison*)[8] che è prerogativa della *Chanson de Roland* sembra costituire, contro la dissoluzione identitaria che caratterizza il poeta della *nuance*, l'unica forma, per quanto instabile, di riparazione e di consistenza. Consistenza paradossale, se i termini di quelle dicotomie non sono nella *Chanson*, come ben vede Zumthor, sostanze, bensì funzioni in conflitto permanente[9]. Ora, quella «ambiguïté pathétique du discours» che il critico considera come «l'une des beautés» della *chanson de geste*[10], può essere riconosciuta come tratto peculiare della poesia verlainiana. E non è un caso che Verlaine abbia mutato di segno al titolo di una delle sue raccolte, *La mauvaise chanson*, divenuto in seguito: *La bonne chanson*[11]. Come ai tempi di un'infanzia mitica,

---

[6] P. Verlaine, *Vous reviendrez bientôt... Sagesse*, XIV, *Œuvres poétiques complètes*, texte établi par Y.-G. Le Dantec, édition présentée par J. Borel, Paris, Gallimard, «Bibliothèque de la Pléiade», 1962 [OPC], p. 254.

[7] «Les citoyens discords dans d'honnêtes combats/Et combien douloureux à leur fraternité!/S'arrachent les devoirs et les droits, ô, non pas/Pour le lucre, mais pour une stricte équité». Id., *Bonheur*, XXX, *ibid.*, p. 699.

[8] P. Zumthor, *Essai de poétique médiévale*, cit., p. 401.

[9] *Ibid.*, pp. 385-387. Zumthor ricorda che nella *Chanson* «les fonctions sont plus stables que les substances». *Ibid.*, p. 385.

[10] *Ibid.*, p. 388.

[11] Ne attesta una lettera di Verlaine a Blémont del 1872. Cfr. J. Borel, introduzione alle *Romances sans paroles*, OPC, p. 186.

antecedente ogni istituzione morale, vedremo la «chanson ingénue»[12] esitare, secondo le stesse parole del poeta, tra la «male chanson» e la «bonne chanson»[13]; tra la «prouesse» di Roland e la «sagesse» di Olivier[14], se non riconoscersi, di volta in volta, in una delle posizioni contrastanti che caratterizzano, secondo la tradizione, la figura del paladino, tra eroismo virile e fanciullesca tracotanza. Questa reversibilità delle categorie morali è iscritta, d'altronde, nel destino della Francia, avendo, i miti rivoluzionari, rovesciato con il trono e l'altare tutte le certezze erette a baluardo della buona vecchia nazione. All'impero còlto nel suo stesso nascimento si contrappone infatti, specularmente, «l' Empire à la fin de la décadence» evocato in *Langueur*: i «Barbares» sono ora i bianchi civilizzatori[15]. Contro gli «opportuns lendemains»[16] dei «combats d'avant-garde»[17] non resta allora che il ripiegamento in quel «bois natal»[18] che fu teatro della prima battaglia così come del proprio nascimento.

È nel prologo ai *Poèmes saturniens* che riconosciamo un primo manifesto d'intenti, capace di conferire all'opera

---

[12] «Va donc, chanson ingénue...». P. Verlaine, *La bonne chanson*, XII, *ibid.*, p.150. Nel «prologue» ai *Poèmes saturniens* si annuncia già, attraverso il topos del congedo del libro, il progetto dell'identità dissipata al vento, «pareille à la feuille morte»: «Maintenant, va, mon Livre, où le hasard te mène!». Id., *Prologue*, *Poèmes saturniens*, *ibid.*, p. 60.

[13] Verlaine auspica, nella *Bonne chanson*, «un digne prix/de sa chanson bonne ou mauvaise». Id., *La bonne chanson*, II, p. 143. Accanto all'aggettivo «male» si trova, nella *Chanson de Roland*, la variante: «malveise». Nel testo che costituisce il programmatico incipit della raccolta *Sagesse*: *Bon chevalier masqué qui chevauche en silence*, il poeta scrive: «Que ma chance fu male ou bonne,/Toujours un parti de mon cœur/Ouvrait sa porte à la Gorgone». Id., *Sagesse*, I, i-ii, *ibid.*, pp. 240-241.

[14] «Roland est preux et Olivier est sage». *La chanson de Roland*, lassa 87, v. 1093, éd. critique et traduction de I. Short, Paris, Librairie Générale Française, 1990, pp. 94-95.

[15] «Je suis l'Empire à la fin de la décadence,/Qui regarde passer les grands Barbares blancs», P. Verlaine, *Langueur*, *Jadis et naguère*, OPC, p. 370.

[16] P. Verlaine, *Les vaincus*, IV, *Jadis et naguère*, *ibid.*, p. 368. Si veda *Bournemouth*, dove il poeta ascolta a distanza, da un «long bois», un «combat d'avant-garde», recepito come «avant-goût de l'Enfer». Id., *Bournemouth*, *Amour*, *ibid.*, pp. 413-414. Zumthor osserva che il medioevo è il luogo acronico in cui si ripara allorché matura il «rejet des productions industrielles». P. Zumthor, *Parler du Moyen Âge*, Paris, Minuit, 1980, p. 51. In quest'ottica, critica e poesia ottocentesche sarebbero caratterizzate da un «même élan désidéral». *Ibid.*, p. 102.

[17] P. Verlaine, *Bournemouth*, cit., p. 413.

[18] Id., *Les loups*, *Jadis et naguère*, cit., p. 360. Il «bois natal» è evocato, poco più sotto, come «bois chaste». L'immagine si ripropone in *Lucien Létinois*, III, *Amour*, *ibid.*, p. 444.

a venire una imprevedibile unità. La posizione di enunciazione è, qui, singolare per l'effetto di straniamento di cui si compiace l'autore: il tono marziale e l'impianto retorico, denso di riferimenti libreschi, denunciano la loro stessa vanità; vanità dovuta – ricorderemo la lettera del veggente di Rimbaud, interessata dallo stesso tema[19] – ad una cesura profonda oramai esistente tra il Poeta e il Guerriero. Se infatti il «Trouvère» ebbe, come il Prode, «sa part auguste des combats»[20], ora i poeti sono esiliati dal mondo e dalla storia. E dunque il tono di questo prologo – che vistosamente trascura, esaltando la «énorme et superbe tuerie/Du temps de l'Empereur à la barbe fleurie»[21], la componente opposta e complementare al *furor* bellico, ovvero il *planctus*, l'elegia[22] – sembra rimuovere a ragion veduta quello che R. Vivier definisce, a proposito della *Chanson de Roland*, il «profond désir de ne plus faire la guerre»[23]. Poiché l'anima dell'epopea, oltre che l'infelicità dello stato di guerra ben rappresentata dal proverbiale dolore di Carlomagno alla morte del paladino, è, come ricorda Vivier, il «regret des choses perdues»[24] e la loro «compensation par le chant»[25], Verlaine sembra voler ricostruire un passato euforico affinché il suo rimpianto di uomo postumo giustifichi, *voluptas dolendi*, una nuova *chanson*.

Alla luce di queste premesse, conviene soffermarsi al-

---

[19] «En Grèce [...] vers et lyres *rythment l'Action*. [...] La Poésie ne rythmera plus l'action: elle *sera en avant*». A. Rimbaud, lettre à Paul Demeny, 15 mai 1871, *Œuvres complètes*, cit., pp. 343-347.

[20] G. Zayed menziona «Théroulde» accanto a Villon tra i poeti medievali che hanno influenzato Verlaine, per il fatto che è stato citato in questo componimento. G. Zayed, *La formation littéraire de Verlaine*, Paris, Nizet, 1970, p. 49.

[21] P. Verlaine, *Prologue, Poèmes Saturniens*, cit., p. 59.

[22] R. Vivier, accogliendo il «pathétique narratif» a motivo della *Chanson de Roland*, pone l'accento sulla semplicità e sulla iterazione della «déploration». R. Vivier, *Et la poésie fut langage. Turold, Villon, Racine, Verlaine, Mallarmé*, Bruxelles, Palais des Académies, 1954, pp. 7, 42, 50.

[23] *Ibid.*, p. 50. Vivier osserva, con riferimento alle riscritture posteriori che sono, piuttosto, «fêtes de l'esprit»: «Plus tard, le développement de l'esprit créateur fera naître des narrations enivrées de leur propre dynamisme, et qui, attentives à la seule beauté de l'aventure, oublieront que le fer fait mal et que la mort est triste». *Ibid.*

[24] Si ricorderà l'accorata commemorazione, da parte di Carlomagno, dei guerrieri scomparsi, secondo quella che sarebbe stata in seguito riconosciuta come la topica dell'*ubi sunt*: «Le roi s'écrie: 'Où êtes-vous, beau neveu,/et l'archevêque, et le comte Olivier?/Où est Gerin, et son compagnon Gerier?'[...]». *La chanson de Roland*, lassa 177, vv. 2402-2410, cit., pp. 170-171.

[25] R. Vivier, *Et la poésie fut langage*, cit., p. 49.

meno sui principali motivi formali della *Chanson de Roland* riproposti nella poesia verlainiana. Rileveremo, in primo luogo, la ripresa di alcune costanti ritmico-prosodiche. L'unità prosodica della *Chanson* è costituita, lo ricorda Ian Short[26], dall'emistichio: il decasillabo epico infatti, come precisa meglio Zumthor, si compone di due schemi ritmici: 4 + 6, variamente modulati[27]. Ora, se frequentemente Verlaine adotta il «décasyllabe» (Ex.: «Le son du cor s'afflige vers les bois»), altrettanto spesso lo suddivide (è il caso delle *Ariettes oubliées*) in due quinari potenzialmente sotto- o sovrannumerari in ragione della instabilità ritmica prodotta dall'«e muet». In alcuni casi riscontriamo inoltre la lassa monorima[28] o a debole variazione rimica; in altri, il cosiddetto «vers orphelin», o monostico, a conclusione della strofe[29]. Venendo all'ambito lessicale, se l'adozione di forme pre-classiche[30] può ricondursi alla fascinazione per un medioevo ideale, meglio individuabile nell'ambito della *chanson de geste* è il sema che raggruppa termini mutuati dalla tradizione epica e cavalleresca[31]. Vi spicca tra tutti, per ricorrenza e pregnanza, il sostantivo «los» («nominanza», «fama»)[32], eletto a depositario dell'istanza memoriale dell'eroe. Noteremo infine, sul piano della sintassi, la mimesi di quello che Zumthor definisce lo «style formulaire» della *chanson*[33], la cui funzione, primariamente mnemotecnica, è volta, in un regime di oralità se-

---

[26] I. Short, introduzione alla *Chanson de Roland*, cit., p. 22.

[27] P. Zumthor, *Essai de poétique médiévale*, cit., p. 389.

[28] P. Verlaine, *Ballade à propos de deux ormeaux qu'il avait*; *Encore pour G...*; *Bonheur*, XXVI, OPC, pp. 417, 582, 694.

[29] Su questo aspetto, si veda J. Rychner, *La Chanson de geste. Essai sur l'art épique des jongleurs*, Genève, Droz, 1955, p. 75 e P. Zumthor, *Essai de poétique médiévale*, cit., p. 540.

[30] Tra le forme preclassiche impiegate da Verlaine ricorderemo il diminutivo sintetico derivante dagli ipocorismi latini («seulette», in *Langueur*, OPC, p. 371 e in *Ariettes oubliées*, II, p. 192; «oiselet» in *Tantalized*, p. 501; oltre al ben noto «ariette»); i femminili desueti in -*esse* per ricostruzione analogica (*Ballade*, p. 417); i termini mutuati dall'antico francese, tra cui: «mines gentes» (p. 530); «oncques» (p. 553); «mie» (p. 589); «moult» (p. 633); ed, infine, «nenni» (*passim*), che ricorda, in battaglie amorose e letterarie, il fiero motto delle antiche imprese cavalleresche: «Comtois, rends-toi – Nenni ma foi».

[31] Si vedano, tra gli altri: «racontars» (OPC, p. 552), o le frequenti occorrenze dell'aggettivo «preux» e del correlativo astrattivo: «prouesse».

[32] Cfr. OPC, pp. 531, 574, 856, 909, 926. Cfr. *La chanson de Roland*, cit., pp. 92, 100, 102, 134.

[33] P. Zumthor, *Essai de poétique médiévale*, cit., p. 395.

conda, alla conservazione della tradizione e della memoria. Ai tre parametri che configurano, secondo lo stesso critico, lo stile formulare della tradizione epico-cavalleresca (un ritmo costante, per quanto fluttuante, uno schema paratattico ed un patrimonio lessicale a debole valenza semantica, adattabile ad ogni situazione tematica o fraseologica[34]) si aggiungano, come tratti caratteristici della poesia verlainiana, quegli «intensificateurs monosyllabiques» con valore espletivo (*bien, bon*, etc.) di cui faceva notoriamente largo uso il giullare[35]. Altro tratto significativo è il favore accordato alla cosiddetta sequenza regressiva, sul modello: «Ô triste, triste était mon âme»[36], la quale sembra rivisitare, tra l'altro, il noto *planctus* di Carlomagno che conclude la *Chanson*: «Deus! Dist li reis, 'si penuse est ma vie'!»[37]. La sequenza regressiva, caratteristica del francese preclassico successivamente accolta a marca poetica ha, oltre che un effetto di rallentamento ritmico, la proprietà di esaltare il tratto intonativo e recitativo a svantaggio della narrazione e dello sviluppo[38]. L'enfasi posta sull'intonazione concorre certamente alla funzione emotiva riconosciuta a questa struttura nel testo epico: attirare l'attenzione dell'uditorio sulla condizione – spesso di carattere oggettivo e paesaggistico – piuttosto che sull'azione. Ora, in un contesto di oralità seconda qual è quello della poesia verlainiana, l'enfasi è posta appunto sulla condizione del soggetto, intesa come «paysage intérieur». Una analoga, benché indiretta, *mise en relief* del «paysage intérieur» del poeta è conseguita attraverso l'adozione mimetica di quelli che Rychner definisce i «rappels de situation»[39]: «Claire est la nuit et la lune luisant»[40] cui *La lune blanche...*[41] verlainiana sembra ancora una volta richiamarsi[42].

[34] *Ibid.*

[35] *Ibid.*, p. 396.

[36] P. Verlaine, *Ariettes oubliées*, VII, *Romances sans paroles*, OPC, p. 195.

[37] *La chanson de Roland*, lassa 291, v. 4000, cit., pp. 258-259. Zumthor parla di «tournures présentatives». Cfr. P. Zumthor, *Essai de poétique médiévale*, cit., pp. 113 e 398.

[38] J. Rychner, *La chanson de geste*, cit., pp. 69 e 72.

[39] *Ibid.*, pp. 51 e 61.

[40] *La chanson de Roland*, lassa 184, v. 2512, cit., pp. 176-177.

[41] P. Verlaine, *La bonne chanson*, VI, OPC, p. 145.

[42] Lo stesso dicasi per: «Clair est le jour, et beau le soleil» (lassa 79, v. 1002,

Resta da notare, in questo contesto, la singolare posizione di enunciazione della poesia verlainiana: essa si caratterizza per la coincidenza della situazione di scrittura con la sua istanza di ricezione; tratto proprio del testo poetico medievale secondo Zumthor[43]. Questa caratteristica è riconoscibile, ad esempio, nella presenza di allocutivi e imperativi con valore fatico, come è il caso dell'apostrofe: «Écoutez la chanson bien douce», variata in chiusa, nel medesimo componimento, con «Écoutez la chanson bien sage»[44].

La compresenza, in relazione di reciprocità e reversibilità, dei due predicati: *doux/sage*, ci introduce alla seconda parte della nostra analisi, incentrata sui motivi tematici della *Chanson de Roland*. Diremo intanto che la diadi in questione potrebbe essere accolta ad esemplificare l'intera poetica verlainiana, la quale si articola intorno a due grandi categorie di matrice teologica, tra loro opposte e complementari: grazia/giustizia; categorie rispondenti, nel vissuto psichico del soggetto, alle due figure parentali: la madre come figura di perdono e il padre come figura di giudizio. La ricerca costante del contatto con l'istanza di ricezione, insieme materna e paterna – Amore e Saggezza – si fa espressione – in termini già esistenzialistici – della distanza, o eteronomia, che il soggetto sperimenta in relazione all'Essenza, o, teonomia. Ora la teonomia – il nome divino, evocato dal poeta talvolta come dito che ingiunge, talaltra come ala, o grembo, che accoglie – si declina, storicamente, nella teocrazia, ovvero in quel sistema di valori affermatosi con l'impero carolingio: la Patria, la Religione, la Famiglia. A queste tre istanze si riconducono infatti i motivi principali della poesia verlainiana. Alla prima, la Patria, ascriveremo il motivo della rivendicazione dell'identità franca; motivo che ha origini autobiografiche, dacché Verlaine ebbe i natali, «berceau fatidique»[45], in territorio di confine tra Francia e Germania, a Metz, da padre belga capitano di guarnigione[46]. L'identità si risve-

---

cit., pp. 88-89), rievocato in: «Le soleil, moins ardent, luit clair au ciel moins dense», *Epilogue*, *Poèmes saturniens*, cit., p. 93.

[43] P. Zumthor, *Essai de poétique médiévale*, cit., p. 56.

[44] P. Verlaine, *Écoutez la chanson bien douce*, Sagesse XVI, OPC, p. 256.

[45] Id., *Metz, Invectives, ibid.*, p. 903.

[46] Si ricorderà che nel 1870, anno del matrimonio con Mathilde, Verlaine

glia[47], come una ferita latente in seno all'alleanza cristiana che rinnova l'astio intestino tra Ganelon e Roland, in occasione della deplorata guerra franco-prussiana. Alla seconda istanza, la Religione, ricondurremo ad esempio la rivendicazione delle radici cristiane, e l'appartenenza alla *militia Christi* che esige obbedienza e fedeltà. Nella preghiera che rivolge alla Vergine in *L'angélus de l'aube*, Verlaine chiede pietà per le sue debolezze e una dose di coraggio guerriero nell'esercizio efficace della fede. Nella femminizzazione mariale dell'ideale guerriero si riconosce la terza delle istanze sopra evocate: l'identificazione della Famiglia con la «Patrie maternelle», di cui è ipostasi la giovane moglie perduta, Mathilde Mauté de Fleurville. L'antroponimo francone, «carlovingien», il quale significa «fierezza in battaglia»[48], è accolto da Verlaine come insegna[49]; a Mathilde è appunto dedicata *La bonne chanson*. Attraverso la «fleur» del toponimico che attesta la sua discendenza, essa eredita, a un tempo, la forza e la saggezza di Carlo e il candore del suo sesso: «innocence et fierté»[50], mentre i suoi occhi «si francs»[51] evocano, accanto al «bras droit»[52], la bontà della razza. La moglie è l'istanza positiva – la *certa habitatio*, «le meilleur des châteaux»[53] – da cui Verlaine

è reclutato nella «garde nationale», incarico che ben presto abbandona; sono gli anni dell'alcolismo, che si traducono in violenze nei confronti della moglie e della, malgrado tutto, onnipresente madre.

[47] Zumthor vede nel medioevo una «altérité absolue, produite par toute confrontation entre un sujet et un objet: elle ressortit à l'ordre de l'existentiel [...]; pourtant, elle peut être dramatisée par les circonstances». P. Zumthor, *Parler du Moyen Âge*, cit., p. 35.

[48] Diffusosi proprio nell'VIII secolo anche come patronimico, il nome *Mathilde* ha varianti celtiche (*Math-Hildj*); gallico: *Mathelt*) e germaniche (*Machthild*). Latinizzato in *Mathilda*, esso è composto da *mathi* (forza, potenza) e *hildjo* (battaglia, combattimento). Si ricorderà la figura di *Mâtho* in *Salammbô* di Flaubert.

[49] «le vent pur de la Patrie, en plis de gloire,/Frissonnera comme un drapeau tout fleurant d'elle». P. Verlaine, *Bonheur*, XXX, OPC, p. 699.

[50] «Gloire des fronts d'aïeuls[...]/Innocence et fierté des choses, couleurs blanches!». Id., *Écrit en 1875, Amour, ibid.*, p. 408. La reciprocità degli opposti è spesso espressa in forme ossimoriche; una fra tutte, la «fierté tendre» di *Une Sainte en son auréole, La Bonne chanson*, VIII, *ibid.*, p. 147.

[51] Id., *La bonne chanson*, IX, *ibid.*, p. 147.

[52] In *Mort!*, Verlaine scrive: «Les Armes ont tu leurs ordres qu'on attendait/ Même chez les rêveurs mensongers que nous sommes,/Honteux de notre bras qui pendait et tardait». Id., *Mort!*, *Poèmes divers*, *ibid.*, p. 1039.

[53] «J'ai naguère habité le meilleur des châteaux», Id., *Écrit en 1875, Amour, ibid.*, p. 408.

è, come il paladino, esiliato. Il pegno della Belle Aude è sfumato, così come il rimpatrio, il *nostos* dell'eroe, che conserva, in sogno, la «souvenance», ossia il desiderio – di cui si sottolinea il valore iterativo e durativo – di un «rêve familier»[54]. Nella raccolta *Amour* le imprese cavalleresche costituiscono la metafora eletta della guerra d'amore per la riconquista dell'Unità religiosa, nuziale e familiare. E il ricordo della mistica congiunzione avvenuta sotto l'insegna abbagliante della felicità – quella prima notte di nozze dell'agosto del 1870 – rievoca la data della battaglia di Roncisvalle. Resta, ad attestare i felici trascorsi, l'insegna fiorita della loro unione: il figlio Georges, «au front royal», dedicatario della raccolta *Amour*, che è – con una serie di predicati assiologici posti in anafora – «brave, fier, bon, fort, beau»[55].

L'appartenenza alla «bonne race» è attestata anche, come nella tradizione della *Chanson de Roland*, dalla presenza dei due attributi simbolici dell'identità del guerriero: la spada e il corno. La topica della penna come spada – armi e lettere – ritorna tanto nella guerra d'amore[56] quanto nelle battaglie letterarie, dove il nome delle scuole e dei loro esponenti è spesso un *senhal*[57]; e le insegne («fanions», «enseignes», «vexilla regis»)[58] valgono allora

[54] Id., *Mon rêve familier, Poèmes saturniens*, cit., p. 64.

[55] Id., *Mon fils est brave: il va sur son cheval de guerre*, *Paysages*, VII, *Amour*, ibid., pp. 447-448.

[56] In esergo a *Lassitude* troviamo la celebre formula di Góngora: «A batallas de amor campo de pluma». Id., *Lassitude, Poèmes saturniens*, cit., p. 63.

[57] Si veda la *Ballade en vue d'honorer les parnassiens*, dove i Parnassiani, situati dalla parte dei 'buoni', sono «chers», «bons», «braves», «fiers», «preux», «valeureux» (Id., *Dédicaces*, OPC, pp. 553-554), mentre altrove Moréas et Ghil sono «de gloire et de los, Guerriers tant égaux» (*Jean-René, Invectives, ibid.*, p. 909); nella *Ballade en faveur des dénommés décadents et symbolistes*, lo scrittore prende le difese di queste due scuole, ponendole sotto l'insegna dei «bons écrivains» (*Dédicaces, ibid.*, pp. 632-633), mentre nella *Ballade de l'École Romane* egli muta la sua insegna, ponendosi sotto quella di Maurras, e combatte contro i simbolisti medesimi in nome della «sainte école Romane» (*Invectives*, p. 908). Più noto il caso del componimento dedicato a Mallarmé, in cui quest'ultimo non sarebbe affatto «mal armé» se contrapposto a Sully, il quale è, appunto, «Prudhomme» (*À Stéphane Mallarmé, Dédicaces*, p. 557). La lezione «prozdom» quale figura nella *Chanson de Roland* (cfr. v. 1474, cit., p. 116), rivisitata attraverso il patronimico del poeta, si ritrova anche in *Pour Moréas*, dove assume una valenza inautentica e parodica: «Il faut s'y prendre, à moins d'être un Prudhomme/Bien mis, correct, et bête, et s'en gonflant». Id., *Pour Moréas, Invectives*, cit., p. 911.

[58] Si vedano, oltre all'esempio sopra citato: «Beaucoup de beaux esprits ont pris/L'enseigne de l'Homme qui bêche»; Id., *Ballade en faveur des dénommés décadents et symbolistes, Dédicaces*, p. 633; «Ils en reviennent, ces vers miens,/ Contrits de toutes les manières,/Arborant les seules bannières,/Vexilla regis, en chrétiens». Id., *Epigrammes*, XXX, OPC, p. 878.

a siglare la militanza in uno degli schieramenti. La spada appare anche – nel contesto di una metaforica armatura di cui l'uomo deve dotarsi per affrontare il mondo – come attributo metonimico del soggetto costantemente allarmato e schierato nel «bon combat» contro i peccati[59]: essa assurge, nondimeno, a correlativo dell'orgoglio individuale in opposizione all'amore universale, il quale accoglie – è il tema della raccolta *Bonheur* – il soggetto nella sua nudità di natura: «Sois de bronze [...] et surtout sois de chair»[60]. Poiché non si è vinti se non da Dio, Verlaine invita ora ad abdicare «les airs martiaux» e, deponendo la spada riparaa, come natura insegna dotando di carapace gli animali[61], dietro uno scudo difensivo.

È alla «voix de l'orgueil», riconosciuta in *Sagesse*[62] come necessaria per affrontare il combattimento della vita[63] che il corno è, parimenti, assimilato: il «suono lento» viene a rappresentare, figurando lo sforzo di emissione acustica che compie il soggetto, una resistenza psichica alla dissoluzione identitaria. Questa paradossale, postuma consistenza che, come attributo della gloria dell'eroe, lo strumento conferisce alla voce – «voix qui persiste» e «parle encore»[64] – è evocata attraverso la proverbiale catastasi che precede, differendola all'infinito, la catastrofe di Roland; ovvero quella «longue mort» che, occupando tanto spazio scenico nella *Chanson* eponima, è prerogativa, col suo

---

[59] Vivier nota che «dans son grand corps de fer, l'âme de l'épopée est pathétique». R. Vivier, *Et la poésie fut langage*, cit., p. 50.

[60] P. Verlaine, *Sois de bronze et de marbre...Bonheur*, XIV, OPC, p. 675.

[61] «S'il faut, eh bien, emprunte à certains animaux/[...]/les armures pour la défensive qu'ils ont,/Puisque ton cas, pour l'offensive, est superflu/Abdique les airs martiaux où tu t'es plu./ Laisse l'épée et te confie au bouclier:/Carapace-toi bien, comme d'un bon acier». Id., *Bonheur*, XXVII, *ibid.*, p. 695.

[62] «Voix de l'Orgueil: un cri puissant comme d'un cor». «Mais en somme – conclude – la voix s'en va, comme d'un cor». Id., *Sagesse*, XIX, OPC, p. 258. Si veda anche *Il parle encore*, dove corno e flauto sono, rispettivamente, i correlativi oggettivi della guerra e della guerra metaforica dei sessi: «Et je vois l'Orgueil et la Luxure/Parmi la réponse: tel un cor/Dans l'éclat fané d'un vil décor,/Prêtant sa rage à la flûte impure». Id., *Il parle encore, Amour, ibid.*, p. 422. La stessa diadi, «orgueil et passion», è evocata in *Prière du matin, Amour, ibid.*, p. 406.

[63] «Certes, prise l'orgueil nécessaire plus cher,/Pour ton combat avec les contingences vaines». *Ibid.*

[64] Sulla persistenza e consistenza della voce, accompagnata dal senso della sua stessa vanità, si veda: Id., *Il parle encore, Amour, ibid.*, pp. 422-423.

rallentamento epico, di ogni leggendario eroe[65]. Se la fine dell'orgoglio di Roland, che si espone indefesso alla morte, determinerebbe, come dice Blacandrin, «une paix totale»[66] (quella morte senza agone cui ambisce Verlaine) l'estenuazione agonica della vita del guerriero, morto vivente secondo la tradizione[67], è proiettata, come nella *Chanson de Roland*, nello spazio oggettivo attraverso la personificazione del sole: il quale rifiuta di calare, come è noto, sul campo di battaglia sinché non siano concesse a Carlomagno la vendetta e la vittoria[68]. Così il sacrificio in atto, «sanglot long»[69], riverbera all'infinito – mitica coazione a ripetere – come ostinata risonanza nello spazio interiore della memoria:

> Les faux beaux jours ont lui tout le jour, ma pauvre âme,
> Et les voici vibrer aux cuivres du couchant
> [...]
> Ces souvenirs, va-t-il falloir les retuer?[70]

Similmente, in *Les loups*, si evoca l'estenuante giornata del 15 agosto 778, sempre presente, col suo fasto crepuscolare, nei «courroux épiques»[71] del poeta:

> Ah! Ce fut une chaude affaire:
> Cris confus, choc d'armes, le tout
> Pendant une journée entière,
> Sous l'ardeur rouge d'un ciel d'août.

---

[65] Si veda R. Vivier, *Et la poésie fut langage*, cit., p. 37. A questo proposito Zumthor sottolinea che «l'étendue varie dans les sept manuscrits qui l'ont conservée». P. Zumthor, *Essai de poétique médiévale*, cit., p. 393.

[66] «Un tel orgueil devrait bien le perdre,/car tous les jours il s'expose à la mort./Si on le tue, nous aurons une paix totale». *La chanson de Roland*, lassa 29, vv. 389-391, cit., pp. 53-54.

[67] N. Frye precisa, da parte sua, che nel *planctus* dell'eroe «il soggetto di cui si piange la morte non è soltanto idealizzato ma spesso innalzato al livello di uno spirito della natura o dio morente». N. Frye, *Anatomia della critica*, Torino, Einaudi, 2000, p. 396.

[68] Cfr. *La chanson de Roland*, lasse 179 e 180, vv.2443-2459: «Quand le roi voit que le soleil décline,/sur l'herbe verte dans un pré il descend de cheval,/ se couche à terre, et prie le Seigneur/qu'il fasse pour lui arrêter le soleil,/et qu'il retarde pour lui la nuit et prolonge le jour./[...] Pour Charlemagne, Dieu fit un grand miracle,/car le soleil s'est arrêté, immobile», cit., pp. 172-173.

[69] P. Verlaine, *Chanson d'automne*, *Poèmes saturniens*, OPC, p. 72.

[70] Id., *Les faux beaux jours...*, *Sagesse*, I, VII, *ibid.*, p. 248.

[71] Id., *Les loups*, cit., p. 362.

Se su certi imperi non tramonta mai il sole, è il poeta, come sembra, la vittima emissaria dclle sorti dcll'Impero d'Occidente. Sopravvissuto alla «bonne mort» di Roland e giunto alla fine della decadenza, è condannato a restare sospeso, come il sole crepuscolare, nella sua imminenza di caduta:

> Là-bas on dit qu'il est de longs combats sanglants.
> Ô n'y pouvoir, étant si faible aux vœux si lents,
> Ô n'y vouloir fleurir un peu cette existence!
> Ô n'y vouloir, ô, n'y pouvoir mourir un peu![72]

La finalità sospesa del disegno divino, quale si esprime nella formula iterata della *Chanson de Roland*: «À quoi bon»?[73] – è presente anche nella *chanson* verlainiana come dramma senza catastrofe: «Quoi! Nulle trahison...?/ Ce deuil est sans raison», egli scrive, come è noto, in *Il pleure dans mon cœur* rievocando il biblico: *Cui sine causa vulnera?*[74] Tale sospensione è iscritta, secondo il senso stesso dei Proverbi, nell'aspettazione, ossia nell'attesa che il soffio doloroso di cui l'uomo è depositario – «sang du cœur» almeno quanto «sang du cor»[75] – sia raccolto nel grembo della *Sapientia* divina: «Ah, les Voix, mourez donc, mourantes que vous êtes!»[76].

Merita, per concludere, ritornare sulla singolare posizione di enunciazione della poesia di Verlaine, la quale, in virtù di quella che abbiamo riconosciuto come la coincidenza tra l'istanza di produzione e l'istanza di ricezione, presenta una complementarità, se non una consustanzialità, tra il paladino e il giullare; tra l'eroe cantato e l'eroe cantore; tra quel Poeta e quel Guerriero, in definitiva, di cui egli lamentava la separazione. D'altronde, è lui stesso ad assumere talvolta la fattispe-

---

[72] Id., *Langueur*, cit., p. 371.

[73] Cfr. *La chanson de Roland*, lassa 143, v.1913, cit., pp. 142-143. La stessa formula ritorna dopo l'evocazione dei guerrieri scomparsi da parte di Carlomagno: «Mais à quoi bon, puisque personne ne répondit?» (lassa 177, v. 2411), cit., pp. 170-171.

[74] Prov, 23, 29. Si veda *Kaléidoscope*: «Ô [...] cette voix dans les bois!/ Ce sera comme quand on ignore des causes:/Un lent réveil après bien des métempsychoses:/Les choses ne seront plus les mêmes qu'autrefois». P. Verlaine, *Kaléidoscope, Jadis et naguère*, OPC, p. 321.

[75] Vivier osserva come il sangue versato nell'epopea sia per noi «sang du cœur». R. Vivier, *Et la poésie fut langage*, cit., p. 49.

[76] P. Verlaine, *Voix de l'Orgueil*...cit., p. 258.

cie del paladino[77] talaltra quella di «troubadour»[78], o di «barde»[79]. La reciprocità è attestata proprio dalle due clausole, iniziale e conclusiva (*chanson douce/chanson sage*), di *Sagesse XVI*, dove si pongono in relazione dialettica il piacere e il dovere. Se la «bonne chanson» non è più, come ai «bons vieux temps», espressione sintetica del bello e del buono, ma si trova lacerata tra l'atto morale e la sua imitazione estetica, il Guerriero e il Poeta assumono rispettivamente, nel soggetto colpevole, la fattispecie del peccatore e della vittima; e il peccato del Poeta espiato dal Guerriero altro non è che l'empietà di una immeritata sopravvivenza ad una giusta e «bonne mort». Egli infatti, in veste di poeta-cantore, confessa agli astanti il manieristico compiacimento di una simulazione estetica delle primitive *chansons*: la *cançò* in questione[80] «pleure pour vous plaire». Il calco della formula appellativa caratteristica dell'incipit delle *chansons de geste* con cui si esortano i ricettori ad ascoltare la «bonne chanson»[81] sembra, insomma, piuttosto rispondere al desiderio che ha il poeta-giullare di mantenere viva, nella posterità che ora lo ascolta, non tanto la memoria di Roland quanto la fugace memoria di sé, colta nella sua coazione a sopravvivere alla sorte. Se il cervello e il sangue di Roland si dissolsero, mistica-

---

[77] «Je me souviens que j'aimais/À jamais/[…]/[…]être un paladin/Gai, hautain,/Dur aux félons, qui s'avance/toujours la lance en arrêt!/J'ai regret/À ces bêtises d'enfance…», P. Verlaine, *Projets en l'air, Appendices à 'Parallèlement'*, I, OPC, p. 530.

[78] «J'allais par les chemins, en troubadour,/Chantant, ballant», P. Verlaine, *Ballade en rêve, Amour*, OPC, p. 424. Cfr. *Raymond de la Tailhède*: «Elle vit s'éveiller Raymond de La Tailhède/[…]/Le joyeux troubadour procède de l'aède». Id., *Dédicaces, ibid.*, p. 564.

[79] Cfr. Id., *Vieux Coppées*, III: «Agréez le salut respectueux du barde…», *Poèmes contemporaines de 'Sagesse'*, OPC, p. 298.

[80] Talvolta la *cançò* figura come oggetto interno: «Et tout mon sang chrétien chanta la Chanson pure» (*Et j'ai revu l'enfant unique, Sagesse*, XVIII, p. 257); in *Vendanges* (*Jadis et naguère*) «Les choses […] chantent dans la tête» (p. 331), mentre in *Les loups*, questi parodici eroi «chantent des choses hautaines» (p. 360).

[81] Quest'apostrofe si trova a mo' di incipit, come ricorda Rychner, in *Le Moniage Guillaume* (XII siècle): «Boine canchon plairoit vous a oïr/De fiere geste», come in molte altre, in cui riscontriamo anche la variante: «Oiez», incipit del *Guillaume*, del *Couronnement* («Oiez, seignor, que Deus vos seit aidanz!/Plaist vos oir d'une estoire vaillant/Bone chançon, corteise et avenante»); dello *Charroi* («Oiez, seignor, Dues vos croisse bonté,/Li glorieus, li rois de majesté!/Bone chançon plest vous a escouter»); della *Prise* («Oez seignor…./Bone chançon que ge vos vorrai dire/Ceste n'est mie d'orgueill ne de folie…»); del *Raoul* («Oiez chançon…»). Cfr. J. Rychner, *La chanson de geste*, cit., pp. 10-12.

mente, col soffio, al poeta sopravvissuto, incarnazione di un paradosso della storia, non resta che una postuma autoparodia giullaresca.

Mentre la Francia moderna è una «terre gaste» – «terre depuis longtemps aride et maigre»[82] – (risuona in tutta l'opera verlainiana il *planctus* di Carlomagno: «Eh! France la douce, comme tu es démunie à présent!»)[83], il poeta, incarnazione dell'Impero alla fine della decadenza, sta dunque, davanti al fantasma della propria morte, come Carlomagno davanti a Roland riverso: «Je souffre tant que je voudrais ne plus vivre»[84]; mentre tutt'intorno «s'éffarouchent les blancs Barbares aux yeux bleus», egli è infatti l'ultimo testimone di un «deuil expiatoire»:

> D'amour excessif, d'âpre envie et de fureur
> Et quelque responsabilité d'Empereur[85].

È il poeta, come Carlo votato a quelle gesta che lo consacreranno imperatore, vagamente responsabile del silenzio della memoria di Roland. Il nome, «los sonore» del paladino ora eletto a vittima emissaria della sopravvivenza della civiltà, è soggetto alla dissoluzione a causa di una *damnatio memoriae*. Ne è colpevole la posterità dimentica e frettolosa, che corre disincantata al suo dovere sociale: costruire la coscienza storica e la civiltà. Il cavaliere Roland, dimenticato sul campo, sembra oramai far corpo col suo cavallo dal nome evocatore, Veillantif (*vetus et antiquus*)[86], aggiogato anch'esso al destino mortale[87]:

> La jument de Roland et Roland sont des mythes
> Dont le sens nous échappe et réclame un effort
> Qui perdrait notre temps[88].

---

[82] «Et la terre, depuis longtemps aride et maigre/Pendant longtemps boira joyeuse votre sang...». *Les vaincus*, IV, *Jadis et naguère*, OCP, p. 369.

[83] *La chanson de Roland*, lassa 209, vv. 2928-2929, cit., pp. 198-199.

[84] *Ibid.*

[85] P. Verlaine, *Pensée du soir*, *Amour*, OPC, p. 441.

[86] P. Zumthor, *Essai de poétique médiévale*, cit., p. 394.

[87] «Pas un cheval – recita la lassa 184 (vv. 2522-2524) – qui puisse rester debout:/celui qui veut de l'herbe, il la mange couché./Il a appris beaucoup, celui qui a beaucoup souffert». *La chanson de Roland*, cit., pp. 176-177.

[88] P. Verlaine, *Les vaincus*, IV, *Jadis et naguère*, OPC, pp. 368-369.

E dunque – conclude la voce postuma del poeta-cantore «qui va se taire tout à l'heure»[89] rivolgendosi ai suoi ricettori – non contate sulla capacità che ha la poesia di eternizzare le gesta umane: «si vous vous promîtes d'être épargnés par nous vous vous trompâtes fort», «car les morts sont bien morts et nous vous l'apprendrons»[90].

Poiché, come è detto in *Écoutez la chanson bien douce*, «Rien ne reste, la mort venue», questa stessa *chanson* non ha che la provvisoria e ironica funzione – per il tempo in cui dura la voce del cantore[91] come metafora dell'esistenza individuale – di consolare – «rendre l'âme moins triste» – evocando remote gesta, e remoti sacrifici di lacrime e sangue; un «jadis» a cui siamo miracolosamente sopravvissuti come oggi sopravviviamo, *volens nolens*, al nostro «naguère»:

> Les choses qui chantent dans la tête
> Alors que la mémoire est absente,
> Écoutez, c'est notre sang qui chante...
> Ô musique lointaine et discrète!
> [...]
> Chantez, pleurez! Chassez la mémoire
> Et chassez l'âme. [...][92]

Contro il tormento del Dovere – «male chanson n'en doit être chantée»[93] – ed una giustizia distributiva che premia il prode e il valente, egli implora la grazia, e una pace senza giusta causa, mentre cerca rifugio nel ventre della «terre maternelle» consolatrice prima ch'essa, civilizzatrice, lo svezzi, condannandolo al combattimento[94]. I bastioni, scudo e grembo delle città medievali,

---

[89] Id., *Vendanges, Jadis et naguère, ibid.*, p. 331.

[90] Id., *Les vaincus*, IV, cit., p. 368.

[91] Si veda *Images d'un sou* (*Jadis et naguère*, cit., p. 331), dove Verlaine dichiara la sua propensione per il *pastiche* consolatorio: «De toutes les douleurs douces/ Je compose mes magies!»; magie d'arme che, bagnandosi di «délicieuses larmes», appunto, si confondono, e poi si dissolvono (*ibid.*, p. 333).

[92] Id., *Vendange, Jadis et naguère*, OPC, p. 331. Il testo sembra rievocare *L'âme du vin* di Baudelaire, che tratta questo stesso tema.

[93] «Male chançun n'en deit estre cantée». *La chanson de Roland*, lassa 112, v. 1465, cit., p. 116. Cfr. anche la variante al v. 1014: «Male cançun de nus chantét ne seit!», *ibid.*, p. 90.

[94] «Et quant à l'Art, c'est une offense/À lui faire dès à l'avance/Que de le

un tempo – *jadis* – custodi di una «vivace et profonde verdure» assicuravano, con l'eco che all'interno delle possenti mura riverberava, la memoria sonora del passato; ma di recente – *naguère* – abbattuti dall'industria e dalla cultura, non rinviano, della celebre notte d'agosto, alcun «rappel» nella terra desolata. E non resta, al novello paladino rimasto solo a difesa della sua stessa retroguardia, coricarsi nel verde alveo del proprio *naguère*, ossia, di una «nouvelle-Forêt», custode dei suoi «avant-derniers hiers»[95]:

> Ô NOUVELLE FORÊT! Nom de féerie et d'armes!
> [...]
> Comme un puissant écho des choses d'autrefois.
> J'y vécus solitaire
> [...] et caché, – comme tapi sous l'herbe.

In *Pensée du soir*[96] Verlaine assimila ancora una volta il proprio destino di eroe della retroguardia a quello del paladino riverso sull'erba – «sur l'herbe verte il s'est couché»[97] – ma il contesto, rovesciato, è quello del paesaggio nordico e invernale in cui la ricordanza è, come l'erba pallida che accoglie il paladino, sbiadita[98]:

> Couché dans l'herbe pâle et froide de l'exil,
> Sous les ifs et les pins[99] qu'argente le grésil.

Se nominanza è vedovanza, di colui che «aimai[t]/à

---

soupçonner ingrat/Envers la terre maternelle,/Et sa mission éternelle/D'enlever au vent de son aile/Tout ennui qui nous encombrât». Id., *Metz*, cit., p. 903.

[95] Id., *Ô NOUVELLE FORÊT!*, *Amour*, OPC, p. 461.

[96] Id., *Pensée du soir*, *ibid.*, p. 441.

[97] *La chanson de Roland*, lassa 174, v. 2358, cit., p. 167.

[98] Non vi è nulla di più lacerante, osserva Roland Barthes, di un «*presque rien* de la voix aimée et distante», «voix exténuée, raréfiée, exsangue, pourrait-on dire, voix tout au bout du monde, qui va s'engloutir très loin dans des eaux froides: elle *est sur le point* de disparaître, comme l'être fatigué est *sur le point* de mourir: la fatigue, c'est l'infini même: ce qui n'en finit pas de finir». Infatti, «ce qui fait la voix, c'est ce qui, en elle, me déchire à force de devoir mourir, comme si elle était tout de suite et ne pouvait être jamais rien d'autre qu'un souvenir». R. Barthes, *Fragments d'un discours amoureux*, Paris, Seuil, 1977, p. 131.

[99] Evidente anche il richiamo alla lassa 176, v. 2375 della *Chanson de Roland*: «Le comte Roland était étendu sous un pin», cit., p. 169. Il pino è, nella tradizione cavalleresca come in molte altre, simbolo di virilità.

jamais» «être un paladin»[100], il nome, «los sonore»[101], è tutto ciò che pesa o che posa. «La vostra nominanza è color d'erba,/ che viene e va e quei la discolora», ricordava Dante nel *Purgatorio*[102]. «Il est caché dans l'herbe, Verlaine», scriverà Mallarmé, erigendo all'amico scomparso un paradossale *Tombeau*[103].

---

[100] «Je me souviens que j'aimais/À jamais/[…]/[…]être un paladin/Gai, hautain,/Dur aux félons, qui s'avance/toujours la lance en arrêt!/J'ai regret/À ces bêtises d'enfance…», P. Verlaine, *Projets en l'air, Appendices à 'Parallèlement'*, I, cit., p. 530.

[101] «Voix de l'air/ […]/ que la mort nous révéla/Dites-la/Si douce d'un los sonore!». *Ibid.*, p. 531.

[102] Dante, Purg., XI, vv. 115 *sqq.*

[103] S. Mallarmé, *Tombeau de Verlaine*, *Œuvres complètes*, éd. de B. Marchal, Paris, Gallimard, «Bibliothèque de la Pléiade», vol. I, 1998, p. 39.

«Le Moyen Âge énorme et délicat» ou la fortune d'un vers

Olivier Bivort
(Università Ca' Foscari di Venezia)

Contrairement à nombre de ses contemporains, Verlaine ne fut pas un poète médiévaliste. On lui doit bien quelques textes aux accents médiévaux, – *Effet de nuit* dans les *Poèmes saturniens*, *La Grâce*, dans *Cellulairement*, sous-titré «légende», ou encore *La Pucelle*, dans *Jadis et naguère* – ici et là une image, un motif ancien, quelques tours archaïques sans identité précise mais comme l'écrit Yves Reboul:

> Le légendaire verlainien – et cela, il est vrai, surprend – rest[e] très minoritairement médiéval. Et il allait le demeurer, même dans les années quatre-vingt où le milieu symboliste, qui avait fait de Verlaine un de ses héros, étalait volontiers une dévotion au Moyen Âge qui n'était qu'une des expressions de cette horreur du réel dont il faisait tant parade[1].

Rares sont les témoignages sur les lectures médiévales de Verlaine. On sait qu'il admirait Théroulde (l'auteur supposé de la *Chanson de Roland*), Dante et Villon[2]. Mais les chefs d'œuvres de ces grands poètes ont laissé peu de traces dans ses textes. Elles sont le plus souvent indirectes ou de seconde main. Dans le *Prologue* des *Poèmes saturniens*, Verlaine exprime son regret des temps où poète et poésie étaient unis dans un même dessein, partagé entre action et héroïsme: ainsi dans l'Inde ancienne, l'antiquité grecque et le Moyen Âge français. La strophe qu'il consacre aux grands moments de la *Chanson de*

---

[1] Y. Reboul, *Le Moyen Âge de Verlaine et de Rimbaud*, in *La Fabrique du Moyen Âge au XIXe siècle. Représentations du Moyen Âge dans la culture et la littérature françaises du XIXe siècle*, sous la direction de S. Bernard-Griffiths, P. Glaudes et B.Vibert, Paris, Champion, 2006, p. 964.

[2] P. Verlaine, *André Lemoyne*, in *Les Hommes d'aujourd'hui*, n° 398, [1888] dans *Œuvres en prose complètes*, éd. J. Borel, Paris, Gallimard, «Bibliothèque de la Pléiade», 1972, p. 846.

Roland dans ce tableau de la poésie épique ne renvoie pas *stricto sensu* à la geste médiévale: «malgré le nom de Theroldus, ces évocations de Charlemagne, de Roland et d'Olivier font surtout penser en 1866 aux poèmes de la première série de *La Légende des siècles*[3]». La seconde et dernière mention de Roland dans l'œuvre poétique de Verlaine apparaît dans *Les Vaincus* (*Jadis et naguère*). Contrairement à ce que pensent souvent les commentateurs, il ne s'agit pas de la figure du neveu de Charlemagne, qui représenterait dans ce poème «une dimension tragique de l'héroïsme[4]», mais de celle du *furioso* engagé dans une course absurde avec sa jument morte à la traîne[5]. On sait que vers 1885, Verlaine possédait dans sa bibliothèque les œuvres de Dante en français et en italien[6]; il semble pourtant que son engouement pour l'auteur de la *Divine Comédie* ait été passager et n'ait guère dépassé le contexte qui suivit sa conversion. Verlaine s'appliqua en effet à lire la *Divine Comédie* au moment où il commençait à préparer *Sagesse*. Il cite trois vers du *Paradis* (I, 7-9), en italien, dans une lettre à Delahaye du 29 avril 1875 et, le 1er juillet de la même année, dit «se coll[er] à l'italien depuis qq^{es} jours, bûchant la *Divine Comédie*»[7]. Si l'on trouve six vers du *Purgatoire* (III, 79-84) traduits en français dans un poème de *Sagesse* composé à l'été 1875 (III, xii, 10-15), Verlaine ne semble plus avoir subi l'influence de Dante après sa période «mystique», hormis quelques mentions de circonstance dans son œuvre en prose et dans sa correspondance. Quant à Villon, «notre

---

[3] S. Murphy, *Marges du premier Verlaine*, Paris, Champion, 2003, p. 107.

[4] A. Bernadet, *L'Exil et l'utopie. Politiques de Verlaine*, Saint-Étienne, Publications de l'Université, 2007, pp. 176-177.

[5] Cfr. P. Verlaine: «La jument de Roland et Roland sont des mythes» et *Orlando furioso*, XXIX, 69: «Volendosi cacciare oltre una fossa, / Sozopra se ne va con la cavalla; / Non nocque a lui, né sentì la percossa, / Ma nel fondo la misera si spalla: / Non vede Orlando come trar la possa, / E finalmente se l'arreca in spalla; / E su ritorna, e va con tutto il carco, / Quanto in tre volte non trarrebbe un arco».

[6] Voir la liste de ses livres dans son carnet personnel, *Œuvres en prose complètes*, cit., pp. 1120, 1124. N'y figurent ni *La Chanson de Roland* ni les œuvres de Villon. Aucun de ces auteurs n'apparaît dans la liste des ouvrages laissés par Verlaine à son domicile parisien en 1872 avant son départ pour Londres. P.Verlaine, *Correspondance générale*, t. 1: *1875-1885*, éd. M. Pakenham, Paris, Fayard, 2005, pp. 268-270, 290.

[7] *Ibid.*, pp. 394, 409.

Père et notre Maître à tous[8]», il fut certainement le poète médiéval le plus prisé et le plus aimé par Verlaine. Néanmoins, il est singulier que cette admiration se soit surtout exprimée dans les années 1880 et 1890, après que Verlaine fut comparé à l'auteur du *Testament* par quelques critiques et que Villon eut acquis l'audience qui jusque là lui faisait défaut[9]. Aussi peut-on affirmer, avec Georges Zayed, que «les lectures du Moyen Âge n'[ont] pas eu une part importante dans la formation littéraire de Verlaine[10]» avant que l'imagerie médiévale ne s'impose à l'imaginaire collectif. Or l'intérêt limité de Verlaine pour la littérature du Moyen Âge est d'autant plus surprenant que, suivant les historiens de la littérature fin de siècle, c'est précisément lui qui serait à l'origine du renouveau médiéval des années quatre-vingt[11]. C'est que le retour contrit du poète sur la scène littéraire en décembre 1880, *Sagesse* à la main, n'est pas étranger à ce phénomène.

Le regain d'intérêt montré par la littérature décadente et symboliste pour le Moyen Âge est en grande partie lié à l'émergence du néo-catholicisme dans la société française de la IIIe République. La crise spirituelle qui frappe de nombreuses personnalités dans les vingt dernières années du siècle est autant le fruit d'un malaise existentiel que la conséquence d'une réaction idéologique dirigée contre le positivisme, le parlementarisme et la laïcisation de l'État. Devenu ultramontain et légitimiste à la fin des années 1870, Verlaine participe de ce réflexe idéaliste, quoique sa conversion se soit opérée en grande partie suite à ses déboires personnels avant de trouver une justification dans les errements de la politique française après la Commune. *Sagesse*, composé entre 1875 et 1880, publié dans l'indifférence générale en décembre 1880, porte la marque de cette double perspective, à la fois politique et personnelle. Le recueil s'ouvre comme on sait sur un topos médiéval: le «bon chevalier masqué

---

[8] Id., *Mes hôpitaux* (1891), *Œuvres en prose complètes*, cit., p. 252

[9] Voir G. Zayed, *La Formation littéraire de Verlaine*, Paris, Nizet, nouvelle édition, 1970, pp. 49-52. Zayed date erronément des jeunes années de Verlaine le triolet «J'idolâtre François Villon...» («La Revue parisienne», 25 octobre 1893). Sur la réception de Villon au XIXe siècle, voir *Villon et ses lecteurs,* éd. J. Dufournet, M. Freeman et J.Dérens, Paris, Champion, 2005.

[10] G. Zayed. *La Formation littéraire de Verlaine*, cit., p. 52.

[11] Ainsi J. Pierrot, *L'Imaginaire décadent*, Paris, PUF, 1977, p. 253.

qui chevauche en silence» est une allégorie du rachat, un signal de rédemption. Mais un cheval et des gants de fer ne suffisent pas à imposer la figure d'un nouveau Perceval. En effet, ce sont moins les Pères de l'Église qui fournissent au poète les principes de son catholicisme que les grands mystiques du seizième siècle: *L'Imitation de Jésus Christ* (probablement dans la traduction de Corneille), sainte Thérèse et saint Jean de la Croix. C'est que la représentation du Moyen Âge dans *Sagesse* est incertaine, voire indéfinie; elle participe d'un passé idéalisé, lointain et nostalgique, qui échappe à l'Histoire.

Les premiers comptes rendus de *Sagesse* furent lapidaires et peu nombreux[12]. L'éloignement forcé de Verlaine de la scène littéraire et son revirement idéologique n'avaient pas favorisé les critiques, attachées à déchiffrer la personnalité complexe du poète plus qu'à louer la qualité de ses vers. Elles n'eurent aucun effet sur les ventes ni sur la carrière de Verlaine. Il fallut attendre la publication d'*À rebours* en 1884 pour que, le roman de Huysmans aidant, le poète accède à un peu de notoriété. Huysmans écrit de belles pages sur Verlaine dans le chapitre qu'il consacre aux poètes préférés de des Esseintes, son héros décadent. Il n'y cite qu'un seul poème de *Sagesse*, le dixième de la première partie:

> Volontiers, des Esseintes l'avait accompagné dans ses œuvres les plus diverses. Après ses *Romances sans paroles* parues dans l'imprimerie d'un journal à Sens, Verlaine s'était assez longuement tu, puis en des vers charmants où passait l'accent doux et transi de Villon, il avait reparu, chantant la Vierge, «loin de nos jours d'esprit charnel et de chair triste». Des Esseintes relisait souvent ce livre de *Sagesse* et se suggérait devant ses poèmes des rêveries clandestines [...][13].

«Prosélyte du Moyen Âge[14]», Huysmans avait choisi un poème qui traduisît les aspirations de son personnage, détaché des vulgarités du monde moderne. Le premier,

---

[12] P. Verlaine, *Sagesse*, éd. O. Bivort, Paris, Le Livre de Poche «Classique», 2006, pp. 286-295.

[13] J.-K. Huysmans, *À rebours* [1884], éd. M. Fumaroli, Paris, Gallimard, 1977, p. 305.

[14] A. Guyaux, *Huysmans et «le seul poète catholique»* in *Spiritualité verlainienne*, textes réunis par J. Duffetel, Paris, Klincksieck, 1997, p. 192.

il énonçait un parallèle qui allait faire fortune, au-delà d'éventuels rapprochements littéraires: Verlaine en nouveau Villon, à la fois poète et vagabond, gloire des lettres françaises et repris de justice[15]. Faute d'exemples modernes, l'originalité et l'authenticité de la poésie catholique de Verlaine ont poussé ses admirateurs à l'associer à la religiosité primitive des temps anciens. Dans l'anthologie des *Poésies religieuses* de Verlaine qu'il publie en 1904, Huysmans écrit qu'il faut «remonter au temps de François Villon et aussi de Gaston Phoebus, de ce comte de Foix dont les prières sont de si familières excuses et de si touchantes plaintes» pour trouver un «bouquet de fleurs mystiques»[16] comparable à celui de Verlaine. Ainsi le renvoi à Villon et au Moyen Âge est-il aussi une manière de définir par analogie le discours chrétien du poète. C'est Léon Bloy qui a le mieux exprimé cette idée d'un Verlaine catholique, poète médiéval malgré lui:

> [...] Il faut remonter jusqu'aux époques chenues et voûtées de *La Chanson de Roland*, du *Saint-Graal* ou du Grand Hymnaire pour retrouver cet aloi d'accent religieux.
>
> C'est vers le Moyen Âge énorme et délicat
> Qu'il faudrait que mon cœur en panne naviguât,
> Loin de nos jours d'esprit charnel et de chair triste.
>
> À coup sûr, l'auteur de ces admirables vers sentait profondément l'anachronisme du souffle ancien qui venait expirer en lui. Mais quelle unique destinée que celle de cet homme retrouvant, par un miraculeux atavisme de sentiment, l'enthousiasme crucifié d'une poésie enterrée sous la poussière d'une vingtaine de générations[17]!

---

[15] Voir entre autres J. Lemaitre, *Un petit-fils de Villon: Pauvre Lélian (Paul Verlaine)*, in «Annales politiques et littéraires», 4 septembre 1892 et jusqu'à Valéry, *Villon et Verlaine*, Maastricht, Stols, 1937.

[16] P. Verlaine, *Poésies religieuses*, préface de J.-K. Huysmans, Paris, Vanier-Messein, 1904, p. XII. Le poème I, x de *Sagesse* est reproduit p. 20 et donne lieu à un beau commentaire sur «l'incantation» de la poésie de Verlaine, pp. X-XI.

[17] L. Bloy, *Un brelan d'excommuniés* [1889], in *Verlaine*, éd. O. Bivort, Paris, PUPS, «Mémoire de la critique», 1997, pp. 280-281. Voir aussi L. Tailhade, dans «La Plume» du 15 novembre 1894: «*Sagesse* [...] marque le point culminant du génie de Verlaine, c'est sa *Divine comédie* et, si ce rapprochement vous paraît excessif écoutez ces vers que le grand poète catholique du XIIIe siècle n'eût pas désavoués, ces vers où la contrition des cœurs meurtris par la vie infâme s'exhale en de si nobles sanglots» (*ibid.*, pp. 420-421).

Le sonnet I, x de *Sagesse* cité par Huysmans et Bloy, et en particulier la première strophe, a sans aucun doute contribué à fixer le topos d'un Verlaine promoteur du Moyen Âge:

> Non. Il fut gallican, ce siècle, et janséniste !
> C'est vers le Moyen Âge énorme et délicat
> Qu'il faudrait que mon cœur en panne naviguât,
> Loin de nos jours d'esprit charnel et de chair triste.
>
> Roi, politicien, moine, artisan, chimiste,
> Architecte, soldat, médecin, avocat,
> Quel temps! Oui, que mon cœur naufragé rembarquât
> Pour toute cette force ardente, souple, artiste!
>
> Et là que j'eusse part – quelconque, chez les rois
> Ou bien ailleurs, n'importe, – à la chose vitale,
> Et que je fusse un saint, actes bons, pensers droits,
>
> Haute théologie et solide morale,
> Guidé par la folie unique de la Croix
> Sur tes ailes de pierre, ô folle Cathédrale[18]!

Ce poème n'est pas seulement cité par la plupart des critiques qui évoquent *Sagesse* ou s'interrogent sur le catholicisme de Verlaine. Il fait aussi l'objet d'une parodie, signe incontestable de sa diffusion et de l'intérêt (ou de l'étonnement) qu'il suscite, alors que le recueil reste invendu et que la deuxième édition ne verra le jour qu'en 1889. Les auteurs des *Déliquescences*, le pastiche qui lança le mouvement décadent auprès du grand public lui révélant entre autres l'existence de Mallarmé et de Verlaine, invoquent en effet l' «autorité indiscutable» de Bleucoton (*alias* Verlaine) dans une discussion sur la rime, suite à un tercet composé par leur héros, Adoré Floupette, qui n'est autre qu'une charge sur le troisième vers de notre sonnet: «Je voudrais être un gaga / Et que mon cœur naviguât / Sur la fleur du seringa[19]». Lié aux destinées des cénacles décadents et assuré d'une publicité qu'il n'aurait pas obtenue sans les retombées des *Déliquescences* dans la grande

---

[18] P. Verlaine, *Sagesse*, cit., p. 99. Le sonnet fait suite à I, IX dont il constitue une réfutation.

[19] *Les Déliquescences, poèmes décadents d'Adoré Floupette avec sa vie*, par M. Tapora, Byzance, Lion Vanné, 1885, pp. XXX-XXXI. Voir L. Marquèze-Pouey, *Le Mouvement décadent en France*, Paris, PUF, pp. 144-161 et P. Jourde, *L'Alcool du silence. Sur la décadence*, Paris, Champion, 1994, pp. 241-250.

presse, Verlaine s'impose petit à petit comme chef de file, tant comme «poète maudit» (la plaquette du même nom paraît en 1884) que comme écrivain catholique. Hantés par le déclin irrémédiable de la société contemporaine et anxieux de retrouver les traces d'un paradis perdu dans la mémoire héroïque et sublime des siècles passés, les écrivains décadents et leurs émules ne pouvaient qu'être séduits par les teintes médiévales du catholicisme verlainien, comme le soulignait Maurice Barrès dès 1884:

> [...] Certaines élégies de Verlaine sont de premier ordre, mais son œuvre la plus haute, celle qui nous intéresse, *Sagesse*, pour ses inégalités pourrait parfois faire sourire des âmes simples.
> Au demeurant, c'est leur effort, la chose à faire plutôt que la chose faite, que nous admirons. Tout un monde renouvelé, sourd parfois en nous; des liens secrets nous rattachent aux grands mystiques; *La Vita nuova*, les Primitifs sont plus voisins de nous que les deux siècles derniers. Nous avons des minutes d'un spiritualisme intense que seuls satisfont à peu près les maîtres catholiques ou encore, parmi les modernes, Puvis de Chavannes, Gustave Moreau, les Préraphaélites anglais, peintres et poètes[20].

Ainsi la jeune génération trouve-t-elle réponse à ses attentes dans *Sagesse* et en particulier dans le sonnet X, attentive qu'elle est aux mots d'ordre et aux préceptes énoncés par celui qu'elle reconnaît désormais comme un maître, s'attachant aussi à ce que Maurras disait apprécier particulièrement dans le recueil de Verlaine, à savoir la présence de «beaux vers, de beaux mots», dont notre «Moyen Âge énorme et délicat»[21]. C'est que la fortune d'autres poèmes-programmes de Verlaine procède aussi de ce don qu'il a pour l'expression qui fait mouche, pour la maxime ou la sentence: c'est le vers «De la musique avant toute chose!» qui a consacré *L'Art poétique* au rang de manifeste, et l'incipit de *Langueur*, «Je suis l'Empire à la fin de la décadence», qui a donné leur légitimité aux promoteurs du décadisme. Ainsi, dans un des premiers

---

[20] M. Barrès, *La sensation en littérature. La folie de Charles Baudelaire*, in «Les Taches d'encre», n° 2, 5 décembre 1884, p. 40.

[21] Ch. Maurras, *Paul Verlaine: les époques de sa poésie*, in «Revue encyclopédique», 1er janvier 1895 (*Verlaine*, «Mémoire de la critique», cit., pp. 438-439).

articles importants consacrés à Verlaine après la publication de *Sagesse*, Louis Desprez isole-t-il quelques mots de notre sonnet pour justifier son propos. C'est le début d'un processus de reconnaissance qui implique à la fois l'adhésion à un programme et le plaisir des «beaux mots»:

> M. Paul Verlaine a plus que des sensations catholiques: il semble avoir vécu très lointainement dans quelque cloître du moyen âge, hérissant de syllogismes les questionnaires de la scolastique. Ce Moyen Âge, comme il le comprend et comme il l'aime! avec quelles épithètes amoureuses il le peint «énorme et délicat» très au-dessus de notre société étriquée et bourgeoise «d'esprit charnel et de chair triste»[22].

Il n'y a pas lieu de vérifier si le Moyen Âge imaginé par Verlaine correspond ou non à la réalité historique. Peu importe que Pierre Louÿs protestât de son bien-fondé au nom d'une vision toute conventionnelle de cette période; il importe en revanche qu'il en ait contesté la pertinence comme il l'aurait fait d'un commentaire érudit:

> Énorme et délicat le Moyen Âge? Ce sont justement les deux qualités qui lui manquent. C'est le temps où tout fut étriqué, resserré, sans air et sans jour. [...] Délicat? aucune époque ne fut plus lourde ni plus grossière[23].

Force est de constater avec Michel Viegnes que, «renversant le stéréotype du Moyen Âge sombre et barbare, voire inculte, Verlaine propose une vision quasi encyclopédique de cette époque, la définissant en termes que l'on associerait plutôt conventionnellement à la Renaissance»[24]. Il est vrai que l'union des adjectifs «énorme et délicat» pour qualifier le Moyen Âge est dé-

---

[22] L. Desprez, *M. Paul Verlaine*, in «La Revue indépendante», juillet 1884 (*ibid.*, p. 91).

[23] Lettre de P. Louÿs à G. Louis du 17 septembre 1898, citée par J.-P. Goujon dans *Art et esthétique dans les lettres de Pierre Louÿs à son frère*, in *L'Esthétique dans les correspondances d'écrivains et de musiciens (XIXe-XXe siècles)*, actes du colloque de la Sorbonne des 29 et 30 mars 1996 organisé par A. Michel et L. Chotard, Paris, PUPS, 2001, p. 86. L'expression est «exacte» pour un rédacteur de «La Lutte», revue catholique d'Art, 15 janvier 1899, p. 321 et pour Rubén Darío (*Los raros*, Buenos Aires, La Vasconia, 1896, p. 35): «la edad que otro gran poeta ha llamado con razón, en una strofa célebre, 'enorme y delicada'».

[24] M. Viegnes, *Sagesse, Amour, Bonheur de Paul Verlaine*, Paris, Gallimard, 1998, pp. 128-129.

routante. Elle ne semble pas avoir été utilisée avant Verlaine. Max Nordau, qui n'hésitait pas à parler de «symptôme de débilité intellectuelle», y voyait une «association d'idées vaguant sans égard au sens, ou par similitude de son»[25] mais l'émule de Lombroso, on le sait, ne brillait pas par sa sensibilité poétique. La délicatesse du Moyen Âge devait pourtant avoir quelque signification pour Verlaine, qui utilisa par deux fois cet attribut dans un contexte similaire: dans un poème d'*Amour* (1888), intitulé *Un crucifix*, il qualifie le Christ gothique de l'église Saint-Géry d'Arras de «robuste et délicat»; enfin, saluant la naissance du Saint-Graal dans une lettre ouverte à Emmanuel Signoret, se plagiant peut-être, il écrit, au moment de sa rupture avec Moréas et l'École romane:

> En présence des menaces d'une Renaissance factice, d'un paganisme brutal ou décadent de la mauvaise façon, restez Moyen Âge, gothiques, si l'on veut, par la conviction, par la grandeur, par, aussi, le subtil et le délicat, par la profondeur. Quand et si possible, par le but, toujours – Dieu![26]

Au-delà de sa singularité, la formule de Verlaine a peut-être une origine romantique, d'autant que le néocatholicisme de la IIIe République offre de nombreuses similitudes avec la réaction idéaliste postrévolutionnaire et que le Moyen Âge est donné, en 1800 comme en 1880, en exemple d'un passé national et chrétien dont les valeurs font défaut à l'époque présente. On se souvient que dans le *Génie du christianisme*, Chateaubriand oppose les instincts du héros antique aux vertus chrétiennes du chevalier médiéval. Parmi ses qualités,

> Le chevalier ne mentait jamais. – Voilà le chrétien.
> Le chevalier était pauvre, et le plus désintéressé des hommes. – Voilà le disciple de l'Évangile.
> Le chevalier s'en allait à travers le monde, secourant la veuve et l'orphelin. – Voilà la charité de Jésus-Christ.

---

[25] M. Nordau, *Dégénérescence* [1894], traduit de l'allemand par A. Dietrich, t. 1, Paris, Alcan, 4e éd., 1896, p. 224. Voir aussi A. Graf, *Foscolo, Manzoni, Leopardi. Preraffaelliti, simbolisti ed esteti: la letteratura dell'avvenire*, Torino, Loescher, 1898, p. 38: «Paolo Verlaine, di cui sono noti anche troppo i parossismi alternanti di religiosità e lascivia, farneticava del medio evo *énorme et délicat*».

[26] *Au poète de «Missive»*, in «Le Saint-Graal», n° 1, 25 janvier 1892, dans *Œuvres en prose complètes*, cit., p. 753.

> Le chevalier était tendre et délicat. Qui lui aurait donné cette douceur si ce n'était une religion humaine, qui porte toujours au respect de la faiblesse[27]?

«Tendre et délicat», «robuste et délicat», «subtil et délicat», «énorme et délicat»: la structure couplée des expressions et le contexte dans lequel elles apparaissent (le Moyen Âge catholique) sont similaires. Bien que l'opposition entre *énorme* et *délicat* semble se résoudre en faveur de la délicatesse, l'oxymore opère à la façon d'un catalyseur et acquiert une légitimité historique et expressive que favorise son rapport à la tradition et son pouvoir d'évocation.

La fréquence de cette formule dans le discours sur la littérature, dans le discours sur l'histoire puis dans le discours commun nous induit à penser quelle s'est imposée comme une référence nécessaire dans la formation du médiévalisme en France à partir des années 1880 et jusque dans la seconde moitié du XXe siècle. À suivre les étapes de la migration de ce vers dans la langue, on s'aperçoit qu'il perd très tôt son statut poétique originel pour entrer dans le domaine flou de la citation. Les contemporains, qui connaissent leurs sources, rendent évidemment justice à Verlaine:

> Renseigné sur la richesse et la grandeur de nos vieux chants de France, l'auteur sait le trésor inexploré des jongleurs et des trouvères: voyant, il perçoit à travers les siècles écoulés notre Moyen Âge, non peut-être celui de Verlaine «énorme et délicat» mais délicat seulement – et délicieux[28].

> Il comprend fort bien que [...] le jansénisme aussi bien que la morne tristesse des couvents jésuites, n'ont rien de commun avec la foi jeune, allègre et vivace qui emportait le «Moyen Âge énorme et délicat» sur les ailes de ses folles cathédrales[29].

---

[27] F.-R. de Chateaubriand, *Génie du christianisme* [1802], IIe partie, livre II, chapitre XII, éd. M. Regard, Paris, Gallimard, «Bibliothèque de la Pléiade», 1978, p. 683.

[28] H. Gauthier-Villars, *Quelques livres, année 1895,* Paris, Bibliothèque de la critique, 1896, p. 65. Willy rend compte d'un ouvrage de M. Morhardt, *Le Livre de Marguerite* (Paris, Bibliothèque artistique et littéraire, 1895).

[29] L. Tailhade, *Les Livres et les hommes (1916-1917)*, Paris, Crès, 1917, p. 201. Compte rendu de *Lecomte de Lisle. Esquisse d'une biographie intellectuelle* par D. Toupance, Paris, Jouve, 1916.

Mais le plus souvent, la citation reste du domaine de l'implicite, même sous la plume des écrivains qui n'ignorent pas son origine. C'est le cas de Charles Morice, ami de Verlaine et auteur de la première monographie qui lui fût consacrée, ou de Tancrède de Visan, auteur de plusieurs essais sur le symbolisme. Un glissement s'opère alors, du particulier au général:

> Tout l'art du Moyen Âge est chrétien, des fresques des primitifs aux flèches des cathédrales, de Dante à Palestrina. [...] Le Moyen Âge «énorme et délicat», cette reculée bleue et noire à travers les siècles, nous apparaît comme un tragique départ avec des instants d'oasis[30].

> Tout un groupe de poètes s'est rencontré pour exalter l'âme populaire de notre pays avec ses inventions, son folklore, ses chansons naïves, mais pleines de suc. Griffin et tant d'autres ont suivi cette voie. Ils ont puisé dans le Moyen Âge «énorme et délicat»[31].

On voit assez vite la formule quitter le domaine de la poésie pour entrer dans celui de l'histoire et assumer une autorité intellectuelle à laquelle elle n'était pas destinée, jusqu'à perdre parfois son statut référentiel suite à la disparition des guillemets:

> Roland revient de pamoison, comprend que l'archevêque est mort et le poète ne dit que ceci: «il a grand douleur». Le réalisme de *Roland* est violent et charmant («énorme et délicat»)[32].

> Énorme et délicat, le Moyen Âge eut sa fête des Fous, petite monnaie d'une grande foi. Les fanatiques de Luther et de Calvin célèbrent aujourd'hui leur prétendue réforme...[33]

---

[30] Ch. Morice, *La Littérature de tout à l'heure*, Paris, Perrin, 1889, p. 275.

[31] T. de Visan, *Sur l'œuvre d'Albert Mockel*, «Vers et prose», avril-mai-juin 1909, p. 76.

[32] R. de Gourmont, *Le Problème du style*, Paris, Mercure de France, 1902, p. 96, à propos de *La Chanson de Roland*. Voir aussi *Le Latin mystique. Les poètes de l'antiphonaire et la symbolique au Moyen Âge*, préface de J.-K. Huysmans, Paris, Mercure de France, 1892, p. 282: «D'ailleurs le Moyen Âge, 'énorme et délicat', ignora ce qui est pour notre hypocrisie la suprême délicatesse, la pudeur».

[33] *D'Allemagne. Fête de la Réformation. 3 octobre 1903*, in «La Jeune Champagne», novembre 1903, p. 273

Le temps passant, la paternité de l'expression devient plus floue. Elle est attribuée à Victor Hugo dans un numéro du «Guide musical» (Revue hebdomadaire des nouvelles musicales de la Belgique et de l'étranger) publié en 1900[34], mais c'est une anecdote sur une facétie imaginée par Tristan Derème en 1930 qui nous donne la mesure de ce processus de dépossession:

«Le Domaine», n. 92, Juin 1930, p. 257.

---

[34] «Le mot de V. Hugo s'applique à l'œuvre pleine d'antithèses de M. Piérné: 'c'est bien le Moyen Âge énorme et délicat'».

Indépendamment de sa source, l'expression a glissé du médiévalisme au médiévisme, servant couramment et parfois mécaniquement à qualifier tel aspect de la culture médiévale, de la musique à l'architecture[35]. Si sa justesse peut être mise en doute par les philologues, les médiévistes les plus avertis continuent pourtant de l'utiliser:

> On a coutume, en effet, de se représenter le Moyen Âge, «énorme et délicat», comme une époque où l'excès, la démesure, est en tous domaines, pour ainsi dire, la règle [...]. Il semble (à s'en tenir à l'époque qui est ici en cause) que cette conception du Moyen Âge tient plus de l'imagerie d'Épinal que de la réalité[36].

Mais le Moyen Âge «énorme et délicat» et le XVIe siècle encore ne se formalisaient pas de contrastes de ce genre. Des tonalités très diverses et parfois discordantes se mêlent ou coexistent dans *Tristan*, dans les chansons de geste sur Guillaume d'Orange, etc[37].

Enfin, le processus de lexicalisation complété, l'expression est passée à l'état de cliché et s'est resémantisée. En français courant d'aujourd'hui, «énorme et délicat» sert généralement à caractériser un travail long et complexe. Un simple balayage sur un moteur de recherche fournit une trentaine d'occurrences de cette collocation tant en domaine français que francophone. Cette acception apparaît déjà au début du XXe siècle et semble s'être diffusée parallèlement à l'acception «médiévale» mais il n'est pas hasardeux de penser qu'elle trouve aussi son origine dans le poème de Verlaine:

> Pour organiser ce catalogue, l'auteur a dû s'imposer un travail énorme et délicat[38].

Le travail énorme et délicat correspondant à l'établisse-

---

[35] «La cohésion de cet édifice 'énorme et délicat' du Moyen Âge est maintenu par l'arc-boutant de la croix» (P. Carreau, *Le Monde et l'unité*, Paris, Nouvelles Éditions latines, 1965, p. 41).

[36] J. Ribard, *Un ménestrel du XIVe siècle: Jean de Condé*, Genève, Droz, 1969, p. 200.

[37] A. Micha, *Étude sur le* Merlin *de Robert de Boron, roman du XIIIe siècle*, Genève, Droz, 2000 [1979], p. 190.

[38] J.-J. A., in «La Revue du Clergé français», 15 septembre 1915, sur l'ouvrage «énorme et délicat», en effet, de l'Abbé L. Bethléem: *Romans à lire. Romans à proscrire. Essai de classification au point de vue moral des principaux romans et romanciers de notre époque (1800-1914) avec notes et indications pratiques*, Lille, 1914.

ment de toutes ces cartes ne sert pas qu'à la prévision[39].

Ce travail énorme et délicat puisque touchant à des domaines confidentiels voire relevant du secret défense, aurait bien d'autres applications que la planification spatiale[40].

On doit à Frédéric Bazille un tableau représentant un jeune homme en costume de troubadour sous les traits duquel on a voulu reconnaître Verlaine. Le rapport du poète au Moyen Âge est un peu à l'image de ce portrait, celui d'un personnage déguisé à l'identité incertaine. Il est dans l'ordre des choses que les principes de Verlaine entre 1875 et 1880 l'aient porté à rejeter un régime qui allait promulguer la loi de 1905 sur la séparation de l'Église et de l'État, à détester le siècle de Voltaire et même à condamner le Grand Siècle, «gallican et janséniste», pour se réfugier dans un âge d'or mythique, «Moyen Âge énorme et délicat» où rigueur morale et pureté de la foi auraient eu force de loi. Mais il faut écarter l'idée d'un Verlaine promoteur d'une littérature en costume médiéval. Verlaine n'est pas le Burne-Jones de la poésie française. De la même façon que les *Fêtes galantes* ne sont pas une apologie du marivaudage, *Sagesse* et *Jadis et naguère* n'offrent pas un cadre médiéval suffisant pour servir de modèle aux futurs chevaliers du vers. La littérature est pourvoyeuse d'idées, d'images et de mots. Un vers s'impose, une citation se propage, une formule fait autorité: le «Moyen Âge énorme et délicat» du néo-converti a donné un sens aux aspirations des uns et aux idées des autres, mais il a aussi laissé l'empreinte de sa forme dans les mémoires. Il a quitté la littérature pour entrer dans la langue, comme un mot de Villon, de Ronsard ou de Racine. Un mot de poésie.

---

[39] Ch. H. Maurain, *La Météorologie et ses applications*, Paris, Flammarion, 1950, p. 158.

[40] http://www.driea.ile-de-france.developpement-durable.gouv.fr/IMG/pdf/gr9-rapport_cle6c8f12.pdf, p. 68.

Jean Moréas medievista: la lirica

Roberta Capelli
(Università di Trento)

> Une pincée d'affectation et une pointe de paradoxe assaisonnent cette attitude d'hostilité envers l'érudition, chez un homme qui se complaisait manifestement de son propre savoir.
> (Patrizio Tucci, *Remy de Gourmont médiéviste*)

Il medievalismo di Jean Moréas ha carattere letterario, è una componente esornativa della sua produzione lirica, e si manifesta come recupero di quei temi e di quei motivi della tradizione francese che meglio si combinano con la ricercata allusività metaforica della poetica simbolista: su tutti, l'amor cortese e il meraviglioso. L'elemento medievale/medievaleggiante è riscontrabile nelle prime tre raccolte – *Les Syrtes* (1884), *Les Cantilènes* (1886) e *Le Pèlerin passionné* (1890) –, mentre scompare nei sei, più maturi libri delle *Stances*, nei quali Moréas persegue quegli ideali (neo)classicisti ch'egli ha assunto come fondamento dell'École romane (1891), e che prendono a modello l'Umanesimo e gli autori della Pléiade[1].
Il medioevo compare anche nella produzione in prosa di Moréas e sarà costante nel tempo e nella pratica, giacché l'attività di tradurre testi per lo più anticofrancesi, cominciata verso i trent'anni con l'adattamento della *chantefable* di *Aucassin et Nicolette* (1888), continua fino alla morte, concentrandosi prevalentemente sul *corpus* fabliolistico. Tuttavia, questi esercizi di popolarizzazione e divulgazio-

---

[1] Dove non diversamente indicato, l'edizione di riferimento è *Œuvres de Jean Moréas*, 2 voll., Paris Mercure de France, 1923-1926, vol. I: *Les Syrtes, Les Cantilenes, Le Pèlerin passionné, Énone au clair visage et Sylves, Ériphyle et Sylves nouvelles*, 1923; vol. II: *Les Stances, Iphigénie*, 1926 [rist. in volume unico Slatkine Reprints, Genève, 1977, da cui si cita].

ne di «belles histoires de jadis»[2], vicini per stile e finalità alla letteratura popolare e d'intrattenimento che ha i suoi precedenti più illustri nella collana della «Bibliothèque Bleue», costituiscono un capitolo ben distinto dalla lirica, da esaminarsi separatamente.

Il filone revivalistico all'interno dell'opera di Moréas è dettato da e risponde a criteri estetizzanti, è un retaggio di quella «maladie gothique»[3] che nel corso dell'Ottocento si era andata configurando come una vera e propria moda, un *topos* letterario di marca archeologico-antiquaria, o sentimental-pittoresca, o entrambe. Questo nonostante il fatto che in Francia – più che altrove in Europa – la riscoperta del Medioevo si connoti spesso in senso ideologico, prestandosi a riaprire il mai del tutto sopito antagonismo tra il Nord e il Midi, quest'ultimo culla della poesia trobadorica in lingua d'oc, ma già dal XVI secolo assorbito politicamente e linguisticamente dalla Corona. Jean Moréas, al secolo Ioannis Papadiamandopoulos, che francese è solo d'adozione artistica, mentre di nascita è greco, rimane estraneo all'*engagement* patriotticamente orientato di Frédéric Mistral e dei felibri; così come, del resto, non si mostra influenzato dall'esperienza di altri suoi illustri contemporanei conoscitori e rielaboratori del passato, su tutti l'esoterista Joséphin Péladan e il *savant* Remy de Gourmont. Egli appare semmai intento a costruirsi un bagaglio di conoscenze letterarie e linguistiche adatte a realizzare il proprio disegno di personale francesizzazione[4].

Gli esperimenti del primo Moréas sulla tradizione, frutto di un'erudizione da autodidatta, nella quale la prospettiva storica tende ad appiattirsi e il medioevo autentico finisce per confondersi con il medioevo reinventato dai Romantici e dai Parnassiani, fanno del nostro autore un «mosaïste empruntant ses petits cubes colorés à tous les siècles et à tou-

---

[2] Cfr. *Contes de la Vieille France*, Paris, Société du Mercure de France, 1904, *Avertissement*, p. 8: «J'offre ce livre aux amateurs de belles histoires». I *Contes de la vieille France* raccolgono diciassette tra *lais* e *fabliaux* già pubblicati sulla «Gazette de France», tra il 1901 e il 1902. Postumi escono invece *Les trois nouveaux contes de la vieille France*, Paris, Émile Paul, 1921.

[3] Th. Gautier, *Portraits contemporains. Littérateurs, peintres, sculpteurs, artistes dramatiques*, deuxième édition, Paris, Charpentier, 1924, p. 12.

[4] Cfr. R.A. Jouanny, *Jean Moréas, écrivain français*, préface de M. Décaudin, Paris, Minard, 1969, pp. 745-760.

tes les manières avec plus de souci de l'effet que du goût»[5].

Se ne ha prova scomponendo le atmosfere goticheggianti delle *Syrtes* nelle diverse criptocitazioni di maestri sette- e ottocenteschi che caratterizzano quest'opera:

> *Tes mains*, st. I
> Tes mains semblant sortir d'une tapisserie
> Très ancienne où l'argent à l'or brun se marie,
> Où parmi les fouillis bizarres des ramages
> Se bossue en relief le contour des images,
> Me parlent de beaux rapts et de royale orgie,
> Et de tournois de preux, dont j'ai la nostalgie.

L'immagine iniziale della «tapisserie 'vivante'» è una fortunata invenzione di Heine, che nel *Romanzero* (1851) rievoca la leggenda dell'amore del trovatore Jaufre Rudel per la Contessa di Tripoli, supponendo ch'essa sia ricamata su un arazzo esposto nel castello di Blaye[6] mentre, nei versi successivi, la nostalgia del *bon vieux temps* popolato da dame virtuose e paladini valorosi risente ancora dell'idealizzazione stereotipata del *genre troubadour*, cui non si erano saputi sottrarre né l'Hugo delle *Odes et Ballades* (1828), né il giovane Gautier delle *Poésies* (1830), amanti del pittoresco e affascinati dalle rovine:

> *Geoffroy Rudel und Melisande von Tripoli*, st. I
> In dem Schlosse Blay erblickt man

---

[5] R. de Gourmont, *Souvenirs du symbolisme. Jean Moréas*, in Id., *Promenades littéraires*, 4ᵉ série, Paris, Mercure de France, 1912, pp. 33-43, a p. 43. Non è meno severo il giudizio che Remy de Gourmont dà di Moréas nel suo *Livre des Masques*, Paris, Mercure de France, 1963, pp. 122-123: «M. Moréas se mit à l'école des vieux poètes et fréquenta jusqu'à Jacot de Forest et jusqu'à Benoît de Sainte-Maure. Il voulut faire le chemin auquel devrait se vouer tout jeune sage ambitieux de devenir un bon harpeur; il jura d'accomplir le plein pèlerinage: à cette heure, parti de la *Chanson de Saint-Léger*, il en est, dit-on, arrivé au XVIIᵉ siècle, et cela en moins de dix années: ce n'est pas si décourageant qu'on l'a cru. Et maintenant que les textes se font plus familiers, la route s'abrège: d'ici peu de haltes, M. Moréas, campera sous le vieux chêne Hugo et, s'il persévère, nous le verrons atteindre le but de son voyage, qui est, sans doute, de se rejoindre lui-même».

[6] Moréas conosce il tedesco, legge in lingua originale Heine e traduce in greco due componimenti del suo *Lyrisches Intermezzo*; cfr. R.A. Jouanny, *Jean Moréas, écrivain grec: la jeunesse de Ioannis Papadiamandopoulos in Grece (1868-1878)*, Paris, Lettres Modernes, 1975, p. 235; e R.A. Jouanny, *Jean Moréas, écrivain français*, cit., p. 182. Moréas scrive inoltre un articolo *Sur Heinrich Heine*, sulla rivista parigina «La Batte», del 4 ottobre 1888. Tracce di un «sentimentalisme aux fines teintes de regrets» tipicamente heiniano sono individuate da Félix Fénéon nelle *Syrtes*, come si legge nel ritratto di Moréas apparso a sua firma sulla rivista «Les Hommes d'Aujourd'hui», 268, s.d. [1885?]; cfr. F. Fénéon, *Œuvres plus que complètes*, vol. II: *Les Lettres – Les Mœurs*, textes réunis et présentés par J.U. Halperin, Genève-Paris, Droz, 1970, p. 605.

Die Tapete an den Wänden,
So die Gräfin Tripolis
Einst gestlickt mit klugen Händen[7].

Hugo, *Ode vingtième. Promenade* (1825), st. IX
C'est moi qui t'inspirait d'aimer ces vieux piliers,
Ces temples où jadis les jeunes chevaliers
Priaient, armés par leur marraine;
Ces palais où parfois le poète endormi
A senti sur sa bouche entr'ouverte à demi
Tomber le baiser d'une reine[8].

Th. Gautier, *Moyen âge*, VI
Quand je vais poursuivant mes courses poétiques,
Je m'arrête surtout aux vieux châteaux gothiques […]
Où, recueilli dans moi, je m'égare, rêvant,
Paré de souvenirs d'amour et de féerie,
Le brillant Moyen âge et la chevalerie[9].

Nel complesso, poi, l'ispirazione del primo Moréas risente del peso del malessere baudelairiano, dell'*obscuritas* mallarmeana e dello sperimentalismo versificatorio verlainiano[10], con esiti fortemente contaminati che sfiorano il *pastiche*. È un medievalismo «spleenétique»[11] che rievoca, riecheggia e reinterpreta le fonti più antiche e quelle più moderne:

Conte d'amour, III
Mon cœur est un cercueil vide dans une tombe;
Mon âme est un manoir hanté par les corbeaux.
– Ton cœur est un jardin plein des lys les plus beaux;
Ton âme est blanche ainsi que la blanche colombe.

---

[7] H. Heine, *Romancero* [sic], introduction et traduction par L. Souzin, Paris, Éditions Montaigne, 1956.

[8] V. Hugo, *Odes et Ballades*, Paris, Gallimard, 1980.

[9] Th. Gautier, *Poésies complètes*, publiées par R. Jasinski, Paris, Nizet, 1970, 3 voll., I.

[10] Il magistero della triade Baudelaire, Mallarmé, Verlaine è esplicitamente ammesso da Moréas nel *Manifeste du Symbolisme*, in «Le Figaro», suppl. 38, 18 sett. 1886, pp. 150-151, a p. 150: «Ces questions demanderaient un volume de commentaires; disons donc que Charles Baudelaire doit être considéré comme le véritable précurseur du mouvement actuel; M. Stéphane Mallarmé le lotit du sens du mystère et de l'ineffable; M. Paul Verlaine brisa en son honneur les cruelles entraves du vers que les doigts prestigieux de M. Théodore de Banville avaient assouplies auparavant. Cependant le *Suprême Enchantement* n'est pas encore consommé: un labeur opiniâtre et jaloux sollicite les nouveaux venus».

[11] P. Jourda, *L'évolution de Moréas*, in «Revue des Cours et Conférences», 10-13, 1935, p. 101, definisce «spleenétiques» le atmosfere dei componimenti delle *Syrtes*.

La *rêverie* medievale si configura come una sorta di elemento tematico prefabbricato sul quale tessere una fitta trama eufonica di rime, di ripetizioni e parallelismi (l'anafora dei possessivi *mon* e *ton*, che lega i versi dei due distici in contrapposizione alla combinazione chiastica delle rime e all'alternanza delle stringhe sintattiche)[12], che esaltano la musicalità della parola, ma ne assottigliano la profondità di senso, privilegiando le qualità fenomeniche del fare poetico (quelle cioè più legate alla sua ricezione) rispetto alla densità dell'essenza concettuale[13]. D'altronde, nel *Manifesto* del Simbolismo, che Moréas firma sul supplemento letterario de «Le Figaro» del 18 settembre 1886, egli dichiara che «le caractère essentiel de l'art symbolique consiste à ne jamais aller jusqu'à la concentration de l'Idée en soi»[14].

In parallelo, dunque, con la teorizzazione del movimento simbolista, si accentua la tendenza della lirica di Moréas all'evanescenza preziosa del proprio repertorio immaginifico; nelle due raccolte di quegli anni, *Les Cantilènes* (1886)[15] e *Le Pèlerin passionné* (1890), un Medioevo idealizzato e sfocato diventa emblema di purezza linguistica e *naïveté* espressiva, verso le quali tendono le scelte lessicali e prosodiche di gusto arcaizzante[16].

Quanto detto è esemplificato da due lunghe liriche semi-narrative delle *Cantilènes*, ispirate dalla e alla letteratura oitanica: *Tidogolain*, il nano del racconto arturiano del *Bel Inconnu*, e *Mélusine*, la donna-serpente del *roman* di Jean d'Arras. In entrambe, il medioevo è una sceno-

---

[12] Le rime della strofa sono incrociate: ABBA; la successione dei possessivi individua due distici A (*mon*) B (*mon*), B (*ton*) A (*ton*); la stringa composta da agg. poss. + sost. stabilisce una sequenza alternata: v. 1 *mon cœur* e v. 3 *ton cœur*, v. 2 *mon âme* e v. 4 *ton âme*.

[13] La dialettica filosofica tra *fenomeno* e *noumeno* rimanda alle *Notes sur Schopenhauer*, in «Revue indépendante», III, mars 1885, pp. 379-392, a p. 383, nelle quali Moréas risolve semplicisticamente la metafisica amorosa schopenhaueriana in chiave fenomenica: «Ne serait-il pas prudent d'accepter [...] le *phénomène* que l'instinct amoureux nous présente sans chercher à pénétrer le *noumène* indéchiffrable?».

[14] J. Moréas, *Manifeste*, cit., p. 150.

[15] La scrittura di parecchi dei componimenti che formano *Les Cantilènes* – di cui un'edizione rivista e riorganizzata sarà pubblicata nel 1897 (Paris, Bibliothèque artistique et littéraire) – risale in verità all'epoca di preparazione delle *Syrtes*.

[16] J. Moréas, *Manifeste*, cit., p. 150, parla della «bonne langue [...], la langue de François Rabelais et de Philippe de Commines, de Villon, de Rutebeuf» e dell'«ancienne métrique avivée».

grafia, un'illusione storiografica, o meglio, un'allusione simbolica che dal titolo non si trasferisce al testo, ma che a questo fa da cornice. Nella quinta strofa di *Tidogolain* sono menzionate alcune delle più illustri dame di Provenza, facenti parte dei Tribunali d'Amore, quell'istituzione cortese preposta a risolvere le contese galanti inventata, a fine Cinquecento, da Jehan de Nostredame, nella sua fantasiosa raccolta di biografie trobadoriche, *Les vies des plus célèbres et anciens poètes provençaux*[17]:

> *Tidogolain*, st. V
> Anne, Briande, et Doulce la pucelle
> Aux cheveux blonds, plus blonds que le froment,
> Et la dame de Roquefeuilh, et celle
> Pour qui mourut le roi de Dagomant,
> M'offrent joyeux réconfort; mais comment
> Auraient-elles à mes yeux précellence?
> Amour occit mon cœur de male lance.

> Jehan de Nostredame, *Vies*, LXV
> Elles estoyent accompagnées de [...] Briande de Agoult, comtesse de la Lune; [...] Ysoarde de Roquefueilh, dame d'Ansoys; Anne, vicomtesse de Tallard; [...] Doulce de Monstiers, dame de Clumane, [...] et plusieurs autres dames illustres et genereuses de Provence, qui fleurissoyent de ce temps en Avignon, lorsque la cour romaine y residoit, qui s'adonnoyent à l'estude des lettres, tenans Cour d'Amour ouverte, et y deffinissoyent les questions d'amour qui estoyent proposees et envoyees.

Tre osservazioni su questo passo: benché le *Vies* di Nostredame fossero, per tutto l'Ottocento, ancora molto lette e apprezzate[18], il ricorso di Moréas ad una tale fonte

---

[17] Cfr. J. de Nostredame, *Les vies des plus célèbres et anciens poètes provençaux*, préparée par C. Chabaneau et publiée avec une introduction et commentaire par J. Anglade, Paris, Champion, 1913 [rist. Slatkine Reprints, Genève, 1970, da cui si cita]. L'opera viene pubblicata per la prima volta a Lione nel 1575. Nostredame non solo inventa il mito delle Corti d'Amore, ma è anche l'abile falsario che costruisce, a scopo encomiastico, genealogie fittizie tra le potenti famiglie del suo tempo e trovatori inesistenti, e compone falsi trobadorici, poesie e frammenti poetici alla maniera dei poeti medievali, disseminandoli all'interno delle *Vies*. Cfr. R. Capelli, *'Anas vous en pauras rymas dolentas': frammenti di Petrarchismo nei falsi trobadorici di Jean de Nostredame*, in *Il Petrarchismo: un modello di poesia per l'Europa*, 2 voll., Atti del Congresso internazionale (Bologna, 6-9 ott. 2004), Roma, Bulzoni, 2007, vol. II, pp. 441-447. Una curiosità: negli anni di frequentazione del cabaret parigino dello «Chat noir» (inizio anni '80), Moréas utilizza per il proprio nome la grafia medievaleggiante *Jehan*; cfr. R.A. Jouanny, *Écrivain français*, cit., p. 32.

[18] Un fondamentale impulso alla diffusione delle *Vies* di Nostredame è dato

di taglio divulgativo, invece che ad una delle più attendibili antologie trobadoriche allora in circolazione (lo *Choix* di Raynouard e il *Parnasse* di Rochegude)[19], non è certo indice di rigore filologico; per questo motivo, anche se l'orecchio di un provenzalista sarebbe tentato di cogliere nell'ultimo verso della strofa – «Amour occit mon cœur de male lance» – il rimaneggiamento di un verso della canzone *Chantan volgra mon fin cor descobrir* del trovatore Folchetto di Marsiglia, il v. 23: «e·l dieus d'amor a·m nafrat de tal lansa»[20], questo parallelo non è dimostrato – né dimostrabile – dalle informazioni che possediamo o possiamo ricavare circa le letture provenzali di Moréas; e il dato è ancor meno significativo se si considera l'effettiva mancanza di spessore che hanno le nobildonne provenzali citate nel componimento, ridotte come sono a meri nomi incantatori, enumerati per la loro intrinseca musicalità evocativa.

Considerazioni analoghe derivano dall'analisi di *Mélusine*[21]: la mitica fondatrice della casata di Lusignano è, in Moréas, una presenza/assenza, un fantasma che compare solo nel titolo del componimento, per poi scomparire nei sottintesi e nelle perifrasi della rievocazione in *flasback* del marito Raimondin, vero protagonista del testo e voce monologante; è Raimondin che, errando a cavallo nel bosco, in una sorta di delirio amoroso-esistenziale allude alla felice coppia che formò e alla sua disperata solitudine attuale, permettendo così al lettore di contestualizzare

---

ad inizio Ottocento da Antoine Fabre d'Olivet, il quale, ispirandosi alle poesie di Ossian di MacPherson, mette insieme *Le Troubadour, poésies occitaniques du XIIIe siècle*, Paris, Henrichs, 1803-1804, 2 voll., una raccolta che mischia componimenti e biografie di trovatori riadattati in linguadociano moderno con componimenti dello stesso Fabre d'Olivet. Il falso fu smascherato da Raynouard nel 1824, ma *Le Troubadour* continuò ad essere letto con interesse. Anche Fabre d'Olivet tratta delle Corti d'Amore, ma nomina dame diverse rispetto a quelle citate da Moréas.

[19] I sei volumi di F.-J.-M. Raynouard, *Choix des poésies originales des troubadours* (1816-1821), Osnabrück, Biblio-Verlag, 1966, comprendono una selezione molto ampia di componimenti di trovatori e osservazioni sull'origine e la formazione delle lingue romanze. La raccolta edita da H.-P. de Rochegude, *Le Parnasse Occitanien* (1819), Genève, Slatkine Reprints, 1977, è meno estesa, ma basata su una vasta collazione di manoscritti della Bibliothèque du Roi [l'attuale Bibliothèque nationale de France].

[20] Cfr. Folquet de Marselha, *Poesie*, a cura di P. Squillacioti, Roma, Carocci, 2003. La canzone citata non è peraltro raccolta né in Raynouard né in Rochegude.

[21] Un'edizione ottocentesca di *Mélusine* di Jean d'Arras è quella pubblicata nella «Bibliothèque elzévirienne», conforme alla stampa del 1478, con prefazione di Ch. Brunet, Paris, Jannet, 1854.

la scena *dopo* la sua scoperta colpevole dei poteri magici della consorte e la conseguente, irreparabile rottura dell'equilibrio matrimoniale:

> st. I
> Raimondin chevauche et son cheval l'emporte,
> Les rênes au col, à travers les futaies.
> Le vent berce sur l'eau l'ombre des futaies;
> Sur l'eau la lune est blanche comme une morte.
>
> st. XVIII
> Las! las! trop tard, trop tôt la Male-Bouche parla;
> Le Mal-Souci parla de Forfait et de Rite.
> Mon Dieu, se pourrait-il, oh! se pourrait-il *cela*,
> Hideux simulacre et démoniaque rite,
> Sur la couette par l'évêque bénite!

Il 'ringiovanimento' operato da Moréas sul testo-fonte ne salva soltanto l'elemento fantastico archetipico, per poi rileggere la leggenda secondo una sensibilità moderna: sulla cavalcata solitaria e affranta di Raimondin aleggia il fantasma della *Belle Dame sans Merci* di Alain Chartier e di John Keats[22], ma le ricercatezze di lessico e repertorio descrittivo risentono soprattutto del Decadentismo. Non è *il* medioevo che Moréas ricerca, bensì un'*idea* del medioevo, un valore assoluto ricodificabile entro parametri di stile e sentire attuali. Tidogolain e Mélusine sono dei *simboli* e costituiscono l'essenza del *mito*, sono «des apparences sensibles destinées à représenter leurs affinités ésotériques avec des Idées primordiales»[23].

Il percorso teorico e lirico di Moréas alla ricerca della più

---

[22] La ballata *La Belle Dame Sans Merci*, scritta da John Keats in due versioni nel 1819, riprende il titolo e si rifà nel soggetto filo-cortese al poemetto in *octosyllabes* composto da Alain Chartier verso il 1424, la cui occasione è appunto la morte della consorte del poeta. A livello lessicale, invece, si nota la personificazione *Male-Bouche*, ossia la *Malabocca* del *Fiore* (attribuito a Dante), modellata sull'allegoria dei maldicenti del *Roman de la Rose*, immagine recuperata anche da Eustache Deschamps nella *Balade amoureuse* num. DXXXVII: *Invocation à l'amour*.

[23] J. Moréas, *Manifeste*, cit., p. 150. La formulazione di Moréas risente della definizione wagneriana di mito, così come enunciata nella *Lettre sur la musique* (1861), dedicata a *M. Frédéric Villot* e preposta alla traduzione francese in prosa di *Quatre poèmes d'opéras: Le vaisseau fantôme, Tannhœuser, Lohengrin, Tristan et Iseult* (1861), Paris, Durand et Fils-Calmann Lévy, 1893, p. XXXII: «Dans le mythe, en effet, les relations humaines dépouillent presque complètement leur forme conventionnelle et intelligible seulement à la raison abstraite; elles montrent ce que la vie a de vraiment humain, d'éternellement compréhensible, et le montrent sous cette forme concrète, exclusive de toute imitation, laquelle donne à tous les vrais mythes leur caractère individuel, que vous reconnaissez au premier coup d'œil».

esatta espressione del simbolo – schopenhauerianamente concepito come rappresentazione fenomenica della volontà creatrice – attraverso una lingua archetipica, decontaminata a ritroso nei secoli, dovrebbe trovare compimento nella terza raccolta poetica, *Le Pèlerin passionné*, come esposto nella nota introduttiva dall'*Auteur au Lecteur*:

> Pour qui sait, dans notre littérature médiévale un riche héritage se recèle. Ce sont les grâces et mignardises de cet âge verdissant, lesquelles, rehaussées de la vigueur syntaxique du seizième siècle, nous constitueront, par l'ordre et la liason inéluctables des choses, une langue digne de vêtir les plus nobles chimères de la pensée créatrice. [...] j'y poursuis [*scil*. Dans ces poëmes-ci], selon une évolution logique et indubitable, dans les idées et les sentiments, comme dans la prosodie et le style, la *communion* du Moyen-Age Français et de la Renaissance Française, *fondus* et *transfigurés* en le principe [...] de l'Âme moderne[24].

Nei cinque anni che intercorrono tra il Manifesto simbolista e questa raccolta, Moréas ha intensificato gli studi in biblioteca[25], ha polemizzato e rivaleggiato con Verlaine[26], e ha difeso dalle colonne delle riviste specializzate le posizioni del Simbolismo[27]; eppure, il pellegrinaggio ideale alle Origini della tradizione lirica moderna è assai poco appassionato, ci riporta le reliquie di un medioevo impressionistico o

---

[24] J. Moréas, *Le Pèlerin passionné*, Paris, Léon Vanier, 1891, pp. III-IV. Le tappe del cammino poetico di Moréas appaiono metaforicamente segnate dai titoli delle tre raccolte di versi: le 'sabbie mobili' (*Les Syrtes*) in cui si dibatte il poeta esordiente, le 'storie profane' (*Les Cantilènes*) del poeta portavoce di istanze di rinnovamento, il cammino ardimentoso del 'viaggiatore' animato dal fuoco della poesia (*Le Pèlerin passionné*). È possibile – come suggerisce R.A. Jouanny, *Écrivain français*, cit., p. 373 – che il titolo di *Cantilènes* sia stato suggerito dalla pubblicazione delle «cantilene» (cioè componimenti brevi e cantabili) di Percy Bysshe Shelley, tradotte da Gabriel Sarrasin sulla «Revue Contemporaine», 25 août 1885, pp. 513-520.

[25] Cfr. R. Niklaus, *Jean Moréas poète lyrique*, Paris, PUF, 1936, p. 81.

[26] Cfr. R.A. Jouanny, *Jean Moréas écrivain français*, cit., pp. 444-471 e p. 247. Verlaine dedica a Moréas il *sonnet VI* delle *Dédicaces*, nel cui lessico filomedievaleggiante, e nella cui scelta di versi brevi e rime ricche (v. 10: «rimes gaillardes»), si avverte una generale attitudine ironica nei confronti del collega, descritto come un «routier de l'époque insigne, | violant de villanelles» [vv. 5-6].

[27] Basti ricordare il botta-e-risposta con Anatole France, che su «Le Temps» del 26 settembre 1886 aveva rimproverato Moréas di poca chiarezza programmatica: «Mon embarras vient surtout de ce que je ne sais pas exactement ce que c'est le symbolisme. Il est vrai que M. Jean Moréas l'explique. Mais il est vrai aussi que son explication est difficile à suivre»; quest'articolo è ripubblicato, parzialmente, in J. Moréas, *Les premières armes du Symbolisme*, Paris, Vanier, 1889, pp. 40-47, a p. 41, da cui si cita.

cristallizzato da un vocabolario di maniera e artificiale, racchiuso in un libro più accumulativo che esemplificativo, nel quale solo l'effettiva qualità della ricerca espressiva e ritmica riesce a tenere unita una silloge priva di veri connettori macrotestuali. L'epigrafe liminare, recante una citazione dal prologo del *Roumans de Berte aus grans piés* di Adenet le Roi, già di per sé tradisce la *curiositas* decorativa di Moréas per l'inserto raro, entrato in voga, come dettaglio esotico, con Théophile Gautier[28], e impiegato sistematicamente, su istigazione mistraliana, dai felibri[29]:

> L'estoire iert si rimee, par foi le vous plevi,
> Que li mesentendant en seront abaubi
> Et li bien entendant en seront esjoy.
> ADENES LI ROIS[30]

Nonostante si sia voluto vedere nell'elemento medievale fantastico del *Pèlerin passionné* una novità[31], o ravvisarne il debito esplicito con l'etica amorosa cortese[32], non sono le sparse citazioni dal solito Nostredame o qualche nome di trovatore evocato in contesto erotico a fare di un *collage* di riferimenti localizzati un insieme convincente. Prosegue, insomma, come sottolinea Jouanny, quel processo di *lessicalizzazione* del medioevo già attivo nelle *Cantilènes*: «Le livre s'ouvre sur deux assez longs poèmes (90 et 66 vers), *Agnès* et *Le Dit d'un chevalier qui se souvient*, qui doivent leur unité au fait qu'il s'agit de deux

---

[28] Th. Gautier, *Portraits*, cit., p. 8: «...un petit volume entremêlé de pages blanches et d'épigraphes bizarres en toutes sortes de langues, que je ne savais pas, selon la mode du temps»; il riferimento è alle *Poésies*, ma l'abitudine di premettere ai propri componimenti delle epigrafi, specialmente in occitano e francese antichi, è ancora viva all'altezza di *Émaux et Camées* (1852).

[29] Cfr. la lettera di Théodore Aubanel a Mistral del 13 novembre 1860: «Je te remercie beaucoup de la belle et charmante épigraphe que tu m'as envoyée. Je n'ai eu garde de l'omettre. Elle est placée en tête de la pièce»; cit. in M. de los Angeles Ciprés Palacin, *Aubanel et les troubadours*, in «France Latine», 104, 1987, pp. 73-80, a p. 73. L'uso estensivo di epigrafi trobadoriche nel capolavoro poetico di Aubanel, *La Miougrano entre-duberto* (1860), impiegate come una specie di «marchio d'occitanità», in grado di sigillare visivamente e metaforicamente il legame culturale e artistico tra i trovatori medievali e i *troubaire* contemporanei, viene fatto proprio da molti felibri, tra i quali Anselme Mathieu, William Bonaparte-Wyse e Prosper Estieu.

[30] Le edizioni a disposizione di Moréas sono *Li Romans de Berte aus grans piés*, éd. par P. Paris, Paris, Techener, 1832 [rist. 1836], e *Li Romans de Berthe aus grans piés*, par Adenés li Rois, poème publié par A. Scheler, Bruxelles, Closson, 1874, cui le lezioni dell'epigrafe rimandano.

[31] P. Jourda, *L'évolution de Moréas*, cit., p. 216.

[32] R. Niklaus, *Jean Moréas poète lyrique*, cit., p. 89.

récits médiévaux; ils prolongent *Tidogolain* et *Mélusine* par leur caractère de narrations amoureuses et par leur médiévisme ostentatoire»[33]. Tralasciando la troppo generica ambientazione claustrale di *Agnès*, riferimenti medievali sparsi nel *Dit d'un chevalier qui se souvient* e nel primo componimento della sezione *Étrennes de doulce* alludono di nuovo alle Corti d'Amore nostradamiche e alle fate della letteratura in lingua d'oïl[34]. Più interessante è, invece, l'*Églogue à ma dame*, esempio paradigmatico del medievalismo ad intarsio di Moréas: questo componimento, alquanto impropriamente classificato come un'egloga – forse per gli scenari bucolici ed edenici di un *Midi* vagheggiato tra le righe, o per le reminiscenze pastorali ronsardiane[35], o forse per la trasfigurazione finale del poeta in *chèvre-pied* preso da *fureur amoureuse* [st. VI] – sfrutta la formula canonica della *descriptio puellae* per lodare la perfezione della donna amata, combinandola con il ritratto di una donna ideale che, al pari della *domna soiseubuda* del trovatore perigordino Bertran de Born[36], assomma in sé le migliori qualità fisiche e morali delle più nobili dame in circolazione:

[33] R.A. Jouanny, *Jean Moréas, écrivain français*, cit., p. 493.

[34] Si veda *Le Dit d'un chevalier qui se souvient*, st. II: «Mab, et la reine Aliénor, | comme rose épanie. | C'est Fanette, au visage claire, | qu'un goujat rendit mère; | [...] | la châtelaine d'Yverdun | qui avait nom Briande»; e *Étrennes de doulce*, I: «C'est pourquoi Doulce je la nomme. | Ni le nom de Mélusine | pourtant, | ni le nom d'Argentine | ou de la comtesse de Flassand...». *Mab* è, verosimilmente, Mabille de Villeneuve, dame de Vence; *Fanette* è Phanette de Gantelme, presidentessa del Tribunale di Romanino, *Briande* – insieme a *Doulce* – è la dama menzionata anche in *Tidogolain*, *Aliénor* è Eleonora d'Aquitania, nipote del trovatore Guglielmo IX, e la *comtesse de Flassand* è Blanche de Flassans, soprannominata Blankaflour; cfr. J. de Nostredame, cit., p. 130.

[35] Cfr. *Les œuvres de Pierre de Ronsard*, reveues, corrigées et augmentées par l'autheur, 10 to., Paris, G. Buon, 1587, to. IV: *Le Bocage Royal*; to. V: *Les Églogues et Mascarades*. La sezione intitolata *Allégories pastorales* del *Pèlerin passionné* consta di cinque egloghe, tutte poco aderenti al genere classico di riferimento e poco originali come rielaborazioni personali, da cui le critiche mosse a Moréas da Camille Mauclair, *Les Athéniens modernes: Jean Moréas*, in «Revue indépendante», juillet 1891, pp. 29-79, a p. 70: «Voilà un littérateur, un artiste, un novateur qui [...] s'amuse à trente cinq ans à rimer des madrigaux et des gentillesses, à pasticher Ronsard, Virgile et Théocrite, sans rien refléter de son époque».

[36] È la canzone *Domna, puois de me no·us chal*, dedicata dal trovatore perigordino alla dama amata, Maeuz de Montanhac; cfr. J. Boutière-A.H. Schutz, *Biographies des troubadours: textes provençaux des XIIIe et XIVe siècles*, Paris, G. Nizet, 1964. Essa è antologizzata sia da Raynouard che da Rochegude. Per il *topos* della donna composita, cfr. A.H. Schutz, *Ronsard's Amours XXXII and the tradition of the Synthetic Lady*, in «Romance Philology», I, 1947, pp. 125-135.

Afin de bien louer les dons
Où vous avez chevance,
Que mon pouce n'a les fredons
Des poètes, honneur de la Provence!

L'enumerazione delle beltà e delle virtù muliebri associa a ciascun tratto specifico la singolarità esemplare dell'esperienza poetica e amorosa di un trovatore: la bocca rossa come un «sanguin piment» e latrice di dolci parole dev'essere magnificata con l'abilità indiscussa («rime approuvée») di Arnaut Daniel, campione del *trobar ric* [st. II]; i capelli biondi e lisci come «huile d'olive» richiedono la musicalità leggera («une cadence vive») dei versi di Jaufre Rudel [st. III]; gli occhi attraverso cui si irradia la nobiltà dell'animo meritano la «pompe et l'apparat» dell'elogio riservato ad una principessa, quale fu Beatrice di Monferrato cantata da Raimbaut de Vaqueiras [st. IV]; l'incarnato è talmente eccezionale da meritarsi una fama maggiore («le bruit de ma voix») di quella che gode la vicenda di Guillem de Cabestaing e Sorismonda [st. V]. I trovatori menzionati sono tra i più noti della tradizione, per ragioni artistiche o biografiche: Arnaut Daniel è considerato l'inventore della sestina e Raimbaut de Vaqueiras è l'autore del famoso discordo plurilingue *Eras quan vey verdeyar*; Jaufre Rudel amò «ses vezer» la contessa di Tripoli e morì durante il viaggio oltremare fatto per conoscerla; Guillem de Cabestaing amò la moglie del conte di Rossiglione ma questi, scopertolo, lo uccise e ne servì il cuore in pasto all'ignara consorte. Già inseriti da Petrarca nella schiera dei «vinti da amore» nel *Triumphus Cupidinis*, IV, vv. 40-57, questi quattro trovatori sono diffusamente trattati nelle *Vies* di Jehan de Nostredame, opera che, anche in questo caso, può essere additata come la fonte principale cui Moréas attinge[37].

---

[37] Moréas avrebbe potuto avere a disposizione anche lavori di taglio più scientifico come C.A.F. Mahn, *Die Biographieen der Troubadours in provenzalischer Sprache*, 2. Auflage, Berlin, F. Duemmler's Verlagsbuchhandlung, 1878, C. Chabaneau, *Les biographies des troubadours en langue provençale*, Toulouse, Privat, 1885, e F. Hueffer *The Troubadours: A History of Provençal Life and Literature in the Middle Ages*, London, Chatto and Windus, 1878 (e, a cura dello stesso Hueffer, l'ediz. crit. di *Guillem de Cabestanh: seine Leben und Werke*, del 1869). Tuttavia, si rintraccia l'eco di Nostredame dietro l'accenno all'eloquenza della dama ispiratrice di Arnaut Daniel: «…la dame de l'Ongle, qu'estoit de ce temps une belle dame, docte et bien parlante à tous propos» [*Vies*, cit., p. 28], e ai fasti della vita di Raimbaut de Vaqueiras alla corte di Monferrato [*Vies*, cit., pp. 51-53].

Moréas non dimostra, del resto, di possedere particolari competenze di provenzale antico quando, nella *Sylve à Charles Maurras*[38], non disgiunge il nome della dama amata dal trovatore Peire Rogier, la viscontessa Ermengarda di Narbona, dalla particella nobiliare *Na* 'signora' (*Nesmengarde*) e – sia pure per esigenza di rima – definisce paradossalmente l'arduo poetare di Arnaut Daniel «dolce come il miele», oppure ascrive alla produzione trobadorica il genere letterario del *dit*, ad essa estraneo e tipico invece della produzione in lingua d'oïl:

>   st. II
>   Jaufred, Arnaud Daniel
>   au style doux comme miel,
>   Pierre qui sentis la darde
>   de la belle Nesmengarde,
>   l'autre Arnaud qui n'eus soulas
>   de la dame de Bourlas,
>   Bernard, Anselme, Folquette
>   qui capucin te rendis,
>   et Raimbaut que de Phanette
>   rimas en aubes et dits:
>   votre vertu, de l'arbre du Pénée,
>   aux champs d'Elise soit à jamais couronnée,
>   aimables provençaux par qui sut bien les sons,
>   mignardement sonnées, des jeux et des tensons,
>   en pays champenois, le grand Thibaut, mon maître.

La matrice di questa teoria di poeti sembra qui essere, ancora una volta, Jehan de Nostredame, non foss'altro che per la grafia *Anselme* del nome del trovatore Gaucelm Faidit[39]. Ma è soprattutto il verso finale a dare conferma della funzione strumentale e accessoria che i trovatori hanno in questo contesto e, in generale, nella poesia di Moréas: strumentale alla celebrazione del provenzale Maurras e all'esaltazione di un mitico *âge d'or* della Provenza medievale; accessoria (una sorta di *auctoritas* convenzionale) alle vere inclinazioni filofrancesi di Moréas, il quale infatti si

---

[38] Pubblicato per la prima volta sulla rivista «Le Saint Graal», 9 août-sept. 1892, e ripubblicato sulla «Revue félibréenne», 8, 1892, questo componimento viene inserito nel *Pèlerin passionné*, éd. refondue comprenant plusieurs poèmes nouveaux, Paris, Léon Vanier, 1893 (= Sylve XVII).

[39] J. de Nostredame, cit., pp. 40-43. Ad *Ancelme Faydit* è riservato il cap. LIV delle *Vies*; l'inclusione di questo trovatore nel *Triumphus Cupidinis* è – come si verifica anche per gli altri trovatori menzionati da Petrarca – esplicitamente segnalata da Nostredame: «Petrarque [...] a fait mention de ce poëte au quatriesme chapitre de son Triomphe d'Amour».

dichiara discepolo di quel «grande Thibaut» che va certamente identificato con il *trouvère* Thibaut de Champagne, re di Navarra, evocato anche nel *Pèlerin passionné*[40]. Collocare un poeta in lingua d'oïl in mezzo ai poeti in lingua d'oc del passato e ai loro ideali eredi del Felibrismo, di cui Charles Maurras è un esponente, è un involontario azzardo ideologico che solo uno 'straniero' come Moréas potrebbe commettere, perché estraneo alla secolare *querelle* che, dal Cinquecento in avanti, oppone i sostenitori della primazia poetica dei trovatori del Sud ai sostenitori della superiorità artistica dei trovieri del Nord[41]. Non è forse un caso se Maurras ricostruisce la 'genealogia' letteraria di Moréas in prospettiva esclusivamente francese: «...il égrène les strophes de Ronsard et de La Fontaine, de Thibaut de Champagne et d'Alfred de Vigny»[42].

La commistione tra oc e oïl in Moréas è la spia del fraintendimento degli obiettivi comuni su cui si fonda la collaborazione con Maurras all'epoca della fondazione dell'*École romane française*, sancita ufficialmente dai due interventi di Moréas su «Le Figaro» del 14 e 23 settembre 1891, di pochi mesi posteriori alla critica che Anatole France gli aveva mosso dalle pagine dello stesso giornale, liquidando le presunte novità dei suoi prodotti simbolisti come una miscela di «pédantisme élégant de la Renaissance», «joli mauvais goût du style rocaille» e «vague

---

[40] Si veda l'ultima strofa del *Bocage*: «L'intègre élément de ma voix | suscite le harpeur, honneur du Vendômois; | et le comte Thibaut n'eut pas de plainte plus douce | que les lays amoureux qui naissent sous mon pouce». Il canzoniere di Thibaut era stato edito da P. Tarbé, *Chansons de Thibaut IV, comte de Champagne et de Brie, roi de Navarre*, Reims, Regnier, 1851.

[41] Il dibattito è particolarmente acceso nel Settecento quando, accanto al medioevo galante rivisitato dal conte di Tressan e dal *genre troubadour*, cresce l'interesse erudito per un periodo storico e letterario fino a quel momento poco conosciuto: tra il 1701 e il 1704, Pierre Galaup de Chasteuil e Pierre-Joseph de Haitze si scambiano dei *pamphlets* rispettivamente pro e contro i trovatori; tra il 1781 e il 1786, una controversia di analogo argomento vede Laurent-Pierre Bérenger difendere la causa dei poeti meridionali contro le accuse di Pierre Jean-Baptiste Le Grand d'Aussy; cfr. R. Capelli, *Trovatori «loüables» o «volages»? La controversia di inizio Settecento tra Pierre Galaup de Chasteuil e Pierre-Joseph de Haitze*, in *Il discorso polemico. Controversia, invettiva, pamphlet*, Atti del XXXIII Convegno interuniversitario (Bressanone, 7-10 luglio 2005), a cura di G. Peron e A. Andreose, Padova, Esedra, 2010, pp. 227-238. Le Grand d'Aussy è tra l'altro l'autore di quattro volumi di *Fabliaux ou Contes du XIIe et du XIIIe siècle*, Paris, E. Onofry, 1779-1781, che Moréas dovette conoscere e consultare preparando i *Contes de la vieille France* (1904).

[42] Ch. Maurras, *Jean Moréas*, in Id., *L'Allée des philosophes*, Paris, Crès, 1924, p. 228.

inquiétant de la poésie décadente»⁴³. Nel Manifesto della nuova Scuola, Moréas dichiara il proprio definitivo allontanamento dalle idealizzazioni troppo soggettivizzanti del Simbolismo, in nome di un 'principio greco-latino' mirante alla purificazione dello stile in senso antiromantico:

> «Le Figaro», 14 settembre 1891
> L'*École romane française* revendique le principe grécolatin, principe fondamental des Lettres françaises qui florit aux onzième, douzième et treizième siècles avec nos trouvères, au seizième avec Ronsard et son école, au dix-septième avec Racine et La Fontaine. Aux quatorzième et quinzième siècles, ainsi qu'au dix-huitième siècle, le principe gréco-latin cesse d'être une source vive d'inspiration et ne se manifeste que par la voix de quelques excellents poètes tels que Guillaume de Machaut, Villon et André Chénier.

> «Le Figaro», 23 settembre 1891
> La force et la grâce de la poésie française, n'est-ce point son caractère impersonnel? Elle est l'Héritage inaliénable, elle est le souffle de Pan sonnant un chant perpétuel au pipeau qui passe des doigts du père à ceux du fils. Et cela s'explique: la langue française, cette langue si décente et si discrète que des fous ont pu la croire pauvre, elle est la seule légitime héritière d'Athènes et de Rome.

La *Scuola romanza francese* cui pensa Moréas è un'Accademia degli spiriti artistici accomunati dalla volontà di ricollegarsi alla tradizione classica; non è un'istituzione basata sui presupposti storici e storiografici di autoctonia che servono, invece, a Maurras per descrivere la geografia dello spazio neolatino in termini di confederazione mediterranea, dai connotati fortemente nazionalistici:

> «Le Figaro», 1° luglio 1891
> Les barbares peuvent bien infuser du sang neuf à une race; un rythme neuf aucunement. Il fallut que les Provençaux du IXe siècle retrouvassent le rythme antique pour que la littérature moderne fût. [...] Latin, félibréen, italien, hellène, il est le même. Jean Moréas, ces mois derniers, l'a voulu appeler «Roman» [...]. Il y aura un court combat entre les Ombres et la Lumière, après lequel on ne verra que des trouvères d'Oïl ou d'Oc, chantant leurs amitiés et leurs similitudes dans les deux langages romans, comme on parlait grec et latin dans la Rome de Marc Aurèle. [...]

---

⁴³ A. France, «Le Figaro», 1° gennaio 1891.

> Or, en ceci nous sommes des privilegiés. Par l'hérédité ou la tradition, tous en France, sont ainsi faits que l'assemblée des plus beaux dieux qu'ait possédés le monde est ensevelie dans les cœurs. [...] On n'imagine point de pensée ni de rêve que n'ait point suscité la Méditerranée.

La differenza tra il concetto di *ispirazione* romanza formulato da Moréas e quello di *identità* romanza formulato da Maurras spiega la distanza che separa, oltre la superficie della condivisa esaltazione del *génie méditerranéen*, la visione puramente letteraria del primo dalla visione politica reazionaria del secondo; ed è proprio questa distanza sentimentale e teorica dell'Ateniese nei confronti delle rivendicazioni indipendentiste e tradizionaliste dell'occitanismo impegnato a spiegare perché i rapporti di Moréas coi felibri saranno sempre molto tiepidi.

Nel disegno di restaurazione classicista elaborato da Moréas non c'è più posto per il pittoresco romantico e per il grande mito romantico del medioevo 'barbaro'. Le poesie di questi anni vengono raccolte nelle *Stances*[44], un titolo emblematico che, ricordando le *Stanze* di Angelo Poliziano e veicolando un *état d'esprit* affine al Ronsard dei *Derniers vers*, indica chiaramente l'orientamento neo-umanistico dell'autore: il contenuto è autobiografico, i toni sono intimistici, lo stile è anti-ornamentale, sobrio, privo di eccentricità lessicali e irregolarità prosodiche, con esiti fin quasi prosastici; il poeta non rivivifica il tempo che fu, ma vive il passare del tempo come esperienza spirituale e – come tale – universale, ininterrotta e simultanea:

> Moréas, *Livre VI, Stance II*, st. I
> Solitaire et pensif j'irais sur les chemins,
> Sous le ciel sans chaleur que la joie abandonne,
> Et, le cœur plein d'amour, je prendrai dans mes mains
> Au pied des peupliers les feuilles de l'automne.
>
> Ronsard, *Sonnets à Marie* (1573), st. I
> Seul et pensif j'alloy parmi la rue
> Me promenant à pas mornes et lents,

---

[44] Scritti a partire dal 1897, pubblicati singolarmente su rivista o parzialmente selezionati in raccolte intermedie, i componimenti delle *Stances* trovano la loro definitiva sistemazione in sei libri e vengono riuniti per la prima volta in un unico volume nell'edizione Boès del 1905. Una forma in sette libri uscirà postuma, per le edizioni del *Mercure de France*, nel 1921. Cfr. R.A. Jouanny, *Jean Moréas, écrivain français*, cit., pp. 683-691.

Quand j'aperceu les yeux étincelants
Auprez de moy de celle qui me tue[45].

Petrarca, *RVF*, son. *XXXV*, st. I
Solo et pensoso i piú deserti campi
vo mesurando a passi tardi et lenti,
et gli occhi porto per fuggire intenti
ove vestigio human l'arena stampi[46].

In palinsesto c'è il Petrarca dei *Rerum vulgarium fragmenta*, filtrato dalla Pléiade; ma, in questo componimento – come sarà in tutte *Les Stances* – la ripresa è altamente allusiva, priva della pesantezza citazionistica tipica dei revival programmatici e della precedente produzione di Moréas. La linea evolutiva che dalle *Syrtes* arriva fino alle *Stances* individua il passaggio dall'integrazione sperimentale delle fonti e dei modelli alla loro interiorizzazione, cosicché la presenza esplicita e ingombrante della tradizione si stempera in una poetica di pessimismo trasognato che è quella più originale di Moréas.

---

[45] P. de Ronsard, *Œuvres complètes*, 2 voll., édition établie, présentée et annotée par J. Céard, D. Ménager, M. Simonin, Paris, Gallimard, «Bibliothèque de la Pléiade», 1993-1994.

[46] F. Petrarca, *Canzoniere*, intr. di R. Antonelli, testo critico e saggio di G. Contini, note di D. Ponchiroli, Torino, Einaudi, 1992.

Marcel Schwob et l'art des Coquillars

Daniel Heller-Roazen
(Princeton University)

En juin 1890, Marcel Schwob publiait, dans les «Mémoires de la société linguistique de Paris», un article portant ce titre modeste: *Le Jargon des Coquillars en 1455*[1]. Sa communication prenait comme point de départ l'état de la connaissance de l'argot en langue française. «Jusqu'à présent», observait-il, «les sources du jargon» se ramenaient à plusieurs types de documents médiévaux. On connaissait certaines expressions rapportées par d'anciens chroniqueurs, tel le mot *marié*, «qu'on a mal interprété, et qui signifie *pendu*», dans un passage de la *Geste des Nobles*, qui date de l'an 1408: «Je doubtoye plus que vous deussiez conclure que je feusse *marié*». On avait aussi noté certains vocables cités dans les actes de rémission, dont le plus célèbre, et sans doute le plus ancien, est le mot *dupe*: ancienne appellation de la «huppe», parent du *pigeon* des temps modernes, dont la présence à été repérée dans des archives de police datant de 1426. Celles-ci révèlent, en effet, que l'accusé «avait trouvé son homme ou sa *duppe*, qui est leur manière de parler et que ilz nomment jargon, quend ilz trouvent aucun fol ou qu'ilz veullent decevoir par jeu ou jeux et avoir son argent»[2]. Schwob rappelle que l'on n'ignorait pas non plus les formules rapportées par un certain nombre de sources littéraires, telles les farces des XVe et XVIe siècles, quelques chansons et ballades, en particulier chez Eustache Deschamps et chez Charles d'Orléans, les œuvres d'humoristes didactiques, prédécesseurs de Rabelais (tel le *Roman de la Rose moralisé* de Molinet), ainsi que trois sources singulières: quelques manuscrits copiés

---

[1] M. Schwob, *Le Jargon des Coquillars en 1455*, in «Mémoires de la société linguistique de Paris», juin, 1890, republié dans Id., *Études sur l'argot français,* Paris, Éditions Allia, 2004, pp. 7-60.

[2] *Ibid.*, p. 61; cité dans Pierre Guiraud, *L'Argot,* Paris, PUF, 1956, p. 49.

avant 1425 par Raoul Tainguy contenant des textes d'Eustache Deschamps, de Jacques de Cessoles et de Froissart, six ballades en jargon connues depuis le XVe siècle sous le nom de *Jargon et Jobelin de maistre François Villon* et cinq ballades en jargon figurant dans un manuscrit de la bibliothèque royale de Stockholm, publiées en 1889 par Auguste Vitu qui les attribuait à François Villon.

On peut supposer que l'existence de ces divers restes de l'argot ancien était connue des lecteurs des «Mémoires de la société linguistique de Paris». Pourtant, dans son article de 1890, Marcel Schwob annonce la découverte d'une source supplémentaire et indépendante pour le jargon, qu'il n'hésite pas à qualifier de «la plus importante de toutes celles du XVe siècle (les ballades exceptées), et par le nombre des termes et par les détails donnés au cours de la procédure»[3]. Comme l'indique Schwob, ce précieux document avait déjà été signalé par Joseph Garnier, archiviste de la Côte-d'Or, qui en avait publié un court résumé en 1848. Mais Garnier ne l'avait pas étudié en détail; même Francisque Michel, auquel Garnier avait envoyé l'une de ses quarante brochures, avait omis de le prendre en considération dans ses *Études de philologie comparée sur le jargon* de 1856. Schwob fut donc le premier à l'étudier en détail et à en publier une transcription. Il s'agissait des actes d'un procès tenu en 1455, à Dijon, contre une compagnie de gens oisifs, vagabonds et violents connus sous le nom de «Société de la Coquille». L'origine de cette appellation est incertaine. D'aucuns ont soutenu qu'elle évoquait les routes de pèlerinage, où les malfaiteurs «écorchaient» leurs victimes. D'autres spécialistes, en revanche, ont avancé la thèse selon laquelle on doit y déceler une allusion aux coqs qui saillent les poules et, par analogie, aux hommes qui «jettent à bas leurs adversaires d'un coup bien assuré»[4].

Dans les documents des Archives dijonnaises, on retrouve, en tout cas, le témoignage des mesures prises par les autorités civiles contre les Coquillars. En appendice à son article, Schwob publiait plusieurs pièces d'un procès: l'instruction; la déposition des témoins; l'interroga-

---

[3] M. Schwob, *Le Jargon des Coquillars*, cit., p. 65.

[4] P. Guiraud, *Le Jargon de Villon ou le Gai Savoir de la Coquille*, Paris, Gallimard, 1968, p. 8.

toire des accusés; le catalogue des noms des criminels dénoncés; et enfin, un aperçu de l'arme singulière dont usaient les Coquillars dans leurs nombreuses exactions. Cette arme consistait en cet usage détourné de la langue que l'on nomme "jargon". Jean Rabustel, procureur-syndic et clerc du tribunal de la vicomté-mairie de Dijon, en fait état dès l'exorde de sa plaidoirie sur les actes des «écorcheurs». «Il est vray», déclare-t-il, «que lesdits compaignons ont entreux certain langaige de jargon et aultres signes a quoy ilz s'entrecongnoissent, et s'appellent iceulx galans *les coquillars* qui est a entrendre *les compaignons de la Coquille* lesquelz comme len dit on un Roy qui se nomme *le Roy de la Coquille*»[5]. Dans la déposition qu'il rédigea à la suite des interrogatoires, Perrenet Le Fournier, «barbier demorant a Dijon et agie de xxxiiij ans ou environ», en dit davantage. En guise de préface à ses considérations, il écrit: «Et est vray commil dit que lesdiz coquillars ont entreux un langaige exquis, que aultres gens ne scevent entendre, s'ilz ne l'ont reveley et aprins par lequel langaige ilz congoissent ceulz qui sont de ladite Coquille et nomment proprement oudit langaige tous les faiz de leur secte»[6].

Au moment où Schwob reproduit ces déclarations, l'argot fait l'objet du plus vif intérêt scientifique en France, en Angleterre, en Allemagne et en Italie. Qu'il suffise de mentionner, outre les *Études sur le jargon* de Francisque Michel de 1856, le grand vocabulaire de Vidocq, consulté par Hugo ainsi que par Balzac, *Les Voleurs, Physiologie de leurs mœurs et de leur langage. Ouvrage qui dévoile les ruses de tous les fripons, et destiné à devenir le vade mecum de tous les honnêtes gens* (1837); la monumentale étude du «langage des Gueux» en langue allemande du Directeur de la Préfecture de Police de Lübeck, Friedrich Christian Benedict Avé-Lallemant, *Das deutsche Gaunerthum in ihrer sozial-politische, literarischen und linguistischen Ausbildung* (1862), qui fut, de fait, la première grammaire moderne du yiddish en langue allemande; l'efflorescence, en anglais, de la lexicographie du *slang* vagabond et criminel; et en italien, les nombreux travaux sur le *furbesco* d'Alfredo Nicefo-

---

[5] M. Schwob, *Études sur l'argot français*, cit., p. 82.

[6] *Ibid.*, p. 83.

ro, auteur du traité *Il gergo nei normali, nei degenerati, e nei criminali,* dont les chapitres étaient consacrés, *seriatim,* aux divers argots dans «le associazioni normali», dans «la coppia amante», dans «la coppia lesbica, onanista e pederasta», dans «le basse stratificazioni sociali», dans les «laboratori femminili», et dans «la coppia di prostituta e *souteneur*»[7]. À l'époque de l'émergence du paradigme «indiciel» dans les sciences de la vie[8], au moment même où la cryptographie commençait, avec le procès Dreyfus, à jouer un rôle décisif dans les affaires publiques, et à l'aube de la criminologie moderne, divers savoirs se réunissaient dans un unique projet: la chasse aux parlers secrets des classes dangereuses.

À la lumière du procès de 1455, Schwob a pu montrer que de tels parlers étaient, en vérité, plus anciens qu'on ne l'avait soupçonné, et qu'ils relevaient de techniques dont les Bourguignons du XVe siècle avaient fort bien saisi les règles. À ce sujet, les témoignages parus dans les «Mémoires de la Société linguistique de Paris» ne laissaient guère de doute: les diverses activités des Coquillars reposaient sur un usage du jargon, dont les autorités cherchaient la clé. «Aulcuns desdits coquillars», lisait-on, «sont crocheteurs d'usseries arches et coffres; les autres sont tresgeteurs et desrobent les gens en changeant or a monnoye ou monnoye a or, ou en achetant aulcunes marchandises; les aultres font, portent et vendent faulx lingoz et faulses chainnes en façon d'or; les aultres portent et vendent ou engaigent faulses pierreries en lieu de dyanmanz rubiz et aultres pierres précieuses; les aultres se couchent en quelque hostellerie avec aulcun marchant et se desrobent eulx meismes et ledit marchant et ont homme propre auquel ilz baillent le larrecin et puis se complaignent avec le marchant desrobey...»[9]. À chacune de ces ruses correspondait un terme technique, impénétrable à tous ceux qui ne s'étaient pas initiés à la science de la Coquille. Comme le notait Perrenet le Fournier dans sa déposition, «Chacune tromperie dont ilz usent a son nom en leur jargon et ne les sçauroit aulcun

---

[7] A. Niceforo, *Il gergo nei normali, nei degenerati, e nei criminali,* Torino, Fratelli Bocca, 1897.

[8] Sur le paradigme indiciel, on lira l'article classique de Carlo Ginzburg, *Spie,* in Id., *Miti emblemi spie. Morfologia e storia,* Torino, Einaudi, 1986.

[9] M. Schwob, *Études sur l'argot français,* cit., pp. 81-82.

entendre s'il n'est de leur sorte et secretement ou se aulcun d'eulx ne le revele a autre»[10].

De là l'inclusion, dans les actes du procès, d'un véritable glossaire de mots et de phrases obscurs, qui remplissent plusieurs folios: «Ung *crocheteur*, c'est celluy qui scet crocheter serrures. Ung *vendegeur*, c'est ung coppeur de bourses. Ung *beffleur* c'est ung larron qui attrait simples a jouer. Ung *envoyeur* c'est un muldrier. Ung *desrocheur* c'est celluy qui ne laisse rien a celluy qu'il desrobe...Un *pipeur* c'est .I. joueur de dez et d'aultres jeux ou il y a avantage [et decepcion]... *Fustiller* c'est chang[ier les dez]. Ils appellent la justice de quelque lieu que ce soit la *marine* ou la *rouhe*. Ilz appellent les sergent les *gaffres*...Ung homme simple que ne coignoit en leurs sciences c'est ung *sire* ou une *duppe* ou ung *blanc*... Une bourse c'est une *fellouse*... Le *roy David* c'est ouvrir une serrure ung huiz ou .I. coffre et le refermer... *Bazir* un homme c'est tuer... Le *jour* c'est la torture... Quand l'ung d'eulx dit: *Estoffe!* c'est-à-dire qu'il demande son butin de quelque gaing qui est fait en quelque maniere par la science [de la Coquille]... »[11].

Schwob saisit la portée singulière de ces éclaircissements pour l'œuvre de celui qui, selon lui, avait «pris la grande part de gloire poétique de son siècle»[12]. Dans son essai sur Villon dans *Spicilège*, il rappelle les solides raisons qui mènent à conclure que «Villon entra en relation avec ces compagnons coquillars»[13]. Que le poète soit resté «huit jours à Bourg-la-Reine, où Pierre Girard, barbier juré, le nourrit de cochons gras»[14], avant de vagabonder dans le Sud et dans l'Est de la France, au moment même où l'on trouvait, «sur toutes les routes entre Lyon, Dijon, Toul, Mâcon, Salins et Langres, des malfaiteurs qui appartenaient à la compagnie de la Coquille», tout cela suggère que l'adresse de ses deux *Ballades en jargon* aux *Coquillars, enaruans a ruel* témoigne d'une réalité historique[15]. Mais le noyau de l'argument de Schwob repose sur des

---

[10] *Ibid.*, p. 82.

[11] *Ibid.*, pp. 86-90.

[12] M. Schwob, *Œuvres*, 2 tomes, Paris, Mercure de France, 1921, t. I, p. 10.

[13] *Ibid.*, p. 37.

[14] *Ibid.*, p. 36.

[15] *Ibid.*, p. 37.

données philologiques. C'est qu'il existe un rapport étroit entre les mots figurant dans le glossaire du procès et le lexique des onze *Ballades en jargon*. Schwob en a fait la démonstration dans une communication donnée à l'Académie des Inscriptions et Belles-Lettres en 1890. Ainsi écartait-il définitivement la thèse de certains spécialistes, dont Lucien Schöne, selon laquelle la langue des *Ballades en jargon* de Villon était, en vérité, «une fantaisie du poète, plutôt que [...] le monument unique d'un idiome disparu». Une fois rapportés au texte des *Ballades*, les documents du procès de 1455 tranchaient la question[16]. Et Schwob de conclure: «Le fait qu'un aussi grand nombre de mots sont communs à la langue de Villon et à celle des Coquillars suffit à montrer que ces pièces ont été réellement écrites en jargon de malfaiteurs»[17].

Pourtant, l'intérêt que portait Schwob aux actes du procès dans les Archives dijonnaises excédait la question de l'interprétation de l'œuvre de Villon. Car le dossier sur le «langaige exquis» des compagnons de la Coquille apportait aussi du nouveau à un champ de savoir dont Schwob fut l'un des fondateurs: la linguistique de l'argot, telle qu'elle se conforme à l'idéal d'une discipline scientifique. Pour évoquer cette nouvelle recherche, Schwob fait appel à plusieurs métaphores. Dans l'*Étude sur l'argot français* qu'il écrit avec Georges Guieyesse, et qui paraît dans les «Mémoires de la Société linguistique de Paris» un an avant l'article sur le procès des Coquillars, on peut lire que l'argot est une langue qui «a été décomposée et recomposée comme une substance chimique»[18]. Ailleurs, l'intérêt scientifique de l'argot se présente plutôt sous un aspect zoologique. Défendant le choix du jargon comme objet d'étude linguistique, Schwob écrit: «La science du philologue ressemble beaucoup à celle du naturaliste. Les savants qui s'occupent de tératologie n'ont nul besoin de mettre en tête de leurs ouvrages une préface apologétique. Les mots sont des phénomènes et appartiennent tous, quels qu'ils soient, au domaine de la linguistique»[19]. Comme un être animé, l'argot obéit à des nécessités de type organique. C'est une

---

[16] M. Schwob, *François Villon,* Paris, Éditions Allia, 2008, p. 31.

[17] *Ibid.*, p. 34.

[18] M. Schwob, *Études sur l'argot français*, p. 59.

[19] *Ibid.*, p. 7.

langue «contrainte de vivre sous des lois spéciales, et les phénomènes que nous constatons en elle sont le résultat de cette contrainte. Les animaux des grands fonds sous-marins recueillis dans les expéditions du *Travailleur* et du *Talisman* sont dépourvus d'yeux; mais sur leur corps se sont développées des taches pigmentaires et phosphorescentes. De même l'argot dans les bas-fonds où il se meut, a perdu certaines facultés du langage, en a développé d'autres qui lui en tiennent lieu; privé de la lumière du jour, il a produit sous l'influence du milieu qui l'opprime une phosphorescence à la lueur de laquelle il vit et se reproduit»[20].

Avant Schwob et Guieyesse, les érudits avaient souvent considéré que l'argot était, en fait, un idiome composé d'expressions de type métaphorique. «Victor Hugo avait admiré le mot *lancequiner* (pleuvoir) dans la forme pittoresque duquel il retrouvait les hallebardes des lansquenets». Pour Francisque Michel, «dans *dorancher* (dorer) on a modifié la terminaison par allusion à la couleur orange. *Bougie* est une canne 'parce que ce n'est qu'au moyen d'une canne que les aveugles peuvent s'éclairer.' *Mouchique*, mauvais, laid, est une injure datant de 1815, souvenir des paysans russes, *mujiks*»[21]. Schwob et Guieyesse, pour leur part, tenaient que ces approches méconnaissent le sens des métaphores et la nature de l'argot. «Les métaphores, affirment-ils, sont des images destinées à donner à la pensée une représentation concrète. Ce sont des formations spontanées, écloses le plus souvent chez des populations primitives, très rapprochées de l'observation de la nature. L'argot est justement le contraire d'une formation spontanée. C'est une langue artificielle, destinée à n'être pas comprise par une certaine classe de gens». De là leur conclusion: «On peut donc supposer *a priori* que les procédés de cette langue sont artificiels»[22].

L'*Étude sur l'argot français* de 1889 ramène ces procédés à deux types fondamentaux. Le premier d'entre eux frappe la forme des mots: leurs sons. Il s'agit d'une pratique de défiguration, qui atteint plusieurs parties du discours. Ainsi, dans l'argot, des substantifs de la langue courante seront marqués par l'ajout de suffixes nouveaux,

---

[20] *Ibid.*, pp. 59-60.

[21] *Ibid.*, p. 9.

[22] *Ibid.*, pp. 9-10.

parmi lesquels il faut compter -*ique*, -*oque*, -*uche*, -*atte* et -*ème*[23]. Ces suppléments, à leur tour, se substitueront aux syllabes finales existantes. Pour «la trompette», on aura donc *latronpuche;* «la boutique» se transformera en *boutoque* ou *boutanche*, de même que «la préfecture» deviendra la *préfectance*[24]. Ce n'est là que l'étape initiale d'une déformation complexe, car à un premier suffixe additionnel, on peut aussi joindre un second morphème: ainsi passera-t-on de «mal» à *moche*, avant d'y ajouter une finale en *ique* pour aboutir à *mochique*. «L'argot est capricieux: tantôt la défiguration s'opère par substitution de suffixes, tantôt elle en entasse jusqu'à quatre. *Chaper, chaparder, choper*, nous ont donné un exemple du traitement capricieux que peut subir un mot. Nous avons vu se former presque sous nos yeux d'extraordinaires 'cristallisations de suffixes'. *Chique* (chic) a donné "chiquoque", "chicoquand", "chiquoquandard". *Rupin* a donné "rupique", "rupiquand", "rupiquandard"»[25]. De semblables altérations peuvent se produire à la suite d'une apocope: ainsi supprime-t-on la lettre finale de «Paris», avant d'y appendre un suffixe en -*go*, pour obtenir *Parigo*, et pour «Saint-Lazare», une réduction à la première syllabe et l'ajout d'un suffixe en -*go* donneront *Saint-Lago*[26]. Dans certains cas, la suffixation suit des règles de découpage lexical complexes, qui impliquent des jeux de phonèmes. Que l'on songe au javanais, langue hiéroglyphique des filles. Schwob et Guieyesse, quant à eux, évoquent ce parler secret que l'on appelait *l'argonji des loucherbèmes* et que pratiquaient autrefois les bouchers des Halles. «Ce procédé consiste à remplacer la première lettre d'un mot par *l*, à la rejeter à la fin du mot, et à la faire suivre d'un suffixe»[27]. Si le suffixe est en -*ème,* on aura donc, pour «boucher», *loucherbème;* et à partir de suffixes différents, on formera, de manière régulière, *lonsieurmique* («monsieur»), *loirepoque* («poire»), *lemmefuche* («femme») et *latronpatte* («patron»)[28].

---

[23] *Ibid.*, p. 22.

[24] *Ibid.*, p. 23.

[25] *Ibid.*, p. 30.

[26] *Ibid.*, p. 35.

[27] *Ibid.*, p. 11.

[28] *Ibid.*

Ainsi, à partir de mots de la langue française, l'argot forge des doublets artificiels, doués d'un trait propre. Celui-ci touche non pas au son mais au sens. C'est que les mots du jargon admettent une synonymie pure et proliférante. Comment distinguer, au niveau de la signification, un morphème en *-ique* d'un suffixe en *-oque*, en *-uche* ou en *-atte*? Selon les auteurs de l'*Étude sur l'argot français*, la question est mal posée. Car le sens de ces suffixes s'épuise dans la déformation de mots connus, et à ce titre, tous se valent. «Dans l'étude du langage spontané, lit-on, les suffixes ont une valeur pour le sens; ils indiquent telle nuance de la pensée, telle fonction pour le vocable. Ici, le suffixe n'a point de valeur pour le sens; c'est un élément de déformation. Un mot ordinaire se compose de deux éléments: *racine* et *suffixe*; c'est un mot spontané (*dor-er*). Un mot argotique se compose de trois parties: *racine*, *élément* ou *éléments de défiguration*, *suffixe* (*dor-anch-er*)»[29].

De la même manière, on peut soutenir que dans la langue telle que l'étudie le grammairien, il n'y a jamais de synonymie absolue: en principe, chaque élément lexical doit se distinguer des autres[30]. Victor Hugo raisonnait de cette manière lorsqu'il commenta «la différence entre *tête* (terme neutre), *tronche* (la tête tranchée par la guillotine) et *sorbonne* (la tête qui pense)»[31]. Schwob et Guieyesse, au contraire, maintiennent que le jargon accepte de tels êtres indiscernables; plus exactement, il les engendre, selon un procédé particulier qu'ils désignent du nom de "dérivation synonymique". «Chaque mot produit un mot: c'est d'abord un doublet artificiel. Ce doublet produit une métaphore; celle-ci, un synonyme. La métaphore fait jaillir parfois autour d'elle une pluie de synonymes, comme les champignons qui éclatent en projetant une nuée de spores destinée à perpétuer leur espèce. C'est en rassemblant ces graines éparses, en les comparant et en reconnaissant, suivant une loi de l'analogie, leur commune origine que nous avons pu déterminer le procédé de dérivation de l'argot»[32].

---

[29] *Ibid.*, p. 41.

[30] Jean-Claude Milner en a fait une proposition majeure dans la science du langage. Voir son *Introduction à une science du langage,* Paris, Seuil, 1989, pp. 341-349.

[31] *Ibid.*, p. 346, n. 29.

[32] M. Schwob, *Études sur l'argot français,* pp. 44-45.

Sans doute Schwob a-t-il retrouvé ce même artifice dans le lexique du «langaige exsquis» recueilli en 1455 par les responsables de la ville de Dijon. Perrenet Le Fournier avait beau distinguer, selon la forme de son glossaire, entre des noms distincts, en son et en sens; une synonymie pure ne cessait de surgir. «En dez a divers noms, c'est assavoir *madame*, la *vallee*, le *gourt*, le *muiche*, le *bouton*, le *riche*...»[33]. Entre eux, seule la circonstance, ou le désir, pourrait trancher. Cela relève de la nature du jargon, telle que Schwob l'a saisie. Mais on ne saurait en dire autant de cet autre fait marquant dans l'histoire des lettres françaises: que l'art du jargon se soit uni, dès sa première attestation, à l'art du vers. Comment interpréter ce curieux mariage des artifices de l'argot et de la poésie? Dans ses essais, Schwob se garde de soulever la question. Cependant, il est difficile d'imaginer qu'il ne l'ait pas perçue. Non pas que l'argot soit tout à fait homogène à la langue littéraire, ni que celle-ci soit un simple jargon. L'équivalence serait facile. Mais la conjonction fut bien réelle: le plus célèbre des poètes lyriques en langue d'oïl a confié certaines de ses ballades à l'idiome des Coquillars. En 1890, Marcel Schwob dévoila ce fait. Le temps ne lui ayant pas permis d'en commenter les conséquences, elles restent, aujourd'hui encore, à déplier.

---

[33] *Ibid.*, p. 88.

Agiografia all'Opera: *Thaïs*

Anna Maria Babbi
(Università di Verona)

> Come Pafnuzio nel deserto, troppo
> volli vincerti, io vinto.
> Volo con te, resto con te; morire,
> vivere è un punto solo, un groppo tinto
> del tuo colore, caldo del respiro
> della caverna, fondo, appena udibile.
> (Eugenio Montale, *Nubi color magenta* ...)[1]

Le Papyrus è il titolo della seconda sezione del romanzo *Thaïs* di Anatole France[2], pubblicato in tre puntate nella «Revue des Deux Mondes» tra il primo luglio e il primo agosto del 1889[3], ripreso poi nella versione originale per Calmann-Lévy nel 1891. Il sottotitolo era: *Conte Philosophique*. Ora il papiro, oltre ad essere simbolo, presso gli Egizi, della giovinezza, è anche strettamente legato al mondo del sapere che, come supporto alla scrittura, veicola attraverso i libri. E i libri sono la fonte primaria dell'attività creatrice di Anatole France. L'idea per il romanzo, rimasto a lungo nella sua mente tanto da ritornarci per la seconda edizione, sempre presso Calmann-Lévy, nel 1921, era stata preceduta da un "poème" di modesta fattura dal titolo: *La légende de Sainte Thaïs, comédienne*, apparso nello «Chasseur bibliographe» del primo marzo 1867[4]. Come si può vedere sono almeno trent'anni di riflessione. Una fonte certa e immediata per il racconto sono state senz'altro le *Principales vies des Pères des déserts d'Orient* di Michel-Ange

---

[1] E. Montale, *Nubi color magenta*..., in *La Bufera e altro* (1940-1954), Milano, Mondadori, 1956.

[2] A France, *Thaïs* in *Œuvres*, édition établie, présentée et annotée par M.-C. Bancquart, Paris, Gallimard, «Bibliothèque de la Pléiade», 1984, t. I, pp. 720-863.

[3] Esattamente il primo luglio 1889 (*Le Lotus*), il 15 luglio (*Le Papyrus*) e il primo agosto (*L'Euphorbe*). Cfr. *Ibid.*, p. 1346: *Édition préoriginale*.

[4] *La Légende de sainte Thaïs, comédienne* in A. France, *Œuvres*, cit, t. 1, appendices, pp. 865-871.

Marin[5], «où tous les enfants au XVIIIe siècle apprenaient à lire»[6], e i dialoghi drammatici di Roswita di Gandersheim, scritti nella seconda metà del primo millennio, ma scoperti e pubblicati per la prima volta da Conrad Celtis a Norimberga nel 1501[7]. Il tramite per accostarsi all'opera di Roswita è stato la traduzione di Charles Magnin pubblicata a Parigi nel 1845[8] di cui France parla nei suoi resoconti giornalistici del 10 giugno 1888, poi raccolti nella *Vie Littéraire,* e dove auspicava di vedere rappresentati questi dialoghi nel teatro di *marionnettes* della rue Vivienne. In particolare il dramma *Abraham* fu messo in scena da M. Signoret e il suo desiderio fu esaudito[9]. Evidente è l'ispirazione, fin dal titolo che, nelle intenzioni dell'autore, doveva essere *Paphnuce*, anziché il più comune *Thaïs*, presente in tutte le compilazioni agiografiche, dalle *Vitae Patrum* alla *Legenda Aurea* di Iacopo da Varazze. Nella traduzione del Magnin, e in seguito nelle traduzioni a lui successive come quella del 1895 di Alphonse Ferdinand Herold con le illustrazioni di Paul Ranson e le xilografie di Albrecht Dürer et del suo allievo Wolf Traut eseguite per la *princeps* del 1501[10], fino alle traduzioni più recenti, i titoli dati da Roswita – e che erano riferiti alle eroine – sono stati modificati. Così la *Conversio Thaidis meretricis* è diventata *Paphnuce* e il *Lapsus et conversio Mariae neptis Habramhae Heremicolae* è diventato *Abraham*. In realtà Anatole France nel suo *Projet de Préface pour «Thaïs»*[11], che si trova nel *dossier* depositato presso la Bibliothèque na-

---

[5] *Saint Paphnuce, abbé et sainte Thaïs pénitente,* in *Principales vies des Pères des déserts d'Orient,* par le Rev. Père M.-A. Marin, Avignon, Chez Seguin aîné, 1825, t. premier, pp.159-169.

[6] A. France, *Projet de Préface pour «Thaïs»* in *Œuvres,* cit., p. 872.

[7] *Hrosvitae virginis et monialis germane gente Saxonica orte nuper a Conrado Celte inventa,* Nuremberg, Koberger, 1501.

[8] *Théâtre de Hrotsvitha Religieuse allemande du Xe siècle traduit pour la première fois en français avec le texte latin revu sur le manuscrit de Munich précédé d'une introduction et suivi des notes* par Charles Magnin, Paris, Benjamin Duprat, 1845.

[9] A. France, *Les marionnettes de M. Signoret* (1888), poi in *La Vie Littéraire,* Paris, Calmann-Lévy, 1921, p. 51.

[10] Hrotsvitha, *Paphnutius,* traduction de A.-F. Herold, ornée par P. Ranson, K.X. Roussel – A. Herold, recentemente ripubblicata, preceduta da un'introduzione, «Paph est une pièce sérieuse», di Paul Edwards, in «Étoile absinthe», Tournée 88, automne 2002, pp. 53-82. A sua volta Alfred Jarry aveva organizzato uno spettacolo di *marionnettes* per il Théâtre des Pantins nel 1898.

[11] A. France, *Œuvres,* cit., pp. 872-873.

tionale de France[12] e da lui stesso accuratamente riunito per Madame Arman de Caillavet, sua musa ispiratrice, afferma che il romanzo: «Exactement il devrait s'appeler *Paphnuce* du nom de mon héros» e il manoscritto d'autore reca difatti il titolo di *Paphnuce conte philosophique*. Questa preferenza per *Paphnuce* deriva dunque non già dal testo originale di Roswita, ma dalla sua traduzione francese. Anche se il sottotitolo di *conte philosophique* è vicino all'interpretazione dei drammi di Roswita, giusta la definizione di Peter Dronke, che a questo proposito parla di «philosophical plays»[13]. Nelle *Vies des pères* in "couplets d'octosyllabes" che circolavano in numerosissimi manoscritti il riferimento è per altro sempre a Thaïs, mentre il protagonista maschile rimane nell'anonimato. Il racconto della *vie des pères* corrispondente alla vita della santa procede con un andamento cortese. E la sezione numero sei, che reca la rubrica: *De la belle damoiselle d'Egypte qui s'abandonna à touz*, conforta nell'abbrivio questo andamento:

> Ci enprés vos cont d'une dame
> Qui en Egypte fu jadis.
> L'estoire briement vos devis
> Tays ot nom la damoisele,
> Qui tant fu avenans et bele
> Q'en tote la terre sa per
> Ne poïs pas nus hom trover
> Par queste que fere seüst[14].

che riprende l'immagine della *pulchra puella* di Marbodo di Rennes[15].

Come si può notare, le coordinate spaziali sono limitate all'Egitto, quelle temporali affidate al "jadis" dei *Lais* e dei *Contes* e l'onomastica si concentra sul nome dell'eroina e, nel corso del racconto, su quello della «pécheresse

---

[12] *Ibid.*, p. 1346.

[13] P. Dronke, *Hrosvitha in Women Writers of the Middle Ages. A Critical Study of Texts from Perpetua (+203) to Marguerite Porete (1310)*, Cambridge, Cambridge University Press, 1984, p. 58: «[...] it made her feel unafraid to complete her dramatic series, with her two longer, more 'philosophical' plays», *The Conversion of Thaïs* and *The Passion of the Holy Maidens*.

[14] Cito dall'edizione *Les vies des pères*, publiée par F. Lecoy, Paris, Picard pour la Société des anciens textes français, t. 1, 1987, vv. 2226-2233.

[15] Marbodo di Rennes scrisse un poemetto di 169 esametri leonini dal titolo *Vita altera metrica* («Pulchra puella nimis fuit olim nomine Thaisis», v. 8) ispirato a santa Thaïs. Cfr. *Acta Sanctorum*, Mensis Octobris VIII, Vol. 5, pp. 226-228.

sublime»[16], vale a dire Maria di Magdala, prototipo di tutte queste sante peccatrici, penitenti e infine redente. Maria fu liberata dal peccato non dai santi padri, ma da Cristo stesso e diventerà quindi un modello per tutte. In una delle sue cronache su «Le Temps», in seguito raccolte nella *Vie Littéraire*, Anatole France a proposito del celebre verso del *Dies irae* dove si parla del perdono a Maria scrive: «Mais je puis vous dire que je n'ai jamais entendu la treizième strophe sans me sentir secoué d'un frisson religieux. Elle dit, cette strophe: *Qui Mariam absolvisti Et latronem exaudisti, Mihi quoque spem dedisti*»[17] *(*che traduce: «Toi, qui as absous la pécheresse et pardonné au larron, à moi aussi tu as donné l'espérance», riferendosi dunque a Maria come alla "pécheresse").

Se la Maddalena serve da paragone e da ispirazione ai drammi agiografici di Roswita, nell'opera di Anatole France sarà elemento fondamentale, o, come scrive Marie-Claire Blancquart, «figure fondatrice»[18]. In particolare, pur nella *brevitas* del "poème" su Thaïs sopracitato, la sua presenza viene costantemente convocata fin dall'inizio con continui riferimenti alla parola evangelica. Nel poema espressamente dedicato alla Maddalena, *La Part de Madeleine*, pubblicato nel «Parnasse Contemporain» nel 1869, quindi poco dopo il poema su Thaïs, *l'enfant de Magdala* è la *chercheuse* di Cristo. Così "la belle liseuse" della Maria Maddalena del Correggio della National Gallery di Londra[19] farà da pendant alla "danseuse" e alla "joueuse de flute" che è *Thaïs*.

Torniamo a Roswita. I suoi dialoghi sono stringati, essenziali e mancano del tutto le didascalie che possono essere semmai ridotte a qualche (rara) didascalia interna come, per portare un esempio, nel caso in cui Thaïs licenzia i suoi amanti e dice: «Lasciatemi, mi strappate la veste tirandola»[20]. Nelle sue "pièces" di influenza classica,

---

[16] Come scrive in *Marie Magdelaine, compte rendu sur Visite à la Sainte Baume et à Saint-Maximin par le comte G. d'Auffret*, in «Le Bibliophile français. Gazette illustrée des amateurs des livres», 1 mai 1868.

[17] A. France, *M. Alexandre Dumas fils: "Le Châtiment d'Iza et le pardon de Marie"*, in *La vie littéraire*, cit., p. 7.

[18] A. France, *Œuvres*, cit., p. 1323.

[19] «Le bibliophile français», cit.

[20] Rosvita, *Dialoghi drammatici*, a cura di F. Bertini, introduzione di P. Dronke, Milano, Garzanti, 1986 («Dimittite, nolite vestem meam adtrahendo scindere», p. 242).

e in particolare terenziana, non teme di osare raccontare in modo conciso situazioni ambigue e finanche raccapriccianti, tanto che Peter Dronke ha avvicinato i suoi drammi al "théâtre de la cruauté" di Antonin Artaud e al suo manifesto: «[...] c'est dans ce sens de rigueur violente, de condensation extrême des éléments scéniques qu'il faut entendre la cruauté [...]»[21].

Il suo racconto su Thaïs comincia con una lunga riflessione sulla musica che sarà – unito alla danza – un filo d'Arianna per tutti questi testi. La colta Roswita indica nelle epistole che precedono i drammi alcune linee portanti del suo lavoro di scrittrice, esibendo il suo sapere.

Una prima *excusatio* è completamente ispirata al *De Consolatione Philosophiae* di Boezio:

> [...] se talvolta mi si è presentata l'opportunità di strappare qualche filo, o persino qualche brandello di stoffa, dal mantello della Filosofia, ho avuto cura di inserirlo nella trama di questa mia operetta, perché la pochezza della mia ignoranza potesse trar luce dall'introduzione di un argomento più elevato[22].

E nelle battute introduttive della *Conversione della prostituta Taide* ancora Boezio è convocato con il suo *De institutione musica*, come nell'ultimo dramma, *Sapienza*, ovvero *Martirio delle sante vergini Fede, Speranza e Carità*[23], sarà sempre il boeziano *De institutione arithmetica* a introdurre il confronto della protagonista Sapienza con l'imperatore Adriano. Ora il *De Institutione musica* è citato direttamente quasi *verbatim* dai manoscritti che circolavano numerosi in Germania. Già l'abbrivio è significativo. Riporto il dialogo tra Pafnuzio e i suoi discepoli che sarà in qualche modo ripreso, allargato e naturalmente adattato al contesto alessandrino, nel banchetto che precederà la conversione di Thaïs nell'opera di Anatole France:

---

[21] P. Dronke, Prefazione a Rosvita, *Dialoghi drammatici*, cit., p. XXII. A. Artaud, *Le Théâtre de la cruauté (Second manifeste)* in *Le théâtre et son double*, Paris, Gallimard, 1969 [1938], p. 185.

[22] Rosvita, *Dialoghi drammatici,* cit., *Epistula*, («[...] si qua forte fila vel etiam floccos de panniculis, | a veste Philosophiae abruptis, | evellere quivi, praefato opusculo inserere curavi, | quo vilitas meae inscientiae intermixtione nobilioris materiae illustraretur, | et largitor ingenii | tanto amplius in me iure laudaretur | et quanto muliebris sensus tardior esse crederetur», p. 12).

[23] *Passio sanctarum virginum Fidei Spei et Karitatis.*

> Discepoli: Di cosa tratta?
> Pafnuzio: La musica?
> Discepoli: Sì, appunto.
> Pafnuzio: Tratta dei suoni.
> Discepoli: E ne esiste una sola, o ce ne sono tante?
> Pafnuzio: Tre, a quanto dicono, legate tra loro in proporzione numerica, in modo che a nessuno manchi quello che c'è in un'altra.
> Discepoli: E come si diversificano?
> Pafnuzio: La prima la chiamano cosmica o celeste, la seconda umana, la terza si ottiene con gli strumenti [...][24].

Se si dà anche un rapido sguardo all'opera boeziana si possono vedere i rapporti molto stretti che intercorrono tra i due testi:

> Tres esse musicas, in quo de vi musicae: «Principio igitur de musica desserenti illud interim cendum videtur, quot musicae genera ab eius studiosis aprehensa esse noverimus. Sunt autem tria. Et prima idem mundana est, secunda vero humana, tertia, quae quibusdam constituta est intrumentis, ut in cithare tibiis ceterisque, quae cantilenae famulantur»[25].

Troveremo sviluppate, o meglio rese da teoriche a pratiche, queste osservazioni, se si riconosce l'importanza della musica nel romanzo di Anatole France; si pensi alla parte finale: l'unico soccorso che esuli dalla sopravvivenza corporale nell'ultimo tratto della vita terrena di Thaïs è per l'appunto un flauto.

> Albine [la badessa alla quale Thaïs era stata affidata] appela une de ses vierges.
> «Ma fille, lui dit-elle, va porter à Thaïs ce qui lui est nécessaire: du pain, de l'eau et une flûte à trois trous»[26].

E Thaïs, tra le giovani penitenti, sarà posta nella parte della vita contemplativa, ossia la «part de Madeleine». È la

---

[24] Rosvita, *Dialoghi drammatici*, cit., pp. 219-221: «DISCIPULI: Quid agit? | PAFNUTIUS: Musica?| DISCIPULI: Ipsa | PAFNUTIUS: Disputat de sonis | DISCIPULI: Utrum est una an plures? | PAFNUTIUS: Tres esse dicuntur, | sed unaquaeque ratione proportionis alteri ita | coniungitur, | ut idem, quod accidi uni | non deest alteri. | DISCIPULI: Et quae distantia inter tres? PAFNUTIUS: Prima dicitur mundana sive caelestis, | secunda humana, | tertia, quae instrumentis exercetur», pp. 218-220.

[25] Boetii *De Institutione musica libri quinque*, I, 2.

[26] A. France, *Œuvres*, cit., p. 823.

stessa Albine che dice: «Nous la placerons, dit-elle, parmi les Marie»[27].

I debiti di Anatole France nei confronti del testo di Roswita sono molti, come, per portare un esempio, quando Thaïs decide di spogliarsi completamente dei propri beni, e afferma:

> Non me ne do pena perché intendo tenermele o regalarle agli amici; ma neppure mi provo a devolverle ai poveri: *il frutto del peccato, credo, non è adatto come opera di beneficenza*[28].

L'identico concetto era stato espresso da Maria in *Abraham*:

> Maria: Possiedo del denaro, degli abiti, decidi tu come vorrai al riguardo; io aspetto.
> Abramo: Del frutto del peccato ci si deve liberare insieme con il peccato stesso.
> Maria: Pensavo di distribuirli ai poveri, oppure di offrirli ai santi altari.
> Abramo: *Un dono frutto della colpa non può riuscire grato a Dio: è cosa nota*[29].

Nel romanzo questa idea è sviluppata ma passa da Thaïs a Paphnuce:

> J'ai songé un instant à appeler le trésorier de quelque église d'Alexandrie (si tant est qu'il en reste une seule digne encore du nom d'église et non souillée par les bêtes ariennes), et à lui donner tes biens, femme, pour les distribuer aux veuves et changer ainsi le gain du crime en trésor de justice. Mais cette pensée ne venait pas de Dieu, et je l'ai repoussée, et, certes, ce serait trop grièvement offenser les biens-aimées de Jésus-Christ que de leur offrir les dépouilles de la luxure[30].

Tuttavia, come ci insegna Aby Warburg, il significato

---

[27] *Ibid.*, p. 822.

[28] Rosvita, *Dialoghi drammatici*, cit., p. 241: «THAIS: Non ob id sollicitor, | ut vel mihi servare | vel amicis vellem dare; | sed nec egenis conor dispensare, | quia non arbitror pretium piacli | aptum esse ad opus beneficii», p. 240. Il corsivo è mio.

[29] *Ibid.*, pp. 193-195 : «MARIA: Aliquantulum auri vestiumque possideo; | quid tua de his auctoritas decreverit, expecto. | ABRAHAM: Quae adquisisti peccando, | cum ipsis peccatis sunt abicienda. | MARIA: Rebar pauperibus eroganda | seu sacris esse alaribus offerenda.| ABRAHAM: Non satis acceptabile | munus deo esse comprobatur, | quod criminibus adquiritur», pp. 192-194. Il corsivo è mio.

[30] A. France, *Œuvres*, cit., p. 811.

di un libro va cercato nel libro accanto. Così talora basta guardarsi attorno e leggere vicino; in termini di filologia il considerare la composizione dei manoscritti come un vettore di significati può aiutare l'indagine critica. Nel nostro caso è facile rilevare come nelle *Vitae Patrum* spesso la serie di vite che forma in certo qual modo il canone delle sante peccatrici e redente sia inserita in uno stesso gruppo, conservato anche nelle successive raccolte di leggende che hanno goduto di una circolazione indipendente[31]. Così, a guardar bene, prima della vita di Thaïs, si trova spesso nei testi quella di Abraham riadattata da Roswita e quella di santa Eufrosina, da Anatole France stesso ripresa in una novella dell'*Étui de nacre*[32], *Sainte Euphrosine*, apparsa dapprima ne «Le Temps» del 29 marzo 1891. Come si può vedere dunque è stata scritta negli stessi anni di *Thaïs*. Nei manoscritti delle *Vitae Patrum* e nelle raccolte ad esse legate la vita di un'altra santa peccatrice, Santa Pelagia, precede quella di Thaïs. Questa vita è stata studiata nei suoi modelli antichi (greco, latino, siriaco) e nei volgarizzamenti nelle diverse lingue europee – proprio per dare un esempio della tradizione capillare di un testo agiografico – da un gruppo di ricerca dell'École Normale Supérieure coordinato da Pierre Petitmengin[33]. Ora, proprio in questa vita mi pare di poter ravvisare una fonte immediata utilizzata da Anatole France che cercava di combinare la cortigiana Thaïs, "cousine germaine" di Archipiata[34], alle sue fantasie nei confronti della *comédienne* e legate alla sua passione per l'attrice Élise Devoyod. Nella *Vita* di santa Pelagia è scritto infatti:

> Ma mentre tutti noi ammiravamo la sua santa dottrina, ecco che all'improvviso passò in mezzo a noi la prima delle attrici di Antiochia, che era anche la prima delle danzatrici mimiche, seduta su un asinello[35].

---

[31] D. Cavalca, *Vite dei Santi Padri*, edizione critica a cura di C. Delcorno, Firenze, Sismel-Edizioni del Galluzzo per la Fondazione Franceschini, 2009, «Archivio romanzo».

[32] A. France, *Œuvres*, cit., pp. 875-1023, per *Sainte Euphrosine*, pp. 903-913.

[33] P. Petitmengin, *Pélagie la Pénitente. Métamorphose d'une légende*, t. I, *Les textes et leur histoire. Grec, Latin, Syriaque, Arabe, Arménien, Géorgien, Slavon*, dossier rassemblé par P. Petitmengin et *alii*, Paris, Études Augustiniennes, 1981.

[34] Celebre *misreading* dei commentatori medievali della *Consolatio Philosophiae* di Boezio (libro III, prosa 8, 10 su Alcibiade inteso come donna).

[35] «Cunctis uero nobis admirantibus, ecce subito transiuit per nos prima mimarum Antiochiae, ipsa quae esset et prima choreutriarum pantomimi qui dicitur

Sono due gli elementi fondamentali che Anatole France ricava da questa vita di santa e che vanno a completare la figura di Thaïs: il primo è costituito dal fatto che da cortigiana Thaïs diviene "comédienne" ed in particolare esperta nell'arte dei mimi così come l'autore racconta in dettaglio nel romanzo. Per l'importanza di questo aspetto basti pensare poi all'interpretazione da parte di Thaïs del personaggio di Polixène, il cui sacrificio costituisce uno dei momenti più intensi della storia. Il secondo elemento è fornito dai luoghi che vedono lo svolgersi della vita della cortigiana. Nelle varie versioni non è mai indicata con precisione la provenienza di Thaïs (latamente Egitto, Bassa Tebaide, ecc.)[36]; la localizzazione geografica di Pelagia, prima Antiochia e quindi Alessandria, dove si evolverà anche per lei la conversione e l'analoga decisione di vivere in un eremo, anticipa dunque perfettamente quella della Thaïs di Anatole France.

Altre situazioni di Thaïs sembrano essere ispirate a quest'altra vita. Così nel sopracitato poema si legge:

> Et les graves vieillards venus de Galilée
> prêcher le nouveau Dieu dans la vieille vallée
> du Nil, tournaient la tête et fronçaient le sourcil
> lorsque Thaïs passait(vv. 3-6)[37]

e nel romanzo:

> Les philosophes barbus déclamaient contre elle dans les bains et dans les gymnases; sur le passage de sa litière, les prêtres des chrétiens détournaient la tête[38].

La reazione degli astanti al passaggio di Pelagia è molto simile[39]. Cito da una versione italiana quattrocentesca conforme alla vulgata latina:

---

orchista, sedens super asellum», in F. Dolbeau, *La traduction latine «sacratissimus» ou A* in *Pélagie la Pénitente. Métamorphose d'une légende*, cit., p. 167.

[36] Si pensi ad esempio al riferimento delle *Principales vies des Pères des déserts d'Orient*, cit, p. 165, dove viene detto: «On ne dit pas quelle fut sa patrie, ni la ville qui servit de théâtre à ses dissolutions: on sait seulement en général que c'etoit en Égypte».

[37] A. France, *Œuvres*, cit., p. 865.

[38] *Ibid.*, p. 770.

[39] «Quam ut viderunt episcopi nudo capite et omni membrorum compage sic invereconde transire cum tanti obsequii ut nec velamen super caput positum nec super scapulis, tacentes inge», F. Dolbeau, *La traduction latine «sacratissimus» ou A*, cit.

> E vedendola li predetti vescovi così andare a capo scoperto e con tanta faccia e pompa e non discendere per loro da cavallo come si convenia, ei volsono da lei la faccia come di gravissimo peccato[40].

Ma il modo di procedere di Anatole France nel suo riuso delle fonti è interessante. Un passaggio quasi irrilevante preso dalle *Principales vies des Pères des déserts d'Orient*, darà vita alla lunga descrizione dell'infanzia di Thaïs. Il racconto dice: «Elle eut le malheur de naître d'une mère aussi méchante qu'elle-même le devint»[41] dove la madre della fanciulla è delineata in modo completamente negativo. In generale le fonti di cui il racconto di Anatole France è impregnato sono molteplici, note o meno note. Tra tutte cito i *Dialoghi delle cortigiane* e i *Dialoghi sulla danza* di Luciano e, tra i moderni, soprattutto *La tentation de Saint Antoine* di Flaubert. Tuttavia Anatole France riscrive sempre la storia a suo modo e la fonte libraria non resta che un pretesto.

Quel *frisson tragique de la beauté*[42] già provato all'età di quindici anni davanti alla porta della più celebre cortigiana di Alessandria, «la belle et la dorée»[43] aveva prodotto nel protagonista Paphnuce come un'incrinatura che non lo abbandonerà più.

> Elle [Thaïs] avait allumé le désir dans ses veines et il s'était une fois approché de la maison de Thaïs. Mais il avait été arrêté au seuil de la courtisane par la timidité naturelle à l'extrême jeunesse (il avait alors quinze ans)[44].

Per proteggersi da questa incrinatura dell'animo, poiché «Les vertus que les anachorètes brodent soigneusement sur le tissu de la foi sont aussi fragiles que magnifiques: un soufle du siècle peut en ternir les agréables couleurs»[45], cercava di stare lontano dalle città in quanto

---

[40] A. M. Babbi, *La traduction italienne*, in *Pélagie la Pénitente. Métamorphose d'une légende*, t. II, *La survie dans les littératures européennes*, dossier rassemblé par P. Petitmengin et *alii*, Paris, Études Augustiniennes, 1984, p. 230.

[41] *Principales vies des Pères des déserts d'Orient*, cit., p. 165.

[42] A. France, *Œuvres*, cit., p. 754.

[43] *Ibid.*, p. 739.

[44] *Ibid.*, p. 725.

[45] *Ibid.*, p. 731.

luogo per eccellenza di tentazione perché «le désir de la femme était en lui»[46]. Il desiderio di salvare l'anima della giovane Thaïs corrispondeva in realtà, una volta allontanata la possibilità di possederla, al desiderio di avere in un certo senso potere su di lei, costringendola a una vita di privazioni, senza contare il non confessato pensiero di imitare Cristo nel suo ruolo di "salvatore" della Maddalena. Lo scioglimento delle tensioni dell'anacoreta sarà allora prevedibile, inutile e tragico. «Dieu pardonnait les péchés de la joueuse de flûte»[47], ma creava un baratro nel suo animo davanti alla conoscenza, davanti alla consapevolezza del reale sentimento che lo aveva da sempre posseduto.

Come ha scritto in modo essenziale e definitivo Montale:

> Come Pafnuzio nel deserto, troppo
> volli vincerti, io vinto.

Questo romanzo in cui si intrecciano così spesso queste sante su cui campeggia la Maddalena, non poteva che attirare l'attenzione di Jules Massenet che dalla Maddalena era già stato ispirato per un poema sinfonico. Nella sua autobiografia, uscita postuma e in realtà dettata a un giornalista tuttora ignoto[48], parlava di questa sua passione per la "pécheresse". Giovanissimo, dopo aver vinto il Grand Prix de Rome a Villa Medici, racconta le impressioni del viaggio in Italia:

> Nous traversâmes Vérone et y accomplîmes le pèlerinage obligatoire au tombeau de la Juliette aimée par Roméo. Cette promenade ne donnait-elle pas satisfaction aux secrets sentiments de tout jeune homme, amoureux de l'amour? Puis Vicence, Padoue, où, en contemplant les peintures de Giotto, sur l'*Histoire du Christ*, j'eus l'intuition que Marie-Magdaleine occuperait un jour ma vie; et enfin à Venise[49].

Sempre durante questo viaggio, all'ascolto di una zampogna passando nei boschi attorno a Subiaco, ne annota la melodia su uno «chiffon de papier»: «Ces mesures devinrent les premières notes de *Marie-Magdaleine*, drame

---

[46] *Ibid.*, p. 834.

[47] *Ibid.*, p. 861.

[48] J. Massenet, *Mes souvenirs*, Paris, Éditions du Sandre, 2008 (Pierre Lafitte&Cie, 1912).

[49] *Ibid.*, p. 31

sacré auquel je songeais déjà pour un envoi»[50]. E nel 1873 sarà proprio il dramma sacro *Marie-Magdeleine* su libretto di Louis Gallet, basato sulla *Vie de Jésus* (1863) di Ernest Renan, che lo renderà famoso. Il suo editore Henri Heugel e lo stesso Louis Gallet gli proposero in seguito «un ouvrage sur l'admirable roman d'Anatole France, *Thaïs*»[51]. «La séduction fut rapide, complète»[52]. L'idea di musicare il testo di France era audace. Sempre attratto da queste eroine ma anche dalla letteratura medievale (ricordo ad esempio l'opera *Le Jongleur de Notre Dame* su libretto di Maurice Léna, rappresentata al Teatro di Montecarlo nel 1902[53] e *Grisélidis* su libretto di Armand Silvestre e Eugène Morand, rappresentata a Parigi all'Opéra-comique nel 1901) non stupisce l'immediato e entusiastico accordo alla messa in musica di *Thaïs*. Bisogna anche tener presente che l'epoca era tra le più propizie a illustrare ambientazioni esotiche. Scrive Massenet nei suoi *Souvenirs*:

> Tout en écoutant les dernières répétitions, dans le fond de la salle déserte, je revivais mes extases devant les restes de la Thaïs d'Antinoë, étendue auprès de l'anachorète, encore enveloppée de son cilice de fer, et qu'elle avait enivré de ses grâces et de ses charmes. Ce spectacle impressionnant, bien fait pour frapper l'imagination, nous le devions à une vitrine du musée Guimet[54].

In effetti in quegli anni erano stati fatti ad Antinopoli degli scavi interessanti di cui parla a lungo Émile Guimet nei suoi *Portraits d'Antinoë au Musée Guimet*[55]. In particolare erano stati ritrovati i corpi mummificati di Serapion, probabilmente l'antecedente di Pafnuzio, e della cortigiana Thaïs. François Nau in particolare traccerà la storia di Thaïs basata su testi siriaci, greci e latini in uno dei primi saggi scientifici sull'argomento apparsi nelle *Annales* del

[50] *Ibid.*, p. 39.

[51] *Ibid.*, p. 136.

[52] *Ibid.*

[53] Si veda C. Galderisi, *Le jongleur dans l'étui: horizon chrétien et réécritures romanesques*, in «Cahiers de civilisation médiévale, X^e-XIIe siècles», 54, mars 2011, pp.74-82.

[54] J. Massenet, *Mes souvenirs*, cit., p. 140.

[55] É. Guimet, *Les portraits d'Antinoë au Musée Guimet*, Paris, Librairie Hachette, Annales du Musée Guimet, Bibliothèque d'Art, Tome cinquième, 1912.

Musée Guimet[56] e ripresi in anni recenti da Francis Macouin[57] che scrive:

> Deux de ces corps retrouvés eurent droit à la renommée et à la polémique. L'un était identifié par une inscription comme une certaine Thaïs, l'autre comme un «anachorète» du nom de Sérapion. Une présentation côte à côte des deux corps au musée en 1901, mise en scène archéologiquement un peu trompeuse, attira le public. Le découvreur, écrivain et orateur facilement lyrique, fit le renom des défunts à l'identité débattue. Lors d'une conférence, une danseuse italienne représentait Thaïs et le conférencier habillait son modèle à la manière de la morte. L'opinion populaire assimila la momie à l'Héroïne du roman d'Anatole France ou de l'Opéra de Massenet et elle devint ainsi la dépouille de sainte Thaïs, courtisane repentie d'Alexandrie.[58]

L'ambientazione della vicenda era stata a lungo studiata da Anatole France che si era giovato delle conoscenze di egittologi come Auguste Mariette e Gaston Maspéro. E l'orientalismo, confuso con un generico e banale esotismo, si inserirà da subito nelle scenografie di *Thaïs* fino alla recente rappresentazione veneziana del 2002.

Il compito di Gallet non era facile. Ridurre per l'Opera un romanzo come quello di Anatole France significava sacrificare alcune parti che mal avrebbero sopportato una riduzione per la scena[59]. Egli sceglie in definitiva forse l'unica strada percorribile. Così omette tutta la parte che si riferisce all'infanzia di Thaïs e che spiega anche le sue scelte successive, come quella della conversione, che trova nel romanzo di Anatole France un'anticipazione nell'incontro di Thaïs con lo schiavo Ahmès il quale la inizierà alla dottrina cristiana fino a battezzarla. Ancora il librettista sacrificherà la scena del banchetto da Nicias, che

---

[56] F. Nau, *Histoire de Thaïs. Publication des textes grecs inédits et de divers autres textes et versions*, in «Annales du Musée Guimet», Paris, Ernest Leroux, t. XXX, 1903, pp. 51-113; cfr. anche A. Gayet, *Antinoë et les sépultures de Thaïs et Sérapion*, Paris Société française d'édition d'art, 1902.

[57] F. Chappuis-F. Macouin, *D'outremer et d'Orient mystique: les itinéraires d'Émile Guimet*, Suilly-la-Tour, Editions Findakly, 2001. Ringrazio Keiko Omoto per le preziose informazioni sulla «Thaïs» al Museo Guimet.

[58] *Ibid.*, p. 117.

[59] Si veda J.-M. Brèque, *Quand l'opéra prend Thaïs au sérieux*, in Massenet, *Thaïs*, «L'Avant-scène Opéra», 109, mai 1988, pp. 7-12 e E. Ravoux-Rallo, *Glissements progressifs du roman au livret*, *ibid.*, pp. 13-17.

determina, assieme alla pressione di Paphnuce, il momento di svolta nella vita della cortigiana. Si sofferma dunque sulle parti essenziali, tenendo tuttavia ben salda l'ossatura del racconto, anche se si perdono talora nell'esilità del libretto le sfumature dei personaggi. Le sue opzioni vanno ad approfondire in sostanza il rapporto tra i due protagonisti e soprattutto il dramma interiore di Paphnuce-Athanaël, anche se è evidente che il ruolo della protagonista-soprano suggeriva alcune indicazioni ineludibili. Per esigenze dettate esclusivamente dall'esecuzione cambierà il nome di Paphnuce in quello molto più consono al canto di Athanaël. Certo il libretto impoverisce, proprio per difficoltà intrinseche, l'argomento così ricco e sfaccettato del romanzo, ma Jules Massenet saprà colmare le lacune e le incertezze del testo con la musica.

È stata spesso citata la lettera di Anatole France a Massenet in occasione della prima:

> Cher maître,
>
> Vous avez élevé au premier rang des héroïnes lyriques ma pauvre *Thaïs*, Vous êtes ma plus douce gloire. Je suis ravi. *Assieds-toi près de nous*, l'air à Eros, le duo final, tout est d'une beauté charmante et grande.
> Je suis heureux et fier de vous avoir fourni le thème sur lequel vous avez développé les phrases les mieux inspirées. Je vous serre les mains avec joie.
> «Anatole France»[60].

Ma l'argomento restava per molti immorale, e messo in scena forse ancora di più che nel romanzo di France. Le recensioni avevano stigmatizzato la rappresentazione come un "sujet immoral" molto di più di quanto non l'avessero fatto i critici dopo la pubblicazione del romanzo. Ci saranno molti aggiustamenti successivi dal punto di vista musicale. Ricordo che la prima destinazione dell'opera era l'Opéra-comique con il quale il soprano Sybil Sanderson, per cui era stato "creato" il ruolo di Thaïs, aveva un contratto. Avendo poi la stessa cantante optato per l'Opéra Garnier in seguito a un rifiuto del direttore dell'Opéra-comique Léon Carvalho di aumentare il suo "cachet", Massenet si vide costretto a inserire un "ballet", secondo il canone delle opere rappresentate nel massimo teatro d'opera

---

[60] J. Massenet, *Mes souvenirs*, cit., 145.

parigino[61]. Eseguita con delle differenze a seconda delle destinazioni teatrali, l'opera, dopo un inizio incerto, sarà una delle più conosciute di Massenet.

La musica infatti aveva giocato la sua parte. Se fin dall'inizio Massenet cercherà di unire l'idea dell'ascetismo a quella dell'esotismo, in seguito accompagnerà la storia con momenti di altissimo livello emotivo, fino allo scioglimento nel quale la musica, da sola, riuscirà a trasmettere le sensazioni che Anatole France aveva accumulato lungo tutto il *récit*[62].*

---

[61] Rinvio a J. Massenet, *ibid.*, pp. 139-140.

[62] Rinvio per l'analisi dettagliata del rapporto tra la musica e il libretto ai molteplici lavori di musicologi tra cui segnalo G. Condé, *Thaïs, ibid.*, pp. 25-63 e *Thaïs,* libretto e guida all'opera a cura di E.M. Ferrando, Fondazione La Fenice, Venezia, opera inaugurale della stagione 2002-2003, Programma di Sala, pp. 11-57.

*Paul Wilstach propose un adattamento teatrale del romanzo di Anatole France, rappresentato per la prima volta al Criterion Theatre di New York nel 1911. Dal romanzo di Anatole France fu tratto il film muto (1917), accompagnato in sala dalla musica di Jules Massenet diretto da Hugo Ballin e Frank Hall Crane e interpretato da Mary Garden, che aveva lavorato a lungo con il compositore e che aveva già cantato *Thaïs* a Parigi. Si veda Mary Garden, *Souvenirs à propos de Thaïs* (1952) in Massenet, *Thaïs*, «L'Avant-scène Opéra», 109, cit., p. 92.

Anatole France et moi

Michel Zink
(Collège de France)

Anatole France et le Moyen Âge: l'association vient spontanément à l'esprit. On confond Anatole France avec son Sylvestre Bonnard. On se le représente dans ses dernières années, en pantoufles, pour reprendre le titre du livre indiscret de son secrétaire, vieil hédoniste sceptique dans sa maison remplie de vierges gothiques le plus souvent fausses.

Pourtant celles de ses œuvres situées dans le passé ne le sont pas uniquement ni même majoritairement au Moyen Âge: on trouve le XVIIIe siècle (*La Rôtisserie de la Reine Pédauque*), la période révolutionnaire (*Les Dieux ont soif*), l'Antiquité (*Le Procurateur de Judée*). Le Moyen Âge n'est guère représenté que par quelques contes des *Contes de Jacques Tournebroche* et de *L'Étui de nacre*, à leur place chronologique dans la continuité de ce recueil qui va de l'Antiquité à l'époque contemporaine, et selon un procédé analogue dans *Balthazar* par le charmant conte d'*Abeille* dont la longueur fait presque un petit roman. De façon un peu analogue il sert de prologue et de prétexte vite oublié au plus contemporain et au plus engagé des romans d'Anatole France, *L'Île des pingouins*: une sorte de saint Brendan myope, débarquant sur une île, baptise d'un coup toute une colonie de pingouins, qu'il a pris pour des hommes. Il ne reste plus au Bon Dieu qu'à les transformer en hommes; à peine devenus des hommes, ces anciens pingouins inventent l'affaire Dreyfus.

Sylvestre Bonnard lui-même, chartiste, membre de l'Académie des Inscriptions et Belles-Lettres et qui passe toute la première partie du roman à convoiter un manuscrit de la *Légende dorée* traduite en français par le clerc Jean Toutmouillé, n'est qu'à demi médiéviste puisque son ouvrage principal est un *Tableau des abbayes bénédictines vers 1600*.

C'est bien pourtant «Sylvestre Bonnard, membre de l'Institut» (il est ainsi désigné, on le sait, par le titre même du roman), qui livre, non seulement la relation d'Anatole France avec le Moyen Âge, mais encore un trait essentiel de sa manière littéraire. Quand il situe son récit dans le passé, France ne s'y transporte pas directement. Il prend la pose du vieil érudit fouillant les archives et les sources pour le reconstituer et le raconter.

Sylvestre Bonnard est le narrateur du roman éponyme. Mais l'auteur impliqué de tout ce qui, sous la plume de France, est projeté dans le passé est un Sylvestre Bonnard. S'il n'est pas l'auteur impliqué, il est l'intermédiaire impliqué, le personnage qui transporte dans le passé. Il va même jusqu'à placer dans ce passé des érudits discourant d'un passé plus ancien encore, comme les figures antithétiques de Jérôme Coignard et de M. d'Astarac dans *La Rôtisserie de la Reine Pédauque*. Dans le présent, sa malice s'exerce aux dépens d'érudits anachroniques que leur science fait vivre dans le passé et qui ne partagent pas l'autodérision lucide de Sylvestre Bonnard, comme l'abbé Lantaigne de *L'Orme du mail* et de *L'Anneau d'améthyste*, qui parle dans un français chargé de latinismes et voit l'Église de France sous la IIIe République avec les yeux de Grégoire de Tours, ou son rival, l'abbé Guitrel, professeur d'éloquence sacrée, qui, tout en intriguant auprès des autorités républicaines pour obtenir la mitre et devenir évêque de Tourcoing, conte, dans le style de l'hagiographie médiévale, d'insipides anecdotes édifiantes tirées de la vie du prétendu premier titulaire de ce siège épiscopal imaginaire, «le bienheureux Loup, apôtre des Gaules septentrionales».

Si bien que tout est pastiche. Soit le pastiche du style ancien, par exemple celui de l'hagiographe byzantin ou médio-latin dans les premiers contes de *L'Étui de nacre*. Soit le pastiche du style de l'érudit qui utilise ou cite les sources anciennes. Soit les deux, lorsque le récit se donne pour une traduction commentée ou lorsque Sylvestre Bonnard recopie l'épitaphe de Jean Toutmouillé qu'il retrouve à la faveur de travaux dans l'église Saint-Germain-des-Prés:

> Cy-gist Jehan Toutmouillé, moyne de ceste église, qui fist mettre en argent le menton de saint Vincent et de saint

Amant et le pié des Innocens; qui toujours en son vivant fut preud'homme et vayllant. Priez pour l'âme de lui[1].

Exemple de cette manière, la fin de *Scolastica*:

> Ainsi songeait ce simple païen. Il composa sur ce sujet une élégie que j'ai retrouvée par le plus grand des hasards dans la bibliothèque publique de Tarascon, sur la garde d'une bible du XIe siècle, cotée fonds Michel Chasles, Fn, 7439, 179bis. Le précieux feuillet, qui avait échappé jusqu'ici à l'attention des savants, ne compte pas moins de quatre-vingt-quatre lignes d'une cursive mérovingienne assez lisible, qui doit dater du VIIe siècle. Le texte commence par ce vers:
>
> *Nunc piget; et quaeris, quod non aut ista voluntas*
> Tunc fuit…

Et finit par celui-ci:

> *Stringamus maesti carminis obsequio.*
>
> Je ne manquerai pas de publier le texte complet dès que j'en aurai achevé la lecture. Et je ne doute point que M. Léopold Delisle ne se charge de présenter lui-même cet inestimable document à l'Académie des inscriptions[2].

Il n'est pas besoin de relever les effets de réel, l'hommage au grand Léopold Delisle, la chute sur l'Académie des inscriptions et surtout ce "fonds Michel Chasles", qui est, dans ce conte faussement naïf, faussement édifiant et à la chute osée, l'aveu malicieux du faux: ce grand mathématicien s'était laissé berner par l'escroc Vrain-Lucas qui lui avait vendu une masse de fausses lettres autographes de Pascal, Jeanne d'Arc, Jules César, Alexandre le Grand – tous s'exprimant en "vieux français". Alphonse Daudet s'est inspiré de cette mystification dans son roman *L'Immortel*. Quant aux vers latins, ils sont empruntés – approximativement – à Ausone, ce qui en fait une "vraie fausse" citation.

Une observation au passage. *L'Étui de nacre*, d'où est tirée *Scolastica*, place à la suite de récits antiques et mé-

---

[1] *Le Crime de Sylvestre Bonnard, membre de l'Institut. Première partie: La Bûche* (1881), éd. M. C. Bancquart, in A. France, *Œuvres*, Paris, Gallimard, «Bibliothèque de la Pléiade», t. I, 1984, p. 168.

[2] *Scolastica* (1889), dans *L'Étui de nacre* (1892), éd. M.-C. Bancquart, *ibid.*, p. 917.

diévaux des récits du temps de la révolution française. Les premiers ont cette caractéristique de pasticher à la fois le style ancien et le style cuistre. Or Anatole France combine fréquemment et presque systématiquement le récit des temps anciens avec celui de la période révolutionnaire ou de l'Empire par le truchement d'un vieil érudit qui connaît le passé lointain et se souvient de celui de son enfance. Cette combinaison se trouve dans *Le Crime de Sylvestre Bonnard* et dans *Le Livre de mon ami* comme dans *L'Étui de nacre*. Dans ces deux derniers ouvrages, on lit d'ailleurs la même histoire de la jeune femme de sang-froid qui sauve lors d'une perquisition un malheureux recherché par les révolutionnaires en le cachant dans son propre lit où elle se couche elle-même: l'épisode est attribué à la grand-mère du narrateur dans *Le Livre de mon ami* et à une Madame de Luzy qui donne son nom à la nouvelle de *L'Étui de nacre*.

Qu'en conclure? Anatole France associe le Moyen Âge, et d'une façon générale les époques reculées, à la figure du vieux savant: et il associe le vieux savant (Sylvestre Bonnard, l'auteur impliqué d'autres nouvelles de *L'Étui de nacre*) ou le vieux sage (le narrateur du *Livre de mon ami*) à la mémoire des vieillards qui ont vécu l'époque révolutionnaire. Autrement dit, il mêle mémoire individuelle et mémoire collective. Il rapproche le passé lointain de son lecteur, non en l'y transportant directement, mais en lui faisant rencontrer aujourd'hui un vieillard qui peut l'y transporter par sa science et qui y mêle ses propres souvenirs.

Une seule œuvre «médiévale» d'Anatole France échappe à la tonalité du pastiche: c'est *Abeille*. Encore la limpidité apprêtée du style de France cherche-t-elle à évoquer ce qui lui paraît sans doute la subtile naïveté des récits médiévaux.

Pourquoi Anatole France éprouve-t-il généralement le besoin de se reporter dans le passé par le truchement d'un vieil érudit? Parce que le vieil érudit est un savant positiviste qui traite de la matière historique avec détachement et objectivité. Seules lui importent la vérité et l'exactitude. Il déteste l'imagination. La petite fée Imagination apparaît à Sylvestre Bonnard pendant qu'il compulse des manuscrits et lui fait honte de sa sécheresse et de son positivisme. La mésaventure de M. Pigeonneau, héros du conte éponyme de *Balthazar*, repose tout entière sur l'irruption de l'imagination dans l'esprit d'un érudit qui la refuse au point de juger la moindre ébauche de synthèse périlleuse et anti-scientifique. Ces savants rougiraient d'être émus par les textes qu'ils étudient, qu'ils traduisent ou qu'ils citent et d'être sensibles à leur beauté. Le lecteur l'est donc à leur place, et l'est doublement, puisqu'il lui semble l'être malgré eux et percevoir ce qui leur échappe. Le procédé est infaillible.

Et moi? Pourquoi parler de moi? Pour rien: on a toujours tort de parler de soi. Mais tout de même, en la circonstance, j'ai une raison de le faire, qui n'est pas à ma gloire (c'est ma seule excuse): je me suis toujours identifié à la fois à Sylvestre Bonnard et à Anatole France. C'est au point que je me rends compte que j'ai cité Anatole France, sans la moindre préméditation, dans chaque occasion où j'ai été amené à jeter un regard sur ma carrière de médiéviste: j'ai cité *Abeille* en ouverture de ma leçon inaugurale au Collège de France et *Le Crime de Sylvestre Bonnard* dans mon discours de remerciement quand on m'a remis mon épée d'académicien. Comme Anatole France, j'ai toujours aimé jouer au vieil érudit pour jouir des textes d'une façon qu'un véritable érudit condamnerait. C'est pourquoi je ne suis pas un vrai érudit. Et j'ai aimé aussi traiter du Moyen Âge avec ce mélange de connivence et de détachement ou de décalage qui rend Anatole France si séduisant. Seulement, je ne suis pas Anatole France et séduisant, je ne le suis guère. Le seul personnage littéraire de médiéviste que j'ai créé, Émilien Rébeyrol dans *Un Portefeuille toulousain*, me ressemble trop – ou ressemble trop à ce que j'ai été: ce n'est pas un vieil érudit savant et touchant, mais un jeune imbécile prétentieux et ignare. Quant à mes romans médiévaux, *Le Tiers d'Amour. Un roman des troubadours* et *Déodat ou la transparence. Un roman du Graal*, le premier trop didactique, le second trop en désaccord avec ce qu'on cherche aujourd'hui dans le Moyen Âge, ils seraient peut-être meilleurs s'ils s'inspiraient plus d'Anatole France.

Mais j'ai en commun avec lui un titre et un conte, *Le Jongleur de Notre Dame*, inspiré du *Tombeur de Notre Dame*, qui est à la fois un conte de *L'Étui de nacre* et le conte éponyme de mon recueil de *Contes chrétiens du Moyen Âge*[3]. Or – ce sous-titre le dit assez – ce que nous

---

[3] *Le Jongleur de Notre Dame. Contes chrétiens du Moyen Âge*, Paris, Le Seuil, 1999 (conte éponyme *Le Jongleur de Notre Dame*, pp. 48-51).

avons en commun est aussi ce qui nous sépare[4]. Notre sympathie distanciée à l'égard du Moyen Âge est à la fois proche et différente. Cette proximité et cette différence méritent d'être signalées, non parce que mon œuvre propre mériterait d'être comparée à celle d'Anatole France ou simplement mériterait l'attention, mais parce qu'elles sont significatives de deux manières parallèles et distinctes de s'approprier le Moyen Âge.

L'un et l'autre nous laissons percevoir la voix de l'intermédiaire savant, ou prétendu tel, à travers lequel le conte est rapporté: le «vieil érudit», explicite ou impliqué, de France, moi-même dans l'avertissement du *Jongleur de Notre Dame* (je parle ici du livre), l'auteur impliqué de mes contes qui donne parfois une sorte d'explication en se tenant à la fois à l'intérieur et à l'extérieur du Moyen Âge – expliquant, mais sans faire appel à un vocabulaire, à des expressions ou à des connaissances qui ne seraient pas médiévaux (par exemple au début de *La Beauté du diable*, de *Jardinier*, du *Jongleur de Notre Dame*). S'agissant du conte même *Le Jongleur de Notre Dame*, le ton des deux adaptations, celle de France et la mienne, est proche. Un style simple et un ton uni, qui cherchent à retrouver dans la langue moderne ceux des récits médiévaux en donnant une impression de limpidité sans apprêt et d'adhésion sans arrière-pensée au récit et à sa leçon.

En un sens, Anatole France est plus fidèle que moi au conte médiéval. Il le transpose avec exactitude et subtilité. Il y ajoute, finalement, peu de chose. Son style est, comme toujours, à la limite du pastiche amusé. Je suis plus interventionniste que lui. J'ajoute un prologue de mon cru qui n'a aucun équivalent dans le conte médiéval et trouve son ancrage dans une formule que j'ai lue un jour dans un sermon du XIIIe siècle, avec par dessus une pincée de Thomas de Chobham. Je tourne à ma façon les réflexions de l'ancien jongleur, les réactions du moine et de l'abbé. Mais cette infidélité a sa source dans le souci d'une fidélité plus profonde. Anatole France traite en esthète le conte du *Tombeur de Notre Dame*. Il y prend le même genre de plaisir qu'à collectionner les vierges gothiques. Au contraire, j'ai été infidèle à la lettre du conte par désir d'être fidèle à son esprit.

---

[4] Voir C. Galderisi, *Le jongleur dans l'étui: horizon chrétien et réécriture romanesque*, in «Cahiers de Civilisation Médiévale», 213, janvier-mars 2011, pp. 73-82.

Anatole France, dans ses récits de l'Antiquité tardive et du Moyen Âge, traite avec prédilection des sujets religieux. Il le fait parce qu'il les juge touchants dans leur naïveté et leur différence radicale avec nos convictions. Je traite avec prédilection des sujets religieux. Je le fais parce que je les juge touchants dans leur proximité avec nos inquiétudes et parce que la naïveté me paraît, non leur nature spontanée, mais leur vertu recherchée. Nous sommes proches et à l'opposé l'un de l'autre.

En relisant le conte d'Anatole France et le mien, une autre différence m'est apparue, à laquelle j'aurais pu m'attendre. C'est qu'Anatole France est un grand écrivain, et moi non. *Le Jongleur de Notre Dame* n'est pas le meilleur de mes contes. Il est fort didactique. Peut-être un autre soutiendrait un peu mieux la comparaison. Mais enfin, j'ai été frappé de voir que dans mon souvenir j'étais assez proche d'Anatole France par la manière, sinon par l'esprit, alors qu'en réalité, je suis très loin de lui par pure et simple infériorité littéraire. La différence qui nous sépare est d'abord celle du talent. Et le côté sérieusement édifiant de mes contes accroît cette différence. Le début de nos versions respectives le fait apparaître cruellement. La chute peut-être moins: c'est ma petite consolation.

L'Enchanteur enchanté:
les fées chez Apollinaire

Claude Debon
(Université Paris III)

Pourquoi s'intéresser aux fées dans l'œuvre d'Apollinaire?

Ce n'est pas parce qu'en ce même mois de septembre 2011 un colloque à Milan est consacré aux fées... Ni parce que le Moyen Âge est dans le vent – un colloque consacré au Moyen Âge dans la poésie contemporaine s'est tenu en ce même mois de septembre à la Sorbonne...

C'est parce que les fées hantent l'œuvre et l'imagination d'Apollinaire, d'un bout à l'autre de ses écrits, de *L'Enchanteur pourrissant* à *La Femme blanche des Hohenzollern*[1] en passant par les nombreuses références dans les poèmes de jeunesse, les grands recueils poétiques et les contes. Madeleine est encore la «petite fée» du poète-soldat, qualification qu'il n'emploie jamais pour Lou. Et parce que la fée est d'abord femme, et qu'elle a à voir avec le plus grand des sujets, l'amour. Et enfin parce que féerie et poésie ont partie liée.

Avant d'entrer dans le vif du sujet, quelques remarques

---

[1] «La fête manquée ou le miracle de la mobilisation», titre du chapitre I, place ce dernier sous le signe de la métamorphose: «À Paris, les journaux du soir qui paraissent annoncent la mobilisation et les affiches opèrent cette métamorphose des mâles valides en militaires. [...] C'est ainsi que j'assistai à cette première merveille de la guerre: le miracle de la mobilisation». Une femme aux yeux violets, Élodie, accompagne cette métamorphose. Au chapitre II, Gaétan Villème, avatar de Guillaume Apollinaire, «[s'éloigne] entre les trous d'obus jusqu'à un boyau où il s'enfonça et il disparut parmi ces dieux mystérieux et puissants qui imprègnent le sol et auxquels, de tous temps, les soldats ont demandé asile». Au chapitre III, la voyageuse aux yeux violets porte une «toque de velours ornée de toutes petites plumes», a «des cheveux châtains à reflets rouge foncé» et une cicatrice au cou. Le narrateur brusquement a une vision: «Je ne sais pourquoi, je la vis avec son regard de violettes vêtue d'une robe blanche vaguement médiévale. [...] Les plis flottants de sa robe blanche ruisselaient autour de son corps et la faisaient ressembler à l'apparition d'une fleur de lis». À la fin inachevée du récit, on suggère que cette voyageuse serait «la femme blanche des Hohenzollern» qui «se fait voir quand un événement grave menace la famille des Hohenzollern». Dans la légende, il s'agit de «La Dame blanche», sorte de fantôme messager du malheur. G. Apollinaire, *Œuvres en prose* I, textes établis, présentés et annotés par M. Décaudin, Paris, Gallimard, «Bibliothèque de la Pléiade», 1977, p. 913 *sqq.*, abrégé en *Pr* I.

s'imposent. Il n'est pas simple de s'aventurer dans le monde des fées. D'abord parce que la bibliographie sur les fées et le «petit peuple» est surabondante. Du côté d'Apollinaire, d'autres difficultés surgissent. Le personnage de la fée est particulièrement présent pendant ce qu'on peut appeler l'époque de Merlin, fondatrice de l'œuvre future. Mais la culture «celtique» d'Apollinaire n'est pas encore complètement cernée, des «sources» qui paraissaient avérées sont parfois remises en cause[2]. Les travaux de Jean Burgos sur *L'Enchanteur pourrissant* n'ignorent pas ces lectures ni les poèmes de jeunesse, mais les poèmes eux-mêmes et leurs prolongements dans l'œuvre future n'ont jamais fait l'objet d'un travail approfondi ni d'une thèse pourtant proposée mais finalement abandonnée, pour des raisons compréhensibles: double étendue du champ de l'enquête, double compétence requise, réduction du temps de la thèse. Il reste beaucoup de zones d'ombre. Le travail en préparation d'Étienne-Alain Hubert sur l'*Agenda russe* en lèvera certainement quelques-unes. Autre exemple: nous connaissons une composition mystérieuse publiée pour la première fois dans *Apollinaire, Wortführer der Avantgarde*[3] à partir des lettres d'«ARRODIAM DE Cologne», manifestement inspirée par un personnage médiéval, dont l'origine comme l'interprétation restent obscures. Enfin la complexité des réseaux sémantiques dans l'œuvre d'Apollinaire rend l'exégèse délicate, comme en témoignent entre beaucoup d'autres exemples les travaux de Madeleine Boisson sur *Merlin et la vieille femme*[4] et la dernière publication de Marc Poupon sur *Blanche-Neige et les sept épées*[5]. Il serait donc imprudent d'envisager en à peine une demi-heure une étude complète de ce sujet. Elle se contentera de proposer une approche du matériau, quelques pistes ponctuelles, ainsi qu'une hypothèse finale.

---

[2] É.-A. Hubert revient sur la découverte célèbre de M. Roques concernant *Gaiete et Oriour*, qui a inspiré *Le Pont Mirabeau*. Apollinaire aurait trouvé cette chanson médiévale dans un recueil de chansons de 1892, noté dans un carnet sous forme elliptique et décrypté par Étienne-Alain Hubert. Voir *Apollinaire et les rires 1900*, Calliopées, 2011, p. 74.

[3] *Apollinaire, Wortführer der Avangarde – Avangardist des Wortes*, Stiftung Hans Arp und Sophie Taeuber-Arp e.V. Rolandseck, 1999-2000, p. 133.

[4] M. Boisson, *Merlin et la vieille femme*, in *Apollinaire et les mythologies antiques*, Fasano-Paris, Schena-Nizet, 1989.

[5] M. Poupon, *Blanche-Neige et les sept épées*, in *Aux sources d'Apollinaire*, Paris, Persée, 2011.

Se pose d'abord le problème général de l'identification des fées. Présenter ces dames n'est pas aussi simple qu'on pourrait le croire. Nous identifions la fée non seulement lorsqu'elle est nommée comme telle mais également lorsqu'elle apparaît sous d'autres vocables, comme la dame, ou sous les différents noms sous lesquels elle est apparue dans la tradition folklorique et littéraire: Oriande, Lorie, Viviane, Morgane..., d'autres moins connus comme La Befana ou Dame-Abonde. Non seulement il faut débusquer la fée sous un autre nom, mais il faut la distinguer d'autres figures avec lesquelles elle a tendance à fusionner. Loin de se réduire à un modèle, elle peut se confondre avec des créatures proches mais distinctes selon les époques et les contextes, comme la sorcière, la sirène ou la nixe. La Loreley est une nymphe et une sirène, qui perd les marins grâce à la puissance de son chant[6]. Doit-on la ranger dans les fées, alors qu'elle est nommée sorcière dans le poème d'Apollinaire? Dans le poème de Brentano qu'il a traduit, elle est une *Zauberin* («magicienne»), non une *Hexe* («sorcière»). Mais elle est en même temps victime de son pouvoir. Les êtres surnaturels issus des différents folklores forment avec les fées un monde parallèle de l'irréel ou de l'imagination: déités, gnomes, korrigans, elfes, nains, etc., distincts des créatures imaginaires de la religion (anges, démons, chérubins) mais parfois confondus (diables), et de la mythologie. La frontière là encore est ténue, puisque le folklore une fois fixé dans des traditions écrites acquiert un statut littéraire.

La contamination entre les créatures surnaturelles de l'antiquité grecque et celles du Moyen Âge ne permet pas toujours d'identifier *stricto sensu* une fée: dans le poème d'*Alcools*, *Clotilde* (*Po*, 73[7]), rien d'antique: le premier quatrain évoque les allégories médiévales. Pourtant «Les déités des eaux vives/Laissent couler leurs cheveux». On est en droit de se demander si l'expression «déités» réfère aux nymphes antiques des eaux ou aux créatures imaginaires qui peuplent le jardin et qui pourraient aussi être des fées.

Si l'identification des fées reste problématique, elles possèdent toutefois des traits invariants qui forment leurs

---

[6] C'est la tradition rapportée par Heine dans son célèbre poème: «Elle les peigne avec un peigne d'or/Et chante une chanson en même temps/Qui est une merveilleuse,/Puissante mélodie».

[7] G. Apollinaire, *Œuvres poétiques*, texte établi et annoté par M. Adéma et M. Décaudin, Paris, Gallimard, «Bibliothèque de la Pléiade», 1959, abrégé en *Po*.

attributs. Que sa nature soit surnaturelle ou humaine, la fée est reconnaissable à des signes distinctifs: la beauté, les vêtements, la blancheur, les cheveux longs, la voix souvent, son pouvoir bénéfique et/ou maléfique (enchantement, métamorphose). On a longuement décrit son environnement lié à sa proximité avec les forces naturelles, la forêt et l'eau en particulier. On peut ainsi soupçonner sa présence lorsque apparaissent dans le poème ou le récit des éléments liés à ces caractères métonymiques: la clairière, la source, le peigne et les cheveux longs, la magie, la blancheur, le chant, etc. Ainsi la rencontre de Croniamantal avec Tristouse Ballerinette puis avec la source est construite sur le modèle de la rencontre entre le mortel et la fée[8], modèle bien entendu fortement détourné (*Pr* I, 266). L'évocation des chevaliers de la table ronde (*ibid.*, 267) confirme l'imprégnation médiévale de l'épisode, emprunté d'ailleurs à des pages inutilisées de *L'Enchanteur pourrissant*. Dans ce même poème en prose apparaît une reine qui «chante et se peigne à sa fenêtre». Cette image associée à la présence d'un nain laisse soupçonner que nous sommes au royaume de féerie. Selon Laurence Harf, notre précieux guide au pays des fées, l'anneau d'or est le symbole de l'union avec la fée. La perte de l'un entraîne celle de l'autre (p. 259). Plusieurs références à l'anneau d'or dans les poèmes de jeunesse pourraient être lues à cette lumière et encore dans le poème *À travers l'Europe* de *Calligrammes* (*Po*, 202).

Il faut donc restreindre ici l'enquête aux fées dénommées comme telles, aux «dames» qui les désignent dans les textes médiévaux, tout en sachant qu'elles hantent sous d'autres apparences l'univers du poète. Commençons par les «innommées», les fées anonymes.

La fée ou le plus souvent les fées font partie du personnel des poèmes, elles accompagnent souvent d'autres créatures du «petit peuple» des magiciens. Ainsi dans *Crépuscule* (*Po*, 64):

> Sur les tréteaux l'arlequin blême
> Salue d'abord les spectateurs
> Des sorciers venus de Bohême
> Quelques fées et les enchanteurs

---

[8] Voir le livre de L. Harf-Lancner, *Les Fées au Moyen Âge*, Genève, Slatkine, 1984.

Les bonnes fées ne sont pas totalement absentes chez Apollinaire, encore que leur rôle soit le plus souvent ambigu. Giovanni Moroni évoque dans sa petite enfance «la Befana, cette sorte de fée laide et vieille comme Morgane, mais douce aux enfants et de cœur tendre.» (*Pr* I, 321). C'est un cas rare, sinon unique. Dans un poème de jeunesse, *Le Trésor* (*Po*, 324), une fée nommée, la fée Yra, sur laquelle je reviendrai, métamorphose la princesse aux cheveux d'or en «un trésor caché sous terre». Une autre fée non nommée («à voix d'oiselle») promet à la princesse qu'elle sera sauvée. Elle l'est finalement par un poète désintéressé.

Notons que plus d'une fois Apollinaire agrémente avec fantaisie l'apparence de la fée en l'associant à une fleur:

> De la mousse je suis la fée
> Dit à la princesse une voix
> Une voix très douce, étouffée,
> De la mousse je suis la fée,
> D'un bleu myosotis coiffée.

Ailleurs la fée est associée à l'iris (*Enfance*, *Po*, 651):

> Me grisant du parfum des lys, tendant les mains
> Vers les iris fées gardés par des grenouilles.

Le même vers se retrouve dans *L'amoureuse* (*Po*, 848). Cette image était déjà présente dans un des premiers poèmes d'Apollinaire, *Voix de clochette cristalline…*, inédit publié dans «Apollinaire 9»[9]:

> Ta voix semble dans le lointain
> La chanson d'une dame fée
> Vêtue de lis, de lis coiffée […]

On assiste dans le poème à Linda, *Le Trésor*, à la victoire de la bonne fée sur la mauvaise fée. Une situation aussi manichéenne est rare. Cependant les fées semblent éprouver parfois des sentiments comme dans ce vers fameux de *La Chanson du mal-aimé*:

---

[9] «Apollinaire 9», Clamart, Éditions Calliopées, 2011, pp. 75-82. Voir encore *supra* l'association de la fleur de lis et de la «Dame blanche», note 1. Dans ces exemples règne l'ambiguïté à tous les niveaux. Les iris comme les lis connotent moins la féminité que le sexe masculin. La «dame fée» annonce Morgane (voir *infra*).

> Dans ses yeux nageaient les sirènes
> Et nos baisers mordus sanglants
> Faisaient pleurer nos *fées marraines*[10].

Arrêtons-nous un instant sur ces «fées marraines»[11]. Dans *Les Fées au Moyen Âge* de Laurence Harf, déjà cité, et qui m'a servi de bréviaire, les fées marraines sont opposées aux fées amantes. L'expression «fée marraine» n'apparaît pas au Moyen Âge. Laurence Harf, interrogée par moi, m'a écrit avoir adopté l'expression pour le Moyen Âge «car on trouve déjà la même scène: les fées réunies autour d'un repas qu'on leur offre à la naissance d'un enfant et décidant de son avenir, l'une des fées irritée parce qu'on a oublié un couteau, etc.». Ces fées marraines sont les descendantes des Parques, qui filent la destinée et d'où provient le mot fée (*fata*). Apollinaire pense à coup sûr à ces fées qui apparaissent clairement dans les contes de Perrault et sont qualifiées de «marraines». Mais l'expression presque figée de «fée marraine» ne semble pas attestée avant Apollinaire et ne figure telle quelle, sauf erreur, dans aucun conte de Perrault. On aurait dit plutôt: faisaient pleurer nos marraines, les fées. Ou: les fées qui étaient nos marraines. J'ai suggéré à Laurence Harf que c'était Apollinaire qui lui avait plus ou moins consciemment soufflé cette expression.

Toujours est-il que ces fées marraines en l'occurrence semblent souffrir de la violence sauvage des amants. Leurs pleurs peuvent s'expliquer parce qu'elles prévoient le destin funeste qui leur est réservé. Apollinaire les met en scène dans *L'Enchanteur pourrissant*, selon la tradition la plus pure: «Quand le chapelain eut ondoyé les princesses jumelles et qu'il fut sorti, entrèrent les fées marraines, qui douèrent leurs filleules, pendant que l'accouchée sommeillait [...]. Aux premières lueurs de l'aube, les fées s'enfuirent précipitamment par les cheminées» (*Pr* I, 56-57). C'est à cette famille qu'appartient Carabosse, pour une fois nommée par son nom, qui fait une furtive apparition dans *Les Sept Épées* (*Po*, 56).

Avec de rares exemples de «bonnes fées» (à condition qu'on ne les irrite pas), les fées marraines sont dis-

---

[10] Nous soulignons.

[11] Voir G. Apollinaire, *L'Enchanteur pourrissant*, texte publié par J. Burgos, Paris, Lettres modernes, Minard, 1972, p. 135 *sqq*.

tinguées traditionnellement des fées amantes, beaucoup mieux représentées chez Apollinaire. Car il n'est pas rare de surprendre les fées en compagnie d'autres personnages qui les colorent d'une lueur suspecte: dans un poème de jeunesse à Linda «hiante» et bayante («Je vis un soir la zézayante...», *Po*, 327), la fin du poème propose l'équivalence:

> De voir bayer leur sombre dame,
> *Princesse ou fée ou simple femme*[12]
> Ayant avec la mort dans l'âme
> La grenouille pour tout arroi

Le contexte connote clairement une sexualité mortifère: nous entrons déjà dans le monde de Morgane, la fée avide d'hommes, la femme-sexe.

Les choses sont plus explicites encore dans le poème *L'Ermite* (*Po*, 103):

> Et j'absous les aveux pourpres comme leur sang
> *Des poétesses nues des fées des fornarines*[13]

La «fornarine» est la «boulangère», maîtresse et inspiratrice de Raphaël. L'expression, qui évoque la fornication, ainsi que le contexte en font une femme luxurieuse.

Dans *L'Enchanteur pourrissant*, les fées côtoient davantage les créatures maléfiques que les autres: «des fées erraient çà et là avec des démons biscornus et des sorcières venimeuses» (*Pr* I, 12). Le maléfice éclate dans le célèbre poème *Nuit rhénane* (*Po*, 111):

> [...] sept femmes
> Tordre leurs cheveux verts et longs jusqu'à leurs pieds
> [...]
> Ces fées aux cheveux verts qui incantent l'été

Apollinaire affectionne le verbe «incanter»[14]. Il s'agit d'un néologisme, équivalent savant de «enchanter». Mais il faut bien comprendre ce verbe au sens fort: ensorceler, jeter un sort, le plus souvent mais pas toujours funeste.

---

[12] Nous soulignons.

[13] Nous soulignons.

[14] Voir C. Debon, *Apollinaire, Glossaire des œuvres complètes*, Paris, Publications de la Sorbonne Nouvelle-Paris III, 1988.

Les fées qui incantent l'été travaillent ici à sa disparition. C'était déjà le cas dans un poème de jeunesse, *Aurore d'hiver* (*Po*, 710), dans lequel les fées «enchantent» le soleil qui a perdu sa clarté, sont les faiseuses d'ange du soleil avorté.

Inutile d'insister sur le pouvoir mortifère de ces enchanteresses de *Nuit rhénane* qui passe par la chanson lente du batelier. Si le blanc est l'attribut le plus fréquent des fées, le vert, proche de la nature, leur convient aussi[15]. Nul doute que dans *Mai* (*Po*, 112), «Des dames regardaient du haut de la montagne» ne soit une façon de désigner d'autres fées qui guettent les malheureux voyageurs sur le Rhin: «Vous êtes si jolies mais la barque s'éloigne/ Qui donc a fait pleurer les saules riverains». Les saules pleurent comme les fées marraines d'avoir imaginé les dangers mortels de l'amour.

Les fées ne sont pas chez Apollinaire des créatures de contes de fées. Très vite, elles sont associées à l'amour mauvais, à la luxure. Loin d'être associées à l'enfance, comme dans notre imagination encore bercée par les contes de fées, elles peuplent l'imagination lascive et torturée d'un adolescent puis d'un jeune homme.

Arrêtons-nous un instant sur une fée nommée mais inconnue: Yra. Évoquée plus haut, elle n'apparaît dans aucun texte ancien. Quand on cherche Yra sur Internet, on trouve…le poème d'Apollinaire. Il s'agit d'une fée maligne: «Jadis, jadis vivait m'amie/La fée Yra son ennemie,/ Qui changea la belle en trésor» (*Le Trésor*, cit.). Sauf plus ample informé, on soupçonne Apollinaire d'avoir forgé ce nom, probablement à partir de Ira: elle serait «la courroucée». C'est un hapax. À ces innommées ou imaginaires s'ajoutent les bien nommées et bien connues sinon bien comprises des lecteurs d'Apollinaire: Morgane en premier lieu, suivie de Viviane, puis de Madoine, Lorie et Helinor, Oriande enfin.

Je ne développerai pas le personnage de Morgane, le plus étudié parce que le plus présent dans la mythologie personnelle d'Apollinaire. Pour autant, son interprétation reste complexe. Je renvoie aux travaux de Madeleine Boisson et en particulier à son étude de *Merlin et la vieille*

---

[15] C. Lecouteux, *Fées, sorcières et loups-garous au Moyen Âge*, Paris, Imago, 1992.

femme, même si je ne suis pas convaincue par l'assimilation de Morgane à la partenaire de Merlin, donc à sa Mémoire. Pourtant elle est dans *L'Enchanteur pourrissant*, comme cette partenaire, «vieille et laide» et ainsi qualifiée, on l'a vu *supra*, dans *Giovanni Moroni*. La vieillesse de Morgane ne semble pas attestée dans les textes médiévaux (sauf ignorance)[16]. Mais d'autres indices trop longs à développer montrent qu'elle est ainsi mise sur le même plan que d'autres femmes mûres séductrices, qui évoquent immanquablement la mère d'Apollinaire, elle-même présente dans *L'Enchanteur pourrissant*. Ce qui reste certain, c'est que Morgane est une redoutable mangeuse d'hommes. Toujours dans *L'Enchanteur pourrissant*, elle avoue crûment: «les jeunes gens [...] je les aime pour leur braguette» (*Pr* I, 16). Amie de Merlin, la «fée luxurieuse» (*ibid.*, 17) en est la complice plus que le bourreau: il dialogue avec elle à l'insu de Viviane (*ibid.*). Cette représentation de Morgane est conforme à la tradition médiévale. Laurence Harf dans la conclusion de son ouvrage (p. 433) oppose fortement Morgane et Mélusine: «Morgue est la 'femme fatale', la 'féminité maléfique', ou sirène, elle s'identifie toujours à la Mort. Mélusine, c'est Morgue apprivoisée. C'est l'euphémisation des forces obscures de la féminité». Or Mélusine est quasi absente chez Apollinaire...[17].

D'autres fées sont placées sous le signe de Morgane: ainsi de Dame-Abonde, présente dans un poème de *Calligrammes*, *Arbre* (*Po*, 179), maîtresse des dames de la nuit[18]. Elle ne serait pas une fée, mais un esprit diabolique, selon Guillaume d'Auvergne. Vêtue de blanc, on lui prépare un repas dans les maisons. On sait que la christianisation a systématiquement diabolisé les êtres surnaturels n'appartenant pas au mythe chrétien. C'est la raison pour laquelle la Loreley est une «sorcière». Dame-Abonde est sans doute de la race des «mordonnantes mériennes» (*Le Musicien de Saint-Merry*, *Po,* 188), chère à Mario Rich-

---

[16] C'est à Madoine que sont associées la vieillesse et la luxure (L. Harf, *Les Fées au Moyen Âge,* cit., p. 343).

[17] Elle apparaît dans *Voix de clochette cristalline...*: un lutin «Danse en appelant Mélusine/La fée à la chanson féline/À la voix claire de clarine/Qu'écoute en tremblant l'indigent.» (poème de jeunesse inédit, paru dans «Apollinaire 9», mai 2011, pp. 75-82). Elle est ici proche de la sirène, comme dans une autre occurrence, p. 14 des *Lettres à Lou* (Paris, Gallimard, 1969).

[18] L. Harf, *Les Fées au Moyen Âge*, cit., pp. 55-56.

ter[19], celles que l'on rencontre à midi et qui pourraient provenir du *demonium meridianum*[20] du Psaume 91. Il existe une Fée Meridiana qui se défend cependant d'être un succube[21].

Venons-en à Viviane. On savait que Merlin est fils du diable, donc diable lui-même. Pourtant, il apparaît au premier abord comme la victime d'une femme méchante, déloyale et perverse: Viviane. L'examen attentif de *L'Enchanteur pourrissant* comme la tradition médiévale concernant Viviane nous amènent à nuancer ce jugement. Viviane est en effet à l'origine une réincarnation de Diane, la déesse vierge. Elle déteste l'amour, a horreur de la sexualité. Apollinaire connaissait cette tradition, il la reprend dans «Je vis un soir la zézayante...», cité *supra*, poème extrêmement énigmatique, dans lequel Viviane baye comme la zézayante, mais «près de l'immonde» qui ne peut être que Merlin. Enserrer Merlin, c'est donc le punir de sa sexualité et le rendre à la pureté. Il faudrait comprendre: «Ce bayement long m'éluda» pour savoir qui détient le pouvoir dans ce poème et avec quels moyens: le bayement, l'ouverture béante, la proximité des grenouilles laissent penser à une invite amoureuse. Mais ce vagin (denté?) semble faire disparaître le quémandeur, en tout cas se jouer de lui (sens de «éluder»), comme Viviane se joue de Merlin et en rit. La virginité de Viviane est soulignée dans *L'Enchanteur pourrissant* (*Pr* I, 37). Merlin avoue son amour pour Viviane qui n'a pas conçu de lui. Elle disperse les animaux qui copulent (*ibid.*, 49), elle déclare: «Moi, qui ne suis pas une diablesse, qui ne suis pas même une enchanteresse, mais une incantation, j'ai repoussé tout amour d'homme [...] l'homme est au centre de notre éloignement; nous l'entourons comme un cercle.» (*ibid.*, 66). Un passage non utilisé par Apollinaire dans son récit, donné en appendice dans l'édition de Jean Burgos[22], montrait plus clairement encore le refus total de la sexualité chez Viviane (ce qui n'est pas le cas de la majorité des fées): «Doncques elle le conjurait toutes les heures quil venoit a elle tellemêt

---

[19] M. Richter, *La Crise du logos et la quête du mythe,* Neufchâtel, à la Baconnière, 1976, pp. 99-105.

[20] L. Harf, *Les Fées au Moyen Âge,* cit., pp. 123 et 133.

[21] *Ibid.*, p. 395.

[22] J. Burgos, in G. Apollinaire, *L'Enchanteur pourrissant*, cit., p. 192.

que incontinent il sendormit/et elle mettoit sur ses deux mammelles deux noms de coniurements telz que ia tant côme ilz y fussent homme ne la pouoit despuceller ne avec elle gesir charnellement». Selon Laurence Harf (p. 295), Viviane se refuse à Merlin dans toutes les versions, mais dans un cas elle l'aime et l'emprisonne pour le garder, dans l'autre elle le hait par refus de l'amour. Elle considère comme déshonorant l'amour de Merlin, ressenti comme une souillure. Ces deux images semblent fusionner dans *L'Enchanteur pourrissant*.

La fusion de Viviane et de la Dame du Lac dans le poème en prose d'Apollinaire, conforme à la version du *Lancelot en prose*[23], contribue à situer Viviane du côté des fées bienfaisantes et protectrices, même si elle semble faire preuve de cruauté et trompe Merlin pour lui arracher le secret de ses pouvoirs magiques. Comme la fée qui sauve et éduque Lancelot, elle sauve en quelque sorte Merlin en l'arrachant à sa lubricité. Merlin, avatar d'Apollinaire, plein de tentations comme l'ermite, est un autoportrait d'Apollinaire en fils du diable. Dans *Le Triptyque de l'homme*, II, Gauvain cherche Merlin et finit par découvrir «Sous cloche de cristal par la fée asservi/ Myrdhinn qui souriait irréel et ravi» (*Po*, 712). Il paraît satisfait de son sort.

Comment situer les trois fées, Madoine, Lorie et Hélinor qui viennent sur la tombe de l'enchanteur[24]? Dans *Claris et Laris*, Claris se retrouve dans la forêt de Brocéliande et pénètre dans le château enchanté de Morgant, la sœur d'Arthur. Madoine est une des fées subordonnées à Morgant, qui aide Claris à s'échapper. Mais elle est enceinte de Laris qui l'avait trompée et quand il revient en Bretagne, elle l'enferme dans une prison et le poursuivra encore. Si l'on en croit le résumé de Gaston Paris, dans les *Romans en vers de la Table ronde* où Apollinaire a largement puisé, et qu'on a le bonheur de pouvoir consulter sur Internet, Madoine est vindicative, persévérante, et on la comprend puisque Laris l'a abandonnée alors qu'elle était enceinte. D'adjuvante, elle est devenue persécutrice.

Lorie, empruntée au *Rigomer* de Jehan (Gaston Paris),

---

[23] L. Harf, *Les Fées au Moyen Âge*, cit., p. 237.

[24] Sur ces fées, voir J. Burgos, in G. Apollinaire, *L'Enchanteur pourrissant*, cit., p. 81 *sqq*. Je lui emprunte largement.

peut être rapprochée de Viviane. Elle aime et aide Gauvain. Lorie est proche d'une fée bienfaisante, d'une dame du lac protectrice. Dans l'œuvre du poète, elle est tantôt pécheresse dans *L'Ermite* (*Po*,102-103), en compagnie de Zélotide, Louise et Diamante (*ibid.,* 102), tantôt assimilée aux «douces figures poignardées» dans *La Colombe poignardée et le jet d'eau.* Le choix des noms peut être surdéterminé: cette Lorie a peut-être existé, comme Mia, Yette, Annie, etc., elle est proche aussi de la Lore en folie de *La Loreley.* Rien n'est simple chez Apollinaire... Aucune femme au demeurant n'est jamais totalement innocente: «Ces femmes ne sont pas méchantes elles ont des soucis cependant/Toutes même la plus laide a fait souffrir son amant» (*Zone, Po,* 43).

Quant à Hélinor[25], la troisième des fées qui viennent sur le tombeau de Merlin (*Pr* I, 80), elle est mère de Giglan ou Giglain, fils de Gauvain. Apollinaire l'a trouvée dans *Hystoire de Giglian filz de Messire Gauvaub qui fut roy de Galles et de Geoffroy de Maience son compaignon* de Claude Platin. Rien ne la désigne comme une fée maléfique. Cependant la présence de ces trois fées autour du tombeau les assimile aux autres créatures essentiellement diaboliques qui viennent visiter l'Enchanteur. Madoine, dévouée à Morgane, même si elle a aidé Laris, est travaillée par l'amour (toujours mauvais). Apollinaire lui ajoute une touche supplémentaire de lubricité. Elle lorgne vers Merlin: «Je voudrais que l'enchanteur me fît les yeux doux». (*Pr* I, 36).

Le cas d'Oriande est intéressant à plusieurs égards. Apollinaire ne l'a pas empruntée au texte de Gaston Paris, dont il faut rappeler qu'il est un résumé des principaux romans de la Table Ronde et n'en donne que des citations en ancien français. Elle apparaît dans un poème à Lou, une seule fois (*Po,* 481). Cette fée est empruntée à un roman peu connu, *Maugis d'Aigremont*[26]. Il a été publié en 1892 en ancien français dans la «Revue des langues romanes»[27].

Première énigme: comment, en juin 1915, Apollinaire

---

[25] *Ibid.*, p. [81] f. On peut ajouter à la note de J. Burgos que Giglan est présent dans le *Trityque de l'homme* III, (713): «Or, le Bel Inconnu, Giglain, fils de Gauvain, […]».

[26] Maugis d'Aigremont élevé par la fée Oriande viendrait de *Florimont* d'Aymon de Varennes (L.Harf, *Les Fées au Moyen Âge,* cit., p. 416).

[27] Tome 36, par M. F. Castets, pp. 5-259.

se souvient-il de cette publication, qu'il aurait pu lire dans sa jeunesse, à supposer qu'il comprît l'ancien français? Comme d'autres éléments de ce texte apparaissent simultanément dans ce poème et un autre envoyé le même jour, on peut se demander s'il n'a pas eu entre les mains ce numéro de la revue. En effet, non seulement Oriande est citée, mais il est dit qu'elle «vivait dans son château de Rose-Fleur». Le texte nous apprend qu'elle habite *Rocheflor*: la transformation de Rocheflor en Rose-Fleur est justifiée par la saison et la comparaison récurrente de Lou avec cette fleur: «C'est ici quand ce fut le déclin du printemps l'édification des Roses». Cette Oriande est une fée salvatrice et éducatrice: elle se charge de Maugis qu'elle élève, fait baptiser et instruit dans tous les arts...y compris celui de l'amour:

> Si en fist son ami que moult le pot amer;
> Son cors li abandone besier et acoler,
> Desoz son covretor ensemble o li joer.

Le même texte introduit dès les premières pages un personnage, Aquilant de Maiogre. Or nous le voyons apparaître dans le poème suivant, écrit le même jour, sous la forme Aquilan de Mayogre (et non Mayorque, note p.1127). Apollinaire tirerait ce nom de «l'histoire de Beuves d'Hanstonne» selon une lettre à Madeleine écrite le même 23 juin:

> Je l'ai [le tiercelet] nommé Aquilan, ce qui fut le nom d'un guerrier sarrasin. Il est si je me souviens dans l'histoire de Beuves d'Hanstonne. Il donna une fête au bord de la mer en l'honneur du terme de la grossesse de sa femme. La fête fut interrompue par l'arrivée de la flotte du Sarrasin Sorgolant. Les chevaliers se préparèrent à se défendre et les dames s'enfoncèrent dans les bois. Les Sarrasins toutefois s'emparèrent d'Ysanne, sœur de la duchesse, qui accouchait sur ces entrefaites. Ils prirent aussi les nouveaux-nés que tenait dans ses bras une jeune esclave sarrasine fille de l'amiral de Palerme. Ces deux demoiselles étaient montées sur des haquenées blanches quand les Sarrasins s'emparèrent d'elles. La beauté d'Ysanne frappa un guerrier sarrasin: Aquilan de Mayorque et elle l'épousa quand ils furent au pays des Sarrasins.

Ce récit est exactement celui de *Maugis d'Aigremont*. J'en conclus premièrement qu'Apollinaire s'est trompé sur le nom de la chanson de geste (à moins que *Beuves d'Hanstonne* ne raconte exactement la même chose, ce que je n'ai pu vérifier); qu'il avait une mémoire d'éléphant; à moins qu'il n'ait eu ce texte entre les mains quelques jours plus tôt, ce que j'ai tendance à croire…On remarque qu'il n'est pas question ici d'Oriande, qui sauve un nouveau-né comme il a été dit plus haut. Oriande, dans la répartition des lettres à Lou et à Madeleine, est pour Lou.

Un détail supplémentaire: dans *Maugis d'Aigremont*, la fée Oriande est qualifiée au fil du récit de différentes façons: «la fee à la clere façon» (v. 547), «a la fresche color» (v. 579), «qui tant a clair le vis», «o le viaire clair», etc. Or Apollinaire utilise ce même procédé[28] dans un poème de jeunesse déjà cité «Triptyque de l'homme» (*Po*, 711):

> La Fée aux blanches mains a regardé le loin
> Où son féal Gauvain chevauchait en silence,
> Elle aperçoit alors le malencontre Arloin
> Qui sur le gué brandit sa lourde et longue lance.
> Gnomes et Korrigans au visage chafoin
> Ont l'air de se moquer, mais restent à distance,
> On distingue là-bas le rythme de leur danse,
> La rousse Fée alors du combat est témoin.
>
> […]
> …Or, perverse, pour les exciter, sur ses hanches
> Laissant tomber ses cheveux, la Fée aux mains blanches
> Levant un peu la tête aperçoit tout là-bas
>
> Les écuyers des preux cachés emmi les branches.

Où l'on retrouve la fée tentatrice, aux longs cheveux… Oriande sera prétexte pour Apollinaire à un jeu avec les lettres[29]. Elle témoigne en tout cas encore en 1915 soit de la relecture par Apollinaire de textes médiévaux soit de leur réactivation. Et nous finissons avec une bonne fée, qui ne craint pas d'initier jusqu'au bout son protégé. Il la quittera pourtant, attiré par la magie du cheval Bayard.

Ce n'est pas seulement la quantité et la nature des apparitions de la fée qui interpelle. La fée est une figure féminine qui cristallise le rapport à l'amour, de manière

---

[28] Voir aussi «Le chant des druides» dans *L'Enchanteur pourrissant* (*Pr* I, 17): «La dame au corsage qui pommelle/A fait mourir, aujourd'hui, Merlin».

[29] Voir C. Debon, *Apollinaire (pris) à la lettre*, in «Apollinaire 2», Clamart, Éditions Calliopées, 2007.

complexe, puisque Viviane par exemple, avatar de la Diane antique, fée vierge, n'a rien à voir avec Morgane, incarnation de la luxure. Du moins en principe, car l'évolution des traditions et l'emprise de la religion chrétienne ont peu à peu modifié les représentations de la fée et tendu à confondre ce qui se distinguait ou s'excluait: Viviane et la dame du lac par exemple. La confusion cependant de Morgane et Viviane est exceptionnelle dans *Le Livre d'Artus*[30]. Ira-t-on jusqu'à suggérer qu'elle est achevée dans *L'Enchanteur pourrissant*?

On voit que le monde merveilleux pré-chrétien des créatures féeriques est peu représenté chez Apollinaire[31]. Il ne l'ignore pas cependant et regrette le temps des enchanteurs auquel appartiennent les fées: un monde magique et merveilleux qui a disparu. C'est ce que dit un poème de jeunesse inédit (*Po*, 842). Dans ce monde innocent, sans péché, cohabitaient des êtres surnaturels bons et mauvais:

> Se sont évanouis les fées et les démons
> Quand jadis dans l'étable est venu Saint Remacle
> Et les moines ont fait ce si triste miracle
> La mort des enchanteurs et des gnomes des monts

Il faut prendre à la lettre le mot «évanouis»: ils ont disparu dans la nature, mais sont toujours quelque part. C'est ce que confirme Claude Lecouteux dans *Démons et Génies du terroir au Moyen Âge*[32]. Ce monde pré-chrétien attise la nostalgie du jeune homme:

> Nous voulons une fée heureuse en un lac
> Mais les lacs sont comblés [...]

Le même regret apparaît dans un des plus importants poèmes de jeunesse: *Élégie du voyageur aux pieds blessés* (*Po*, 337):

> Ah! marche l'homme sans déesses
> Ni tutélaires ni traîtresses,
> Marche et tue les dieux quand ils naissent.

---

[30] L. Harf, *Les Fées au Moyen Âge*, cit., p. 313.

[31] Il a existé un merveilleux non chrétien, «aussi proche (ou éloigné) de Dieu que de Satan» (*ibid.*, p. 146).

[32] C. Lecouteux, *Démons et Génies du terroir au Moyen Âge*, Paris, Imago, 1995.

> [...]
> Les dieux narquois partout se meurent
> Et s'émeuvent les enchanteurs,
> Les fleurs se fanent, les fées pleurent.

Le temps des enchanteurs a disparu. Lui a succédé le temps de la sorcellerie. L'amour est devenu mauvais, «l'eau pure» s'est transformée en «eau sale» (*ibid.*). Ce parcours historique du Haut au Bas Moyen Âge, lié à l'apparition du Mal, de l'impureté, du péché, qui a transformé les démons en anges déchus luxurieux, du moins dans la tradition folklorique et la littérature, reflète en miroir celui de l'enfant innocent confronté bientôt aux perversions et à la luxure, mot chrétien s'il en est. Le chœur dans *L'Enchanteur pourrissant* dit d'Angélique, avatar de la mère d'Apollinaire: «Elle a oublié tout ce qui est païen, magique et même naturel» (*Pr* I, 33).

Mais le poète emprunte à l'enchanteur ou la fée leurs pouvoirs magiques. Il est celui qui sait «des lais pour les reines/ Et des chansons pour les sirènes» (vers présents pour la première fois dans «Je vis un soir la zézayante...», cit., *Po*, 327), celui qui détient un contre-pouvoir capable de métamorphoser le réel et d'ensorceler ses lecteurs. Aux fées traîtresses, Apollinaire oppose sa «fausseté enchanteresse», dans une rivalité d'égal à égal.

Sans tomber dans des généralisations abusives comme toutes les généralisations, on voit chez Apollinaire cette imprégnation de la religion catholique sur fond de souffrance intime liée à ses origines resurgir dans la sélection qu'il opère face à l'héritage imaginaire légué par les textes médiévaux. Ce n'est sans doute pas un hasard si Mélusine va devenir la star des surréalistes, non Morgane, le sexe maudit. Heureux temps où les poètes avaient encore les fées pour compagnes, fussent-elles redoutables...

Il viaggio di Dante
nei *Calligrammes* di Apollinaire

Maria Dario
(Università di Padova)

Nel verso del *Poème lu au mariage d'André Salmon* (1909) che offre il titolo a questa sezione Apollinaire celebra liricamente l'unione tra il «Souvenir» e l'«Avenir», la tradizione e l'innovazione, un rapporto così intimamente connaturato alla sua opera da esserle addirittura consustanziale[1]. Tra i diversi aspetti in cui esso si esplicita sono state rilevate le consonanze tra la cosmogonia poetica del testo apollinairiano e l'ultimo canto del *Paradiso* dantesco. Antoine Fongaro[2] ha mostrato come il celeberrimo *explicit* «L'Amor, che move 'l Sole e l'altre stelle» presieda direttamente all'elaborazione dell'immagine, grandiosa e triviale, dell'amore come guida e ispirazione poetica: «directeur du feu et des poètes/l'amour qui emplit ainsi que la lumière/tout le solide espace entre les étoiles et les planètes». Nell'epitalamio che fonda il suo percorso e quello del suo alter ego poetico, André Salmon, come una replica iniziatica del viaggio dantesco, dalla discesa nel «caveau maudit» all'erranza «à travers la raison», sino all'apoteosi finale («nous avons tant grandi que beaucoup pourraient confondre nos yeux et les étoiles»), l'autore del *Poème lu* pone così la sua funzione poetica («fondés en poésie nous avons des droits sur les paroles que font et défont l'univers») sotto il patronato simbolico di Dante e della sua missione universale.

In questo modo, se la relazione con la tradizione medievale si presenta come un nodo centrale, paradigmatico

---

[1] Per un'analisi della poesia rinvio al mio contributo su *Apollinaire tra 'Souvenir' e 'Avenir': il 'Poème lu au mariage d'André Salmon'*, in *Les Pas d'Orphée*, Padova, Unipress, 2005, pp. 415-431 e A. Fongaro, *Poème lu au mariage d'André Salmon, ibid.*, pp. 403-414.

[2] A. Fongaro, *Culture et sexualité dans la poésie d'Apollinaire*, Paris, Champion, 2008, p. 114, p. 272, *passim*.

dell'articolazione creativa apollinairiana[3] (soprattutto nella prima fase, dall'*Enchanteur pourrissant* sino ad *Alcools*, in cui la materia bretone – «dames à la licorne, enchanteurs à la Merlin, fées à voiles de mousseline»[4] – è di gran lunga l'aspetto preponderante, anche se non esclusivo di questo rapporto) essa è lungi tuttavia dall'esaurirne le molteplici valenze.

Un riferimento esplorato meno sistematicamente in questo ambito è costituito dalla presenza dantesca, le cui tracce[5] percorrono in vario modo e a vario titolo l'opera apollinairiana, in versi e in prosa. Per limitarsi a una breve ricognizione intorno ad *Alcools*, basterà evocare «l'inspiration dantesque»[6] che Apollinaire ha suggerito a proposito di *La Maison des morts* (pubblicato come racconto in prosa nel 1907 e come poesia in versi liberi nel 1909), *Les Colchiques*[7] (pubblicato nel 1907) e soprattutto le grandi poesie visionarie del 1908-1909, in particolare *Le Brasier*[8] e il già citato *Poème lu au mariage d'André Salmon*, testi composti o pubblicati tutti tra il 1907 e il 1909. È l'epoca in cui Apollinaire associa esplicitamente la ricerca di un «lyrisme neuf et humaniste en même temps» ai modelli medievali, come indica la lettera a Toussaint-Luca dell'11 maggio 1908: «mes maîtres sont loin dans le passé, ils

---

[3] Ci si riferirà agli studi di J. Burgos sull'argomento, in particolare, alla magistrale edizione critica dell'*Enchanteur pourrissant*, Paris, Lettres Modernes, 1972 e a *Apollinaire et L'Enchanteur pourrissant*, Paris, Calliopées, 2009; per una lettura d'insieme sul rapporto tra Apollinaire e la cultura medievale cfr. C. Bologna, *Apollinaire 'medievista'*, in *Apollinaire e l'avanguardia*, Roma-Paris, Bulzoni-Nizet, 1984, pp. 345-396.

[4] Max Jacob, *Souvenirs sur Guillaume Apollinaire*, in «Le Flâneur des deux rives», n. 6, giugno 1955, p. 6.

[5] Riprendo qui il titolo dell'opera di riferimento di Michèle Gally, *La trace médiévale et les écrivains d'aujourd'hui*, Paris, PUF, 2000.

[6] L'epiteto «dantesque» va inteso qui nell'accezione di materia «apocalyptique», indicata da Apollinaire nella lettera ai Treize del 5 settembre 1910, ora in *Œuvres complètes*, Paris, Balland et Lecat, IV, 1966, p. 740.

[7] Numerosi studiosi hanno suggerito l'accostamento tra i versi 10-11 dei *Colchiques* «comme des mères/Filles de leurs filles» e l'inizio della preghiera di S. Bernardo alla Vergine del canto XXXIII del Paradiso, «Vergine madre, figlia del tuo figlio»; cfr. in particolare L. Lipson, *Apollinaire student of Dante*, in «Studi francesi», 43, gennaio-aprile 1971, pp. 98-100 e A. Fongaro, *À propos des 'Colchiques'*, ora in *Culture et sexualité dans la poésie d'Apollinaire*, cit., p. 215.

[8] Un riferimento proposto già da Diego Valeri, *Littérature française*, Milano, 1961, p. 617 e poi scandagliato dalla critica, in particolare da G. Schmits, *Guillaume Apollinaire: 'Le Brasier'*, in «Les Études Classiques», gennaio 1967, pp. 34-51 e aprile 1967, pp. 145-17 e A. Fongaro, *La troisième partie du 'Brasier'*, ora in *Culture et sexualité dans la poésie d'Apollinaire*, cit., pp. 265-284.

vont des auteurs du cycle breton à Villon»[9], laddove l'esempio dantesco può essere indirettamente annoverato tra le fonti del «nouveau lyrisme» apollinairiano, almeno sul piano cronologico, oltre che per la pratica testuale.

La relazione con il poeta fiorentino si ripropone con un'evidenza particolare tra il 1913 e il 1914, una fase ispirata a una straordinaria tensione sperimentale, che presiede alla creazione dei *poèmes-conversation* prima e poi dei *calligrammes*, all'immediata vigilia della guerra. Due di questi calligrammi, *Voyage* e *La Cravate et la Montre*, parte di un insieme pubblicato nel numero di luglio-agosto 1914 delle «Soirées de Paris», ne sollecitano apertamente la presenza. *Voyage* attraverso l'immagine del pellegrino mistico evocata dal sintagma: «Refais le voyage de Dante», mentre il secondo elemento del *calligramme*: *La Cravate et la Montre* chiama in causa lo strumento tecnico di questo viaggio: «et le vers dantesque luisant et cadavérique». La convocazione diretta, e non più solo allusiva come nella fase precedente, del referente dantesco nello spazio poetico dei *calligrammes*[10], distribuita su due testi contemporanei per ideazione e contigui nella loro destinazione originale, è un aspetto che, nonostante alcuni chiarimenti puntuali proposti da Fongaro[11], resta ancora da indagare nel suo senso generale. Dopo aver precisato alcuni elementi utili a contestualizzare questo apporto nella prima fase dell'opera apollinairiana, mi concentrerò sul microcorpus calligrammatico appena evocato, che rappresenta un rivelatore paradigmatico del rapporto che Apollinaire istituisce con la tradizione, e non solo quella medievale, nelle forme sperimentali della poesia visiva.

---

[9] G. Apollinaire, *Œuvres complètes*, IV, cit., p. 697.

[10] La presenza dantesca è una delle poche apparizioni dei grandi scrittori del passato nella poesia di Apollinaire; il poeta fiorentino riappare in *Souvenir des Flandres*, pubblicato nell'*Appel pour les musées et les richesses d'art de la France et de la Belgique envahie* nel 1918, a cura dell' «Amitié de France et de Flandres», ora in *Œuvres poétiques*, Paris, Gallimard, «Bibliothèque de la Pléiade», 1965, p. 691; tra le altre apparizioni: Thomas de Quincey in *Cors de Chasse* (*Alcools*), Victor Hugo in una serie di *calligrammes* composti alla vigilia della guerra e pubblicati su «Montparnasse», n. 1, luglio 1921 (*Arbre qui fut sa displanté par Victor Hugo*); in *Désir* (*Calligrammes*) Goethe e Nietzsche in ambientazione bellica («le boyau Goethe où j'ai tiré/J'ai tiré même sur le boyau Nietzsche»).

[11] A. Fongaro, *Sur quelques interprétations de quelques calligrammes*, in *Culture et sexualité dans la poésie d'Apollinaire*, cit., pp. 367-368.

1. Dante e il «lyrisme neuf et humaniste» apollinairiano

Ogni tentativo di affrontare un aspetto, anche circoscritto, della relazione che la letteratura francese moderna ha istituito con l'universo dantesco[12] non può che iniziare, come sottolinea Jacqueline Risset, da una constatazione sostanzialmente negativa, quella di un'assenza, di un dialogo mancato, in cui lo scrittore italiano interviene quasi esclusivamente nella forma dell'«apparition»[13]. Anche la breve fase di «engouement romantique» degli anni '30 e '40 dell'Ottocento, nata sulla scia della prefazione al *Cromwell* di Hugo, che pure è all'origine di una fioritura di traduzioni e studi eruditi, invece di attestare la vitalità della lezione dantesca nella cultura francese contemporanea, sembra tradursi in realtà in una nuova forma di esclusione, che vede l'ingresso dell'autore della *Commedia* nel pantheon degli scrittori universali a prezzo tuttavia di un suo sostanziale processo di archiviazione, che lo riduce «momifié, relégué dans un autre univers, bref quasiment tué»[14]. In un contesto in cui il confronto col modello dantesco è un aspetto sostanzialmente periferico dell'interazione tra la modernità poetica francese e la tradizione letteraria[15], la sua presenza nell'opera apollinairiana acquista un rilievo significativo.

Certo, non si può ignorare il ruolo degli aspetti biografici negli interessi letterari di Apollinaire, le origini italiane, la familiarità linguistica e la situazione di apatride che lo rendono particolarmente sensibile alla figu-

---

[12] Senza naturalmente pretendere all'esaustività, in ambito moderno ci si riferirà agli studi di J. Risset, in particolare *Dante il '900 e la Francia*, in *Dalla bibliografia alla storiografia*, Ravenna, Longo 1995, pp. 73-74, e *Dante en France. Histoire d'une absence*, in *L'Italia letteraria e l'Europa*, Roma, Salerno editrice, 2001, pp. 59-71; cfr. inoltre F. Piva, *La (ri)scoperta di Dante in Francia tra secolo dei Lumi e primo Ottocento*, in «Studi francesi», 158, maggio-agosto 2009, pp. 264-277, e L. Sozzi, *Dante in Francia dai romantici a Baudelaire*, in «Letture classensi», vol. XIX, pp. 23-32.

[13] Cfr. J. Risset, *Une saison au paradis: Rimbaud lecteur de Dante*, in *Rimbaud, strategie verbali e forme della visione*, Pisa-Genève, ETS-Slatkine, 1993, p. 117.

[14] Cfr. Ch. Bec, *'Le Dante' en langue française au XXe siècle: essai de synthèse*, in «Letture classensi», vol. XIX, pp. 105-116.

[15] Con l'eccezione, motivata sul piano religioso, di Claudel; sulla relazione tra Dante e la poesia francese moderna, oltre agli studi già citati di J. Risset, si veda anche della stessa autrice *Lautréamont lecteur de Dante*, in «Cahiers de psychologie de l'art et de la culture», n. 17, 1991.

ra dantesca nelle sue diverse sfaccettature, compreso il mito dell'esule, che dall'età romantica vi si ricollegava strettamente[16]. Queste affinità, indubbiamente presenti, non sono sufficienti tuttavia a spiegare la comparsa dei primi riferimenti danteschi nella poesia di Apollinaire, tra il 1907 e il 1909.

Secondo Anna Boschetti[17] tali allusioni sono da ricondurre soprattutto alla figura di Ricciotto Canudo, uno dei numerosi italiani *transplantés*[18] in Francia, attivo nel circuito dell'avanguardia poetica, che Apollinaire annovera tra i «grands poètes français d'origine étrangère» nella conferenza sulla «Phalange nouvelle» del 1908, a fianco di Moréas, Verhaeren e Marinetti[19]. Proprio in quel periodo Canudo aveva iniziato un'intensa attività di divulgazione attraverso una serie di studi e *lecturae dantis* volti a restituire l'autore della *Commedia*, generalmente confinato nell'ambito degli studi filologici ed eruditi[20], alla frequentazione del pubblico colto. Alle iniziative di Canudo si aggiunga l'apporto di Remy de Gourmont, uno dei maestri della generazione precedente, che nel 1908 pubblica il saggio *Dante, Béatrice et la poésie amoureuse*[21], una ripresa dei suoi studi ottocenteschi sul Dante lirico. Questo non implica naturalmente che Apollinaire abbia atteso Gourmont o Canudo per rileggere Dante[22], quanto, piuttosto, che nell'intensa circolazione degli scambi propria alla vita associativa dell'avanguardia la sua attenzione sia

---

[16] Cfr. J. Risset, *Dante, il '900 e la Francia*, cit., p. 73.

[17] A. Boschetti, *La poésie partout. Apollinaire en homme époque,* Paris, Seuil, 2000, p.152.

[18] È il titolo dell'opera di riferimento di Canudo, *Les Transplantés*, Paris, Fasquelle, 1913.

[19] G. Apollinaire, «La Phalange nouvelle», in *Œuvres en prose complètes* II, Paris, Gallimard, «Bibliothèque de la Pléiade», 1993, p. 892.

[20] Cfr. Giorgio Santangelo, *Ricciotto Canudo interprete di Dante*, in *Ricciotto Canudo,* Fasano, Schena, 1978, pp. 403-409.

[21] Si tratta di un saggio divulgativo sulla *Vita Nuova* che riprendeva uno studio già apparso nel 1885, *La Béatrice de Dante et l'idéal féminin en Italie à la fin du XIIIe siècle*; cfr. in particolare P. Tucci, *Remy de Gourmont médiéviste* in «Cahiers Remy de Gourmont», sous la dir. de Th. Gillybœuf et B. Bois, Paris, Éditions de l'Herne, 2003, pp. 189-201 e N. Façon, *Remy de Gourmont interprete della Beatrice dantesca*, in «Beiträge zur Romanischen Philologie», 1965, 49, pp. 49-58.

[22] Nel catalogo della biblioteca di Apollinaire figurano due edizioni della *Commedia*: in francese, *La Divine Comédie. La Vie nouvelle*, Paris, Charpentier, 1843, nella traduzione di Brizeux, e in italiano, l'edizione Bertini (Lucca) del 1811; cfr. *Catalogue de la bibliothèque de Guillaume Apollinaire*, Paris, CNRS, 1983.

stata sollecitata dalla lettura dantesca proposta da questi esponenti del circuito parigino[23].

L'interesse dell'apporto di Gourmont ai nostri fini risiede soprattutto nella sua interpretazione squisitamente estetica dell'opera dantesca, intesa forse per la prima volta nella critica francese, come suggerisce Nina Façon, quale esempio di «arte per eccellenza»[24], secondo il principio della trasfigurazione artistica proprio all'autore del *Livre des masques*. La lettura canudiana, nata nell'ambito di una ricerca artistica e non di studi eruditi o filologici, si inserisce a sua volta in questo processo di ambientazione dello scrittore fiorentino alla luce delle problematiche in vigore nello spazio poetico francese; Dante vi figura come interprete dell' «âme lyrique du monde»[25] e la sua opera come una tappa fondamentale nell'evoluzione del destino umano[26]. Nel canudiano *Livre de l'évolution* (1908), di cui una copia con dedica è conservata nella biblioteca di Apollinaire, Dante diviene così il portatore d'un significato «qui est de nos jours et de tout temps», un *homo novus* che, come scrive Armani Speranza[27], è allo stesso tempo un uomo della tradizione, consapevole che «tout le passé […] peut être présent et vivant dans la transformation des temps»[28]. Non sfuggiranno le consonanze con la pratica creativa apollinairiana che integra sinteticamente le acquisizioni del passato e del presente. Su questa visione lirica della *Commedia* si innesta, a fronte della percezione prevalentemente «infernale» del capolavoro dantesco, la rivalutazione canudiana del *Paradiso* come cantica del trionfo «de la Lumière et de la musique»[29].

Alla luce di questi elementi non mi sembra ingiustifi-

---

[23] Un *écho* di Apollinaire sul «Mercure» del I° settembre 1917 associa direttamente Canudo ai suoi studi danteschi; cfr. G. Apollinaire, *Œuvres en prose complètes*, II, cit., p. 1335.

[24] N. Façon, *Remy de Gourmont interprete della Beatrice dantesca*, cit., p. 57.

[25] *L'âme dantesque*, Paris, La Renaissance du Livre, s.d. [1924], composto di articoli pubblicati da Canudo tra il 1908 e il 1909.

[26] R. Canudo, *Le livre de l'évolution*, Paris, Sansot, 1908, p. 82.

[27] A. Armani Speranza, *Canudo lettore di Dante*, in *Canudo*, Roma-Parigi, Bulzoni-Nizet, «Quaderni del Novecento francese», 3, 1976.

[28] R. Canudo, *L'âme dantesque*, cit., p. 18.

[29] Id., *L'âme dantesque*, cit., p. 41; cfr. su questo aspetto G. Santangelo, *Ricciotto Canudo interprete di Dante*, cit., p. 408.

cato supporre che le metafore dantesche della creazione poetica associate alle visioni celesti nella terza parte del *Brasier*[30] e nel *Poème lu* possano avere trovato uno spunto nell'attività critica di Canudo e in parte di Gourmont. Nel momento in cui Apollinaire elabora un'estetica poetica che si manifesta soprattutto come un atto creativo, *poietico*[31], la figura dantesca che essi consegnano al lettore contemporaneo[32] può aver contribuito – insieme a un altro riferimento più immediato come quello mallarmeano – alla concezione grandiosa del creatore che Apollinaire pone al centro della scena lirica in questa fase[33].

È forse un caso se da quel momento Dante diviene per Apollinaire il modello stesso del poeta universale, come suggeriscono indirettamente le dichiarazioni di Moréas, uno dei maestri più ammirati dall'autore di *Alcools*, riportate in un articolo del 1911? «Il y a Dante, il y a Villon, il y a Shakespeare. [...] C'est [Dante] le plus grand poète du Moyen Âge, disait-il [...]»[34].

Gli echi del confronto in atto in questo periodo con l'esempio dantesco si riverberano anche nella produzione critica e giornalistica contemporanea di Apollinaire, vero laboratorio di temi, forme, moduli espressivi che vanno a integrare successivamente la creazione poetica[35]. Così, l'articolo solenne su Salmon del luglio 1908 in «Vers et Prose» anticipa, nella modalità del *poème-critique*, una prima versione della cosmogonia poetica che l'anno successivo assumerà forma propriamente lirica nel *Poème lu*. In altri casi il

---

[30] «Descendant des hauteurs où pense la lumière/ Jardins rouant plus haut que tous les ciels mobiles/L'avenir masqué flambe en traversant les cieux/ [...] J'ose à peine regarder la divine mascarade».

[31] Cfr. M.L. Lentengre, *Apollinaire et le nouveau lyrisme*, Modena, Mucchi, 1986 e A. Boschetti, *La poésie partout. Apollinaire en homme époque*, cit.

[32] Si rileveranno, per esempio, le consonanze tra l'apoteosi celeste di Dante proposta da Gourmont («On se plaira toujours à suivre le grand poète dans son voyage vers l'infini, s'élançant les yeux fixés sur les yeux de Béatrice, vers ces régions où nul autre que lui n'est monté si haut, où nul peut-être n'ira plus; qui oserait comme lui s'élever jusqu'aux étoiles», *Béatrice, Dante et Platon*, 1883, cit., p. 80) e la cosmogonia del *Poème lu au mariage d'André Salmon*: «Nous avons tant grandi que beaucoup pourraient confondre nos yeux et les étoiles».

[33] «Des poèmes si grandioses/ que j'ai dû les laisser inachevés», *Les paroles étoiles*, abbozzo di *Les Fiançailles*, in M. Décaudin, *Le Dossier d'"Alcools"*, Genève, Droz, 1996, p. 204.

[34] G. Apollinaire, *Jean Moréas*, «Les Marges», marzo 1911, in *Œuvres en prose II*, cit., pp. 1050-1051.

[35] P. Caizergues, *Apollinaire journaliste*, Paris, Lettres Modernes-Minard, 1981 e D. Delbreil, *Apollinaire et ses récits*, Fasano, Schena, 1999.

riferimento dantesco è utilizzato in associazione a elementi eterogenei estrapolati e giustapposti secondo l'estetica della sorpresa. Così, nell'introduzione all'*Œuvre du marquis de Sade* del 1909 l'*explicit* della *Commedia*, inserito a guisa di *collage* dopo una citazione erudita, ne conforta il significato, teso a dimostrare l'importanza sociologica dell'opera sadiana per la sua concezione dell'amore come «motore universale»: «Non pas même au niveau de la faim mais, au dessus, l'amour préside au mouvement de l'univers»[36]. In un articolo del 1910 Apollinaire opera un altro esempio di riciclaggio creativo sul repertorio dantesco modernizzando la metafora dell'ascesa al Paradiso, ora associata alle prodezze tecnologiche dell'aviazione:

> Décidément, tous les écrivains s'y mettent: après D'Annunzio, Mark Twain commence à écrire sur l'aviation. Il vient de publier un livre intitulé *Relation de la visite du capitaine Stormfield au ciel* qui conduit le lecteur dans un lieu dont on n'avait plus parlé depuis Dante: le paradis[37].

L'associazione incongrua di elementi inattesi e sorprendenti, il viaggio mistico e le innovazioni tecnologiche, il sublime e il grottesco definiscono un aspetto di quella «folie lyrique» in cui Max Jacob ritrova una profonda affinità tra Dante e colui che si è voluto come il suo alter-ego poetico moderno[38]. Tale relazione mette in evidenza i meccanismi che presiedono all'elaborazione creativa apollinairiana in cui l'impulso contingente attiva il motivo metaforico del testo, in questo caso il viaggio *sub specie aeternitatis*, conferendogli senso e spessore[39].

---

[36] Apollinaire cita di seconda mano delle affermazioni di E. Duehren (*Le Marquis de Sade et son temps*) riportate in un saggio del 1901, *Le Marquis de Sade et son œuvre devant la science médicale et la littérature moderne*, interpolandole all'interno della propria prefazione, ora pubblicata in *Œuvres en prose complètes* III, Paris, Gallimard, «Bibliothèque de la Pléiade», 1993, p. 799.

[37] Id., *Mark Twain et l'aviation*, «Paris-Journal», 7, marzo 1910, ora in *Œuvres en prose complètes* II, cit., p. 1291.

[38] Max Jacob, *La Chronique des temps héroïques*, Paris, Louis Broder, 1956: «Apollinaire l'aimait parce qu'il a des ressemblances avec lui: la familiarité italienne unie au lyrisme, [...] et ces coups de folie qui sont proprement le lyrisme»; p. 114, citato da J. de Palacio, *Max Jacob et Dante ou la 'spiritualité par en bas'*, in «La Revue des Lettres Modernes», n. 3, 1981, pp. 103-111.

[39] Così, non mi sembra ingiustificato supporre che proprio questo passaggio possa essere stato uno degli elementi all'origine dell'exploit del celebre volo lirico del Cristo in *Le Voyageur* e in *Zone*.

Nei suoi diversi percorsi poetici, critici, giornalistici, l'evocazione dantesca diventa così il nucleo aggregante di significati simbolici complessi e diversificati in cui le virtualità semantiche del referente non sono solo metaforizzate a livello di elaborazione poetica ma anche riattivate attraverso il loro inserimento in un contesto diverso che ne modifica radicalmente la funzione.

2. Un «Voyage» ai confini della poesia

La fase che si apre con la pubblicazione di *Les Fenêtres* nel gennaio 1913, caratterizzata da una tensione straordinaria all'innovazione espressiva, «une esthétique toute neuve dont je n'ai plus retrouvé depuis les ressorts»[40], che presiede alla creazione dei *poèmes-conversation* e dei *calligrammes*, comporta un processo radicale di ridefinizione della concezione del lirismo ereditato dalla tradizione, che si traduce in un mutato rapporto con gli strumenti e i modelli precedenti. Così, senza evocare lo «changement de front» che alcuni concorrenti interessati come Jules Romains[41] hanno suggerito, è necessario sottolineare come l'elaborazione di una poesia che si istituisce in una relazione intertestuale privilegiata con l'attualità poetica e artistica, i cui interlocutori principali sono pittori e poeti contemporanei (Delaunay, Chagall, Picabia, Cendrars in particolare), si accompagni alla rarefazione delle allusioni erudite che tanta parte avevano nel gioco metaforico di *Alcools* e dell'*Enchanteur pourrissant*. In questo contesto le evocazioni dantesche, che ricorrono per ben tre volte negli scritti di Apollinaire tra il 1913 e il 1914, acquistano il senso di una presa di posizione esplicita.

La prima di queste tre occorrenze è contenuta nel manifesto dell'*Antitradition futuriste* redatto da Apollinaire nell'estate 1913 in collaborazione con il movimento di Marinetti[42]. Come è noto, il manifesto si struttura sulla

---

[40] G. Apollinaire, *Tendre comme le souvenir*, Paris, Gallimard, 1952, pp. 70-71.

[41] J. Romains, *Souvenirs et confidences d'un écrivain*, Paris, Fayard, 1958, p. 32.

[42] Per le circostanze e i dettagli del manifesto rinvio all'analisi di Barbara Meazzi, *Le manifeste de l'Antitradition futuriste: Apollinaire et le futurisme* in *Guillaume Apollinaire devant les avant-gardes européennes*, Paris, Presses de la Sorbonne nouvelle, 1995, pp. 139-166 e *Le Futurisme et la France*, Chambéry, Presses Universitaires de Savoie, 2010.

dicotomia che oppone le cosiddette emanazioni passatiste della tradizione alla propulsione vitalistica del presente. Alle rose simbolicamente offerte non solo ai futuristi ma, più in generale, a quanti tra gli artisti contemporanei potevano richiamarsi all'innovazione, in uno slancio collettivo che finiva per riunire ecumenicamente esponenti delle tendenze più diverse, si opponeva la *damnatio* metaforizzata dall'esclamazione cambronniana tributata a Dante e agli altri classici come Shakespeare e Goethe, ai padri fondatori della modernità come Baudelaire e Whitman, ai passatisti professionali come critici, professori, filologi. Senza essere un'adesione al movimento futurista, il manifesto apollinairiano si propone come un atto avanguardistico, che erige a principio fondatore il rovesciamento carnevalesco delle gerarchie artistiche in favore di un'anti-tradizione, portatrice di valori specifici nell'ibridazione di generi, forme, modelli. Lo sberleffo che colpisce il monumento della letteratura occidentale si configura allora come un vero sacrilegio rituale – che anticipa nelle sue modalità quello compiuto da Duchamp nel 1919 con la *Gioconda* – volto a sottrarre Dante alla venerazione degli studi eruditi per restituirlo, smitizzato e contaminato, al ciclo vitale della poesia[43].

Quest'operazione, che non fa *tabula rasa* del passato, come pretende la *doxa* futurista ma lo riutilizza, reinvestito di altri significati, nelle forme del presente, risulta costituire il passaggio indispensabile per comprendere l'evoluzione del motivo dantesco nella poesia apollinairiana, che ritorna nell'estate 1914, associato a una forma poetica nuova, il *calligramme*, in un gruppo di testi pubblicati sull'ultimo numero delle «Soirées de Paris», la rivista diretta da Apollinaire e dal pittore russo Serge Férat, in cui figurano *Voyage* (sede della prima convocazione dantesca) e *La Cravate et la Montre* (che contiene la seconda allusione dantesca)[44].

Queste composizioni, frutto di un'ideazione unitaria

---

[43] Lo conferma, indirettamente, il fatto che Apollinaire ripubblichi più volte nel corso di quello stesso anno proprio le poesie associate in vario modo al motivo dantesco come *Le Brasier* e *La Maison des morts*, segno che l'evoluzione della sua estetica poetica non implicava un superamento della sua produzione precedente né il rifiuto dei nuclei che l'avevano generata.

[44] Gli altri testi sono *Paysage animé* e *Cœur couronne et miroir*.

evidente nella destinazione originaria[45], si giovano di una lettura relazionale che, restituendole al loro contesto iniziale, le ricomponga in un insieme coerente, sorta di microcosmo connotato non solo dalla ridondanza dantesca, ma più in generale da una straordinaria densità allusiva – un effetto di «saturation», come afferma Claude Debon parlando dei meccanismi dell'intertestualità[46] – sulla tematica poetica che mettono in atto: il viaggio come destino umano e il rapporto con la modernità.

Voyage è certamente il testo più complesso, un paesaggio metafisico situato alla confluenza di linguaggi diversi, verbali e visivi, calligrammatico (la nuvola, la pioggia, l'uccello telegrafico, il treno, la volta stellare), e iconografico (i «poteaux télégraphiques» ripresi dai titoli del quotidiano «Le Matin» e inseriti come in un collage). Le interpretazioni di *Voyage* fin qui proposte hanno sottolineato genericamente la portata simbolica del sintagma che fa del *calligramme* «un viaggio iniziatico» (Bologna)[47], «un nouveau, moderne voyage de Dante, privé de sa Béatrice» (Boschetti)[48]; in altri casi i critici ne hanno offerto una lettura circoscritta, come Fongaro, per il quale l'allusione dantesca, inserita in una composizione creata all'indomani del matrimonio di Marie Laurencin, costituirebbe un'imprecazione colta, un equivalente metaforico di «Va-t-en au diable»[49]. Per comprenderne più compiutamente il senso non sarà inutile riconsiderare il testo nella sua interezza.

Questo spazio testuale sintetico che accoglie elementi concreti – meteorologici (la nuvola e la pioggia), astronomici (la luna e le stelle), tecnologici (i pali del telegrafo, i binari ferroviari) – e materiale astratto – simbolico (Dante, pellegrino mistico), mitico (la pioggia dorata, ennesima trasformazione di Zeus che feconda Danae nella sua prigione sotterranea, generando Perseo), sentimentale («adieu

---

[45] La pubblicazione di questi testi nella sezione «Liens» di *Calligrammes* smembra questo insieme per rendere maggiormente sensibile l'effetto di discontinuità e di rottura.

[46] C. Debon, *Grapillage et distillation, les modalités de la réécriture dans l'œuvre d'Apollinaire*, in *Naissance du texte apollinairien*, actes du colloque de Stavelot 1982, in «Que vlo ve?», n. 6-7, aprile-settembre 1983, p.10.

[47] C. Bologna, *Apollinaire 'medievista'*, cit., p. 355.

[48] A. Boschetti, *La poésie partout. Apollinaire en homme époque*, cit., p. 184.

[49] A. Fongaro, *Culture et sexualité dans la poésie d'Apollinaire*, cit., p. 368.

amour qui fuit», rivolto all'amata perduta, Marie Laurencin) – si articola in tre livelli testuali. La parte superiore, il cielo diurno, riunisce nella medesima dislocazione orizzontale il passato – condensato nella nuvola che contiene il sintagma «Refais le voyage de Dante», l'allusione all'amore perduto, il mito della pioggia fecondante (la tradizione, il passato che feconda la modernità) – e il presente, con i moderni strumenti di comunicazione come i «poteaux télégraphiques», evocati anche nella forma animata dell'uccello telegrafico. Il livello centrale, quello terrestre, è formato da un lungo enunciato interrogativo raffigurante i binari di un treno che attraversa la pagina e le cui esalazioni si innalzano verso il cielo. Il livello sotterraneo propone in posizione invertita la versione notturna, stellata, della volta celeste, (ri)divenuta il luogo dell'effusione lirica associata tradizionalmente al motivo amoroso: «la douce nuit lunaire et pleine d'étoiles, c'est ton visage que je ne vois plus».

L'allusione dantesca, elemento centrale del calligramma di sinistra, è evidentemente il nucleo immaginario e tematico che situa il testo nella sua articolazione e gli conferisce il suo spessore significante nella complessità dei diversi significati associati alla figura di Dante e al suo viaggio: il poeta universale, il padre della lingua italiana, il cantore dell'amore sublimato, il pellegrino mistico e l'esule in viaggio, divenuto un *topos* critico che da Ampère arriva a Canudo[50].

Situato alla confluenza tra passato e presente, *Voyage* attiva una complessa rete di significati che si irraggiano intorno a un tema che è al contempo uno dei grandi motori archetipali della civiltà occidentale e uno dei miti d'elezione dell'immaginario moderno nella sua panoplia di declinazioni (la velocità, la tecnologia, la simultaneità). Il motivo comporta una stratificazione straordinaria di echi e immagini rispetto ai quali il *calligramme* è chiamato a situarsi, primo fra tutti un altro celebre *Voyage*, quello baudelairiano, testo fondativo della poesia moderna, l'orizzonte di riferimento ineludibile per una composizione che nel suo stesso titolo instaura un confronto sulle forme e i modi della modernità. Senza soffermarmi su un aspetto che meriterebbe di per sé un'analisi approfondita, rileverò che nella prefazione alle

---

[50] In un capitolo di *La Grèce, Rome et Dante* (1848), J.J. Ampère descrive le varie tappe dell'esilio dantesco; cfr. anche R. Canudo, *Le quatrième voyage de Dante*, in «Le Monde illustré», 5 novembre 1908.

Fleurs du Mal, Apollinaire fa di Baudelaire uno dei grandi poeti universali, come Dante, e il primo esponente dell' «esprit moderne»[51]. Se il viaggio dantesco costituisce indubbiamente il nucleo simbolico del testo apollinairiano, il *Voyage* di Baudelaire ne è allora l'antecedente più illustre e immediato sullo sfondo[52] leggibile, al di là di alcune consonanze generiche[53], come una presa di distanza a partire dalla stessa cosmologia poetica che istituisce.

Il secondo testo di questo micro-corpus, *La Cravate et la Montre*, precisa il senso della presenza dantesca e le dà consistenza poetica, chiarendo le allusioni di *Voyage* in un'accezione addirittura tecnica. Composto da due elementi, il *calligramme* si articola sul rapporto tra l'uomo e la civiltà moderna, esemplato nei suoi simboli più convenzionali, la cravatta di Serge Férat, il mecenate e condirettore della rivista in cui compaiono quegli stessi testi, e l'orologio, materializzazione moderna del tempo meccanizzato, che racchiude nel quadrante l'allusione al verso dantesco. Anche in questo caso il *calligramme* si struttura su un altro modello simbolico di straordinario spessore culturale, innervato da tutti gli esiti della tradizione poetica moderna, tra cui ineludibile figura nuovamente il *Voyage* baudelairiano, che proprio intorno all'immagine del tempo come «rétiare infâme» aveva allestito il nodo centrale della propria struttura metaforica[54]. Alla luce di queste prime riflessioni non sembra irragionevole considerare le due poesie una rappresentazione figurata del rapporto tra la tradizione e la modernità in cui l'immagine dantesca viene ad acquisire il ruolo di *exemplum*, testimone e garante della nuova

---

[51] G. Apollinaire, introduzione all'*Œuvre poétique de Charles Baudelaire* (1917), in *Œuvres en prose complètes* III, cit., p. 874; sul rapporto complesso di Baudelaire con la modernità cfr. A. Compagnon, *Les Antimodernes*, Paris, Gallimard, 2005.

[52] In una lettera del 1917 a Louis Chadourne, Apollinaire associerà il modello dantesco all'inferno poetico baudelairiano:«N'a-t-il pas dans 'les cercles inférieurs de cet enfer dantesque' décrit l'enfer préparatoire que se fait la détestable humanité?». G. Apollinaire, *Œuvres en prose complètes* III, cit., p. 879; Fongaro ritrova in Apollinaire la costante presenza «sotterranea» della poesia baudelairiana; cfr. *Culture et sexualité dans la poésie d'Apollinaire*, cit., pp. 305-306.

[53] Così la nuvola che racchiude l'allusione dantesca, sembra leggibile anche in relazione al verso del *Voyage* baudelairiano («ceux-là dont les désirs ont la forme des nues») e rafforzerebbe la valenza sentimentale e autoreferenziale del calligramma.

[54] Cfr. M. Richter, *Baudelaire. Les Fleurs du Mal*, Genève, Slatkine, 2001, pp. 1628-1632.

forma poetica elaborata da Apollinaire. Se, come s'è detto, lo scrittore italiano identifica per Apollinaire il modello stesso della grandezza letteraria, particolarmente presente nel momento in cui, tra il 1908 e il 1909, elabora una nuova estetica poetica, non mi sembra un caso che, alle soglie di un'impresa smisurata, non più tentata dopo Mallarmé, egli riprenda un riferimento che gli permette di condensare le molteplici virtualità semantiche ad esso collegate con una straordinaria economia di mezzi, conferendo una portata universale al suo percorso di esplorazione nei possibili della scrittura figurativa. Alcune osservazioni testuali possono suffragare queste considerazioni. L'evocazione dantesca, «Refais le voyage de Dante», si presenta nella modalità ingiuntiva, una forma enunciativa che nella poesia apollinairiana è tendenzialmente associata all'uso autoreferenziale e legata alle funzioni e alle istanze della creazione poetica[55]. In questa fase sperimentale tale modalità si esplicita come una dichiarazione di poetica nel celebre verso del *Musicien de Saint-Merry*: «Rivalise poète avec les étiquettes des parfumeurs», in cui Apollinaire definisce il suo compito di *poeta novus*, quello di creare a partire dalle possibilità che l'osservazione del reale offre a chi le sappia cogliere. La stessa sollecitazione ritorna in *À travers l'Europe*, costruito su un gioco complice di allusioni alla pittura di Chagall, in cui la tensione creativa si esprime attraverso l'ingiunzione pressante e ripetuta al vedere come atto poetico fondamentale: «Ouvre ouvre ouvre ouvre ouvre/ Regarde mais regarde donc»[56]. Nella sua lettura esemplare di *Lettre-Océan*, Mario Richter ha rilevato come la spirale nella pagina destra del *calligramme* che riprende anaforicamente per ventiquattro volte il sintagma «crée» sia riferibile a una doppia lettura, atta a designare autoreferenzialmente tanto quel nuovo strumento poetico ancora imperfetto, attraverso l'onomatopea sgraziata evocante lo scricchiolio delle metaforiche scarpe nuove del poeta – un oggetto che serve notoriamente per avanzare nel viaggio della vita – quanto l'imperativo del verbo «créer», ripetuto ossessivamente per le ventiquattro ore che ne scandiscono la giornata. Alla luce

---

[55] Cfr. anche gli enunciati ingiuntivi che percorrono *La Victoire* in modalità individuale («avance», «songe», «regarde», «crains») e collettiva («imitez», «faites claquer», «servez-vous», «habituez-vous»).

[56] La capacità visiva come elemento fondamentale dell'atto poetico era già stata proclamata in *Sur les prophéties*: «car je ne crois pas mais je regarde».

di questi elementi, e senza privare questi testi di una lettura circostanziale che è molto spesso lo spunto iniziale della poesia apollinairiana anche e soprattutto in questa fase in cui le allusioni e i riferimenti autobiografici sono parte integrante del meccanismo testuale, si può ipotizzare che un avvenimento doloroso come quello del matrimonio di Marie Laurencin sia diventato il punto di partenza per un viaggio concreto e simbolico nella creazione poetica. Come già nelle poesie del 1908-1909 questo viaggio è associato alla conquista del potere lirico in cui Apollinaire utilizza il referente dantesco come una vera icona verbale[57], arricchita di molteplici valenze attivate dagli altri elementi linguistici e figurativi del *calligramme*. «Mes images ont la valeur d'un vers... Les rapports qu'il y a entre les figures juxtaposées de mes poèmes sont tout aussi expressifs que les mots qui les composent», scrive Apollinaire a Fagus nel luglio 1914[58]. Così, la proiezione spaziale dell'enunciato in cui il termine DANTE, allungato verso i pali e l'uccello telegrafico, rompe la tendenza alla chiusura circolare della nuvola calligrammatica, raffigura il valore dinamico e moderno del modello dantesco nell'ideogramma lirico, accanto agli strumenti di comunicazione contemporanei.

Il senso autoreferenziale dell'allusione dantesca si precisa ulteriormente nel contesto dell'altro *calligramme*, *La Cravate et la Montre*. Il primo ideogramma della composizione, la «Cravate», raffigura un elemento vestimentario, presentato come un accessorio non solo inutile ma addirittura dannoso alle funzioni vitali: «ôte-la si tu veux bien respirer»; si rileverà anche qui il ricorso alla modalità ingiuntiva associata questa volta al respiro che, come è noto, è l'elemento originario del ritmo poetico. L'invito a liberarsi dalle costrizioni convenzionali per «bien respirer», cioè metaforicamente per ben creare, si precisa nel secondo elemento del testo, «la montre», in cui gli indicatori verbali del quadrante alludono alle ore fissate arbitrariamente dall'orologio attraverso un gioco di enigmi verbali[59]. Il riferimento dantesco «et le vers dantesque luisant et cadavé-

---

[57] Cfr. Anne Saint-Léger Lucas, *Verbal icons and self-reference*, in «Semiotica», 69-3/4, 1988, pp. 315-329.

[58] Lettera a Fagus scritta tra il 25 e il 31 luglio 1914, pubblicata in «Points et Contrepoints», n. 105, dicembre 1972.

[59] Cfr. J.-C. Chevalier, *La poésie d'Apollinaire et le calembour*, in «Europe», n. 451-452, novembre-décembre 1966, pp. 56-76.

rique», situato in 11° posizione, in prossimità dello scadere dell'ora, designa così simbolicamente e materialmente il mezzo poetico del viaggio dantesco, l'endecasillabo, attraverso un enunciato nominale a valore descrittivo. I rapporti tra l'immagine e i referenti verbali concorrono a suggerire il senso di finitudine del *calligramme*, che qualifica il verso dantesco come un organismo glorioso, «luisant» ma ormai in decomposizione, «cadavérique»; l'allusione si situa in effetti all'interno di un tempo chiuso, il cui ciclo sta ormai per compiersi («il est – 5 et tout sera fini»). L'immagine riposa sul gioco del *calembour*[60], banale *ver/vers* già utilizzato in *Vendémiaire* («les bons vers immortels qui s'ennuient patiemment») – che a sua volta rimanda a un altro *calembour* tipicamente apollinairiano, quello tra *vers* e *verre* del *Poème lu au mariage d'André Salmon*, associato alla malia fonica del lirismo simbolista – integrando elementi diversi. L'epiteto «luisant», collegato al passato in *Cortège* in contrapposizione al «demain incolore» («près du passé luisant demain est incolore») e alle metafore luminose del *Brasier*, è divenuto qui un'emanazione «cadavérique»[61]. Si esplicita allora il rapporto di appropriazione e superamento tra l'invenzione apollinairiana e la tradizione che, come sottolinea Corrado Bologna, si innesta «per iterazione dei modelli e degli *avatar* simbolici, divenuti segni linguistici inerti»[62], decomposti e riconfigurati come in questo caso in una nuova formulazione. Se, come sostiene Fongaro, il «vers Zamir» del *Brasie*r costituisce un equivalente verbale del verso della *Commedia*, che designa metonimicamente tanto Dante quanto la sua incarnazione moderna[63], allora Apollinaire, novello Dante, è chiamato profeticamente a rifare il

---

[60] *Ibid.*

[61] Che il calembour *vers/vers* con le sue associazioni luminose e putrescenti sia un fonte importante della creazione poetica apollinairiana (e l'analisi potrebbe estendersi ad un'altra equivalenza fonica, quella di *verre*) è dimostrato dal fatto che il «ver luisant», che ritorna in *Tristesse d'une étoile*, figura nel manoscritto nella forma del «vers luisant»; cfr. C. Debon, *Grapillage et distillation, les modalités de la réécriture dans l'œuvre d'Apollinaire*, cit., p. 352.

[62] Cfr. C. Bologna, *Apollinaire 'medievista*, cit., p. 349.

[63] «Le 'vers Zamir', c'est phonétiquement le 'vers amir', avec la liaison; et 'amir' est le palindrome de 'rima'; le vers qui 'rima' a édifié les extraordinaires constructions de la *Divina Commedia*». A. Fongaro, *La Trosième partie du 'Brasier'*, cit., p. 274; alla luce di questi elementi si può comprendere forse meglio l'associazione costante che Max Jacob istituisce tra Dante e Apollinaire in *Art poétique* e nella *Chronique des temps héroïques*; cfr. J. de Palacio, *Max Jacob et Dante ou la 'spiritualité par en bas'*, cit., p. 108.

viaggio nel tempo e nello spazio di Dante, cioè a concepire un edificio poetico grandioso paragonabile alla sua *Commedia*, privo tuttavia non solo di una Beatrice ma anche dello strumento prestigioso ed efficace di quel viaggio. Il disfacimento del verso dantesco ridotto, come la *cravate*, a inutile accessorio convenzionale, e richiuso nel cronotopo mortifero della *montre* può fecondare così simbolicamente le nuove forme poetiche della modernità.

Attraverso il ricorso alla topologia, già presente sotto altre forme nella tradizione antica e recente, Apollinaire esplora le valenze di un linguaggio restituito alle sue stratificazioni temporali dal riuso innovativo dei materiali del passato, che può rivaleggiare con «les étiquettes des parfumeurs», con «l'hymne télégraphique que les fils et les poteaux ne cessent d'entonner sur les grandes routes», come scrive in un articolo sul «Mercure de France» del 1 luglio 1914[64] restando fedele, nel cambiamento, al progetto universale del suo predecessore.

In un scritto del 1911 il travestimento metaforico esplicita lo scambio vitale che Apollinaire istituisce tra il passato e il presente:

> Les belles œuvres ont toujours un prototype ou œuvre antérieure qui, excitant l'imagination d'un nouvel auteur, provoque la conception de l'œuvre nouvelle. Le prototype joue ainsi le rôle *fécondant* du mâle, tandis que le cerveau de l'écrivain nouveau devient en ce cas la femelle[65].

In questa fisiologia del riciclaggio[66] apollinairiano non sarà sfuggito il ricorso all'epiteto «fécondant», che attivando a posteriori un gioco di inclusioni sonore sul motivo dantesco ne definisce simbolicamente il ruolo e la funzione, quella di un vero *calembour* creativo, di un «tremplin lyrique»[67] universale.

---

[64] G. Apollinaire, *Les Archives de la parole*, in *Œuvres en proses complètes* III, cit., p. 214.

[65] Id., *Les Tableaux des mœurs du temps*, 1911, ibidem p. 680, sott.agg.

[66] Cfr. A. Boschetti, *La poésie partout. Apollinaire en homme époque*, cit., p. 277.

[67] G. Apollinaire, *L'Antitradition futuriste* (1913), in *Œuvres en prose complètes* II, cit., p. 938.

Péguy poeta tra *mystère* e *tapisserie*

Alessandra Marangoni
(Università di Padova)

L'opera poetica di Péguy è legata a filo doppio al Medioevo: per la figura di Giovanna d'Arco e per le forme del *mystère* e della *tapisserie* che svettano nei suoi titoli più conosciuti, a cui si potrebbero aggiungere una giovanile *Chanso*[1] e una *Ballade* rimasta pressoché inedita fino al 1973[2].

Il Mystère

Péguy arriva alla forma poetica del *mystère* nel 1909, dopo un lungo corpo a corpo col dramma conclusosi ben dodici anni prima: una trilogia[3], difficilmente rappresentabile nei suoi 24 atti, dedicata alla vita di Giovanna d'Arco e pubblicata nel 1897, anno in cui, da acceso socialista, Péguy prendeva parte all'*affaire Dreyfus*. Occorre però dire che, a distanza di appena un decennio, né Péguy né Giovanna d'Arco sono più gli stessi: nel 1907-1908 Péguy è tornato al cattolicesimo[4] dell'infanzia, nel 1909 l'eroina francese è fatta beata e ci si appresta a festeggiarne, nel 1912, il cinquecentesimo anniversario della nascita. Tutto questo porta l'orleanese Péguy a ripensare la sua *Pucelle*

---

[1] *La Chanson du roi Dagobert*, in «Cahiers de la Quinzaine», n. 15, 4ème série, 1903, in Ch. Péguy, *Œuvres poétiques complètes*, introduction par F. Porché, chronologie de la vie et de l'œuvre par P. Péguy, notes par M. Péguy avec, pour la «Ballade du cœur qui a tant battu», la collaboration de J. Sabiani, Paris, Gallimard, «Bibliothèque de la Pléiade», 1975, pp. 333-362. Dal 1996 ne esiste un'edizione critica curata da R. Burac, per Champion.

[2] Se ne conoscevano solo i cosiddetti *Quatrains*. J. Sabiani, *La Ballade du cœur. Poème inédit de Charles Péguy*, Paris, Klincksieck, 1973. Inserita nel 1975 tra le *Œuvres poétiques complètes*, pp. 1263-1438. Per le considerazioni di Péguy sul genere francese della *Ballade*, cfr. *Victor-Marie, comte Hugo*, in Ch. Péguy, *Œuvres en prose complètes* III, éd. R. Burac, Paris, Gallimard, «Bibliothèque de la Pléiade», 1992, p. 209 sqq.

[3] *Jeanne d'Arc*, drame en trois pièces: *À Domremy, Les Batailles, Rouen* in Ch. Péguy, *Œuvres poétiques complètes*, cit., pp. 23-326.

[4] Nel 1907 confida a J. Maritain di aver intrapreso un nuovo cammino di fede, nel 1908 confida a J. Lotte di essere tornato al cattolicesimo.

in una dimensione non più prevalentemente temporale e in un quadro non più drammatico ma poetico.

Rispettivamente del gennaio 1910, dell'ottobre 1911 e del marzo 1912, *Le Mystère de la Charité de Jeanne d'Arc*, *Le Porche du mystère de la deuxième vertu* e *Le Mystère des Saints innocents* escono tutti sui «Cahiers de la Quinzaine» da Péguy fondati nei primi giorni del 1900 e da quel momento impegno centrale della sua esistenza («Péguy cheminait à l'ombre de ses *Cahiers*», dirà Gide)[5].

Cosa c'è del *mystère* medievale nei tre *mystères* di Péguy? Il legame più evidente è senz'altro la presenza dell'argomento cristiano, poiché la parola *mystère*, in ognuno di questi titoli, comporta principalmente il significato di mistero secondo la teologia cristiana (verità superiore all'intelligenza umana) e solo secondariamente il significato di rappresentazione teatrale, medievale incentrata sui grandi temi della vita di Cristo e dei santi. Eppure questa seconda presenza è ancora chiara e operante, a dispetto della progressiva rarefazione dei personaggi.

Dei tre misteri, il primo, *Le Mystère de la Charité de Jeanne d'Arc*, è l'unico ad aver avuto una rappresentazione, peraltro solo negli anni Ottanta del Novecento, perché è l'unico in cui sopravvive il dialogo (tra Jeanne e Hauviette e, soprattutto, tra Jeanne e Madame Gervaise), seppur sopraffatto da lunghe ondate di monologo.

Il secondo dei misteri, che compie cent'anni proprio in questi giorni (ma non li dimostra), *Le Porche du mystère de la deuxième vertu,* «ce titre pur moyen âge» diceva Romain Rolland[6], cosa conserva nella fattura del mistero medievale? Ampi stralci di dialogo, ma solo in potenza: Jeanne è l'assente virtualmente presente. Madame Gervaise, personaggio che apre *Le Porche*, nonché personaggio del *Mystère de la Charité*, faceva già parte del primo dramma di Péguy, in tre *pièces*: la *Jeanne d'Arc* del 1897. Ne *Le Porche*, Madame Gervaise riporta le parole di Dio stesso le quali, a poco a poco, attraverso un abilissimo indiretto libero, diventano quelle di un comune padre di famiglia. Dio Padre appunto. In questo dialogo che subito sfocia nel monologo, colpisce

---

[5] A. Gide, *Nouveaux prétextes. Réflexions sur quelques points de littérature et de morale*, Paris, Mercure de France, 1951, p. 185.

[6] Ch. Péguy, R. Rolland, *Une amitié française. Correspondance*, présentée par A. Saffrey, Paris, Albin Michel, in «Cahiers Romain Rolland» 7, 1955, p. 154.

il tono familiare con cui ci si rivolge a Dio e alla Vergine. I grandi misteri medievali fondevano sacro e profano, qui l'umanità di Dio Padre e della Vergine Madre vengono esplicitati mediante un linguaggio comune e finanche banale e sgrammaticato, secondo un preciso intento di «racination» «du spirituel dans le temporel», di «assujettissement de l'éternel même au temporel»[7] che per Péguy costituisce il segno stesso del Cristianesimo.

Le personificazioni di Fede, Speranza, Carità riportano alla mente le allegorie dei misteri medievali. Il culto mariano rafforza quest'impressione. La realtà tangibile della resurrezione finale della Carne sembra trasportarci in quel clima che negli anni Trenta il neotomista Étienne Gilson avrebbe così ben documentato ne *L'Esprit de la philosophie médiévale* (va pur precisato che Péguy sarà sempre osteggiato dai neotomisti – persino da Maritain, suo amico, convertitosi insieme a lui – e che sempre a sua volta Péguy attaccherà il «Parti intellectuel» della Sorbona, colpevole in primo luogo per aver messo all'indice i libri del maestro Bergson).

Infine il terzo dei «mystères de Jeanne d'Arc», *Le Mystère des Saints innocents*, monologo, ad eccezione di uno scambio di battute tra Jeanne e Madame Gervaise, ha in Joinville autore della vita di saint Louis, un riferimento e un modello. Certi arcaismi dello stile di Péguy, osservava Spitzer (ad esempio l'uso dell'astratto senza articolo: «Il faut que France, il faut que Chrétienté se continue»), vengono direttamente da Joinville[8].

Come arriva Péguy al *mystère*? Quale cultura glielo ha messo tra le mani, così che egli possa farne un uso tanto consapevole? Consapevolezza di cui dà anche prova il *Prière d'insérer*[9] scritto per la riedizione, presso Plon, del *Mystère de la Charité* («*mystère* restituant un genre en lui-même aussi qualifié que le fut la tragédie antique elle-même et la tragédie classique»[10]). Naturalmente la grande cultura

---

[7] Ch. Péguy, *Œuvres en prose complètes* III, cit., p. 101.

[8] L. Spitzer, *Lo stile di Charles Péguy* [1927], in *Marcel Proust e altri saggi di letteratura francese moderna*, con un saggio introduttivo di P. Citati, Torino, Einaudi, 1959, p. 84. Sullo speciale rapporto che Péguy instaura con Joinville, anch'egli indegno cantore di un grande santo, cfr. F. Desplanques, *Péguy lecteur de Joinville*, in *Moyen Âge et Renaissance. Hommage au Professeur François Rouy*, Nice, 1995, pp. 305-315.

[9] «Le seul qu'il rédigea jamais pour une de ses œuvres», Ch. Péguy, *Lettres et entretiens*, Éditions de Paris, 1954, p. 66.

[10] Ch. Péguy, *Œuvres poétiques complètes*, cit., p. 1563.

storica dell'Ottocento: sia quella popolare sia quella colta. Uno scrittore di grido come Quinet, ad esempio, ha al suo attivo un grande *mystère*, diviso in più giornate, *Ahasverus* (1834). Anche il *Don Juan de Marana* (1836) di Alexandre Dumas è detto *mystère*[11]. A Edgar Quinet, nel 1903, è tra l'altro dedicato un numero dei «Cahiers de la Quinzaine».

Nella seconda metà dell'Ottocento, è soprattutto la cultura universitaria a procurare lo zoccolo erudito al decollo novecentesco del *mystère*. I grandi misteri medievali, tra i quali v'è anche un *Mystère du siège d'Orléans*[12], vengono per lo più editi tra gli anni Sessanta-Settanta dell'Ottocento e i primissimi anni del Novecento, periodo che vede anche alcune rappresentazioni della *Passione*[13]. Per andare sul sicuro, basti qui ricordare che Joseph Bédier, il grande filologo romanzo, è tra i maestri di Péguy all'École Normale Supérieure, tanto che nei «Cahiers de la Quinzaine» figura, nel 1904, un numero su Gaston Paris, curato dallo stesso Bédier.

Per quanto riguarda la nuova emissione novecentesca di questa moneta contraffatta – il *mystère* –, si deve comunque constatare che è soprattutto dopo Péguy che esso spopola nelle lettere francesi. Proprio nel 1911, quando trasforma la *Jeune Fille Violaine* ne *L'Annonce faite à Marie*, Claudel chiama «mystère» questa nuova *pièce*. Lo stesso D'Annunzio, allora in Francia, non scrive forse un *Martyre de Saint-Sébastien*[14] incensato da un giovane Jules Romains[15]? Subito dopo, tra il 1912 e il 1914, il lituano Milosz sforna anch'egli una serie di *mystères*[16]...

---

[11] *Don Juan de Marana ou la chute d'un ange*, «mystère en cinq actes», 1836.

[12] *Le Mistere du siege d'Orleans*, publié pour la première fois d'après le manuscrit unique conservé à la Bibliothèque du Vatican, éd. F. Guessard et E. de Certain, Paris, Imprimerie impériale, 1862. Ne esistono due recenti edizioni: a cura di V. L. Hamblin (Droz, 2002) e di G. Gros (Librairie Générale Française, 2002).

[13] Cfr. Ch. Mazouer, *Le regain du genre des mystères dans la première moitié du XXe siècle*, in *Le Moyen Âge en Jeu*, dir. S. Abiker, A. Besson, F. Plet-Nicolas, A. Sultan, actes du Colloque de 2008, in «Eidôlon», n. 86, 2010.

[14] G. D'Annunzio, *Il Martirio di San Sebastiano*. Mistero composto in ritmo francese volto in prosa italiana da E. Janni, Milano, Treves, 1911.

[15] Cfr. la lettera di Romains a D'Annunzio del 28 maggio 1911, in *Unanimismo. Jules Romains*, in «Quaderni del Novecento Francese» 4, dir. P. A. Jannini, S. Zoppi, Roma-Parigi, Bulzoni-Nizet, 1978, p. 6.

[16] *Miguel Mañara*, mystère, 1912; *Méphiboseth*, mystère en trois tableaux et un épilogue, 1913; *Saul de Tarse* (pubblicato postumo).

Ancora negli anni Venti l'epiteto sarà usato da Romains[17] e persino da Joseph Delteil[18].

Alla base di questo *revival*, non dovrebbe forse essere completamente dimenticato il titolo progettato da Mallarmé: *Les noces d'Hérodiade. Mystère*[19], testo incompiuto che sarebbe stato dato alle stampe solo nel 1959, ma di cui Claudel, giovane frequentatore dei *mardis*, potrebbe aver avuto notizia.

È un fatto che gli anni Dieci e Venti del Novecento, un po' per reazione alla legge di separazione tra Stato e Chiesa (1905), un po' per impulso dell'impresa di Copeau nel campo del teatro, conoscono un dilagare di *mystères*.

Un'altra questione – di ordine interno – appare ancor più spinosa, almeno a giudicare dai pareri contrastanti della critica: quello dei *Mystères* di Péguy, è un verso libero come recentemente si tende a dire[20] o un versetto come per decenni s'è detto[21], pur con qualche esitazione[22]? Il problema non è solo legato a Péguy, ma all'idea di versetto in generale.

---

[17] *Jean Le Maufranc*, mystère en cinq actes et neuf tableaux, Paris, Imprimerie de l'Illustration, 1927.

[18] Ben tre sono i *mystères* che figurano, nel 1930, tra le opere di Joseph Delteil: *Discours aux oiseaux par Saint François d'Assise* (Cahiers libres), *Le Petit Jésus* (Éditions du Delta), *Don Juan* (Grasset).

[19] Per non uscire dal nostro tracciato, non entriamo nel merito del significato da Mallarmé attribuito alla parola «Mystère». Ricordiamo però l'iniziale destinazione teatrale di *Hérodiade, scène*. Hérodiade nasceva, nella mente di Mallarmé, come opera teatrale.

[20] Vedasi in particolare M. Murat, *Le vers libre*, Paris, Champion, 2008, pp. 259-287: «Ponctuations de Péguy». L'idea risultata implicitamente avvalorata dall'uso della dicitura *vers libre* da parte di F. Porché, Introduction à Ch. Péguy, *Œuvres poétiques complètes*, Paris, Gallimard, «Bibliothèque de la Pléiade», 1941; S. Fumet, Préface à Ch. Péguy, *Les Tapisseries*, Paris, Gallimard, «Poésie», 1968; J. Bastaire, Préface à Ch. Péguy, *Le Porche du mystère de la deuxième vertu*, Paris, Gallimard, «Poésie», 1986.

[21] Tutte le tradizionali storie della letteratura a iniziare da Lagarde-Michard; i principali studi monografici (A. Beretta Anguissola, *Charles Péguy* in *I Contemporanei. Letteratura Francese*, I, 1976, Roma, Lucarini, 1976) e le antologie poetiche (*Poeti francesi del Novecento*, vol. 1, a cura di V. Magrelli, Roma, Lucarini, 1991) lo definiscono tale; con motivazione critica del termine da parte di J. Onimus, *Le verset de Péguy*, in *Péguy écrivain*, colloque d'Orléans (sept. 1973), Paris, Klincksieck, 1977, pp. 117-132 e, più recentemente, di R. Vaissermann, *Le verset et la tentation des alexandrins. L'écriture poétique de Péguy à un moment charnière: 1911*, in *Le Verset moderne*, dir. N. Charest, in «Études littéraires», vol. 39, n. 1, automne 2007, pp. 43-56.

[22] «En 1911, Péguy est tout à fait à l'aise dans l'usage de ce *vers libre*, qu'on ne sait d'ailleurs exactement comment l'appeler: verset, prose rythmée, prose musicale?». M. Parent, *La phrase poétique dans le Porche du Mystère de la deuxième Vertu de Charles Péguy*, in *Saint-John Perse et quelques devanciers. Études sur le poème en prose*, Paris, Klincksieck, 1960, p. 89.

Nel caso di Péguy, in particolare, la questione rimane aperta in quanto egli mai si è dimostrato interessato a definire formalmente la propria poesia. Ciò che Péguy dice del suo strumento di lavoro è impreciso e, per di più, di seconda mano: riportato, a distanza di tempo, dall'amico Joseph Lotte, in ricordo di alcune chiacchierate al *café*. Ora vi si parla di «vers libre» ora di «prose musicale»[23]. Ma l'obiezione appare di portata più generale: esiste una letterarietà del versetto? Una pertinenza del versetto in letteratura? Non è forse una scansione – peraltro introdotta a posteriori – che si attaglia unicamente ai testi sacri? Recentemente, la critica tende ad espungere questa dicitura dal panorama poetico-letterario, quasi si trattasse di un corpo estraneo (quelli di Saint-John Perse non sono più considerati versetti[24] e nemmeno quelli di Claudel[25]...).

Senza timore di mescolare forma e contenuto, e guadagnando anzi in definizione, sarebbe invece vantaggioso continuare a chiamare versetto il verso libero di Péguy, modellato com'è sul versetto biblico, se solo si tiene a mente non tanto il versetto del Nuovo Testamento fatto di lunghi paragrafi, ma il versetto dei *Salmi*[26], fatto di lunghi versi strutturati da ripetizioni e parallelismi. Come non sentire, ad esempio, ne *Le Porche du mystère de la deuxième vertu*, l'amore reciproco tra anima e corpo[27] ridisegnare, per andamento e tenore, l'amore sacro e profano descritto nel *Cantico dei cantici*? Negare alla mobile misura di Péguy l'analogia col parallelismo biblico significa trascurare un elemento fortemente caratterizzante, probabilmente la sua cifra dominante. Tanto più che il tipo di parallelismo

---

[23] «Paris, vendredi 1er avril 1910. En une brasserie. Place Saint-Michel». A proposito del *Mystère de la Charitê de Jeanne d'Arc*: «Tharaud n'a pas compris ma *Jeanne d'Arc*... Il ne se rend pas compte que tous les essais de vers libres, qu'on tente depuis vingt ans, m'ont mis en main un instrument épatant. [...] Il y a là-dedans des résonances! des harmonies! On n'a rien fait de semblable comme prose musicale». Ch. Péguy, *Lettres et entretiens*, cit., pp. 68-69.

[24] Vedasi, ad esempio, M. Murat, *Le vers libre*, cit. pp. 139-144 e pp. 172-176. Ma si ricorderà che già Contini, dopo A. Henry e J. Paulhan, rinveniva nella poesia di Saint-John Perse il ricorrere della misura dell'alessandrino: cfr. «Sans rythme» in *Ultimi esercizî ed elzeviri (1968-1987)*, Torino, Einaudi, 1988, pp. 38-39.

[25] Cfr. M. Aquien, *Une forme paradoxale: le verset claudélien dans 'Tête d'Or'*, in *Le Verset moderne*, cit., pp. 83-92.

[26] «Péguy écoutait Edmond-Maurice Lévy lire les psaumes de David, dans les jardins du Luxembourg après déjeuner», R. Burac, éd. cit, t. III, p. 1651.

[27] Ch. Péguy, *Le Porche du mystère de la deuxième vertu*, cit., pp. 65-66.

morfo-sintattico piano, piatto, paratattico, tendenzialmente orale di cui fa uso Péguy differisce generalmente dal parallelismo finalizzato all'antitesi che spesso s'incontra nei suoi due grandi maestri di poesia: Corneille e Hugo[28]. A ciò si aggiunga che, in fase di correzione delle bozze, l'esigente tipografo che è Péguy fa sempre riferimento a delle «lignes», mai a dei «vers»[29]. Vogliamo anche dire che i *mystères* vengono vergati a mano sul *verso* delle *fiches d'abonnement* dei «Cahiers de la Quinzaine», strisce cartacee lunghe e strette che paiono riprodurre, visivamente, la disposizione in colonne del testo biblico?

Basterebbe ricordare che, in anni vicini a Péguy, uno dei primi teorici del verso libero, Dujardin, diceva versetto un verso libero maggiormente tendente alla prosa[30], il che spiegherebbe tra l'altro il naturale scivolamento di Péguy dal «vers libre» alla «prose musicale», durante la conversazione (mai avrebbe egli potuto attribuirsi dei versetti, osando l'insostenibile paragone col testo d'origine divina).

Tener presente la scansione del versetto biblico consente infine di approfondire il tipo di ripetitività, quasi proverbiale, insito nella poesia di Péguy. Parlando dello stile di Péguy, rimane insostituibile l'analisi di Leo Spitzer condotta ancora negli anni Venti sulla prosa di *Notre Jeunesse* (1910), coeva al primo *Mystère*: c'è l'amato Bergson, diceva Spitzer, c'è la distinzione tra il «tout fait» e il «se faisant» all'origine della ripetitività dello stile di Péguy. Ora, se si passa dalla prosa alla poesia, risulta utile, per spiegarsi al meglio questa monotona ripetitività, tirare anche in ballo l'idea di litania[31] e, non ultima, quella di versetto. Lo stesso André Gide, da protestante avvezzo allo stile biblico qual era, notava, tra i primi, a proposito del

---

[28] Si veda, su quest'ultimo punto, e per un esame del parallelismo biblico, J. Molino, *Sur le parallélisme morpho-syntaxique*, in «Langue Française», février, 1981, pp. 84-85.

[29] Documenti manoscritti e dattiloscritti conservati al *Centre Charles Péguy* di Orléans.

[30] «vers libre, verset et poème en prose dans une succession de pieds rythmiques tour à tour serrés en vers, élargis en versets et dilués en quasi-prose», É. Dujardin, *Les premiers poètes du vers libre*, Paris, Mercure de France, 1922, p. 22.

[31] Come dimenticare la gerarchia delle fonti rivendicata in *Un nouveau théologien, M. Fernand Laudet*, in «Cahiers de la Quinzaine», sept. 1911? «*Premièrement* le catéchisme [...] *Deuxièmement* la messe et les vêpres; le salut; les offices; la liturgie; *Troisièmement* les évangiles», Ch. Péguy, *Œuvres en prose complètes* III, cit., p. 399.

Mystère de la Charité de Jeanne d'Arc, l'impronta semitica[32] del martellamento finanche stancante di Péguy (così stancante da impedirgli, nel 1949, di inserire Péguy nella sua *Anthologie de la poésie française*[33]).

La Tapisserie

Vero è che ne *Le Porche du mystère de la deuxième vertu* i versi dodecasillabi – i cosiddetti *vers blancs* – abbondano. Vaissermann ne ha contati 255 su poco più di quattromila[34]. Di alessandrini ce n'erano qua e là anche nella prima *Jeanne d'Arc*, del 1897. Ora, nel 1912 Péguy ricomincia a scrivere sistematicamente in alessandrini – il verso degli amati Corneille e Hugo – cosicché in dicembre esce sui «Cahiers de la Quinzaine» la *Tapisserie de sainte Geneviève et de Jeanne d'Arc*. Pur partito dall'alessandrino nel quadro del sonetto, ben presto Péguy non riesce più a stare entro la cornice rinascimentale che si è scelto, la fa ripetutamente straripare fino a condurla, di fatto, verso la forma medievale del *débat*. In altre parole, si parte dal sonetto – anche per suggestione, sembra, del Verlaine di *Sagesse*[35] –, ma ben presto le terzine non si arginano più... Ed emerge chiara traccia del contrasto medievale nell'affrontarsi, per ben trecento terzine, delle armi di Cristo e delle armi di Satana, nella lotta tra Bene e Male, fin nelle più minute circostanze della vita quotidiana.

Nella *Tapisserie de Notre Dame*, uscita sui «Cahiers de la Quinzaine» nel maggio del 1913, ritroviamo l'alessandrino ormai stabilmente disposto in quartine, forma che troneggia nel lunghissimo poema *Ève*, interrotto dalla morte al fronte di Péguy, nel 1914. Quel che pone interrogativo è la scelta

---

[32] Come riconosciutogli da Spitzer, cit., p. 121: «Gide aveva sottolineato l'aspetto semitico dello stile di Péguy».

[33] Commenterà il gesto Genette: «Gide [...] dans son *Anthologie de la poésie française* excisait et remplaçait par d'insolents pointillés les parties répétitives d'un poème de Péguy». G. Genette, *Palimpsestes. La littérature au second degré*, Paris, Seuil, 1982, pp. 53-54.

[34] Cfr. R. Vaissermann, *Le verset et la tentation des alexandrins...*, cit., p. 45.

[35] È la testimonianza di S. Casimir-Perrier, riportata da F. Porché, fin dal 1941, nell'*Introduction* a Ch. Péguy, *Œuvres poétiques complètes*, cit., pp. XVIII-XIX: «les fameux sonnets de *Sagesse*: 'Mon Dieu m'a dit..' [...] cette lecture le bouleversa. Quand elle fut achevée, il remonta aussitôt à sa chambre. Le lendemain, il montrait à Simone le premier essai de ses nouveaux vers réguliers».

del termine *tapisserie*: ci si chiede quale veste formale – verrebbe da dire quale manufatto – corrisponda a questo nome. Basti qui ricordare un simpatico aneddoto riportato nell'ormai lontano 1921 da Johannet: «Je me rappellerai toute ma vie cette bonne dame, entrée un jour aux *Cahiers*, dans le dessein d'y faire une emplette. Elle désirait *La Tapisserie de sainte Geneviève et de Jeanne d'Arc*, qu'elle avait discernée à la devanture et qu'elle prenait innocemment pour un modèle de tapisserie pieuse»[36]. Innanzitutto: esiste il genere della *tapisserie*? Giacché questo induceva a pensare il figlio di Charles Péguy, Pierre, nel curare, nell'ormai lontano 1941, la cronologia ragionata della vita e dell'opera del padre: «Le *genre* de la *tapisserie* pourrait se définir: une suite souvent très longue de strophes sur un même thème (et souvent sur les mêmes rimes) commençant par un mouvement unique»[37]. Lungi dal motivare l'uso della parola *genre*, Pierre Péguy non fornisce alcun riferimento – alcuno scampolo – di *tapisserie* al di fuori dell'opera paterna, la quale comporta già di per sé varie *tapisseries*, ossia vari componimenti poetici a cui l'autore ha impresso tale nome. Non ultimo l'incompiuto *Ève*, interrotto dalla morte, da Péguy considerato «une immense tapisserie»[38].

Esiste allora una tradizione della *tapisserie* poetica? Ci limiteremo a due soli esempi: uno vicino, uno lontano nel tempo. In zona temporalmente limitrofa a Péguy (appena anteriore), Jarry, notoriamente esperto di araldica, chiama *Tapisseries*, ne *Les Minutes de sable mémorial*, una serie di tre poesie – «d'après et pour Munthe»[39] – in ottonari a rima baciata. Su questo punto, l'eterodosso Jarry ci conduce su un terreno tutto sommato contiguo a quello dell'ortodosso Péguy: trattasi, in entrambi i casi, di strofe di versi regolari, regolarmente rimanti, che hanno contratto un qualche debito nei confronti delle arti figurative. Nel caso di Jarry, avido e precoce lettore di Rabelais, è difficile non immaginare, a monte di quest'uso della *tapisserie*, le «diverses tapisseries» che Pantagruel contempla e descrive nel secondo capitolo

---

[36] R. Johannet, *Itinéraires d'intellectuels*, Paris, Nouvelle Librairie Nationale, 1921, p. 111.

[37] Ch. Péguy, *Œuvres poétiques complètes*, cit., p. XL.

[38] *Ibid.*, p. 1582.

[39] Così l'epigrafe. Gerhard-Louis Munthe è un pittore norvegese.

del *Quart livre*[40]. Ora dov'è, nel testo di Péguy, l'immagine di riferimento? Posto che si tratta di componimenti che tessono le lodi di santa Genoveffa, di Giovanna d'Arco, di Nostra Signora la Madonna trasformandole in icone, per una risposta più compiuta occorre risalire, ancora una volta, all'ambito tardo-medievale.

Esistono, ad opera di Henri Baude, *basochien* del XV secolo – ed è il nostro secondo esempio – dei *Dictz moraulx pour faire tapisserie*: sentenze e quartine atte a illustrare, a mo' di legenda, immagini di vario tipo, secondo un'usanza didascalica che pare preludere all'imminente fortuna dell'emblema nella prima metà del Cinquecento[41]. Ci si chiede ovviamente se Péguy possa aver avuto notizia di queste *tapisseries*. Non è del tutto improbabile dato che, nel 1905, Marcel Schwob, nel suo *Parnasse satyrique du Quinzième siècle*, attira l'attenzione, tra gli altri, proprio su Henri Baude[42], dato che nel 1907 Pierre Champion gli dedica uno studio[43], dato che, soprattutto, la seconda metà dell'Ottocento aveva visto una prima edizione dei versi di Baude, incentrata proprio sui *Dictz moraux pour mettre en tapisserie*, edizione ad opera di Jules Quicherat[44], storico conosciuto per aver scritto vari volumi sulla vicenda di Giovanna d'Arco, nonché per averne pubblicato il processo[45]. Non è neanche impossibile che Péguy avesse avuto una qualche notizia della monumentale *Histoire de la tapisserie* di Jules Guiffrey – un volume esce proprio nel 1911 – in cui viene non solo nominato Henri Baude[46], ma viene dato conto di una vasta e radica-

---

[40] Tanto più che si è voluto accostare Medamothi a Fontainebleau, facendo così rientrare quelle *tapisseries* nella pratica dell'*ecphrasis*. Cfr. P. J. Smith, *Voyage et écriture. Étude sur le 'Quart Livre' de Rabelais* (troisième partie, pp. 137-178).

[41] Sull'esempio di Alciato, principalmente ad opera di Gilles Corrozet, scrittore e libraio parigino.

[42] Paris, Welter, 1905, réimpression Slatkine reprints 1969, p. 18.

[43] *Maître Henri Baude devant le Parlement de Paris*, in «Romania» XXXVI, 1907, pp. 78-86.

[44] *Les Vers de maître Henri Baude, poète du XVe siècle, recueillis et publiés avec les actes qui concernent sa vie*, Paris, Aubry, 1856, pp. 95-107. Edizione critica di A. Scoumanne: H. Baude, *Dictz moraulx pour faire tapisserie*, Genève, Droz, 1959.

[45] *Procès de condamnation et de réhabilitation de Jeanne d'Arc dite la Pucelle*, 5 voll., 1841-1849. Lavoro elogiato da Péguy: «ce n'est point M. Anatole France qui nous a donné les textes des *Procès*. Michelet les avait lus et Quicherat en a fait du premier coup une édition que l'on peut dire éternelle». Ch. Péguy, *Œuvres en prose complètes* III, cit., p. 394.

[46] J.-J. Guiffrey, *Histoire de la tapisserie depuis le moyen âge jusqu'à nos*

ta tradizione della *tapisserie* religiosa, ubicata nelle varie cattedrali. In tal senso, l'esempio più compiuto – per l'incrociarsi dell'arte dell'arazzo con la predicazione scritta – sembrano essere *Les deux pans de la tapisserie chrétienne* redatti dal vescovo Jean Germain nella prima metà del Quattrocento, di cui veniva data dettagliata descrizione, verso la metà dell'Ottocento, ne *Les Manuscrits françois de la Bibliothèque du roi*, catalogo compilato da Paulin Paris[47], padre del più noto Gaston.

Le possibilità che Péguy abbia avuto concreto riscontro di una diffusa pratica della *tapisserie* poetica aumentano notevolmente quando, abbandonato l'ambito medievale, si nomina Remy Belleau, poeta citato da Péguy. Molti versi delle sue *Bergeries* risultano infatti essere descrizioni degli arazzi del castello[48] ove era precettore: niente meno che quello di Joinville, poi distrutto, luogo d'origine dell'omonimo cronachista medievale[49]. In ogni caso, che Péguy abbia o non abbia avuto chiaro sentore di abbracciare una tradizione poetica di lontana origine, con la scelta del termine *tapisserie* egli deve aver avuto l'esplicita volontà di porsi sotto l'egida della *tapisserie pieuse* popolare, artigianale, quella stessa ricercata dalla «bonne dame» dell'aneddoto innanzi citato. Nel senso che per Péguy scrittore ridivenuto cattolico, e diventato poeta ridivenendo cattolico, figlio per di più di madre *rampailleuse* (impagliatrice di sedie), la *tapisssrie* doveva essere un mezzo unico per mettere in pratica, fattivamente, i due pilastri del precetto benedettino *ora et labora*, tramite un'orazione[50] pazientemente intrecciata, intessuta di ritorni, rime e ripetizioni.

jours, Tours, A. Mame et fils, 1886, pp. 69-70. Id., *Les tapisseries du douzième à la fin du seizième siècle*, Paris, E. Lévy, 1911, p. 78.

[47] «N. 7027³. 456. *Les deux pans de la tapisserie chrétienne*, par Jean Germain, évêque de Chalons-sur-Saone, un volume in-quarto de 175 feuillets, XVe siècle», in *Les Manuscrits françois de la Bibliothèque du Roi, leur histoire et celle des textes allemands, anglois, hollandois, italiens, espagnols de la meme collection*, par A. Paulin Paris, vol. IV, Paris, Techener, 1841, pp. 93-95.

[48] «cadre spatial des galeries, salles et paysages de Joinville», Préface par G. Demerson à R. Belleau, *Œuvres poétiques* II, *La Bergerie* (1565), Paris, Champion, 2001, p. XXVII.

[49] «Il [Joinville] avait le cœur charnel. C'est-à-dire qu'il aimait trop le castel de Joinville. Il aimait trop le château de ses pères», Ch. Péguy, *Œuvres en prose complètes* III, cit., p. 577.

[50] Vedasi A. Béguin, *La Prière de Péguy*, Neuchâtel, éd. de la Baconnière, in «Cahiers du Rhône» 3, 1942.

A questo punto, quale nesso cogliere nel passaggio dal *mystère* alla *tapisserie*? Se si accetta, con calcolato rischio di anacronismo, la definizione che il poeta francese contemporaneo Benoît Conort dà del versetto – da lui praticato e rivendicato –, se si accetta cioè che il versetto corrisponda a un «détissage» e del verso e della prosa[51], allora avremo in Péguy il succedersi di una fase di deliberato «tissage» – le *Tapisseries* – a una di palese «détissage» – i *Mystères*. Per rincarare la dose, e constatare appieno quanto questo grande poeta rivolto al passato, lasci trapelare, suo malgrado, forti elementi di modernità[52], si può anche osservare che, nei due *mystères* del 1911 e del 1912, Péguy sembra talora a un passo dall'abbandono della punteggiatura. Lo stesso Spitzer notava, nella prosa di *Notre jeunesse* (1910), «spunti che lo condurrebbero ad abbandonare la punteggiatura»[53]. Sappiamo che questo medesimo, deliberato abbandono, da parte dell'Apollinaire di *Alcools*, nel 1913, sarà giustamente considerato un gesto ardito e denso di conseguenze. A tal proposito, non si può neanche escludere che un poeta rivolto al passato quale Péguy, in simbiosi con l'eroina della Patria Giovanna d'Arco, intriso dell'arte nazionale della *tapissserie*, abbia avuto una qualche influenza su uno dei massimi poeti dell'avanguardia. Tanto più che Apollinaire leggeva, seppur per criticarle, le opere di Péguy e ne discorreva nelle lettere a Gide. È altresì del tutto convincente l'ipotesi che quella magnifica «bergère ô tour Eiffel» posta all'inizio di *Zone*, sia in qualche modo memore della *bergère* che abita, onnipresente, le opere di Péguy[54], sia essa Jeanne d'Arc o sainte Geneviève.

Per dirne ancora una su questa modernità non ricercata da Péguy, le stesse *Tapisseries*, in versi regolari, regolarmente rimanti, poste, per il loro titolo, all'insegna di una tradizione nazionale secolare, inseparabili dall'esperienza

---

[51] B. Conort, *Si verset il y a...* in *Le Verset moderne*, cit., p. 143.

[52] «Péguy, che consideriamo uno dei massimi e più originali poeti della modernità», S. Agosti, *Forme del testo. Linguistica, Semiologia, Psicoanalisi*, Milano, Cisalpino, 2004, p. 154.

[53] L. Spitzer, cit., p. 106. E A. Chabanon: «Tantôt les membres d'une même phrase logique sont séparés par des points infranchissables [...] tantôt il n'existe plus aucune ponctuation, l'alinéa suffit à la distinction» (*La Poétique de Péguy*, Paris, Laffont, 1947, p. 52).

[54] Cfr. J.F. Rodriguez, '*Bergère ô tour Eiffel...' Apollinaire e Péguy: dalla 'tradition' all' 'invention'*, in *Les Pas d'Orphée. Scritti in onore di Mario Richter*, a cura di M. E. Raffi, Padova, Unipress, 2005, pp. 433-448.

fisica del pellegrinaggio alla cattedrale di Chartres, diventano il mezzo per una poesia corale che tende all'anonimato (la preghiera non è mai per sé), rivelandosi inaspettatamente all'unisono con quella che, di lì a poco, sarà la produzione collettiva dei gruppi d'avanguardia. Strano modo – orante – per giungere, a inizio Novecento, all'uscita dall'io e alla parola plurale inseguite dalle avanguardie.

«Péguy», s'è detto[55], «eût été capable de continuer indéfiniment le *Roman de la Rose*». A dispetto di inesattezze di dettaglio[56] e di un medievalismo di stampo spesso romantico come ben osservava Simone Fraisse nel suo *Péguy et le Moyen Âge*[57], l'affinità di Péguy con il Medioevo resta profondissima e sostanziale, per il fatto che egli recupera e sperimenta in prima persona un'esigenza fondamentale della letteratura medievale: l'esigenza didattica all'interno di una visone globale del mondo retta da Dio.

Non c'è vera velleità creatrice in Péguy: il luogo comune, il linguaggio banale, la citazione popolare, dicono di un umile servitore del Verbo, il quale Verbo è solo divino. Il poeta illustra agli uomini una Creazione che lo precede. In tal senso, il *mystère* diventa un *ministerium* e la *tapisserie* ricalca un canovaccio già noto, di cui il poeta non è l'artefice (il «métier» che balza agli occhi sarà il telaio che funge da supporto più che l'abilità manuale dell'esecutore). Questo sbarrare il campo, almeno nelle intenzioni, a quella che nel Novecento sarebbe stata chiamata la funzione poetica, a quella che sarebbe stata detta la gratuità del testo, in virtù di una reale esigenza di ammaestramento e testimonianza, tutto questo pone senz'altro Péguy, nel duro solco della tradizione medioevale, a ritroso rispetto al cammino di laicità della Francia.

---

[55] A. Poizat, *Le symbolisme: de Baudelaire à Claudel*, Paris, Bloud & Gay, 1924, p. 189.

[56] Cfr. F. Michaud-Fréjaville, *Le médiévalisme de la Jeanne d'Arc de Péguy (1897)*, «Cahiers de Recherches médiévales», XII, 2005, pp. 273-283. Claudel non previene forse ogni obiezione dicendo il tempo della sua *Annonce faite à Marie* «un moyen âge de convention»?

[57] S. Fraisse, *Péguy et le Moyen Âge*, Paris, Champion, 1978. Della stessa Autrice, sullo stesso argomento, vedasi anche *Le Mythe du Moyen Âge chez Bloy, Péguy, Bernanos*, in *L'Image du Moyen Âge dans la littérature française de la Renaissance au XXe siècle*, «La Licorne», 6, 1982, pp. 177-190.

Griselda – Grisélidis:
de la peinture au cinéma

Giovanna Angeli
(Università di Firenze)

Mise en peinture, mise en théâtre, mise en musique, mise en images filmiques: l'histoire de Grisélidis (j'adopte le nom pétrarquiste et post-pétrarquiste) n'aura jamais cessé de se métamorphoser et de rayonner dans la sphère artistique et dans le domaine littéraire: elle ne peut certes rivaliser avec la légende de Tristan, encore moins avec celle du cycle arthurien, mais il est nécessaire de remarquer qu'elle avait en germe, à côté d'éléments édifiants, des pousses dangereuses et malsaines que la postérité n'accepterait pas impunément.

Le succès mitigé, notamment depuis l'époque romantique (mitigé par rapport au triomphe de la "table ronde" et des amours contrariés entre Tristan et Iseult), est pleinement justifié. Au fond la remarque du texte boccacien, source première de notre histoire, à défaut d'une documentation antérieure vérifiable, nous indiquait déjà les points faibles d'un projet éthique qui aura tout de même une longue vie: Dioneo, le narrateur de la dernière nouvelle du *Décaméron*, s'adresse aux représentantes féminines de la *lieta brigata* pour entreprendre un récit excentrique dans le contexte de la dixième journée[1]:

> Mansuete mie donne, per quel che mi paia, questo dì d'oggi è stato dato a re e a soldani e a così fatta gente: e per ciò, acciò che io troppo da voi non mi scosti, vo' ragionar d'un marchese, non cosa magnifica ma una matta bestialità, come che ben ne gli seguisse alla fine; la quale io non consiglio alcun che segua, per ciò che gran pec-

---

[1] J. M. Ricketts exagère la "rébellion" de Dioneo contre les propos du roi de la dixième journée, Panfilo qui, au fond, n'indique aucune orientation didactique dans le prologue (*Beastly Gualtieri, another audience for the tale of Griselda*, in *Visualizing Boccaccio. Studies on illustrations of the Decameron, from Giotto to Pasolini,* New York, Cambridge University Press, 1997, pp. 12-31).

cato fu che a costui ben n'avenisse². [Mes dames debonnaires, ceste X^e journee, ainsi comme il me semble, a esté assignee pour compter histoires de roys, de souldans et de semblables hommes. Et pour ce, afin que je ne discorde trop a voz precedens nouvelles, je parleray a vous de ung marquis, non pas si magnifique ne si liberal comme sont les seigneurs precedens, mais de lui je vous dirai une folle et bestiale besoigne, combien que de icelle finablement lui advenist bien. Mais je ne conseille mie a aulcun qu'il face comme fist cellui marquis, car grant pecchié de Fortune fut que bien lui venist de celle magnifique besoigne que il fist envers sa femme Griselde.] ³

La désapprobation du narrateur est loin de s'arrêter à cette remarque caustique car, à l'autre bout du récit, en position symétrique, une apostille brutale, méta-discursive, apparaît, en tant qu'intervention de l'auteur:

Chi avrebbe, altri che Griselda, potuto col viso non solamente asciutto ma lieto sofferir le rigide e mai più non udite pruove da Gualtier fatte? Al quale non sarebbe forse stato male investito d'essersi abbattuto a una che quando, fuor di casa, l'avesse fuori in camiscia cacciata, s'avesse sì a un altro fatto scuotere il pilliccione che riuscito ne fosse una bella roba (X, 10, p. 1248). [Quele aultre femme forsque Griselde en joieux visaige sans larmes, mais esleecee, eust peu souffrir ne porter les rigueurs et durtez et les espreuves non ouyes et non veueus en aultres temps et faictes envers elle de par Gautier son mari, auquel par adventure n'eust pas esté mal advenant que il eust espousee femme qui eust fait telement esqueurre son pellisson que par my ce elle eust gaignie une robe quant Gaultier son mari la poussa hors de sa maison en chemise? (p. 367)].

«Bon mot malicieux et équivoque», comme le commente Vittore Branca, qui tranche avec l'architecture si bien agencée de la conclusion. Et nous aimerions aussi ajouter, avec le message de la nouvelle dans son ensemble, tel qu'il sera, pour le moins, compris et perçu par la postérité immédiate. Pétrarque, à qui Boccace avait envoyé le *Décaméron*, se borne à feuilleter le recueil (c'est lui qui le dit) et à lire avec attention le texte de clôture, dont il

---

² G. Boccaccio, *Decameron,* X, 10, éd. V. Branca, Torino, Einaudi, 1980, p. 1233.

³ Je cite la première traduction française, que Laurent de Premierfait a effectuée en 1414 d'après la version latine d'Antonio d'Arezzo: *Décaméron ou Livre des cent nouvelles ou prince Galeot,* éd. G. Di Stefano, Montréal, Ceres, 2000, p. 363. Je me borne, dans la citation suivante, à indiquer la page.

déclare connaître déjà l'intrigue (sur ce récit "primitif" les hypothèscs foisonnent); il le traduit en latin et c'est bien cette latinisation qui fera la fortune de Griselda, désormais rebaptisée Grisélidis. La troisième lettre du livre XVII des *Seniles,* adressée entièrement à Boccace, est en effet une traduction de la nouvelle, précédée d'une explication et d'une réflexion, sur lesquelles on a maintes fois épilogué et qui ont fait l'objet d'analyses scrupuleuses. Le titre ne pouvait pas être plus éloquent: *De insigni obedientia et fide uxoris* («L'extraordinaire obédience et la fidélité d'une femme»). Il ouvre à l'immense diffusion d'un thème qui sera pendant plus d'un siècle l'apanage d'un public cultivé pour passer ensuite au domaine de la culture populaire. En France Philippe de Mézières, entre 1384 et 1389, donne la première traduction française (et la version catalane de Bernat Metge est presque contemporaine – 1388). On aura ensuite d'autres nombreuses translations – parmi lesquelles la plus connue est certainement celle de Chaucer, *The Clerk's Tale* –, toutes sous le signe de l'exemplarité de cette jeune femme humble, pauvre, patiente, et surtout «obéissante et fidèle» jusqu'au paroxysme. Et l'original boccacien reste au second plan, laissant la place au latin "véhiculaire" de Pétrarque, à la seule exception ou presque de Sercambi (Nouvelle 153, rédigée avant 1400 et offerte ensuite à la reine Jeanne de Naples).

Aucun traité d'éducation féminine n'échappe, entre le XVe et le XVIe siècle, à la mode-Grisélidis. Le Mesnagier de Paris adresse-t-il des conseils à sa jeune épouse? À l'article "humilité et obéissance" il cite «l'exemple qui fut pieça translaté par maistre François Petrac»[4]. Et l'histoire de Grisilidis [*sic*] couronne cet élan à la fois didactique et épidictique. Il faut toutefois reconnaître que, dans ce manuel d'économie domestique, les recommandations du Mesnagier ne parviennent pas au degré de perversité que Boccace reprochait à son marquis de Saluces car le sens du récit enchâssé dans l'ensemble des enseignements se double d'une métaphore ultra-mondaine et les souffrances de la femme finissent par se généraliser et intéresser l'espèce humaine. Comme dans un apologue, Grisélidis devient l'emblème des épreuves auxquelles Dieu soumet

---

[4] *Le Mesnagier de Paris,* éd. G. E. Brereton et K. Ueltschi, Paris, Union générale d'éditions, 1994, p. 190.

hommes et femmes, indistinctement. Cela n'empêche pas que le Mesnagier ait quand même choisi cette fable pour illustrer la vertu majeure de l'épouse. L'histoire est aussi ajoutée dans trois manuscrits du *Livre du Chevalier de la Tour Landry pour l'enseignement de ses filles*: signe qu'elle était appréhendée comme élément indispensable à la formation d'une jeune fille en passe de se marier[5].

Que dire d'ailleurs de l'assiduité du thème dans la décoration des demeures princières de la Renaissance italienne? Contrairement aux autres nouvelles de Boccace, qui ont rarement donné lieu à des illustrations picturales[6] (autre exception, Alatiel, mais s'agit-il vraiment de cette nouvelle[7]? et sûrement Nastagio degli Onesti), la légende de Griselda a fourni un sujet presque idéal aux coffres de mariage historiés qui abondent dans la Florence du XVe siècle et qui sont aujourd'hui démembrés et éparpillés aux quatre coins du monde (figg. 1, 2). Les épisodes de la vie de la jeune femme étaient autant de modèles à apprendre au moment où la mariée allait être initiée à la vie conjugale[8].

On ignore par contre si le programme iconographique mis en œuvre dans les châteaux de Pavie (la famille Visconti) et de Roccabianca (le comte de Berceto) visait le même but: réaliser des peintures pariétales rappelant exclusivement les devoirs de l'épouse. Les fresques viscontéennes,

---

[5] Le texte d'É. Golenistcheff-Koutouzoff, *L'histoire de Griseldis en France au XIVe et XVe siècle,* Paris-Genève, Paillard-Droz, 1933 (rééd. Genève, Slatkine, 1975) reste encore aujourd'hui un précieux instrument de recherche.

[6] Voir, à ce propos, V. Branca, *Introduzione. Il narrar boccacciano per immagini,* in *Boccaccio visualizzato. Narrare per parole e immagini fra Medioevo e Rinascimento,* Torino, Einaudi, 1999, 3 voll., vol. I, pp. 3-37, en part. pp. 24-25. Branca souligne la rareté des illustrations décaméroniennes dans la Renaissance italienne, due à la perception du recueil en tant que produit "facétieux". Le climat d'austérité civique régnant à Florence ne permettait pas la transposition en images de textes licencieux. La nouvelle de Griselda faisait, de toute évidence, exception.

[7] Cf. le résumé du débat que propose P. Lurati dans *Virtù d'amore. Pittura nuziale nel quattrocento fiorentino,* éd. C. Paolini, D. Parenti, L. Sebregondi, Firenze, Giunti, 2010, pp. 192-193 (*Bottega di Apollonio di Giovanni. Marco Del Buono Giamberti).*

[8] Outre les deux fragments de coffre peints par Pesellino (Francesco di Stefano) qui devaient former un seul panneau, aujourd'hui à Bergame, Galleria dell'Accademia Carrara, nous pouvons admirer à la National Gallery de Londres les splendides panneaux siennois que l'on doit au Maître de Griselda et, à Modène, Galleria Estense, le grand panneau frontal qu'Apollonio di Giovanni avait réalisé vers 1460. Pour une bibliographie sur l'illustration de la nouvelle, voir A. Staderini, *Francesco di Stefano detto Il Pesellino (Firenze, c. 1422-1457),* in *Virtù d'amore,* cit., pp. 190-191 et aussi C. L. Baskins, *Griselda, or the Renaissance Bride stripped bare by her bachelor in tuscan "Cassone painting",* in «Stanford Italian Review», 10, 1992, pp. 153-175.

Fig. 1. Pesellino (Francesco di Stefano),
Épisodes de l'histoire de Griselda.
Gualtieri et les dignitaires de Saluzzo.
Bergamo, Galleria dell'Accademia Carrara (1445-1450).

Fig. 2. Pesellino (Francesco di Stefano),
Épisodes de l'histoire de Griselda.
Départ de Gualtieri et mariage avec Griselda.
Bergamo, Galleria dell'Accademia Carrara (1445-1450).

Fig. 3. *"Camera picta" de Roccabianca.*
Histoire de Griselda. Visite de Giannucole à Gualtieri.
Museo del Castello Sforzesco (1460-1470?).

Fig. 4. *"Camera picta" de Roccabianca.*
Histoire de Griselda. Vue d'ensemble.
Milano, Museo del Castello Sforzesco (1460-1470?).

réalisées avant 1430 par le duc Filippo Maria Visconti, ont malheureusement disparu, et, qui plus est, elles avaient déjà été recouvertes et repeintes sur ordre de Galeazzo Maria Sforza à l'occasion de son mariage avec Bona di Savoia; celles de Roccabianca, hélas fort abîmées, sont parvenues jusqu'à nous. Entre le Pô et le Taro, pas loin de Parme, Pier Maria Rossi, comte de Berceto, avait fait bâtir en la dédiant à sa maîtresse, Bianca Pellegrini Arluno, une demeure seigneuriale vers le milieu du siècle et, à une date encore incertaine – entre les années 1450 et 1460? après 1476 si l'imitation de la Chambre des Époux de Mantegna se trouve confirmée (fig. 3) – il avait fait peindre dans une «salle carrée de sept mètres environ, située dans la tour au sud-ouest»[9] un cycle représentant sur les murs l'histoire de Gualtieri et Griselda et, sur la voûte, les descriptions des Planètes et des Constellations (fig. 4). Ce château, appelé «Roccabianca» en l'honneur de la femme aimée selon la légende, fut donné en usufruit, à la mort de Pier Maria Rossi, à Gianfrancesco Pallavicini, ensuite vendu aux Français, cédé à nouveau à la famille Pallavicini-Rangoni, pour finir, en 1901, dans les mains de Carlo Facchi, qui l'acheta privé de ses décorations: en effet les fresques avaient été déposées et restaurées quelques années auparavant. Après bien des péripéties, elles sont arrivées au Musée du Château Sforzesco de Milan, où nous pouvons les admirer aujourd'hui dans une reconstitution à l'identique.

La *camera picta* n'avait pas été projetée «selon les modalités de la science perspective» qui imposait un point de vue unique aux différentes scènes se démarquant donc «des découvertes les plus avancées de la culture de la région du Pô»[10], ni suivant les modèles des panneaux narratifs de la même époque, où plusieurs épisodes se déroulaient, jouant sur les variations des plans d'une même surface: ce

---

[9] D. Romagnoli, *La storia di Griselda nella "camera picta" di Roccabianca: un altro autunno del Medioevo?*, in *Medioevo: immagine e racconto*, éd. A. C. Quintavalle, Milano, Mondadori Electa, 2003, pp. 496-506.

[10] F. Debolini, auteur de la fiche sur le peintre du cycle-Griselda, dans *Museo d'arte antica del castello sforzesco: Pinacoteca*, éd. M. T. Fiorio, Milano, Electa, 5 voll., vol. I, 1997, p. 245. Sur les fresques voir aussi: M. Arese Simicik, *Il ciclo profano degli affreschi di Roccabianca: ipotesi per un'interpretazione iconografica*, in «Arte lombarda», LXV 1983, pp. 5-26; A. Lorenzi, *Gli affreschi di Roccabianca*, Milano, Museo d'arte antica al Castello Sforzesco, 1967. L'étude pionnière autour du cycle des fresques est toutefois celle que l'on doit à C. L. Ragghianti, *Studi sulla pittura lombarda del Quattrocento*, in «Critica d'arte», 27, 1949, p. 31-46.

Fig. 5. *"Camera picta" de Roccabianca.*
Histoire de Griselda. Gualtieri rencontre Griselda.
Milano, Museo del Castello Sforzesco (1460-1470?).

Fig. 6. *"Camera picta" de Roccabianca.*
Histoire de Griselda. Gualtieri demande en mariage Griselda.
Milano, Museo del Castello Sforzesco (1460-1470?).

Fig. 7. *"Camera picta" de Roccabianca.
Histoire de Griselda. Détail du mariage.*
Milano, Museo del Castello Sforzesco (1460-1470?).

qui n'empêche pas un agencement savant à l'intérieur de chaque séquence, tout à fait à la hauteur des stratégies de la Renaissance (figg. 5, 6). Des traces de Piero della Francesca ont été reconnues par beaucoup d'historiens de l'art (fig. 7) mais les hypothèses – qui reposent sur les typologies des figures et les décors – semblent renvoyer surtout à un maître verrier de la région milanaise.

Si l'iconographie est italienne, force est de constater que ses sources littéraires sont soit boccaciennes soit pétrarquistes, les dissemblances entre les deux versions étant d'ordre conceptuel et difficilement "visualisables"[11]. Bref, ce que nous pouvons déduire des données figuratives

---

[11] Bien que, dans l'un des panneaux du Museo Sforzesco, on reconnaisse la visite de Giannucolo à Gualtieri, uniquement boccacienne. Voir D. Romagnoli, *La storia di Griselda nella "camera picta" di Roccabianca: un altro autunno del Medioevo?*, cit.

ne nous renseigne pas davantage sur les transformations de la légende ou sur ses adaptations à des mœurs et coutumes qui étaient en train de changer. Certes les relevés socio-littéraires donnent matière à réflexion, la plupart des coffres de mariage ayant été réalisés après le milieu du siècle lors des noces entre des couples qu'on dirait "mal assortis": en d'autres termes, entre un homme âgé et une femme jeune. Une sorte de calque de la situation du *Mesnagier de Paris*. Ou, plus généralement, entre un homme riche, même jeune mais d'un niveau social moins élevé, et une femme noble, réduite à la condition d'une "mal mariée" (c'est le rapport développé dans la nouvelle de Nastagio degli Onesti, que Sandro Botticelli a peint dans les quatre splendides panneaux commandés probablement par Laurent le Magnifique et destinés à Giannozzo Pucci pour son mariage avec Lucrezia Bini). D'où l'exigence de rappeler à une épouse, éventuellement indocile ou insoumise et surtout hostile à un mari d'un rang plus bas, ses devoirs[12]. Les relevés du contexte florentin où la légende de Griselda a pris incontestablement son essor amènent à prendre en compte l'effort d'historicisation que Boccace a effectué afin d'éliminer toute entorse, un tant soit peu légère, au réalisme du recueil[13].

Toutefois la réactualisation dont l'auteur du *Décaméron* témoignerait ici est loin de faire l'unanimité tellement les invraisemblances sautent aux yeux. Les vicissitudes de Griselda échappent, et il faudra bien en arriver là, à toute confrontation à la réalité historique du XIVe ou du XVe siècles; elles s'enracinent dans «une pratique trans-historique de la vie familiale»[14] où la femme, socialement inférieure à son mari, a pu être l'objet de maltraitances de la part de celui-ci, a priori contraire à l'institution du mariage. Comme on l'a remarqué, dans

[12] C'est l'avis de E. Callmann, *The growing threat to marital bliss as seen in fifteenth century florentine paintings,* in «Studies in iconography», 5, 1979, pp. 73-92.

[13] À côté d'E. Callmann, à laquelle je renvoie pour une bibliographie supplémentaire, voir C. Klapisch-Zuber, *Le complexe de Griselda. Dot et dons de mariage au Quattrocento,* in *Mélanges de l'École française de Rome. Moyen Âge, temps modernes,* Roma, École Française de Rome – Paris, De Boccard, 94-1, 1982, pp. 7-43.

[14] P. Darnis, *Darwin au pays des fées: une approche naturaliste du conte merveilleux* (Actes du colloque international «Les hommes et les récits: reconnaître, classer, interpréter», 25-27 mai 2007), in *Classer les récits. Théories et pratiques,* éd. A. Chraïbi, Paris, L'Harmattan, 2007, pp. 429-459, cit. p. 432.

Fig. 8. *"Camera picta" de Roccabianca.*
Histoire de Griselda. Le mariage. La nudité de Griselda.
Milano, Museo del Castello Sforzesco (1460-1470?).

des termes pas très orthodoxes, l'union d'une «contadina», d'une paysanne et d'un noble relève d'une rêverie utopique («utopian fantasy»)[15]; à quoi on peut aisément ajouter la nudité imposée à la jeune femme devant tout le monde («in presenza di tutta la compagnia e d'ogn'altra persona la fece spogliare ignuda» X, 10, p. 1237), nudité censurée à demi par Pétrarque[16] mais accueillie avec une complaisance morbide par les peintres qui suivent à la lettre la version boccacienne (fig. 8). Accepter qu'un public composé des vassaux du seigneur assiste à la mise à nu de la mariée était fort improbable même si l'on admet la valeur symbolique d'une scène qui attesterait «l'uni-

---

[15] C. L. Baskins, *Griselda, or the Renaissance Bride,* cit. p. 173.

[16] Pétrarque fait en sorte que Griselda, pendant qu'elle se déshabille, soit encerclée et protégée par un groupe de femmes: «Hinc ne quid reliquiarum fortune veteris novam inferrat in domum, nudari eam jussit et a calce ad verticem novis vestibus indui, quod a matronis circumstantibus ac certatim sinu illam gremioque foventibus verecunde ac celeriter adimpletum est» (Francesco Petrarca, *De insigni obedientia et fide uxoris,* in *Opere Latine* -Sen. XVII, 3 -, éd. A. Bufano, B. Aracri, C. Kraus Reggiani, Torino, Utet, 1975, t. 2, p. 1320).

Fig. 9. Pesellino (Francesco di Stefano),
Épisodes de l'histoire de Griselda. Détail du mariage de Griselda.
Bergamo, Galleria dell'Accademia Carrara (1445-1450).

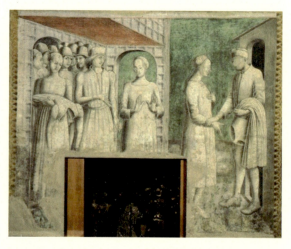

Fig. 10. *"Camera picta" de Roccabianca.*
Histoire de Griselda. L'exil de Griselda. Le retour en chemise
Milano, Museo del Castello Sforzesco (1460-1470?).

té profonde des rites d'habillement»[17] (fig. 9). Quant à l'événement symétrique, la séparation due au pouvoir coercitif du maître, le deuxième déshabillage et le départ "en chemise" («io me ne andrò ignuda; ma io vi priego [...] che almeno una sola camiscia sopra la dota mia vi piaccia che io portar ne possa» X, 10, p. 1243), il a beau être rattaché au rituel des contrats de mariage, l'humiliation du renvoi était totalement contraire aux stratégies matrimoniales (fig. 10), ainsi que la dissolution des liens parentaux à travers l'éloignement définitif des enfants, nécessaires à la continuation du lignage et à la consolidation des réseaux politiques et économiques.

En France, après la Renaissance où elle figure dans les miroirs «des femmes vertueuses», l'histoire de Grisélidis est imprimée dans la Bibliothèque bleue et change de public[18]. Certaines âpretés avaient déjà été émoussées: telle la nature de Gualtieri, noble et bonne, et de ses accès de cruauté, simples reflets de «tentations»[19] auxquelles soumettre la patience de Grisélidis (dérogation patente à la recommandation de Pétrarque pour qui la «bestialità» du marquis ne devait pas être interprétée comme une mise à l'épreuve de la jeune femme). Et plusieurs atténuations sont opérées encore, tout au long du XVIIe siècle, où, dans le panorama de la littérature de colportage, se détache la version de Charles Perrault. Ce dernier fait lire, en 1691, à l'Académie, un texte en vers anisométriques dont le titre est *La Marquise de Salusses ou la patience de Grisélidis*. Il publie aussitôt le même texte en le définissant exceptionnellement «nouvelle», pour lui ménager une place différente de celle des contes, et en ajoutant une lettre adressée à un dédicataire inconnu où il s'explique sur bien des points de son adaptation. Dès les premières lignes il suggère d'emblée une divergence avec des parties adverses imaginaires et fait état de la "concurrence": en d'autres termes, ce conte qui «circulait sous forme de livret de

---

[17] C. Klapisch-Zuber, *Le complexe de Griselda,* cit., p. 26.

[18] É. Golenistcheff-Koutouzoff, *L'histoire de Griseldis en France,* cit. pp. 149-150.

[19] Voir le *Mirouer des femmes vertueuses, ensemble la patience de Gisélidis, par laquelle est démontrée l'obéissance des femmes vertueuses* [d'après François Pétrarque], Paris, 1546, 1547, Orléans, 1547. Après la naissance de sa fille, le marquis tout à coup «se pensa de fort esprouver et tempter Griselidis» (p. 42); la rubrique suivante est de la même teneur: «Comment derechef le marquis de Saluces voulut tempter sa femme Griselidis et lui oster son fils» (p. 46).

colportage»[20] et qu'il aurait pu «ne pas toucher et laisser dans son papier bleu»[21]. Il l'a, par contre, bien touché et retouché, enrichi «de vains et ambitieux ornements», de descriptions inutiles, de motivations religieuses. Si l'auteur/accusé déploie avec humour sa défense, il passe cependant sous silence les nombreuses modifications auxquelles il assujettit le canevas de Boccace/Pétrarque: notamment l'abolition du deuxième accouchement entraînant une deuxième punition (le fils en effet disparaît) et l'assouplissement du caractère de Gualtieri, moins cruel que mélancolique à tendance misogyne, une sorte de misanthrope s'exprimant exactement comme son illustre prédécesseur. Autour de lui il ne voit que des femmes légères et infidèles, menteuses, hypocrites, tyranniques, prêtes à changer du tout au tout après le sacrement du mariage.

Le tableau que Perrault dépeint est une copie de la comédie de Molière légèrement modifiée en ce qui concerne le personnage éponyme, le marquis ayant les qualités propres au prince et au seigneur d'un pays: générosité, héroïsme, esprit chevaleresque, amour pour la chasse et les arts. Ce qui tenait, chez Pétrarque et Boccace, du topos du jeune homme dédaigneux de Vénus (et, si le lai du *Fresne* est l'une des sources probables du conte décaméronien, comment ne pas songer à *Guigemar*?), passe ici au second plan et laisse la place à des conceptions pessimistes sur la nature des femmes que Gualtieri expose à ses vassaux. Contrairement à la "vulgate", et c'est là la troisième divergence, le prince n'oblige pas ses sujets à accepter ses conditions – ils devront approuver son choix, quel qu'il soit – et il part, sans aucun a priori, pour la chasse. Pendant cette dernière il rencontrera Griselda, déjà remarquée pour sa beauté et sa pauvreté dans la version originale. D'autres variations importantes sont à signaler: la suppression du détail de la nudité, qu'affectionnaient les peintres de la Renaissance, et du retour à la cabane en chemise (déshabillage et rhabillage symétriques denses de signification symbolique). Et aussi la présence d'un

---

[20] C. Velay-Vallentin, *La marquise de Salusses ou la patience de Griseldis*, in *La storia di Griselda in Europa*, éd. R. Morabito, L'Aquila, Japadre, 1990, pp. 71-90, cit. p. 73. Catherine Velay-Vallentin souligne les différences entre le «livret bleu» et la nouvelle de Perrault.

[21] C. Perrault, «À Monsieur *** en lui envoyant Griselidis», in C. Perrault, *Contes*, éd. M. Soriano, Paris, Flammarion, 1989, p. 214.

jeune homme amoureux de la fille de Gualtieri, envoyée dès sa plus tendre enfance dans un couvent et dont on a fait croire à Grisélidis qu'elle était morte. C'est un élément supplémentaire qui aura beaucoup de succès. Pour ce qui est du motif conducteur de la légende, patience de la victime et cruauté du bourreau, Perrault le dilue en faisant de Grisélidis une sorte de sainte qui supporte les épreuves comme si elles venaient «de la main de Dieu»[22], et du prince un atrabilaire («Mais sa bile se lève et fière lui défend...») qui prend goût à éprouver la constance de l'amour des autres. Il n'est pas improbable, par ailleurs, que la notion janséniste de pénitence et la tradition politique anti-royale qui allait avec ne soient à l'origine de l'arrière-plan de la nouvelle.

La Marquise de Saluces de Charles Perrault a surtout le mérite de relancer le thème littéraire et de le soustraire à une «disqualification culturelle»[23]. Au début du XVIIIe siècle, c'est le théâtre qui prend la relève du genre narratif, entre 1714 et 1718: *Griselde ou la princesse de Saluces,* comédie de Madame de Saintonge, est un hommage virtuel à Charles Perrault, qui lui avait dédié ses contes en prose. La définition de comédie ne convient pas tout à fait à cette pièce en alexandrins dont le découpage se rapproche davantage de la tragédie: début *in medias res,* ou plutôt vers la fin, la scène s'ouvrant sur un dialogue entre Griselde et la jeune fille (Isabelle) que le marquis a choisie comme nouvelle femme. Les vicissitudes de la protagoniste, bien moins docile que son modèle, sont donc reléguées dans un flashback où est mise en évidence la volonté d'un marquis despotique et malveillant. La jeune Isabelle, fille du couple, devra beaucoup peiner avant de

---

[22] C'est dans l'Épître «À Monsieur *** en lui envoyant Griselidis» que Perrault, en l'attribuant à un critique imaginaire, donne cette justification: «Vous aviez besoin de rendre croyable la Patience de votre Héroïne; et quel autre moyen aviez-vous que de lui faire regarder les mauvais traitements de son époux comme venant de la main de Dieu?», *ibid.,* p. 215.

[23] «C'est seulement vers la fin du siècle de Louis XIV que l'histoire de Griseldis redeviendra thème littéraire»: É. Goleništcheff-Koutouzoff, *L'histoire de Griseldis en France,* cit., p. 150. Cette phrase est aussi le point de départ de l'article de Marie-Dominique Leclerc, consacré au développement du thème à partir du conte de Perrault: *Renaissance d'un thème littéraire aux XVIIe et XVIIIe siècle: la patience de Griseldis,* in «Revue d'histoire littéraire de la France», 91, 1991, pp. 147-176. À la page 148, on peut lire: «C'est donc sur une double mise à distance que va se reconstruire l'histoire de Grisélidis, celle de l'abandon d'un sujet tombé en désuétude à la suite de son trop grand succès dans les siècles antérieurs, et celle du délaissement d'un texte qui s'était "sali dans les mains du peuple" et qui avait été, de ce fait, soumis à une disqualification culturelle».

convoler en justes noces avec son amant: personnage désormais indispensable au bon déroulement de l'histoire. La presque contemporaine *Griselde*, de Luigi Riccoboni dit Lelio (traduite aussitôt par Thomas-Simon Gueullette), ajoute même un pendant au partenaire de la jeune fille car, dans sa tragi-comédie, où se font remarquer aussi Arlequin et Polichinelle, un courtisan tombe amoureux de l'héroïne et ses machinations risquent de faire pencher la pièce du côté de la tragédie[24]. Puisque le conte de Mademoiselle Allemand de Montmartin (1724) s'inscrit dans le droit fil de la nouvelle de Perrault[25], aucune autre variante significative n'apparaît jusqu'aux drames et contes lyriques romantiques, les versions de Legrand d'Aussy et de Barthélemy Imbert s'insérant dans ce mouvement pré-philologique/conservateur qui caractérise la fin du siècle[26]. Ce regain d'intérêt pour les textes anciens de la littérature française auxquels on s'efforce de redonner leur forme primitive marque pourtant un mouvement d'arrêt au seuil du romantisme. L'histoire de Griselda en particulier (peut-être sa patience appelait-elle moins l'admiration et la pitié que l'indignation) finit par perdre ses spécificités et par s'entrelacer à une hybridation déraisonnable avec la légende arthurienne.

C'est ainsi que nous découvrons, au milieu du XIXe siècle, une "réminiscence" bizarre dans les *Légendes et contes du Valois*, de Gérard de Nerval. L'auteur des *Filles du feu*, dont on connaît la passion pour les mélodies folkloriques, cite les premiers vers d'une chanson, chanson qu'il apprécie tout particulièrement au point d'en faire la «favorite» de Sylvie:

---

[24] Sur les deux pièces, cf. M. – D. Leclerc, *Les Avatars de Grisélidis*, in «Marvels and tales», t. V, n°2, Special issue on Charles Perrault, 1991, pp. 200-234.

[25] Cette «jeune personne» qui aurait «de quatorze à quinze ans» (cf. l'*Avertissement* du libraire à *Griseldis, ou la marquise de Salusses*, par Mademoiselle Allemand de Montmartin, Paris, A. Cailleau, 1724) a cependant rajouté la naissance d'un fils (tout à fait canonique), dont on n'aura par ailleurs plus de nouvelles dans la suite du récit.

[26] Barthélemy Imbert, à vrai dire, opère un retour au vers et compose un long poème en trois chants qu'il insère dans son *Choix de fabliaux mis en vers*, Paris, Prault, 1788. Tous les éléments caractéristiques de la nouvelle sont là, excepté le rituel de la "mise à nu", mais, quant à la cruauté de Gautier, Imbert y va fort: le marquis est un amant «injuste», un «époux impertinent», «tyrannique», un véritable «tyran». Griseldis, de son côté, «inspire un intérêt qui peut aller jusqu'aux larmes» (pp. 221-222).

La belle était assise – Près du ruisseau coulant, – et dans l'eau qui frétille, – Baignait ses pieds blancs: Allons ma mie, légèrement! Légèrement.

Et il ajoute en guise de commentaire: «C'est une fille des champs qu'un seigneur surprend au bain comme Percival [sic] surprit Griselidis. Un enfant sera le résultat de leur rencontre»[27]. Le responsable de cette mixture saugrenue est le drame du baron autrichien Eligius Franz Joseph von Münch-Bellinghausen (il avait adopté le pseudonyme de Friedrich Halm), représenté à Vienne en 1835 et édité en 1837. Dans la *Griseldis* de Münch-Bellinghausen[28], Perceval prend la place de Gualtieri et le rôle qui avait été d'Eliduc, le héros éponyme du lai de Marie de France. Lancelot aussi est de la partie, suivi d'Arthur dans la fonction de juge, si l'on se réfère encore une fois au même lai de Marie de France, que le baron autrichien est sans aucun doute en train de piller. La reine Guenièvre, soutenue par Lancelot du Lac, se plaint auprès du roi d'avoir été humiliée par Perceval, coupable à ses yeux d'avoir trop exalté les vertus de Grisélidis au détriment des siennes. D'où les épreuves, qui se terminent par un véritable coup de théâtre: la jeune victime, après les explications de ses persécuteurs, dont le but était au fond de s'amuser à ses dépens, trouve enfin la force de se révolter contre les infortunes de la vertu et refuse de se réconcilier avec Perceval.

Cette libre adaptation pourrait être à son tour l'imitation d'un prototype qui ne nous est pas parvenu, mais, faute de témoins supplémentaires, nous tiendrons Münch-Bellinghausen pour responsable de ces associations peu judicieuses[29]. D'ailleurs, avant Nerval, Francesco Maria

---

[27] G. de Nerval, *Légendes et contes du Valois,* in *Les Filles du feu,* Paris, Giraud, 1854 (en appendice à *Sylvie*). La chanson «La belle était assise» avait été citée pour la première fois en 1852 dans le feuilleton de «L'artiste», «La Bohème galante». Cf. P. Bénichou, *Nerval et la chanson folklorique,* Paris, Corti, 1970. Bénichou suggère à juste titre la source de cette énigme, à première vue inexplicable (pp. 313-314).

[28] *Griseldis. Dramatisches Gedicht in fünf Akten,* traduite en français en 1840 par Johann Heinrich Millenet. Voir M. Olsen, *Griselda, "fabula" e ricezione,* in *Diffrazioni. Griselda. 2. La Storia di Griselda in Europa,* éd. R. Morabito. Japadre editore, l'Aquila, 1991, pp. 253-264. Michel Olsen est l'auteur de plusieurs articles en français et en italien sur l'interprétation et la réception de l'histoire de Griselda (voir en particulier: *Réception de la nouvelle de "Griselda" (Decameron X,10) – diffusion et transformations idéologiques,* Actes du Xe Congrès des Romanistes scandinaves, Lund, 10-14 août 1987, éd. Lars Lindvall, «Études romanes de Lund», 45, 1990, pp. 328-336.

[29] Dans la «Revue des deux mondes», t. 16, 1846, Saint-René Taillandier,

Piave en 1847 avait adopté la même version corrompue pour le livret destiné à être mis en musique par Federico Ricci. C'est bien le signe que la patience de Griseldis n'était plus de mise. Toute une série de réfections postérieures confirme la non actualité d'une nouvelle qui avait connu un succès si remarquable jusqu'au XVIIIe siècle. Le mystère (ou conte lyrique) en trois actes d'Eugène Morand et Armand Silvestre (1891), que Jules Massenet mettra en musique dix ans plus tard, en 1901[30], accroît le nombre des personnages et, pour rendre vraisemblables les injustices du marquis, il recourt à un couple diabolique, un diable et une diablesse qui tentent à tour de rôle le marquis et la marquise. C'est la raison pour laquelle nous assistons à de nombreux malentendus qui se succèdent l'un après l'autre, les deux diables se métamorphosant à leur gré et donnant aisément le change aux personnages. Il n'est plus question de fille, car le marquis a cessé d'être "bestial", misanthrope, mélancolique, méchant, et partant il n'a pas besoin de feindre un nouveau mariage. Le fils, quant à lui, de figurant qu'il était, devient un vrai personnage, kidnappé et ensuite libéré: il est carrément l'enjeu d'une partie que le diable et Fiamina, la diablesse, jouent jusqu'au bout. Mais tout finit bien, comme prévu.

Ce bref aperçu rend compte de la dilatation à laquelle théâtre et opéra soumettent la légende sans faire l'économie de personnages, thèmes, motifs tout à fait disparates, issus de textes hétéroclites presque mythiques ou d'un répertoire populaire fantasque. Peut-on considérer ces déformations comme des embellissements visant à améliorer une intrigue dont on percevait l'excessive rigueur, et l'intolérable machisme? Toujours est-il que, sur le versant du narratif bref, berceau de Grisélidis, le tableau que nous présente le XIXe siècle est décevant. Ainsi, Jean de Palacio a beau jeu de constater que, «dans les innombrables adaptations auxquelles les *Contes* de Perrault ont donné lieu

---

faisant le point sur «La Littérature dramatique à Vienne», considère surtout les poèmes dramatiques de Friedrich Halm (pseudonyme, comme on l'a dit, de Eligius Franz Joseph von Münch-Bellinghausen) et juge avec une bien évidente satisfaction la volte-face de cette héroïne trop brutalisée par son mari.

[30] *Grisélidis* fut représentée la première fois au théâtre de l'Opéra-Comique le 13 novembre 1901. Bien avant, toutefois, la légende de la femme vertueuse avait séduit les compositeurs: au XVIIIe siècle la *Griselda* d'Apostolo Zeno avait été mise en musique par Albinoni, Predieri, Giovanni Maria Bononcini, Orlandini, Alessandro Scarlatti, Francesco Bartolomeo Conti, Vivaldi et plusieurs autres. Le livret de Vivaldi est une version révisée par Goldoni.

à la fin du XIXe siècle, Grisélidis manque à l'appel»[31]. Il aurait pu ajouter que Grisélidis, l'authentique, du moins en France (mais en Angleterre, en Italie, en Allemagne, il en est de même) manque à l'appel depuis le début du siècle. Des mentions exceptionnelles subsistent, faisant état de la tendresse que le personnage inspire, du pathétisme de la narration, mais les évocations s'arrêtent là.

Remy de Gourmont est l'un des rares écrivains, féru d'antique et de la littérature du Moyen Âge, à exhumer presque dans son intégralité *La Patience de Griseledis* [*sic*]: il en propose déjà en 1894 une adaptation dans l'«Ymagier», la revue qu'il fonde avec Alfred Jarry où «il publie, en les rajeunissant légèrement, des chefs-d'œuvre, surannés et oubliés, tels que *Le Mystère de Théophile, Aucassin et Nicolette* ou *La patience de Griselidis*»[32]. Nombre d'artistes contemporains contribuent aux illustrations de la revue, qui cessa de paraître en 1896. Parmi eux Charles Filiger, le peintre à qui André Breton rendra hommage en 1951 «pour avoir fait revivre Grisélidis»[33]. Aujourd'hui nous pouvons lire *La Patience de Griseledis* sous forme d'une plaquette élégante, en caractères gothiques, avec de nombreuses xylographies exécutées par P. A. Moras[34]. Il ne s'agit pas, à bien y regarder, d'une opération archéologique, ou encore philologique: malgré un souci apparent de fidélité (à la version française via Pétrarque? à celle de Perrault? on ne saurait dire laquelle) que certifient les archaïsmes et pastiches graphiques, Gourmont construit un apocryphe en imaginant une lacune à l'avant-dernier chapitre, dont la rubrique fait deviner l'importance: «Comment la belle et patiente Griseledis avec son père Janicole fut remise et reçue par le marquis en plus grant triomphe et honneur que par avant». Suit

---

[31] J. de Palacio, *L'absence de Grisélidis,* in *Les perversions du merveilleux: «Ma mère l'Oye» au tournant du siècle,* Paris, Séguier, 1993, pp. 231-251, cit., p. 231.

[32] P. de Querlon, *Remy de Gourmont,* Paris, Bibliothèque internationale d'édition, 1903, p. 15.

[33] A. Breton, *Alfred Jarry, initiateur et éclaireur,* in *La clef des champs, Œuvres complètes,* Paris, Gallimard, t. III, 1999, p. 925. Même si, comme le fait remarquer E.-A. Hubert dans la note, «à notre connaissance Filiger n'a jamais pris pour sujet Grisélidis», Breton «semble suggérer une parenté entre le conte et certaines figures féminines solitaires, que l'artiste encadre dans des décors floraux» (p. 1420).

[34] C'est une édition posthume in-16 publiée «Aux Editions du Sagittaire» chez Simon Kra, Paris, 1920 (illustrations de P. A. Moras: 17 bois en 2 couleurs et 1 frontispice en 3), tirée à 950 exemplaires dont 40 hors commerce.

un avis aux lecteurs: «Le chapitre de la légende n'est pas parvenu jusqu'à nous». Dans quel but Gourmont avait-il fabriqué ce faux? Pour créer le précieux simulacre d'une édition ancienne? Ou simplement par goût du jeu? Est-ce là le signe que Grisélidis ne pouvait plus trouver d'audience sinon auprès d'un public de faux érudits?

Quoi qu'il en soit, la légende est désormais destinée à être maquillée et dénaturée. Pour preuve, les deux versions cinématographiques du début du XXe siècle, dont nous avons malheureusement perdu la trace. Il est probable que la première en soit restée au stade de scénario, bien qu'il y ait des indices renvoyant à une production Gaumont[35]: il s'agit d'un fatras portant la marque arthurienne dans la mouvance "Münch-Bellinghausen/Nerval" et l'auteur ne nous fait grâce ni de Perceval, ni de Tristan ni de Guenièvre. Percival [*sic*], chevalier de la table ronde, demande en mariage Grisélidis, fille vertueuse d'un pauvre charbonnier qui lui donne un enfant. Il part ensuite pour rejoindre la cour, laissant sa femme et son fils et surprend dans un parc Lancelot et Guenièvre. La reine, dépitée, décide de se venger et fait remarquer à Perceval que sa femme est l'humble fille d'un charbonnier; ce qui explique la colère du chevalier qui provoquerait en duel Lancelot, duel évité grâce à l'intervention de Gadwin/Gauvain. Perceval se borne, finalement, à déclarer que «Guenièvre n'est bonne qu'à ployer le genou devant dame Griséldis». La suite est un calque maladroit – et de seconde main – de l'histoire d'Eliduc: Perceval s'engage à mettre à l'épreuve la patience de sa femme (suppression de l'enfant, séparation non-consensuelle, déshabillage) et, s'il gagne, la reine devra se mettre à genou devant Grisélidis. S'il perd c'est lui qui devra s'humilier devant la reine. Arthur n'intervient qu'à la fin, pour attribuer la palme à Grisélidis, simple jouet dans les mains de son mari, qui a commis un très grave péché d'orgueil. Presque irritée par le comportement de Perceval, la nouvelle héroïne reconnaît tristement: «Quoi, ce n'était qu'un jeu, il fut bien cruel». Et, si la vue de son enfant ne la retenait, elle serait prête à partir et à quitter à la fin ce partenaire qui a trop exigé d'elle.

Quant au deuxième scénario, effectivement réalisé par

---

[35] Dans le scénario dactylographié (Bibliothèque Nationale, Richelieu, Arts du spectacle) on signale que le film a été produit par Gaumont mais ce film n'a sans doute jamais été réalisé.

Fig. 11. Série d'art Pathé Frères 1912.
Photogrammes représentant: 1 Grisélidis avec Gualtieri, de l'autre côté, les deux méchants, l'intendant Geoffroy et, de biais, la courtisane Bertrade; 2 Geoffroy et Bertrade, après avoir réussi à faire chasser Grisélidis reçoivent la juste punition.

Gérard Bourgeois en 1912 et produit par Pathé[36], il est divisé en dix-huit tableaux et nous raconte une histoire apparemment plus fidèle à Boccace/Pétrarque, pour le simple fait que les personnages principaux sont les mêmes, le marquis de Saluces, Grisélidis, son père Janicola (fig. 11). Mais, au fond, l'auteur transforme librement ce que

---

[36] Voir le «Bulletin Pathé - Série d'art Pathé frères» n° 10, 1912 (Bibliothèque Nationale, Richelieu, Arts du spectacle): il s'agit d'un document d'une seule page contenant le sujet et la reproduction de deux photogrammes.

le public n'aurait pu ni comprendre ni accepter, d'un côté cette "manie mélancolique" qui poussait un être humain à exercer une cruauté démesurée envers son semblable et, de l'autre, la résignation passive d'une victime prête à tout subir pour l'amour de son bourreau. Le modèle n'était pas loin: il suffisait de considérer la pièce d'Eugène Morand et Armand Silvestre, l'opéra de Massenet et de transformer les trouvailles fantastiques mettant à la place des diables un couple en chair et en os, aussi méchant que leurs prédécesseurs (l'intendant Geoffroy et la courtisane Bertrade).

Le XXe siècle sanctionne, on l'aura facilement deviné, la fin de la Patience de Grisélidis. Le personnage se réduit à une antonomase et c'est cet emploi rhétorique que nous saisissons dans le roman de Clara Malraux, paru juste à la fin de la Deuxième Guerre mondiale, en 1945. Ce *Portrait de Grisélidis* est écrit sous forme de journal que tient une jeune femme dans les années vingt et qui nous fait connaître son parcours sentimental. Bella, l'auteur du journal, évoque, presque à la fin du livre et après une énième épreuve, l'héroïne boccacienne en énumérant avec une froide objectivité les peines de celle dont elle est la réplique: «[…] le roi demande à Grisélidis de lui donner ses enfants et elle les lui donne. Puis il lui demande d'abandonner toutes ses prérogatives de reine et elle les lui abandonne […]»[37]. Hormis l'intérêt que lui prêteront toujours les érudits, les sociologues, les folkloristes, les critiques, les historiens de l'art, la patience de Grisélidis n'aura de nos jours qu'une place auxiliaire: ce sera au mieux une mise en abyme métaphorique et ornementale, comme dans le *Portrait* de Clara Malraux, déjà si loin derrière nous.

---

[37] C. Malraux, *Portrait de Grisélidis,* Paris, Colbert, 1945, p. 253.

Figures de la guerre de Cent Ans chez Louis Aragon

Olivier Wicky
(Université de Lausanne)

Parmi les nombreux auteurs qui ont remis au goût du jour le Moyen Âge durant la première moitié du XXe siècle (Barrès, Péguy, Benoit, Cocteau...), Louis Aragon est sans conteste un de ceux sur qui cet héritage du passé aura une influence des plus fortes et des plus durables. C'est surtout durant la Seconde Guerre mondiale que son œuvre sera marquée par «l'imaginaire médiéval [...] qui, s'il se construit progressivement dans la personne de l'auteur et de l'érudit, se divulgue, dans une lyrique brutalité, aux pires heures de la nation française»[1]. Ainsi en 1940, Aragon, mobilisé, se retrouve au cœur de la Drôle de guerre et devient le témoin de la débâcle des armées françaises. À l'heure de cette sinistre réminiscence d'Azincourt, le poète se retrouve près du village de Ribérac, terre natale du troubadour Arnaud Daniel, épisode qui va lui inspirer une réflexion sur l'importance du Moyen Âge et le rôle de la France[2]. Cette première convocation d'une grande figure historique en appellera de nombreuses autres et, par la suite, pour glorifier l'épisode tragique vécu par une France abattue mais finalement triomphante, Aragon va puiser dans les vicissitudes de la guerre de Cent Ans les inspirations de son poème *Olivier Bachelin*, publié en 1946 dans *Le nouveau Crève-Cœur* et évoquant la rébellion normande contre l'envahisseur anglais. *Olivier Bachelin* se présente au lecteur comme un texte polyphonique, inauguré par un narrateur (peut-être Aragon lui-même), qui donne ensuite la parole, par le biais de deux longues prosopopées, aux figures de Bachelin et de Jeanne d'Arc. Le choix du contexte

---

[1] É. Burle-Errecade, *Le Moyen Âge de Louis Aragon: entre science et fiction*, Actes du Colloque: «Le Savant dans les lettres», Université de Lausanne, 21-23 octobre 2010 (à paraître).

[2] L. Aragon, *La leçon de Ribérac ou l'Europe française*, dans *Les Yeux d'Elsa /La Diane française*, Paris, Seghers, 1942-1946, p.125.

n'est de loin pas anodin: ayant joué un rôle majeur dans le développement de l'identité nationale à la fois française et anglaise[3], la guerre de Cent Ans permet l'émergence de conceptions nouvelles parmi lesquelles se détache l'idée de «mourir pour la patrie», alors que ce concept était plus ou moins étranger à l'homme médiéval. Ainsi, «les croisés qui mouraient pour Dieu allaient au ciel, mais le chevalier mort à Crécy dans la violence pouvait se voir refuser la terre bénie du cimetière»[4].

Cependant, dès le début du XVe siècle, la mort au combat connaît une valorisation progressive où l'héroïsme et le sens du devoir viennent transcender la cruauté des batailles. La défense du territoire national acquiert une authentique valeur spirituelle, apportant gratitude et louanges à celui qui tombe au champ d'honneur. Après la défaite d'Azincourt, le patriotisme connaît un élan sans pareil: Christine de Pizan qualifie les soldats morts de martyrs de Dieu et le juriste Jean de Terrevermeille évoque la sacralité du «corps mystique du royaume», tandis que se multiplient les appels au désintéressement et au sacrifice suprême[5].

Toute cette ambiance d'exaltation nationale est donc parfaitement conforme au climat que souhaite décrire Aragon: un pays occupé par l'ennemi, des autorités parfois défaillantes ou corrompues, un fort sentiment d'identité et de résistance animant la population constituent ainsi autant de facteurs qui rapprochent la France de 1450 de celle des années '40. Le lecteur ne se sentira ainsi guère dépaysé et ne tardera pas à lier les figures historiques du poème à celles qui ont marqué de leur présence ou de leurs actes la Seconde Guerre mondiale. Mais magnifier l'image de Jeanne d'Arc après 1945 pouvait sembler un pari risqué. L'ensemble des références médiévales tombe en effet en désuétude, pour ne pas dire en disgrâce, durant les années qui suivent l'effondrement des fascismes. C'est l'heure de gloire des auteurs agnostiques ou athées, le triomphe de l'existentialisme. Mis à part de rares exceptions, la littérature délaisse totalement ce qui pourrait raviver les blessures encore vives d'une France meurtrie par une guerre

---

[3] *Dictionnaire du Moyen Âge*, sous la direction de C. Gauvard, A. de Libera et M. Zink, Paris, PUF, 2002, p. 620.

[4] *Ibid.*, p. 1321.

[5] G. Minois, *La guerre de Cent Ans*, Paris, Perrin, 2008, pp. 708-709.

à la fois mondiale et civile, durant laquelle Jeanne d'Arc, canonisée en 1920 et nommée sainte patronne secondaire de la France en 1922, aura été abondamment exploitée. Des remous suscités par les doutes d'Anatole France sur certains aspects de la biographie de Jeanne d'Arc jusqu'au fameux duel opposant Paul Déroulède à Jean Jaurès, cet usage politique et polémique n'est pas nouveau: depuis la fin du XIXe siècle de nombreux mouvements aussi bien de gauche que de droite, ont vu dans celle que Michelet considérait comme une «sainte laïque» la quintessence de leurs valeurs. Déjà durant l'hiver 1908-1909, Jeanne avait été au cœur de l'affaire Thalamas, où l'Action Française avait manifesté à plusieurs reprises contre un professeur de la Sorbonne en estimant qu'il avait «tenu dans sa classe d'abominables propos sur le compte de Jeanne d'Arc [...], [qui] ne tendaient pas seulement à rejeter le caractère surnaturel de la mission de Jeanne, mais osaient aussi s'attaquer à sa moralité et dénigrer son rôle national»[6]. Bien des années plus tard, les milieux de la collaboration ne se priveront pas non plus de s'approprier cette icône à maintes occasions. Les francistes de Marcel Bucard, tout comme le PPF (Parti Populaire Français) de Jacques Doriot, associeront ainsi dans un même culte Jeanne d'Arc et les communards[7], tandis que le gouvernement de Vichy élaborera une affiche anglophobe montrant la pucelle au bûcher, au-dessus de Rouen bombardé et avec le commentaire suivant: «Les assassins reviennent toujours sur les lieux de leur crime». Le Parti Communiste aura quant à lui une attitude ambiguë vis-à-vis de la sainte. Charles Tillon, résistant de la première heure, ancien ministre, et comptant parmi les fondateurs des FTP, ne manquera pas de stigmatiser avec ironie la récupération à la fois gaulliste et pétainiste du mythe de la pucelle:

> Si l'humour de l'Histoire veut que le nom de Wavrin [chef du B.C.R.A] évoque celui du Bourguignon Jean de Wavrin, au service des Anglais au temps où ceux-ci faisaient feu de tout bois pour brûler Jeanne d'Arc, Passy et ses lieutenants ne manqueront pas de prendre à leur compte la mystique de Jeanne d'Arc recréée par de Gaulle. Les voix que nous entendons, l'armure qui se forge autour

---

[6] M. Pujo, *Les Camelots du Roi*, Paris, Flammarion, 1933, pp. 36-37.

[7] P. Milza, *Fascisme français, Passé et Présent*, Paris, Flammarion, 1987, p. 52.

> de l'étendard à croix de Lorraine, les pieuses évocations, tout nous rapporte à la sainte légende. L'Église officielle restant encore cette fois du côté de l'envahisseur en même temps que de la cour du Maréchal [...]L'évêque de Nîmes, Monseigneur Gerbeau [déclare] le 24 janvier 1941: «C'est la main qui lui donna Jeanne d'Arc qui a donné à la France ce grand politique et ce grand chef. Il est l'homme de la Providence»[8].

Ces quelques exemples suffisent à montrer l'âpreté des combats idéologiques qui se sont livrés autour de certaines figures du passé et justifierait sans aucun doute leur abandon, ou du moins leur oubli provisoire par un auteur aussi proche du Parti Communiste que le fut Louis Aragon. Or, c'est bel et bien sous sa plume que nous retrouvons, peu de temps après la guerre, des symboles qui ne furent nullement négligés par des familles politiques radicalement opposées à la sienne. Comment expliquer ce paradoxe apparent? Pour répondre à cette question, il est nécessaire de comprendre le rapport complexe d'Aragon avec le Moyen Âge.

En effet, contrairement aux milieux réactionnaires qui voyaient cette période comme l'incarnation d'un ordre ancien et regretté, il la considère plutôt comme une période de pureté, d'innovation et de progressisme et manifeste à son égard un attachement dévoué:

> Pour parler ainsi du Moyen Âge, pour le magnifier en tant que creuset et que terreau, il faut certes en avoir une connaissance, mais il faut aussi savoir le lire et l'aimer, à l'image de certains médiévistes de la fin du XIXe siècle ou du début du XXe [...] Le Moyen Âge est analysé certes, mais avec un enthousiasme non dissimulé. Il sert d'ancrage pour la prise de conscience de la nation[9].

Cette approche ne le mettra cependant pas à l'abri des critiques venant de puristes comme Benjamin Péret, qui s'emporte contre les «abstractions sacralisées [qui] encombrent la poésie de la résistance» et va même jusqu'à reprocher à Aragon le simple usage du mot «France», révélateur selon lui d'un nationalisme étroit[10].

---

[8] Ch. Tillon, *Les F.T.P.*, *10/18*, Paris, Julliard, 1962, p. 58.

[9] É. Burle-Errecade, *Le Moyen Âge de Louis Aragon: entre science et fiction*, cit., pp. 8-9.

[10] O. Barbarant, *Aragon, la mémoire et l'excès*, Paris, Champ Vallon, 1997, p.118.

«Qui se souvient de vous Olivier Bachelin?» Cette question qui clôt la première strophe du poème consacré à ce mystérieux personnage mérite en effet d'être posée. Car contrairement à Arnaud Daniel, Olivier Bachelin (ou Basselin selon Armand Gasté) semble avoir été largement oublié par la plupart des médiévistes; on ne retrouve à son sujet qu'un opuscule obscur datant de la seconde moitié du XIX^{e11} qui donne cependant nombre d'informations sur Olivier et ses compagnons. Le sous-titre de l'ouvrage (leur rôle pendant les guerres anglaises et leurs chansons) permet en outre de mieux comprendre pourquoi Aragon a jeté son dévolu sur cette nouvelle figure tutélaire.

Les rares éléments biographiques dont on dispose à son sujet le décrivent comme un «joyeux compagnon», natif de Vire et propriétaire d'un moulin à fouler[12], ce qui fait de lui un personnage relativement opulent, ce type d'installation étant en principe la propriété d'un seigneur local. Aragon sous-entend cependant que ses activités professionnelles étaient passablement négligées («oublieux de fouler les draps à mon moulin»[13]) et qu'il passait la majeure partie de son temps à composer des chansons ou à soulever les habitants contre les Anglais. Bachelin était en effet l'inventeur d'une forme particulière de chant appelé Vaudevires, tenant à la fois de la chanson à boire et du refrain patriotique, ce qui devait sans doute lui valoir l'hostilité des occupants. Le texte comporte malgré tout quelques zones d'ombre, comme lorsque il évoque une éventuelle mise en curatelle du héros, et il reste en outre fort vague sur les autres «chansonniers patriotes» qui devaient probablement l'entourer. Toujours selon son biographe, Olivier trouva la mort à la bataille de Formigny en 1450. Cette mention mérite d'être analysée de manière un peu plus détaillée. L'épisode se situe en effet à la fin de l'occupation anglaise en Normandie, à l'heure où beaucoup de villes capitulent devant les armées de Charles VII. Rouen est ainsi évacuée le 29 octobre 1449, suivie de près par Harfleur et Honfleur. Mais le 15 mars 1450, les troupes de Sir Thomas Kyriel débarquent à Cherbourg, avec la ferme intention de porter

---

[11] A. Gasté, *Étude sur Olivier Basselin et Les Compagnons Du Vau De Vire*, Caen, Le Gost-Clérisse Éditeur, 1866.

[12] *Ibid.*, pp. 6-7.

[13] L. Aragon, *Olivier Bachelin*, dans *Le Nouveau Crève-Cœur*, Paris, Gallimard, (1948) 2002, p.102.

secours aux armées de Somerset repliées à Caen. Un mois plus tard, Kyriel et ses hommes, qui se trouvent au village de Formigny, sont attaqués par le Comte de Clermont. En plein cœur de la bataille, des renforts bretons arrivent par le sud, sur une «colline près d'un moulin» (peut-être celui de Bachelin). L'artillerie française et ses fameuses couleuvrines parviennent à contrer les archers gallois tant redoutés par le passé et infligent alors une sévère défaite à l'envahisseur, bientôt acculé à Formigny et promptement massacré[14]. Cette victoire française sonne le glas des ambitions anglaises sur la Normandie et devient dès lors un symbole de résistance acharnée. Georges Minois mentionne en outre un détail particulièrement intéressant, signalé par quelques chroniqueurs: vers la fin de la bataille, de nombreux paysans seraient intervenus, achevant les chevaliers à terre[15]. Formigny ne fut donc pas une bataille impliquant exclusivement des soldats de profession, mais aussi de simples civils, que l'on pourrait, sans excès de langage, qualifier de «résistants». On constate donc que même si cette bataille n'est pas mentionnée de manière directe dans le poème d'Aragon, le contexte dans lequel Olivier Bachelin est censé avoir combattu ressemble considérablement à celui connu par une partie de la Résistance durant la seconde guerre mondiale: littérature et chansons engagées, fin de l'occupation ennemie dans un climat de débâcle, participation à des escarmouches etc.

Les similitudes entre Bachelin et la figure idéalisée du résistant sont multiples: meneur «d'insurrections qui éclatèrent en si grand nombre en Normandie vers la fin de l'occupation anglaise et qui ne furent réprimées que pour renaître plus tard avec plus d'énergie»[16], il est aussi qualifié de maître galant (p.13) et de capitaine de compagnie, ce qui reflète d'indéniables qualités militaires. À la tête d'une «sorte de chouannerie» (p.12), il constitue un véritable maquis du bocage prêt à harceler les godons. Plus étonnant encore, les qualificatifs de ces groupes armés sont déjà identiques à ceux que l'on retrouvera en '39-45:

---

[14] Au sujet de la fin de l'occupation et de la bataille de Formigny, voir G. Minois, *La guerre de Cent Ans*, cit., pp. 507-516.

[15] *Ibid.*, p. 513.

[16] A. Gasté, *Étude sur Olivier Basselin et Les Compagnons Du Vau De Vire*, cit., p.12.

> Les rois d'Angleterre, Henry V et Henry VI, multiplient les ordonnances contre ceux qu'ils appellent les brigands & font faire des perquisitions périodiques dans les villages pour constater si les habitants résident bien chez eux: les absents sont réputés brigands, traduisons «patriotes»[17].

Ces quelques lignes et le mot «brigand» évoquent bien sûr les termes de «bandits» ou «terroristes» fréquemment utilisés par les autorités allemandes pour désigner les résistants, ainsi que les nombreuses perquisitions effectuées pour traquer les fugitifs ou les réfractaires au Service du travail obligatoire. Combattant traqué et martyr, Olivier Bachelin est donc pour Aragon l'icône parfaite de la Résistance, transcendant le temps et l'espace pour unir les patriotes dans un même esprit. C'est d'ailleurs des tréfonds d'un passé lointain qu'il est «réveillé» pour «d'autres ennemis portant d'autres emblèmes (p.102)». La croix gammée a en effet remplacé les lions d'Angleterre, mais l'héroïsme demeure intact et permet aux «fantômes anciens» de raviver la flamme éternelle du combat, du Plateau des Glières au Mont Mouchet.

La plupart des repères biographiques de Bachelin ont été en outre repris dans le poème afin de recréer l'ambiance de bonhomie et d'aventure qui semble avoir entouré l'épopée d'Olivier et de ses compagnons:

> Nous arrivions le soir avec la veste blanche
> Les filles apportaient pour nous les gobelets
> On nous donnait à boire un peu de vin d'Avranches
> Les valets de labour chantaient nos virelais (p.102)

On l'aura compris, tout est mis en œuvre pour illustrer le côté éminemment populaire et spontané de cette sédition. Les armes sont d'ailleurs totalement improvisées (branches, pierres, faux) et de nombreux termes renvoient au topos de la campagne. Si les rebelles se rassemblent autour d'un personnage charismatique qui était peut-être un noble ou un officier, leurs origines demeurent modestes («Et les vilains fêtaient Olivier Bachelin», p.103); Olivier lui-même est d'ailleurs plus dépeint comme un aimable vagabond, allant de «ville en ville avec [sa] vielle» que comme un chef de guerre. Tout ceci concorde à magni-

---

[17] *Ibid.*, p. 24.

fier la volonté simple et rustique du peuple qui contraste fortement avec l'attitude peureuse des puissants...Ces derniers sont en effet décrits avec peu d'égards: Charles ne fait que compter sur Jeanne «en son palais», les seigneurs tremblent au Mont-Saint-Michel, et le Roi finira par «faillir à ses enseignes» et désavouer «le parfum des lys». Si ces images rappellent évidemment l'attitude du gouvernement français à l'heure de l'effondrement de '40 ou durant les années de Vichy, il est cependant légitime de se demander si ce tableau manichéen reflète bel et bien une certaine réalité historique. Dans ses passages consacrés à la naissance du sentiment national, Minois nuance considérablement cette idée d'exaltation populaire:

> Il semble bien qu'en France le «patriotisme» soit plutôt une attitude dictée par des exigences administratives, et diffusée d'en haut par la propagande royale, relayée par quelques intellectuels.
> Le patriotisme n'est pas né dans le peuple, c'est un instrument dont les dirigeants découvrent alors le potentiel et qu'ils utilisent dans un but politique et militaire. Les écrits patriotiques de l'époque sont tous des écrits de propagande[18].

Cette analyse historique n'est pas dépourvue de pertinence si on la déplace dans le contexte de la Seconde Guerre mondiale. Certes, on ne peut nier le patriotisme de la majorité des résistants, mais là aussi, les intrigues politiques ont quelquefois terni l'unité et la grandeur du combat; il serait en fin de compte plus judicieux de parler de «résistances» que de «Résistance», tant ce terme sert à désigner des mouvements différents et parfois antagonistes. Rappelons ici que les Francs-tireurs et partisans (dont la section MOI[19] de Missak Manouchian fut honorée par Aragon dans un poème), organisés et unifiés dès le printemps '42, constituaient le bras armé du Parti Communiste au sein de la Résistance et furent très fréquemment en conflit avec l'Armée secrète (gaulliste)[20].

---

[18] G. Minois, *La guerre de Cent Ans*, cit., p. 692.

[19] Acronyme pour: Main-d'œuvre immigrée.

[20] Il y aura par exemple de fortes tensions entre les chef de l'AS (Armée secrète) et les FTP au maquis des Glières. Sur ce sujet, voir le chapitre: «État de siège en Haute-Savoie» dans H. Amouroux, *Un printemps de mort et d'espoir* (*La grande histoire des Français sous l'occupation*, vol.7), Paris, Robert Laffont, 1985, pp. 228-230.

Ainsi, le patriotisme pouvait, tout comme durant la guerre de Cent Ans, revêtir des significations fort différentes, voire contradictoires. Il est donc assez étonnant de constater qu'Aragon glorifie volontiers des symboles liés à une faction politique que d'autres communistes jugeront avec passablement de sévérité:

> Conformément à la vérité, l'Histoire établira que les masses résistantes furent l'objet d'un complot ourdi à Londres et à Alger, ce qui paraissait inconcevable pour les résistants d'obédience gaulliste, comme aux autres en général. Ce complot prolongeait celui de 1940. Il reparaît à chaque tournant de notre histoire où les fanatiques de la conservation sociale, sauvent par miracle le peuple de la terreur[21]!

Mais l'auteur d'*Olivier Bachelin* ne partage pas cette intransigeance et l'avait déjà prouvé en dédiant *La Rose et le Réséda* (publié en 1944 dans *La Diane française*) à Gabriel Péri et d'Estiennes d'Orves, ainsi qu'à Guy Môquet et Gilbert Drû. Le député du PCF, l'officier ancien membre de l'Action Française, le militant clandestin des Jeunesses communistes et le responsable de la Jeunesse étudiante chrétienne se retrouvent ainsi unis sans discrimination dans un même amour pour la France. «Et leur sang rouge ruisselle / Même couleur, même éclat»[22] soulignera d'ailleurs Aragon à la fin du poème pour marquer la parenté des fusillés martyrs au-delà des divisions idéologiques. C'est en effet dans le sacrifice que se révèle toute la grandeur de la figure patriotique; c'est là qu'elle rencontre une pureté qui l'exempte de tout jugement et la fait pénétrer de manière définitive dans la mémoire collective. *Olivier Bachelin* ne fait pas exception à la règle et, contrairement à toute attente, sa mort ne survient pas comme une apothéose finale, mais est déjà annoncée dans le premier tiers du poème. Comme nous l'avons mentionné précédemment, ce trépas prématuré ne nuit cependant en rien au développement du texte où les frontières entre la vie et la mort sont aussi floues que mouvantes.

D'après Armand Gasté, la mort du Bachelin historique fut ressentie avec douleur par ses compagnons, leur inspirant des vers aussi nostalgiques que vengeurs:

---

[21] Ch. Tillon, *Les F.T.P*, cit., p. 403

[22] L. Aragon, *La Diane française*, Vichy, Seghers, 1968, pp. 178-180

> Hellas Ollivier Basselin,
> N'orrons-nous point de vos nouvelles?
> Vous ont les Engloys mys à fin
> [...]
> Nous priron Dieu, de bon cueur fin,
> Et la doulce Vierge Marie
> Qu'il doint aux Engloys malle fin,
> Dieu le Père fi les mauldye![23]

Chez Aragon, la mort du poète-soldat n'a manifestement pas lieu à la bataille de Formigny: capturé par des soldats «sur la route [...] du côté de Saint-Lô», il est «laissé troué près d'un bois de bouleaux», sans doute trahi par la mélodie qu'égrenait sa vielle. Ces deux derniers détails méritent l'attention du lecteur car ils sont tous deux susceptibles de conserver leur pertinence dans un contexte moderne. La musique a en effet joué un rôle considérable dans la vie des résistants: du Chant des Partisans à celui des Marais en passant par les versions parodiques de *Maréchal nous voilà*, combien de chansons subversives auraient risqué de conduire compositeurs et interprètes à la prison ou à la mort? Vaux-de-Vire et autres «chansons de guerre contres les Anglais, ces oppresseurs de la Normandie»[24] constituent donc les ancêtres honorables des hymnes de la Résistance, et c'est sans doute en chantant l'une de ses «villanelles» que Bachelin a attiré le courroux, ou du moins l'attention de l'ennemi. Quant au verbe «trouer», quelque peu inattendu à cet endroit, il permet d'évoquer de manière imagée aussi bien l'effet des flèches anglaises que des balles allemandes, tout en sous-entendant que l'exécution d'Olivier et de ses héritiers spirituels possède une dimension éminemment christique. À la fin du poème, Bachelin dormira d'ailleurs «les bras en croix». Le peintre et affichiste Paul Colin n'a-t-il pas représenté, en 1944, une Marianne aux mains stigmatisées dans une œuvre intitulée «Libération» (visible au Musée des Arts décoratifs de Paris)? Si nous nous penchons sur la description du cadavre, nous constatons qu'elle est l'objet d'une attention toute particulière et d'un souci du détail frappant:

---

[23] A. Gasté, *Étude sur Olivier Basselin et Les Compagnons Du Vau De Vire*, cit., p. 10.

[24] *Ibid.*, p. 13.

> Olivier les corbeaux dans ses prunelles creuses
> Vainement dévoraient ses rêves merveilleux
> Le visage tourné vers le ciel des macreuses
> La lumière y baignait l'absence de ses yeux

On aura reconnu ici l'allusion au fameux vers de la *Ballade des Pendus*: «Pies et corbeaux nous ont les yeux cavés» ajoute une touche quelque peu morbide au tableau; là encore, Aragon reste fidèle à la mentalité du XVe siècle, profondément marquée par les danses macabres et fascinée par la «contemplation hypnotisée du cadavre ou plutôt du 'transi', mort pourrissant et desséché tout à la fois, délivrant un témoignage et une leçon»[25]. Après la leçon de Riberac, vient celle de Formigny et de son cadavre supplicié: malgré la cruauté du destin et l'horreur du faciès ravagé par la mort, l'idéal et la lumière demeurent, cette même lumière qui accompagnera aussi les fusillés de l'Affiche Rouge («Adieu la vie adieu la lumière et le vent [...] Un grand soleil d'hiver éclaire la colline»[26]). Quant à l'image sinistre du corbeau, elle est adoucie par celle de la macreuse, oiseau marin vers lequel se porte le regard d'Olivier. Ainsi, pour lui comme pour Manouchian et ses compagnons, «la mort n'éblouit pas les yeux des partisans»[27].

Le décès du modèle historique constitue certes un paroxysme tragique du poème, mais reflète également une conception particulière du patriotisme, où la victoire n'est pas une condition indispensable de la célébration. Comme Roland ou Joseph Bara, le héros se contente d'accomplir son devoir ultime et ce quel qu'en soit le prix, sans aucune arrière-pensée, le détachement et la grandeur du geste l'emportant sur toute autre considération. Il n'est même pas nécessaire que l'action porte ses fruits: on ne sait finalement pas si Bachelin a, d'une manière ou d'une autre, contribué à la défaite des Anglais et aucun indice ne vient confirmer cette hypothèse. Sa bravoure suffit à le transfigurer et son attitude fière et provocatrice face à l'occupant vaut les faits d'armes les plus audacieux. D'ailleurs, cette exaltation très chevaleresque du beau geste et de l'action gratuite n'est

---

[25] M.Vovelle, *L'heure du grand passage, chronique de la mort*, Paris, Gallimard, 1993, p.40.

[26] L. Aragon, *Strophes pour se souvenir*, dans *Le Roman Inachevé*, Paris, Gallimard, 1955.

[27] *Ibid.*

pas dénuée de parfum réactionnaire et s'avère encore une fois assez éloignée des aspects pratiques et matérialistes du marxisme (les FTP-MOI de Manouchian furent un groupe d'action particulièrement efficace, responsable entres autres de l'assassinat du colonel allemand Julius Ritter).

Faut-il en déduire qu'Aragon prend simplement ses distances avec l'orthodoxie du parti en chantant les mérites d'un martyr au sens quasi chrétien du terme? Ou doit-on plutôt voir dans cet apparent défaitisme enluminé la marque d'une tradition qui fait primer le sang versé sur les conquêtes et glorifie l'humilité du sacrifice silencieux? Cette seconde hypothèse s'impose si nous suivons les distinctions qu'établit Georges Minois entre les belligérants de la guerre de Cent Ans:

> Patriotisme pratique des Anglais, théorique et intellectuel des Français. Un pays plus vaste, aux limites plus floues, avec une grande diversité de langues et de coutumes: cela explique le retard dans la diffusion du sentiment national [...] Les Français ont eu besoin qu'on les persuade qu'ils forment un peuple; puis l'occupation anglaise les a convaincus. [...] le patriotisme anglais s'est forgé dans la victoire, ce qui lui donne une teinte triomphaliste, voire arrogante; il est sûr de lui. Le patriotisme français s'est forgé dans la défaite, c'est aussi pour cela qu'il a besoin de constructions intellectuelles pour se rassurer; vaincu sur les champs de bataille mais vainqueur dans les joutes orales[28].

Or, il se trouve que la situation durant la Seconde Guerre mondiale et au sortir de celle-ci est toute aussi grave pour l'unité française: déchiré entre collaborateurs et résistants, miné par la guerre civile, blessé par des drames terribles, le «peuple du désastre», pour reprendre l'expression de l'historien Henri Amouroux, a perdu en quatre ans la plupart de ses repères moraux. À l'heure de la victoire, la France sait pertinemment que les haines et les rancunes qui l'embrasent ne sont pas près de s'éteindre avec le seul silence des armes. En choisissant la figure d'Olivier Bachelin pour illustrer ces temps troublés, Aragon montre au peuple la grandeur de ses défaites, la force de ses faiblesses. Il rend hommage à ces milliers d'anonymes torturés ou tués, mais aussi à ces hommes de lettres qui payèrent le prix de leur engagement, comme l'écrivain Jean Prévost

---

[28] G. Minois, *La guerre de Cent Ans,* cit., p. 713.

(alias Capitaine Goderville dans la Résistance), tué par les Allemands lors des combats du Vercors. Figure glorieuse et guerrière, l'image du poète défunt n'en est pas moins porteuse d'oubli et de paix. L'injonction finale d'Aragon à son inspirateur médiéval («Olivier mon ami tu dors heureusement» (p.105)) préfigure le lancinant refrain de la *Chanson pour oublier Dachau*[29]: «Nul ne réveillera cette nuit les dormeurs» conjuguant le sommeil et la mort dans un point de vue éminemment médiéval: «Mort des saints, mort des preux [...] le héros, pour mourir, se met en position de rendre son âme à Dieu, adoptant la posture de la Commendatio animae, yeux ouverts ici, dans l'attente du jugement, clos ailleurs dans le «profond sommeil d'une béatitude déjà obtenue»[30].

Mais malgré l'omniprésence de Bachelin dans les premières strophes, le lecteur comprend rapidement qu'Olivier est profondément lié à Jeanne d'Arc, dont la présence discrète habite quasiment chaque vers. Cependant, elle demeure dans l'ombre: son nom n'est mentionné que quatre fois dans le texte, et elle est toujours simplement appelée «Jeanne», sans aucun autre qualificatif, si ce n'est la mention de ses «yeux pervenche». Cela permet également d'immerger le lecteur au cœur de la période décrite. La pucelle d'Orléans n'est en effet connue que par son prénom, et n'est nulle part qualifiée de sainte, alors que cette épithète est curieusement accordée à Louise Labé dans un autre poème. Jeanne n'est encore qu'une «enfant», certes héroïque mais méconnue. Cette simplicité apparente ne doit cependant pas dissimuler le fait qu'elle joue un rôle capital, prenant la parole bien plus longuement que le chanteur des Vaux-de-Vire. Contrairement à lui, elle n'est pas «convoquée» directement par le narrateur, et c'est plutôt le spectre de Bachelin qui fait office de psychopompe pour la placer sur le devant de la scène. Sa première apparition est en effet directement mêlée à la mort d'Olivier, ce qui accentue encore leur communion dans le martyre:

> À Reims en ce temps-là Jeanne enfin mène Charles
> Dans un ciel déchiré d'oiseaux et d'instruments
> Que pour les tambours noirs trompes et timbre départent
> Olivier n'a pas su la fin de ce roman (p.103)

---

[29] L. Aragon, *Le Nouveau Crève-Cœur*, cit., p.146.

[30] M. Vovelle, *L'heure du grand passage*, cit., p. 34.

On relèvera encore une fois la passivité du Roi, «mené» et non accompagné par la jeune fille. Mais si c'est ainsi qu'elle fait son entrée dans le poème, Jeanne n'est de loin pas une étrangère dans les textes précédents du *Nouveau Crève-Cœur*. Elle se retrouve dans la *Comptine du Quai aux Fleurs*: «Jeanne et Péri ce n'est qu'une / Longue histoire mes amis»[31] et pourrait parfaitement être reconnue dans la métaphore des deux premiers quatrains qui ouvrent le recueil: «Et depuis quand l'alouette / Chasse-t-elle l'épervier»[32]. La partie consacrée à Jeanne d'Arc prend la forme d'un long dialogue entre l'accusée (7 quatrains) et ses accusateurs (4 quatrains). Aragon l'introduit en rappelant qu'«Olivier n'a pas vu le fossé de Compiègne / Ni la fausse justice à cette enfant jouée»[33]. L'Histoire offre ici à l'auteur l'occasion d'un beau mais cruel rapprochement: si les Bourguignons capturèrent la sainte à Compiègne, c'est dans cette même commune de Picardie que se trouvait, durant la Deuxième Guerre mondiale, le camp de Royallieu, antichambre de la déportation pour de très nombreux prisonniers. C'est là que fut interné le poète Robert Desnos[34], auquel Aragon dédia *Robert le Diable* et où il évoque également le souvenir du lieu. Une fois de plus, le passé rejoint le présent dans ses plus modestes détails...

L'analyse du «procès» repris par Aragon révèle deux volets bien distincts: nous retrouvons d'une part les accusations à caractère religieux formulées à l'encontre de la sainte et, d'un autre côté, des considérations patriotiques sur la guerre, émises aussi bien par Jeanne que par ses juges. Il est important de noter que l'héroïne ne se prononce jamais sur les questions d'ordre théologique, preuve évidente du fait que l'auteur retient essentiellement l'aspect patriotique (et non surnaturel) de son épopée. Grâce à une argumentation subtile et des images frappantes, Aragon parvient à recréer l'atmosphère du procès d'Inqui-

---

[31] L. Aragon, *Plainte pour le quatrième centenaire d'un amour*, dans *Les Yeux d'Elsa*, Paris, Seghers, 1942.

[32] *Ibid.*, p. 90.

[33] Id., *Libération*, dans *Le Nouveau Crève-Cœur*, cit., p. 79.

[34] Emmené ensuite à Buchenwald puis à Theresienstadt, il y mourra du typhus le 8 juin 1945.

sition ouvert le 9 janvier 1431 sous la houlette de Pierre Cauchon, symbole éloquent de traîtrise:

> Parmi les plus zélés des «collaborateurs», figurent les professeurs et étudiants de l'université de Paris, dont Cauchon a été recteur du 23 juin au 10 octobre 1397, puis en octobre 1403: il y entretient alors «des relations suivies avec la nation anglaise» et en 1423, lorsqu'il est évêque de Beauvais, il est choisi par l'Université comme conservateur de ses privilèges[35].

Si l'on retrouve dans le texte plusieurs questions historiques qui furent réellement posées, il faut avant tout y voir une puissante allégorie de l'occupation, de la collaboration et de la résistance. Commençons d'abord par voir la dimension religieuse de certaines accusations, cherchant à reconnaître Jeanne coupable de sorcellerie et d'hérésie. Les juges demandent par exemple si les anges et les saints portent «les cheveux longs et des bagues aux doigts» (p.104) et veulent savoir si «Monsieur Saint-Michel» ne lui montre pas des «images maudites». Le thème principal développé dans ces arguments est évidemment celui de la tentation charnelle («Est-il beau cet archange au corps d'homme Est-il nu»), la présence d'une sensualité teintée de magie venant immanquablement diaboliser les visions de la jeune fille. Durant son procès historique, lorsque ses assesseurs aborderont ces points, Jeanne répondra, nous dit Régine Pernoud, avec «un sens de l'humour imperturbable: 'En quelle figure était saint Michel quand il vous est apparu? Était-il nu? – Pensez-vous que Dieu n'ait pas de quoi le vêtir?' Ou encore: 'Avait-il des cheveux? – Pourquoi les lui aurait-on coupés?'»[36]. Mais cette dimension ironique sera totalement éludée par Aragon, qui semble définitivement réticent à prêter à Jeanne un trop grand mysticisme, ou même une simple familiarité avec le monde divin. Après avoir donné une réponse laconique («Beaux maîtres je ne sais ce que vous voulez dire»), elle transpose directement le débat dans la sphère du patriotisme, dénonçant le poids des «maîtres étrangers» sur son peuple. Commence alors une longue plaidoirie où Jeanne d'Arc tentera avant tout de démontrer l'infamie de

---

[35] J. Imbert, *Le cas Jeanne d'Arc*, in «L'histoire», n. 106, décembre 1987, cité dans R. Pernoud, *J'ai nom Jeanne la Pucelle*, Paris, Gallimard, 1994, p.111.

[36] R. Pernoud, *J'ai nom Jeanne la Pucelle*, cit., p. 84.

la trahison et le scandale de l'oubli vis-à-vis de ceux qui se sont précédemment sacrifiés pour la France. Dès lors, le message a le mérite d'être clair: avoir signé l'armistice avec l'Allemagne est un acte aussi honteux que celui que commirent jadis ceux qui pactisèrent avec les Anglais. Tous les soldats tombés au champ d'honneur, tous ceux qui sont morts pour la patrie sont profondément insultés par ces nouveaux Judas dont il est dit, dans une des rares métaphores religieuses du texte, qu'ils «soldent le champ des morts de leur trente deniers». Et c'est bien au nom du peuple entier que Jeanne s'exprime; elle en devient l'incarnation la plus parfaite, au même titre que ces «héros d'hier tombés en déshérence» dont elle semble savoir qu'elle risque de partager le sort aux heures qui suivront la clairière de Rethondes (qui, nouvelle ironie du sort, se situe sur la commune de Compiègne!).

Sans entrer dans le détail, on notera aussi dans les réponses de Jeanne une certaine naïveté, qui se traduit essentiellement par la formulation de questions rhétoriques qu'elle destine, tout comme Aragon, à ceux qui s'inclinent devant l'envahisseur. Ne retrouve-t-on pas ici cette fameuse humilité de la sainte, si éloignée du patriotisme anglais, et qui préfère questionner plutôt que condamner? D'ailleurs, les deux derniers quatrains de sa prise de parole constituent une remise en question claire du régime de Vichy, d'autant plus poignante qu'elle s'adresse cette fois non plus aux juges, mais aux «victimes»:

> Voici que l'on vous dit avec des voix hautaines
> Qu'il n'est que temps pour vous de donner votre main
> À ceux qui sont venus suivant leurs capitaines
> Dévaster votre avoine et cueillir vos jasmins (p.105)

On constatera au passage que cette caricature des appels à la collaboration et à l'amitié franco-allemande comporte une métaphore végétale (dont Aragon est coutumier), et qui pourrait être interprétée comme une image du pillage économique («dévastation des céréales») et de la spoliation culturelle auxquels se livre l'occupant («cueillette des fleurs»).

Ce sont surtout les deux dernières répliques de l'accusation qui permettent d'appréhender pleinement ce que dénonce Aragon. Tout y est empli d'un fatalisme révoltant qui conçoit la défaite comme un fait acquis et stipule qu'un «pays pour vous seuls n'est plus dans vos moyens», ce qui semble parfaitement pasticher le cautionnement des théories du Lebensraum par certains Français. Ainsi, tenir de tels propos aboutit en fin de compte à prôner la réconciliation des «deux chiens de faïence/ Même si l'un deux est mâtiné de loup». L'image n'est certes pas choisie au hasard: animal souvent lié à la culture germanique païenne, reposant volontiers aux pieds du dieu Wotan, le loup fut, durant tout le Moyen Âge, le symbole négatif par excellence[37], dont l'image terrifiante connut une postérité particulièrement fructueuse.

Mais revenons un peu sur les conseils prodigués au peuple envahi par ces «maquilleurs de gloire» et autres «prévaricateurs». On sait que, de manière générale, la collaboration française comportait deux tendances, avec ce que l'on pourrait qualifier d'un côté de vieille garde maurrassienne, soucieuse de conserver ses distances vis-à-vis de l'Allemagne et d'un autre, la phalange germanophile, comportant des dissidents de l'Action Française comme Lucien Rebatet ou Robert Brasillach. Si Maurras avait en effet condamné «le mythe d'une 'Internationale blanche' opposée à l''Internationale rouge' [...] il pouvait difficilement empêcher ses jeunes disciples de choisir 'l'alliance des nationalismes' plutôt qu'une politique limitée à l'entente des puissances latines»[38]. On retrouvera donc à Vichy aussi bien d'anciens virulents adversaires de l'Allemagne qui considèrent le Maréchal Pétain comme un sauveur que des auteurs comme Alphonse de Châteaubriant qui éprouvent pour le national-socialisme une vénération quasi religieuse. Aragon ne soutient naturellement aucune de ces factions, mais semble plutôt s'attaquer directement à la seconde, en mettant dans la bouche de Cauchon de grotesques appels à la fraternité («Qu'il n'est que temps pour vous donner votre main/ À ceux qui sont venus suivant leurs capitaines») ou de douteuses considérations cosmopolites et pacifistes («Sur la carte d'Europe effaçons les distances»). Dès lors, le réquisitoire et les arguments de l'accusation finissent par se retourner contre elle en raison du caractère excessif et intolérable de sa quintessence;

---

[37] *Dictionnaire du Moyen Âge*, cit., p. 849.

[38] P. Sérant, *Le Romantisme fasciste ou l'œuvre politique de quelques écrivains français*, Paris, Fasquelle, 1959.

Jeanne ne donnera d'ailleurs pas de réponse à ces deux derniers quatrains, comme s'ils contenaient déjà en eux-mêmes les ferments de leur réfutation.

Quelle leçon tirer de la manière dont Jeanne d'Arc nous est présentée sous la plume d'Aragon? Dans un premier temps, relevons que la dimension religieuse n'est pas la seule à être totalement occultée: contrairement à Bachelin dont la dimension corporelle est omniprésente, Jeanne est dépeinte de manière éthérée, voire angélique: un pur esprit livré à la brutalité et à la sournoiserie des hommes. Les seules choses qui lui donnent réellement vie, ce sont ses paroles et il semblerait que sa présence ne s'affirme que par le biais de sa voix, tant ses actions sont laissées de côté. Voix de l'archange qui parle à la bergère de Domrémy, voix de Jeanne d'Arc devant ses juges, voix d'Aragon à ses lecteurs: cette polyphonie ne serait-elle pas en fin de compte l'âme même de la nation française, dont *Olivier Bachelin* serait le corps meurtri? Il est certain cependant que malgré ses spécificités, la Pucelle d'Aragon correspond fort bien à l'image johannique traditionnelle, résistant aux puissants corrompus, seul appui au sein de la tourmente. Et cette absence de personnification, de matérialisation n'est-elle pas aussi une constante de ses descriptions élogieuses: Malraux parlera d'elle en tant que Jeanne sans sépulcre et «sans portrait», ayant donné son visage «inconnu» à tout ce pour quoi la France fut aimée[39], tandis que Régine Pernoud soulignera le «visage si impersonnel de celle qui fut par excellence une personne, dans l'universelle dérobade des rois et des peuples, de l'Église et du monde»[40].

Sur l'issue du jugement et la mort de la sainte, le lecteur n'aura pas le moindre commentaire. Le dialogue du procès, qui comme on l'a montré, n'est en réalité qu'une brillante argumentation en faveur de Jeanne d'Arc, se termine d'une manière abrupte qui évoque la fin d'un songe ou d'une transe durant laquelle les ombres du passé se seraient exprimées. La confusion de ce «réveil» est totale et on finit par ne plus savoir quel narrateur a, jusqu'à maintenant, pris la parole. La voix initiale du poème, celle-là même qui a invoqué ces mânes du passé, ne s'adresse

---

[39] A. Malraux, *Oraisons Funèbres*, Paris, Gallimard, 1971, dans R. Pernoud, *J'ai nom Jeanne la Pucelle,* cit., p. 132.

[40] R. Pernoud, préface au Catalogue de l'exposition *Images de Jeanne d'Arc*, Hôtel de la Monnaie, Paris, juin-sept. 1979, dans *ibid.*, p. 119.

maintenant plus qu'à Olivier, répétant son nom à plusieurs reprises et évoquant «le vin que [s]es lèvres chantèrent». Cette forme finale déroutante peut s'expliquer par la volonté d'illustrer une sorte d'ivresse, suscitée à la fois par le vin d'Arvanches (un auteur inconnu précisait que Bachelin «fust de fort rouge visage, [...] Buveur & dissipateur»[41]) et par l'impossibilité de garder le silence face au scandale de ce «monde damné». La présence du vin dans plusieurs vers ne doit pas être négligée: considéré comme la «boisson par excellence de l'Occident [...] marque de richesse ou de simple aisance, d'urbanité, source de santé et de réconfort, salaire, cadeau, objet de la fête publique et privée»[42], il joue non seulement un rôle capital durant tout le Moyen Âge mais aussi durant la guerre de Cent Ans. Plus que simple symbole, la vigne et le vin devinrent, durant ce conflit, un enjeu économico-culturel de taille, particulièrement en Aquitaine, importante productrice viticole et province clé du conflit. Les vendanges ou le commerce du vin tiennent parfois une place inattendue, en favorisant par exemple l'émergence d'un sentiment anglophile au sein d'une bourgeoisie qui voit dans l'occupation les promesses d'un commerce florissant. Ainsi, Jean-Marc Soyez, dans une étude au titre évocateur, *Quand les Anglais vendangeaient l'Aquitaine*, mentionne que, durant les campagnes de Du Guesclin en 1377:

> Les paysans quittent leurs villages et affluent vers Bordeaux. Pour la première fois depuis des siècles, on ne vendange pas. L'armée française n'a pas les effectifs nécessaires pour prendre Bordeaux. En attendant des renforts, elle pille avec application tout le vignoble et les soldats s'extasient sur la richesse de ces vilains qui ont «coffres, vaisselles, draps et celliers tout comme gras bourgeois»[43].

Dans sa biographie de Bachelin, Armand Gasté relève aussi que les envahisseurs se livrèrent à d'impardonnables outrages vinicoles en Normandie: «Les Anglais, maîtres du pays par la conquête, envahirent leurs maisons et leurs caves, prirent le vin pour eux & laissèrent l'eau de la cruche

---

[41] A. Gasté, *Étude sur Olivier Basselin et Les Compagnons Du Vau De Vire*, cit., p. 8.

[42] *Dictionnaire du Moyen Âge*, cit., p. 1454.

[43] J.-M. Soyez, *Quand les Anglais vendangeaient l'Aquitaine, D'Aliénor à Jeanne d'Arc*, Paris, Fayard, 1978, p. 225.

aux vaincus...Le désespoir inspira des Vaux de Vire comme avait fait autrefois l'ivresse»[44]. Ivresse et désespoir, ivresse du désespoir: le chansonnier d'Aragon est encore une fois très proche de son ancêtre historique, lui qui «ne peut plus se taire» sous les effets conjugués du vin et de la patrie souffrante. C'est sur la triple répétition du prénom d'Olivier que s'achèvera le poème, comme un ultime écho venant démentir la question qui l'avait ouvert: «Qui se souvient de vous?»

La mise en récit de l'Histoire chez Aragon passe donc dans notre texte à travers un processus double et complémentaire: l'évocation d'une figure historique extrêmement connue, utilisée par de nombreux auteurs et l'exhumation d'un véritable «fantôme» médiéval, oublié de tous, mais qui sert d'introducteur à la précédente. Cette approche peut s'expliquer par la nécessité de ne pas mettre trop en avant Jeanne d'Arc, qui, comme nous l'avons largement montré, risque d'être entachée de connotations malvenues. En incluant la figure bohème et champêtre de Bachelin, Aragon atténue le côté réactionnaire de la Pucelle: le poète représentera les martyrs de la Résistance, tandis que la sainte incarnera l'idéal qui les inspire. De là à y voir la figure du Général de Gaulle, il n'y a qu'un pas que l'auteur s'empresse d'esquiver dans un autre texte du recueil, *Prose de Sainte Catherine* (qui fut, avec Sainte Marguerite, une des «voix» de Jeanne):

> Mais surtout mes amis, quels que soient les péripéties de l'immense troupeau, les catastrophes des continents, les aléas monstrueux de l'histoire [...] ô mes amis surtout, tant que s'élèvera la double harmonie au répons merveilleux, qui de deux noms dit tout un peuple, et c'est Jeanne d'Arc et Fabien, soyez-en sûrs on l'entendra...
> ...*car c'est la chanson de France*[45].

On ne saura point si les yeux pervenche de la sainte brillaient, comme les yeux bleus de la Révolution, d'une «cruauté nécessaire»[46], mais il est en tout cas certain qu'en plaçant ainsi Jeanne d'Arc aux côtés du Colonel Fabien, célèbre résistant communiste, Aragon fait tout son pos-

---

[44] A.Gasté, *Étude sur Olivier Basselin et Les Compagnons Du Vau De Vire*, cit., p. 12.

[45] L. Aragon, *Prose de Sainte Catherine*, dans *Le Nouveau Crève-cœur*, cit., p. 111.

[46] Id., *Front Rouge*, 1931.

sible pour la rapprocher du Parti des Fusillés, où l'attend déjà un poète normand criblé de flèches.

Au terme de cette analyse, une dernière question reste en suspens: dans quelle mesure les figures historiques reprises par Aragon peuvent-elles être vues comme une image d'Aragon lui-même et du rôle important qu'il joua durant la guerre? Faute de sources, je me contenterai de fournir ici une réponse qui restera une simple hypothèse mais qui ne me paraît pas dépourvue de fondements. Le lecteur aura constaté que l'ensemble du poème parle fort peu des Anglais (nommés en tout et pour tout une seule fois!) et donc, par métaphore, des Allemands. Les longues accusations de Jeanne d'Arc ne s'adressent nullement à eux, mais uniquement à ceux qui s'accommodent de leur présence: on ne reproche en effet pas à un envahisseur étranger le manque de déférence envers les héros du peuple envahi, mais bel et bien aux élites de ce même peuple. Pourtant, et Gasté confirme abondamment ce point, le Bachelin historique ne se privait guère de se déchaîner contre les *goddam*... Chez Aragon cependant, le régime de Vichy peut être considéré comme la cible quasi unique des accusations. Pour expliquer cette attitude, il n'est pas inutile de rappeler le parcours du poète durant la Seconde Guerre mondiale. Mobilisé en 1940, il entre bientôt dans la clandestinité avec Elsa Triolet mais continuera malgré tout à écrire et publier. Arrêté à Tours en 1941, il est relâché peu après et ne connaîtra pas les persécutions qui s'abattront sur tant d'autres communistes, ce qui le placera parfois dans certaines situations délicates, comme le souligne Gisèle Sapiro:

> Or le capital moral qu'Aragon peut faire valoir pour affirmer son autorité face aux membres du CNE de zone nord dépend précisément de la condamnation du pétainisme, sans quoi son activité semi- légale jusqu'à l'invasion de la zone sud, en novembre 1942, perd de sa valeur symbolique, comparée à l'activité illégale des membres du premier comité de zone nord et aux risques qu'ils ont encourus bien plus tôt que lui. Aragon y met du reste d'autant plus de bonne foi qu'il s'est tout entier investi dans la lutte contre le régime de Vichy (qui était un des mots d'ordre du parti communiste), à la différence de ses confrères de zone nord, pour lesquels Vichy n'était qu'une lointaine réalité sans consistance en regard de l'invasion allemande[47].

---

[47] G. Sapiro, *La guerre des écrivains, 1940-1953,* Paris, Fayard, 1999, p. 574.

Au vu de ces considérations, la figure de Jeanne d'Arc peut donc nous apparaître comme une véritable incarnation d'Aragon lui-même, qui, en raison de sa situation durant la guerre et peut-être aussi par mesure de dédouanement, fit de la lutte contre la collaboration son cheval de bataille. Elle dépasserait ainsi son rôle de personnage historique pour devenir un alter ego de l'auteur...

Pour conclure, on relèvera qu'*Olivier Bachelin* demeure sans doute un des textes les plus longs et les plus admirables qu'Aragon aura consacrés à la Résistance. En faisant le choix d'y ressusciter deux figures estompées durant les «jours sans mémoire» qu'il évoque au début du texte, c'est le Moyen Âge entier qu'il rappelle à notre souvenir, dans tout ce qu'il possède d'universel et d'intemporel. Quant à son illustration de la Pucelle, de son aplomb face à ses juges, de son éternelle actualité, elle confirme la clarté d'une période que l'on a trop souvent qualifiée de ténébreuse, comme l'a si justement déploré Régine Pernoud:

> Et il est à peine surprenant que l'époque se termine sur un visage de femme: celui de Jeanne d'Arc, laquelle, soit dit en passant, n'aurait jamais pu aux siècles suivants obtenir l'audience et susciter la confiance qu'en fin de compte elle obtint[48].

Leçon de Ribérac, leçon de Formigny, leçon de Reims ou de Rouen: la présence du Moyen Âge dans les lettres et les arts ne serait-elle pas en fin de compte que l'éternel retour des valeurs les plus immuables de la civilisation?

---

[48] R. Pernoud, *Pour en finir avec le Moyen Âge*, Paris, Seuil, 1979, p. 94.

Pia de' Tolomei e il museo immaginario di Marguerite Yourcenar

Marco Lombardi
(Università di Firenze)

> Regarder les images jusqu'à les faire bouger.
> M. Yourcenar
>
> Gli alchimisti proiettavano quello che chiamerei il processo d'individuazione nel fenomeno della trasformazione chimica.
> C. G. Jung

Negli anni giovanili Marguerite legge Dante in italiano, lentamente come lei dice, ma in lingua originale. È colpita dall'episodio di Pia de' Tolomei (*Purgatorio*, V, vv. 130-136) e in particolare dalle ultime parole rivolte da Pia al pellegrino e a Virgilio:

> Ricorditi di me che son' la Pia:
> Siena mi fè, disfecemi Maremma:
> Salsi colui che inanellata, pria
> Disposando, m'avea con la sua gemma.

Tra i ventisei e i ventisette anni (1929/1930) Marguerite rielabora l'episodio dell'incontro del poeta e della sua guida con Pia de' Tolomei, trasformandolo in una pièce di un atto articolato in tre scene, *Le Dialogue dans le marécage*, che pubblica nel '32 all'interno della «Revue de France»[1].

Il riferimento del titolo al "dialogo" fa sì che la pièce rientri nella definizione che Yourcenar ci fornirà del teatro stesso: «labyrinthe de monologues ou de dialogues»[2].

---

[1] Minime le differenze fra la prima edizione in rivista della pièce e l'edizione Gallimard, «Le Manteau d'Arlequin», del 1971, da noi consultata.

[2] M. Yourcenar, *Les yeux ouverts, Entretiens avec Matthieu Galey*, Paris, Centurion/Bayard, 1997, p. 192. Il labirinto di parole riproduce il labirinto alchemico all'interno del quale si trova la pietra filosofale, il raggiungimento del Sé. Il labirinto rientra nel più vasto tema del viaggio: *Voyage et connaissance dans l'œuvre de Marguerite Yourcenar*, a cura di C. Biondi e C.

Quanto alla palude, è quella che circonda il castello maremmano in cui è stata relegata Pia da un marito geloso oppure desideroso di eliminare la prima moglie per potersi risposare: entrambe le varianti della *fabula* sono presenti in maniera ambigua nel dramma yourcenariano[3].

La modernizzazione dell'episodio dantesco passa dunque attraverso il dialogo platonico considerato alla fine dell'Ottocento e nei primi del Novecento un modello – oltre che per una nuova concezione del lavoro dell'attore – per un nuovo teatro di ispirazione esoterica: sul palcoscenico è tracciato il cammino di individuazione dei personaggi (per la Yourcenar della coppia e dei singoli individui costituenti la coppia stessa), specchio socratico di verità interiori da raggiungere.

L'aggiornamento dell'episodio traversa anche i labirinti autobiografici e autografici della scrittrice. La coppia è quella parentale. Il fantasma di Pia che frequenta

---

Rosso, Pisa, Editrice Libreria Goliardica, 1988. La *fabula* medievale subisce un processo di trasformazione: la drammatizzazione rientra nell'interesse rivolto dalla giovane lettrice ai dialoghi platonici ai quali già Ernest Renan, scrittore a cui Marguerite si interessa fin dalla giovinezza, si era ispirato per il suo teatro filosofico. Tramite il dialogo, costruito sugli opposti, Marguerite Crayencour fa del suo palcoscenico il luogo di una ricerca sapienziale ispirata a "San Socrate", un Socrate cristianizzato di cui la scrittrice delinea la fisionomia nel 1934. Dialogo socratico, dunque, su cui si basa la ricerca della verità reciproca fra due coniugi che non si amano più, non si sono mai amati, o si sono amati male, inaugurando un intreccio sulla situazione di coppia che Yourcenar riprenderà costantemente: una metafora ossessiva, direbbero gli adepti della mitocritica. Basti pensare al conflitto dialogico che caratterizzerà l'incontro-scontro amoroso fra Alcesti e il marito Admeto, che ne accetta la morte al proprio posto, nel *Mystère d'Alceste* yourcenariano. Vedi a questo proposito M. Lombardi, *Pia e Alceste. Il teatro della coppia*, in *Marguerite Yourcenar sulle tracce "des accidents passagers"*, Atti del convegno, Firenze, 18-19 ottobre 2004, a cura di E. Pinzuti, Roma, Bulzoni, 2007, pp. 223-241. Al labirinto come luogo di individuazione dedica alcune delle sue riflessioni C. G. Jung in *Psicologia e alchimia*, Torino, Boringhieri, 1981. Nel volume, la figura 51 a p. 117 mostra il labirinto con al centro il santuario del Lapis (nella nostra ottica il castello in cui vive Pia, immagine della Pietra Filosofale).

[3] Nella pièce, la presenza di vari amanti più o meno fantasmatici, dei quali uno in particolare, Simon, dalle sembianze simili a quelle di Pia, suscita le gelosie di suo marito, Sire Laurent, può essere un indizio del fatto che tra il testo dantesco e la sua riscrittura la Yourcenar ha probabilmente interposto famosi intrecci – come quelli svolti nei racconti storici della tradizione popolare sulla vicenda e nei libretti d'opera (quello di Donizetti-Cammarano, ad esempio) – che affrontano lo stesso episodio. In molti plot il presunto rivale non è altri che il fratello della protagonista da lei ricevuto in segreto. Certo è che la *fabula* di Pia de' Tolomei viene letta dalla Yourcenar in chiave archetipica: Pia è la sorella-amante di cui parlano i testi mitici ed alchemici. All'archetipo della sorella-amante in chiave psicologico-alchemica Jung rivolge una particolare attenzione in *Psicologia e alchimia*, cit. Nel libro, alle pp. 409, 439, 490, le figure 225, 237, 269, evidenziano il rapporto psichico-erotico che lega l'uomo alla *soror mystica*, la quale lo accompagna nel corso del processo di individuazione. Lo sposo di Pia, come vedremo, non sarà capace di stringere questo tipo di legame con la moglie.

quel castello è la madre morta. L'ambiguo marito di Pia è uno dei molti avatara nell'opera yourcenariana del padre Michel, di cui indaga e indagherà la psicologia di uomo attraverso i personaggi maschili, ma per lei essenzialmente androginici se non bisessuali, portati sulla scena o nelle pagine dei suoi racconti e romanzi. La responsabilità dell'uomo-marito davanti alla morte della donna-moglie. Nei confronti della giovane madre scomparsa Marguerite sente due responsabilità: la sua propria e quella del padre, il quale non rinuncerà mai all'amore per altre donne, e si risposerà[4].

I versi danteschi subiscono un "aumento", come direbbe il Genette di *Palimpsestes*, una *amplificatio* secondo l'antica retorica. "Aumento" che è "valorizzazione", ancora in termini genettiani, del personaggio di Pia ma anche del marito. Di entrambi si descrive il viaggio iniziatico che per la Yourcenar ogni coppia (pensiamo di nuovo alla sua Alceste e al suo Admeto, alias Fernande la madre e Michel il padre) deve compiere[5].

L' "amplificazione" è nel gergo junghiano un procedimento per il quale un dato fenomeno o elemento viene riferito alla sua struttura o al suo valore archetipici. Dell'uso del termine "amplificazione" alla luce delle teorie di C. G. Jung potremmo dare la seguente definizione:

> L'amplificazione è un'approssimazione (con conseguente chiarificazione) dei nuclei tematici (e simbolici) ad un concetto generale mediante una serie di confronti con parallele manifestazioni, per individuare una struttura archetipica previa ricognizione comparata e agglomerazione con le più o meno usuali attestazioni religiose, alchemiche, poetiche ecc. Un'ermeneusi – che sarà la nostra

---

[4] Cfr. M. Lombardi, *Pia e Alceste...*, cit., in particolare la pagina 226 e la nota 4. Nella pièce yourcenariana, il marito di Pia – o dopo averla ripudiata e relegata in Maremma o dopo la morte di lei, il testo resta volutamente vago in proposito – si è risposato. L'incontro con Pia, che costituisce l'intreccio di questo lavoro della Yourcenar, non è necessariamente reale, ma appartiene all'ordine fantasmatico. Il *Dialogue* è una parodia seria dell'incontro di Dante e Virgilio con Pia sulla via del Paradiso attraverso il Purgatorio. La giovane scrittrice vi mette in scena un'altra Pia che, grazie all'esercizio senza colpa della mistica erotica, ha trovato, in qualità di mitica prostituta-santa, la sua felice ragion d'essere lontana dallo sposo, congiungendosi felicemente con altri uomini e in particolare con Simon, suo doppio androginico.

[5] Per il viaggio iniziatico inteso come struttura narrativa e psichica della scrittura delle *fabulae* e dei personaggi di M. Yourcenar cfr. M. Lombardi, *«Le Dialogue dans le marécage» de Marguerite Yourcenar, Une pastorale alchimique*, in «Recherches § Travaux», *Littérature et spiritualité*, 58, 2000, pp. 211-217.

in questo intervento – che si risolve nella traduzione dei Personaggi e dei Motivi in Istanze Psicologiche[6].

Raggiungiamo qui l'assunto del nostro intervento: nel *Dialogue* i personaggi di un vago Duecento italiano e i motivi che li accompagnano diventano, appunto, istanze psicologiche dalla connotazione archetipica, le quali si manifestano in largo anticipo sui procedimenti che condurranno circa quarant'anni dopo la Yourcenar alla scrittura dell'*Œuvre au noir*, viaggio interiore e nella Storia, da parte di un eterno pellegrino alla ricerca di sé o meglio del Sé, della perfezione, il medico filosofo Zenone, dove tali istanze sono poeticamente, in maniera cioè libera e creativa, associate alle fasi alchemiche: dalla *Nigredo* delle acque stagnanti di Bruges all'*Albedo*, l'Opera al Bianco, del bagno nudo nelle acque del mare del Nord, in cui il protagonista del romanzo 'rinasce' come un Adamo prima della colpa, fino all'Opera al rosso, la *Rubedo* del suicidio inteso quale liberazione del suo corpo nello spirito. Il dramma di Pia anticipa, dunque, il romanzo alchemico e anche le letture che Yourcenar farà negli anni '50 delle opere di Jung tra le quali i volumi *Psicologia e alchimia* e *Mysterium coniunctionis*, nel quale ritroviamo il tema ossessivo della coppia e del coito mistico. Questi due testi fondatori saranno inseriti dalla scrittrice nell'elenco delle sue fonti quali *sources* coscienti di quel capolavoro. Nel caso del *Dialogue* sembra che queste stesse *sources* scorrano a ritroso, tornando indietro nel tempo fino agli anni '30, per perdersi, secondo quanto lei stessa afferma in termini generali, nell'inconscio: in altre parole, grazie alla sincronia dell'inconscio, è come se la ventisettenne Marguerite conoscesse quei due testi senza leggerli, in anticipo sui tempi della loro pubblicazione e della loro effettiva lettura da parte della scrittrice. È dunque possibile che esista in Marguerite uno junghismo prima delle sue letture di Jung? Procedimento azzardato? Misinterpretazione? Pericoloso superamento dei limiti dell'interpretazione?

[6] P. Orvieto-M. Ajazzi Mancini, *Tra Jung e Freud. Psicoanalisi, letteratura e fantasia*, Firenze, Le Lettere, 1991, p. 149. In *Simboli di trasformazione*, Torino, Boringhieri, 1970, p. 48, Jung parlerà del teatro come di «un'istituzione per l'elaborazione pubblica dei complessi», definizione che potremmo attribuire anche al *Dialogue*, inteso come teatro della coppia in crisi, analizzata a livello non psicologicamente realistico bensì archetipico.

Fig. 1. J. Bunyan, *Pilgrim' progress*, 1678, fac-simile.

Nella *Note sur le Dialogue dans le marécage* scritta un quarantennio dopo la composizione della pièce, nel dicembre 1969, Yourcenar non parla in effetti né di psicologia né di alchimia. La sua coscienza metaletteraria ci riferisce solo del lavoro di composizione del dialogo da lei immaginato fra Pia e il marito nel castello maremmano dove l'ha raggiunta dopo dodici anni di assenza: dialogo vissuto o sognato? La Pia yourcenariana forse è già morta come il personaggio dantesco? E quindi quell'incontro ha la valenza di un sogno (fig. 1). Su questa dimensione della sua pièce insiste in piena coscienza la scrittrice[7]. È nella

---

[7] Nella pièce è presente un certo decadentismo dannunziano (il castello morirà come la città messa in scena dal Vate) nonché un certo simbolismo alla Maeterlinck (il tempo sembra non essere passato per Pia, che è sempre giovane e bella rispetto al marito invecchiato; i luoghi in cui abita sono vissuti e/o percepiti dal lettore-spettatore come se fossero immersi in una dimensione onirica). Sia lo scrittore italiano che il drammaturgo belga sono apprezzati e seguiti dalla

stessa *Note* del '69 che, sempre in piena coscienza, prima della sua scoperta di Mishima e del Giappone, Marguerite, procedendo alla drammatizzazione dei versi danteschi, rende un omaggio tanto esplicito quanto a posteriori al teatro Nō. Più precisamente afferma che – casualmente o significativamente (per noi, da un punto di vista della relazione inconscia fra la Yourcenar e altri scrittori o altri testi) – è proprio del 1929 – data attorno alla quale ruota la concezione del *Marécage* – la traduzione dei classici dell'estremo Oriente eseguita da Steinilber-Oberlin e Kuni Matsuo. E aggiunge: «Il est certain que, de toute façon, l'idée d'imiter *consciemment* un Nō ne me vint pas»[8].

«[...] d'imiter consciemment»: qui sta il problema della nostra interpretazione in chiave psicologico-alchemica del *Dialogue* (prima cioè del laboratorio che la porterà a redigere *L'Œuvre au noir*) e in particolare delle immagini suscitate dalle didascalie implicite presenti nel testo. Yourcenar a distanza gioca fra conscio e inconscio nella realizzazione della sua creazione. Così, nella succitata quanto tardiva *Note*, l'intreccio dantesco viene ri-letto dalla scrittrice come esempio di Nō moderno: il dialogo, vi si dice, è un Nō nel quale Sire Laurent (il Nello della tradizione) è il *waki*, ossia il pellegrino allucinato, che incontra Pia, lo *shité*, qui il fantasma di Pia. In questo suo percorso nell'oltretomba è accompagnato dallo *tsuré*, la sua guida, qui il giovane francescano Candide, reincarnazione cristiana del Virgilio dantesco. Il suo nome è emblematico in quanto manifestazione dell'*Albedo* di Laurent convertito all'amore di Gesù.

Nel 1969 Yourcenar insiste, dunque, sul rapporto inconscio con quel teatro della coppia, che tanto le interessa, letto e interpretato *a posteriori* attraverso uno sguardo giapponese e quindi fantasmatico[9].

giovane Marguerite. La dimensione del sogno è presente nelle immagini a valenza alchemica. In *L'uomo e i suoi simboli*, Firenze-Roma, Casini, 1967, Jung pubblica significativamente sulla stessa pagina (150) la celebre rappresentazione del viaggio di Dante di Domenico di Michelino e il *Sogno del pellegrino* dal *Pilgrim's progress* di J. Bunyan, 1678 a significare la ricerca della trascendenza (che caratterizza lo sposo di Pia).

[8] M. Yourcenar, *Le Dialogue*..., cit, p. 9. Il corsivo è nostro per evidenziare come la scrittrice abbia fatta propria la concezione della sincronia dell'inconscio per applicarla al discorso altrimenti razionalistico, scientifico, documentario del sistema delle cosiddette fonti.

[9] Come si vede, se ricorrendo a una metafora scorgiamo nella produzione yourcenariana l'immagine di un fiume, le sue *sources*, le sue fonti o "sorgenti", alle quali tenterà di risalire, si confondono con il suo estuario. Diacronia e sincronia si uniscono nelle stesse acque. Indicando per questa o quella sua opera le fonti, che

Josyane Savigneau riassume la problematica delle fonti, della memoria, parlando del "déjà lu" e del "déjà vu" nell'ispirazione yourcenariana, affermazione che ci conforta nella nostra interpretazione junghiana *avant la lettre* del dramma di Pia. Così si esprime inoltre la Savigneau, usando termini razionalmente compromissori, nel momento in cui affronta il problema delle fonti yourcenariane:

> Il ne faudrait pas déduire hâtivement de ces constatations que, dès 1930, tout était 'joué' pour Marguerite Yourcenar, que son œuvre était déjà close. Mais son destin, en effet, était scellé, dans la conscience même qu'elle en avait. Tout ce qu'elle a dit et redit sur les projets de ses vingt ans, tout ce qu'on peut constater en la lisant avec attention, dans la continuité de sa chronologie, révèle ce fonctionnement très particulier, cette manière dont elle concevait la construction de son œuvre: développer, affiner, affermir, composer, repenser, pendant toute une existence, ce qu'elle avait *imaginé et rêvé entre dix-huit et vingt-huit ans*[10].

Immaginato e sognato tra i diciotto e i venti anni, l'arco

---

pur distribuisce, anche se in un secondo momento, in un tempo diacronico, tende a presentarle anche in una prospettiva sincronica come se la sua memoria contenesse da sempre quell'universo di personaggi, insieme di reminiscenze, intuizioni, premonizioni, stratificazioni archetipiche e "geologiche", crogiolo di inconsce anticipazioni, coincidenze o presagi, lunghe attese delle stesse coincidenze, gioco di angoli di rifrazione fra persone e tempi, di angoli d'incidenza, di specchi, viaggio anamnestico nella letteratura, lunghe gestazioni, illuminazioni, visioni, visioni che in quanto tali minano l'edificio razionale e temporale su cui si basa il sistema dell'individuazione delle fonti. Dell'influenza dell'inconscio sul suo atto creativo parlerà a più riprese, con diverse sfumature di significato, in *Quoi? L'Eternité*, dove tra l'altro afferma che il suo interesse per il teatro del Giappone le deriva dalle sembianze di una bambola ricevuta in dono da piccola, ma anche, appunto, da una vocazione inconsapevole per quel mondo. Tale vocazione, proprio perché inconsapevole, distrugge di nuovo in un attimo tutto il castello delle fonti consce, ricercate, dichiarate. Nell'intervista rilasciata a Rosbo, riferendosi alla composizione di *Feux*, contemporanea a quella del *Dialogue*, dichiara: «Mais à l'époque où j'écrivais *Feux*, c'est presque inconsciemment que je me mouvais sur ce plan où le mythe, le symbole et la vision onirique coïncident» (P. de Rosbo, *Entretiens radiophoniques avec Marguerite Yourcenar*, Paris, Mercure de France 1972, pp. 150-151). Nel suo *Lire et dé-lire*, in «SUD», hors série, 1990, pp. 165-175, Mieke Taat mette in evidenza le intuizioni psicoanalitiche della scrittrice. L'intuizione ci allontana di nuovo dalla razionalità della coscienza, dalla precisa distribuzione delle *sources* nel tempo. Durante l'intervista rilasciata a M. Galey (M. Yourcenar, *Les yeux ouverts...*, cit., p. 33 e p. 59), Marguerite Yourcenar parla di premonizione a proposito del suo primo contatto con Marco Aurelio, e di geni, di interferenza e conoscenza ancestrale, a proposito del suo precoce interesse per l'Italia nell'ambito del quale possiamo inserire Dante e Pia. Cfr. M. Lombardi, *Pia e Alceste...* , cit. p. 223.

[10] J. Savigneau, Préface a M. Yourcenar, *Conte bleu, Le premier soir, Maléfice*, Paris, Gallimard, 1993, pp. III-IV.

di tempo in cui ha concepito (la gestazione di cui si parlava) anche il *Dialogue*[11].

I geni, termine che la stessa Yourcenar usa per far capire il proprio legame ancestrale, al di qua del tempo e dello spazio reali, con l'Italia, connotano a nostro avviso anche la relazione con lo Jung di *Psicologia e alchimia*. L'intuizione del rapporto fra psicologia e alchimia prima dell'uscita di questo celebre volume avvenuta nel 1944, letto dall'autrice in traduzione inglese sei anni dopo, è da intendersi nel senso indicato dalla Savigneau di un "déjà lu" e di un "déjà vu". Già visto, per le immagini evocate nel testo dalla scrittrice grazie alle quali il lettore-spettatore può cercare di ri-costruire il museo immaginario yourcenariano[12]. Nelle stanze, altrettanto immaginarie, di

---

[11] La storia di Sire Laurent, marito di Pia, e della protagonista stessa ha una straordinaria, 'magica', analogia con il sogno di Henry di cui Jung parlerà decenni dopo. Immaginazione, sogno, visione anticipatrice della Yourcenar? Oppure straordinaria intuizione di un processo psicologico che si sviluppa nella coppia, processo che sarà identificato e studiato dallo stesso maestro della psicologia analitica? Analizzando lo stato psichico di Henry, in *L'uomo e i suoi simboli*, cit., Jung ne descrive e commenta i sogni. In uno di essi Henry incontra su di un sentiero impervio una prostituta che si rivela poi essere un santo: il sogno esprime la paura davanti alla sensualità di carattere primitivo, commenta il testo, e il desiderio dell'uomo di trovare rifugio nell'ascetismo. A conferma di un precoce junghismo della scrittrice, qui, *mutatis mutandis*, ci troviamo di fronte al canovaccio del *Dialogue dans le marécage*. Temi come il viaggio, il cammino impervio, un luogo di prostituzione, il superamento di esso verso l'Ascesi (Assisi) accomunano la pièce al sogno analizzato da Jung. Il sogno di Henry mostra in azione il processo d'individuazione. Henry-Sire Laurent esemplifica nel dialogo con gli altri personaggi della pièce la direzione che ha preso e prenderà il suo sviluppo psichico nei confronti della moglie Pia, divenuta suo fantasma interiore, prostituta e santa. Il *Dialogue dans le marécage* rientra, dunque, nel teatro del sogno sul quale la scrittrice rifletterà nelle pagine di *Les songes et les sorts*, e leggendo -in un secondo momento- i testi di Caillois che associa il sogno all'amnesia (cfr. R. Caillois, *L'incertitude qui vient des rêves*, Paris, Gallimard, «Folio», 1956). La stessa amnesia che aveva colpito qualche decennio prima Laurent, che vuole rivedere l'antico amore, ma non si ricorda più esattamente né il nome né il volto di colei che ha amato.

[12] A Christian Gaillard si deve *Le musée imaginaire de Carl Gustav Jung*, Paris, Stock, 1998, che, insieme al volume curato da Alexandre Terneuil, *L'album illustré de* L'Œuvre au Noir *de Marguerite Yourcenar*, Paris, La Renaissance du Livre, 2003, ha ispirato questo nostro lavoro. Terneuil, sulla base delle annotazioni della Yourcenar e del volume di Francesca Melzi, *Dans le laboratoire de Marguerite Yourcenar*, Fasano, Schena Editore, 2001, evidenzia nell'alchimia cristiana, letta in chiave junghiana (dalla *meditatio* all'*imaginatio*), i fondamenti della scrittura dell'*Œuvre au Noir*. Il testo del *Dialogue* prova che l'alchimia cristiana è già all'opera in questa pièce giovanile. A nostro avviso le stampe che nei trattati di alchimia esemplificano il percorso iniziatico dell'adepto nel processo di individuazione sono più o meno inconsciamente davanti agli occhi della mente, nel 'ricordo' anticipato della scrittrice al momento della composizione sia del *Dialogue dans le marécage* che dell'*Œuvre au Noir*. Nella pièce le immagini 'suscitate' dalla scrittrice grazie anche ad un'arte ispirata ad esercizi di tipo ignaziano 'd'immaginazione attiva' hanno evidenti corrispondenze con l'iconografia alchemica. Se solo consultiamo le stampe alchemiche repertoriate da J. Fabricius, *L'Alchimie*, Paris, Sand, 1996, sono

questo museo di carta egli può appunto tentare di raccogliere documenti iconografici che illustrino le visioni della Yourcenar sulle quali si fonda l'architettura del *Dialogue*, visioni anticipatrici del suo junghismo, che si manifesterà pienamente nella scrittura de *L'Œuvre au noir*, piccoli nuclei narrativi ricorrenti (unità tematiche, mitemi) nella *fabulae* yourcenariane.

Ad essere in sintonia in tempi precoci con Jung e con la sua concezione della psicologia in chiave alchemica, e in particolare dell'erotismo nelle sue relazioni con la disciplina mistica, Yourcenar può però essere giunta non soltanto attraverso la dimensione più oscura, 'piranesiana', dell'inconscio, come ama dire a proposito di altre intuizioni e illuminazioni, bensì anche tramite tutta una cultura di cui intuiamo gli elementi costitutivi, cultura che l'accomuna – per temi e problematiche – al fondatore della psicologia analitica, e cioè: gli scritti apocrifi della tradizione cristiana (trasgressivi quanto alla valutazione della sensualità religiosa); le raccolte agiografiche come la *Leggenda aurea* (con santi e sante presi corpo e anima da folle amore per Cristo); i testi della grande tradizione mistica-erotica occidentale e orientale; i libri della saggezza antica e moderna, le fiabe, la mitologia, tutti testi che la scrittrice può aver letto o di cui può aver avuto conoscenza prima o durante il decennio fatidico per la sua formazione collocato, come abbiamo detto, da Josyane Savigneau tra il diciottesimo e il ventottesimo anno della scrittrice, cioè tra il 1921 e il '31.

Premesso questo, cercheremo di mostrare come le varie tappe del viaggio di Sire Laurent che vanno da Siena al castello del "marécage" in Maremma, e da qui alla Porziuncola, possano essere messe in relazione con le diverse fasi della Grande Opera e con le immagini che illustrano tali fasi nei testi sapienziali della tradizione di cui Jung diverrà inter-

---

evidenti le analogie con le immagini o visioni o scene oniriche del *Dialogue* quali ad esempio: l'Acqua nauseabonda della Rinascita, la Madre natura vestita di fiori, la Salita al Roseto, l'Incontro del filosofo con la donna-anima, vergine e prostituta, la Regina che distribuisce oro ai mendicanti, la Rosa mistica, il Sole nero della morte, l'arrivo dell'Iniziato sulla Montagna insieme alla sua guida spirituale. Tali immagini riprese da antichi trattati possono essere senz'altro messe in parallelo con le sequenze della pièce in cui la Madre natura, la Rosa ecc. sono ad identificarsi con Pia abbandonata nella putrefazione delle acque stagnanti maremmane, mentre l'Iniziato può essere associato al marito di lei, Sire Laurent, alla ricerca della sposa e della sua propria (nuova? originaria?) identità di aspirante al saio francescano.

prete, nella pittura (i paradisi erotico-mistici, i giardini delle delizie, le età dell'oro di un Bosch o di un Cranach), nelle rappresentazioni dell'erotismo mistico indù, nelle incisioni düreriane. Tutto un museo da cui prendono ispirazione, a diverse altezze cronologiche, sia il padre dell'analisi del profondo sia la scrittrice. Si va dalla putrefazione della palude (di ricordi, angosce, odi, amori), cioè la *Nigredo*, o Opera al Nero, della palude maremmana, alla *Viriditas*, Opera al Verde, del giardino di Pia (paradiso prima della colpa nel quale la donna vive con gli uomini di passaggio un'edenica *coniunctio* nella quale realizza felicemente il raggiungimento del Sé, la sua propria Grande Opera insieme fisica e spirituale, erotica e mistica), all'*Albedo*, Opera al Bianco, l'alba della rinascita di Sire Laurent, che sotto la guida di un giovane direttore di coscienza, traghettatore della sua anima, esce da quell'atra palude per salire ad Assisi (l'Ascesi), infuocata dall'astro nascente – ovvero la *Rubedo*, l'Opera al Rosso –, città mistica e alchemica dove si congiungerà non con una donna ma con Cristo, il Sole invitto, l'Oro, la Grande Opera degli alchimisti cristiani.

Nella pièce Sire Laurent è a un bivio come il santo del dipinto di Stefano di Giovanni[13] che sulla strada incontra una donna-satana (così alla fine Laurent percepirà Pia). Il bivio ha la forma della Y, dell'"aiguillage", dello scambio, tanto significativo per Marguerite Crayencour, che quel segno ha scelto di collocare all'inizio del suo pseudonimo d'artista: Yourcenar. La "Y" è per lei, oltre che l'albero della vita, la congiunzione degli opposti fra uomo e donna, androgino primitivo, in cui si riunisce la coppia ma che al contempo è presente in ognuno dei componenti della coppia stessa[14] (fig. 2).

Per Laurent quel bivio è insieme esterno (il castello o Assisi?) e interiore (l'eros con Pia o l'amore per Cristo?).

---

[13] Si tratta di Sant'Antonio che a un bivio incontra una bella fanciulla sotto le cui sembianze si nasconde il diavolo. Il quadro del XV secolo è conservato alla Yale University Art Gallery. Il 'contenuto' del dipinto è analizzato da Jung in *L'uomo e i suoi simboli*, cit.

[14] Come Marguerite rivela a Galey nell'intervista citata la "Y" è albero con le braccia aperte (è il sacrificio 'cristico' di Pia, Alceste, Antinoo), ma anche simbolico incrocio di strade. Quel segno è poi albero genealogico; è simbolo alchemico dell'androginia, della *coniunctio*, delle Nozze fra *rex* e *regina* (Michel e Fernande, uomo e donna, ultimi e primi di una serie infinita di uomini e di donne, la cui unione genealogica può essere da quell'albero visivamente compendiata). Inoltre, nella concezione del 'maschio' yourcenariano questa lettera alfabetica esemplifica l'uomo bisessuato delle origini la cui psicologia è indagata dalla scrittrice nella Storia e nella contemporaneità.

Fig. 2. Michael Maier, *Symbola aurea mensae duodecim nationum*, Francoforte, 1617, fac-simile.

Il castello

Giunto al castello deve attendere[15] nel roseto, nonostante Laurent, tempo prima, ne avesse vietato la coltivazione, anzi ne avesse sradicato le piante che avrebbero visto la moglie accoppiarsi con gli amanti. Il giardiniere di Pia, che non risponde ai richiami del viaggiatore sconosciuto, continuando nel suo sordo isolamento il proprio lavoro,

---

[15] Una delle stampe alchemiche dell'*Atalanta fugiens* di Michael Maier, Oppenheim, 1618, testo caro a Jung e agli junghiani, mostra l'adepto in attesa davanti alla porta chiusa del roseto filosofico; deve sapere aspettare prima di potere essere iniziato. Il roseto, ispirato alla mistica renana, è in relazione alla Vergine e all'*hortus conclusus* dell'Eden prima del peccato e della sua presa di coscienza.

Fig. 3. Piranesi, *Le rovine del castello dell'Acqua Giulia*, 1761, fac-simile.

incarna l'impegno, la concentrazione richiesti dalla Grande Opera[16].

Dopo tre tentativi rituali e dopo un'attesa indeterminata Sire Laurent può vedere Pia, può entrare, cioè, in contatto con ciò che Pia rappresenta ovvero la Natura.

Il castello in rovina ha la sagoma delle nere architetture del Piranesi (fig. 3) a cui Yourcenar dedicherà un famoso saggio. Si potrebbe inserire nella lista di quei Castelli 'al femminile', luoghi per questo di scandalo, di cui la scrittrice parlerà nel suo *Ah mon beau château*[17].

---

[16] Un'immagine simile a quella evocata dal testo yourcenariano è in J. Fabricius, cit., ed è tratta dal volume di G.H. Barchusen, *Elementa chemiae*, Lugduni Batavorum, Apud Theodorum Haak, 1718, vedi J. Fabricius, cit., p. 235.

[17] Si vedano rispettivamente: *Ah, mon beau château* e *Le cerveau noir de Piranèse* in *Sous bénéfice d'inventaire*, Paris, Gallimard, 1978, alle pp. 45-89 e 90-130. La metafora del cervello nero, malinconico, si può applicare alla mente in rovina e in ri-costruzione di Sire Laurent. Il castello, che la didascalia ci descrive diroccato è visto dal protagonista maschile della pièce come malsicuro a causa della terra instabile sulla quale è costruito. Circondato da paludi e fossati è per lui luogo da incubo. La perplessità di

Luogo dell'ultimo incontro (reale o onirico; prima o dopo la morte della protagonista?) di Laurent e Pia, esso assume qui il valore di uno spazio simbolico. Immerso nei quattro elementi (acqua, fuoco, terra, aria) necessari al compimento dell'Opera, acceso come un fornello alchemico dal Fuoco di un Sole Filosofico, tanto esso brucia e riluce in maniera irreale e concettuale, favorendo la putrefazione[18], questo strano edificio, circondato da paludi maleodoranti, è al tempo stesso riscaldato dal pieno sole di mezzogiorno che illumina i fiori di un giardino, i peschi di un frutteto, e dà rigoglio ai roseti. Esso ospita all'ultimo piano (il terzo piano dell'Atanòr, il fornello in cui si compie l'Opus alchemico) la camera da letto di Pia[19].

Su quel letto, 'amplificato' retoricamente e poeticamente nello spazio del giardino d'amore dal suolo fecondo, si compie la *coniunctio* tra Uomo e Donna divenuti *Rex* e *Regina*, impersonati da Pia e dai suoi numerosi amanti tra cui Simon, il gemello del mito con cui la protagonista ricostituisce, nelle strette dell'abbraccio mistico-erotico, l'Androgino platonico. La nudità di Pia simboleggia per gli alchimisti la Natura con cui l'adepto deve entrare in stretto contatto[20].

Laurent accompagnato dalla sua guida di fronte al castello in 'putrefazione' di Pia evoca l'immagine alchemica con cui si apre lo *Splendor solis* di Trismosin (cfr. J. Fabricius, cit., pp. 16-17). Al contrario, per chi si pone nel punto di vista di Frère Candide quella dimora con muretto di cinta e giardino fiorito sembra acquistare un'altra connotazione, positiva: l'apparizione di un *hortus conclusus*, di un giardino d'amore mistico, di un roseto virginale. A quanto poi dicono le due vecchie serve di Pia oltre il giardino esiste un frutteto con alberi di pesco che Laurent non nomina o non vede. La stessa Pia descrive in quel posto di delizie estive la presenza di folti alberi alla cui ombra ha amato e ama il suo bel Simon. Nella Tavola 5 di *Psicologia e alchimia*, cit., un castello rosso indica il luogo in cui sta per compiersi l'*Opus*. Quel castello rosso è la prigione maremmana di Pia, dove realizza se stessa come donna, ma è anche la città sole dell'alba, illuminata dal sole dell'alba, in cui Laurent raggiungerà il proprio Sé. Nella pièce, Siena, dove è iniziato il viaggio interiore di Sire Laurent prima di partire per Assisi, ha già, con i colori che la caratterizzano, i connotati alchemici della città umbra.

[18] Per il Sole che favorisce la *Putrefactio* o Sole Nero si veda l'immagine appartenente alla serie *Splendor solis* contenuta nel manoscritto cinquecentesco di Salomon Trismosin conservato al British Museum e riprodotto in J. Fabricius, cit.

[19] L'Atanòr come edificio a tre piani figura, ad esempio, in una immagine del *De Lapide philosofico*, di Lambsprinck, Francoforte, 1625, vedi A. Roob, *Alchimie et mystique*, Cologne, Taschen, «Le musée hermétique», 1997, p. 154.

[20] Ivi, p. 504 e immagine relativa.

La palude e il roseto

La palude è ridiscesa dantesca agli Inferi; reimmersione nell'oscurità psichica della caverna platonica. La palude maremmana è «le marécage de l'âme» che la scrittrice ritroverà nella dantesca Ravenna, qualche anno più tardi, nel 1935[21]. È quella «obscure lie de rancune toujours amassée plus ou moins par un trop grand sacrifice»[22]. È «la glaise du sous sol» (di cui scrive Yourcenar a proposito di Antigone) nella quale s'imprigionano le memorie, è luogo del *rêve* sotterraneo (*Feux*) in cui si trovano i relitti delle proprie realtà sommerse, *humus* d'immagini. Il *Dialogue* è, si è detto, dell'ordine della fantasmagoria e del sogno[23].

---

[21] *Ravenne et le péché mortel*, in *Essais...*, cit., p. 489. A questo proposito ci permettiamo di rimandare ancora una volta ai nostri: *Le Dialogue dans le marécage...*, cit., p. 215, e *Pia e Alceste...*, cit., pp. 232-235, gli altri due pannelli di questo nostro trittico yourcenariano. Marcescente, la palude evoca l'Opera al Nero (la depressione in termini psicologici), che si realizza sotto il segno di Saturno e della Malinconia evocata da Dürer, e si riferisce alla prima fase dell'Opera. Nel regime di Saturno (per noi Sire Laurent il vecchio, il *senex*, il malinconico) la materia è nera; sotto il regime di Venere (per noi Pia) la materia diventa bianca, passando poi dal bianco al rosso sotto il regime del Sole. La seconda fase, quella intermedia detta "al bianco" (l'Alba-*Albedo* annunciata nel testo), è preceduta da una *Viriditas* ('visualizzata' come giardino e frutteto). I due principi, quello maschile (Simon e gli avventori del castello) e quello femminile (Pia) unitisi nella prima fase, realizzano, sotto il segno di Venere, la fusione delle opposte materie (lo Zolfo e il Mercurio) nella fase detta "al Rosso" terminando così la Grande Opera che genera l'Oro dei Filosofi nel "letto d'amore" (il Vaso dell'Opera così come è rappresentato in *Psicologia e alchimia*, cit., p. 410, e Tavola 6). Le tre fasi dell'iniziazione alchemica saranno superate da Pia che con Simon e gli uomini di passaggio raggiunge la *coniunctio* mistico-sessuale in un giardino d'amore che ritroviamo anche nell'erotica indù studiata sia da Jung (vedi *L'uomo e i suoi simboli*, cit., in cui, tra l'altro si mostra l'immagine alchemica di Radha e Krishna in un boschetto d'amore, p. 203) che dalla Yourcenar (ricordiamo le sue belle pagine sulla *Ghita Govinda*).

[22] *Examen Alceste*, in *Théâtre II*, Paris, Gallimard, 1971, p. 103. Per l'uomo (Sire Laurent), l'Anima (Pia) è la personificazione delle funzioni inferiori da lui confinate nell'inconscio; è la sua Ombra, ovvero la parte di sé rifiutata ma allettante, in conflitto con il comportamento della sua Persona di Signore di Siena, portatore, in omaggio ad un padre mancante ma incombente nella sua memoria, di valori tanto istituzionalizzati quanto passivamente accettati. Pia, l'Anima, è diventata per lui la sua propria morte, la sua propria discesa agli inferi, lo stagno – uno dei simboli dell'Opera al Nero –; una discesa all'inferno effettuata sotto la guida di uno psicopompo in vesti francescane, frate Candide. L'Anima per la scrittrice, come per Sire Laurent, è l'Eros femminile contrapposto al Logos maschile, alla razionalità, alla mente, alla legge, ma anche all'orgoglio e all'arroganza; è parte oscura della psiche dell'uomo.

[23] Dal *Sogno* inciso da Dürer conservato all'Albertina ai *Symbola aurea* le stampe alchemiche sottolineano la dimensione onirica nell'incontro fantasmatico con una donna oppure con la (propria) morte. In altra sede (M. Lombardi, *Le Dialogue dans le marécage...*, cit, e *Pia e Alceste*, cit...) abbiamo scritto di come il castello maremmano ospiti una scena di ri-evocazione fantasmatica alla stregua del piccolo santuario della villa in cui Adriano 'risuscita' con i riti e con la memoria l'immagine del suo innamorato. Il *Dialogue* è manifestazione della vocazione negromantica della scrittura e della voce della Yourcenar che fa parlare

La connotazione della palude è carnale, crogiolo in cui si confondono erotismo e mistica come i sotterranei dell'ospedale in cui lavora Zenone a Bruges, nei quali si riunisce la setta degli angeli, luogo di ierogamie fra monaci e belle fanciulle. In *Anna Soror* c'è un villaggio presso le paludi in cui una setta di monaci insegna ai giovani che Gesù ha conosciuto fisicamente Maria Maddalena e San Giovanni.

Pia che riceve i suoi amanti attua il Maithuna o coito sacro, rappresentato, senza oscenità (tratto estetico teorizzato e ricercato dalla Yourcenar) dalla rosa che la stessa Pia offre, insieme al pane e al vino (simboli cristiani), ai pellegrini di passaggio[24].

i morti attraverso la visione del ricordo contro l'oblio. È il purgatorio o l'inferno che il malinconico Sire Laurent ha immaginato e creato per Pia, che vive invece immersa in un panteismo solare: la luce del mezzogiorno che illumina la pièce indica anche un momento erotico – l'ora di Pan – analogo a quello durante il quale nelle *Nouvelles Orientales* i ragazzi spiano le ninfe, e la vedova Aphrodissia cerca il corpo del giovane uomo che ama. Agli occhi di Sire Laurent la palude ha la consistenza dello stagno in cui galleggia la testa di Kali in *Kâli décapitée*, racconto nel quale la dea viene rianimata grazie al trapianto del suo capo sul corpo decapitato di una prostituta uccisa perché aveva tentato di turbare le meditazioni di un giovane bramino. L'incontro di Kali con un Saggio dall'età indistinta (giovane, vecchio?) ricorda l'incontro di Pia con l'ex marito alla ricerca della saggezza. Incontri entrambi che richiamano a loro volta quello di Maddalena con Gesù. Kali, Maddalena, Pia sono figure cosmiche, sono natura, luce, stagioni, tempo: indossano magnifici abiti color dell'aurora, della notte, del crepuscolo e del giorno. Concedono il loro corpo ai passanti quali sacerdotesse nei templi di Venere: «Et Venus in silvis jungebat corpora amantium» (sottolinearà la Yourcenar lettrice di Lucrezio in relazione a queste ierogamie).

[24] Il significato alchemico della rosa è studiato da Jung tra l'altro nel volume *Psicologia e alchimia*, cit. In una stampa della *Philosophia reformata*, Francoforte, 1622, di J. D. Mylius, la regina, seduta ad un tavolo posto nel giardino filosofico, distribuisce a tre mendicanti dell'oro alchemico (vedi J. Fabricius, cit., p. 176). La luce, le rose e l'estasi sono anche in *Alladine et Palomides* dell'amato Maeterlinck (IV, 1), pièce in cui una porta del castello si apre su di uno stagno. Inoltre, la Princesse Maleine e Pia incontrano l'essere amato il pomeriggio, il che evoca tempi e ambienti pastorali pieni di erotismo panico. È in queste ore, ricorda Sire Laurent, che Pia compie il suo peccato d'adulterio (da un altro punto di vista e in altri termini la sua ierogamia) con Simon. È lo stesso Laurent che l'aveva colta in flagrante adulterio, nuda, nel roseto. Da Pia stessa apprendiamo che lei dà l'amore a chi lo mendica, e che riceve ogni settimana Simon: l'estate sotto gli alberi fino a notte, e d'inverno presso il fuoco. Quel rito, ierogamia realizzata con il giovane amante, si ripete come una cerimonia religiosa. Pia si comporta come Marta che in *Marie Madeleine*, serve da bere agli operai a mezzogiorno; è una sorta di *mère nourricière*, di Pomona cristiana, di novella Maddalena, la cui *caritas* consiste anche nel dono del corpo. Come Antinoo incarnerà Bacco, Ermes e Pan, Pia incarna, oltre Pomona, Diana, Demetra e soprattutto Venere. Yourcenar tende così a far entrare i personaggi nel sistema degli archetipi: archetipi del Femminile sono le Grandi Dee pagane, la Santa e la Prostituta che in ottica yourcenariana e junghiana possono esistere congiuntamente. L'apparizione di Pia davanti a Laurent si apparenta a quella delle Nereidi (*L'homme qui avait aimé les Néréides*): in lei come nelle ninfe la luce dell'estate si fa carne; la sua vista causa vertigini e stupore; il mezzogiorno in cui queste creature femminili appaiono è ora misteriosa; sono demoni di quell'ora fatidica.

Fig. 4. J.F. Henkel, *Incontro fantasmatico nel giardino delle rose*, in *Unterrich von der Minerologie*, Dresda, 1747, frontespizio, fac-simile.

Il roseto in cui ella incontra e benefica i viandanti è quindi sia luogo di santità (esso è riferito – come accennato – alla Vergine nei tanti testi pittorici che la figurano, appunto, in un giardino di rose) sia di oscene delizie (i giardini d'amore della grande tradizione letteraria e iconografica esemplificata da Bosch e Cranach, a cui si riferisce lo Jung dell'*Uomo e i suoi simboli*). Nel "letto d'amore" del roseto, e più precisamente nella matrice di Pia, la rosa, si compie la Grande Opera. Il "letto d'amore" indicava infatti il Vaso dell'Opera. L'*Alchymia* di André Libau, Francoforte, 1606, ci consegna l'immagine per noi significativa di un Atanòr-Matrice. Il giardino delle rose alchemico ospita personaggi fantasmatici che il pellegrino-adepto (per noi Sire Laurent) incontra e che contribuiscono alla sua iniziazione (fig. 4).

Fig. 5. G. Van Vreeswyk, *Giardino alchemico*,
in *De Roode Leeuw*, Amsterdam, 1672,
fac-simile.

Nei trattati d'alchimia citati da Jung, dai quali egli riprende le illustrazioni che accompagnano le sue teorie psico-alchemiche, le rose raffigurano, si è detto, la Grande Opera, qui costantemente rinnovata attraverso le Nozze che Pia, prostituta e santa, celebra ogni giorno in quel giardino del Paradiso prima del peccato. È questa una topografia ricorrente nella geografia interiore yourcenariana, mappa di ritorno ad un momento della civiltà in cui la carne e lo spirito non erano divisi, in cui la sessualità non era colpa ma religione, cioè, letteralmente, legame tra elementi contrari.

Se la rosa, a cui dedica alcune delle sue riflessioni lo Jung de *L'uomo e i suoi simboli*, era bianca significava che si era giunti alla fase della *Dealbazione*; se era di colore rosa si intendeva con questo colore segnalare l'avvicinarsi

Fig. 6. S. Trismosin, *Splendor solis*,
XVI sec., fac-simile.

della conclusione dell'Opera; quando era rossa si voleva simbolicamente intendere che si era giunti alla fase conclusiva della *Rubedo*.

La rosa come ogni prodotto della vegetazione, nasce dalla putrefazione della terra.

Ma la Rosa per eccellenza (ricordiamo che così la chiamano sempre le due vecchie serve) è qui la Signora del Castello: Pia, personificazione della Natura stessa.

Infine, anche il giardino recintato va interpretato alla luce dei simboli alchemici[25].

Il muretto – all'ombra del quale siede in attesa Sire

[25] M. Gabriele, *Alchimia e Iconologia*, Udine, FORUM, 1997.

Laurent – che circonda e chiude il giardino sta a indicare, come dicono i trattati d'alchimia, il triplice vaso dell'Opera che mantiene le forze interne e in cui fiorisce la trasmutazione alchemica. Dunque un giardino che rivela solo agli adepti il suo Roseto (fig. 5).

A differenza di Pia, Sire Laurent realizzerà il suo *Opus Magnum*, ad Assisi, a cui ascenderà salendo la scala interiore della Sapienza – rappresentata in molte stampe esoteriche – quando sorgerà un nuovo Sole (fig. 6), che per lui sarà Cristo, Pietra Filosofale dell'alchimia cristiana simile e diversa – per i procedimenti e per gli esiti – da quella pre-cristiana, cosmica, mistico-erotica, realizzata da Pia.

Note sugli autori

Giovanna Angeli
Giovanna Angeli insegna Letteratura francese nella Facoltà di Lettere e Filosofia dell'Università di Firenze. I suoi campi di indagine sono la letteratura medievale e tardo-medievale (dalla trilogia antica a Christine de Pizan, Villon e i Rhétoriqueurs attraverso Chrétien de Troyes e Marie de France) e la letteratura moderna, con particolare riferimento alle avanguardie e al surrealismo. Ha inoltre scritto un volume sul cinema di Éric Rohmer.

Anna Maria Babbi
Anna Maria Babbi insegna Filologia romanza all'Università di Verona. La sua attività di ricerca è incentrata sull'edizione di romanzi francesi tardo-medievali quali il *Paris et Vienne* (FrancoAngeli 1992), di cui ha allestito anche l'edizione veneta (Marsilio 1991), il *Pierre de Provence et la Belle Maguelonne* (Rubbettino 2003). Si è occupata a lungo di testi boeziani, offrendo l'edizione della traduzione veneta di Bonaventura di Demena (FrancoAngeli 1995) e, più in generale, della tradizione dei classici nel Medioevo e della rivisitazione dei testi medievali nella modernità.

Olivier Bivort
Olivier Bivort è professore all'Università Ca' Foscari di Venezia. Tra i suoi interessi: la poesia simbolista, il linguaggio poetico, il legame tra storia della letteratura e storia della lingua, il parallelo tra idee sulla letteratura e idee linguistiche. Cura le opere poetiche di Verlaine per il «Livre de poche classique» (*Les Amies, Fêtes galantes, La Bonne Chanson*, 2000; *Romances sans paroles, Cellulairement*, 2002 e 2010; *Sagesse*, 2006; *Jadis et naguère*, 2009). Ha curato un volume collettivo su *La Littérature symboliste et la langue* presso i «Classiques Garnier» (Paris, 2012).

Roberta Capelli
Roberta Capelli è ricercatrice di Filologia romanza all'Università di Trento. Ha curato l'edizione delle rime di Guittone d'Arezzo contenute nel codice Escorial e.III.23 (2007), ha pubblicato con Furio Brugnolo un *Profilo delle letterature romanze medievali* (2011) e ha studiato la metamorfosi allegorica del mito di Tiresia nell'*Ovide moralisé* mediofrancese (2012). È autrice di numerosi saggi sul neotrobadorismo

nella letteratura europea tra Cinque e Novecento e sta attualmente lavorando sulla fortuna del Medioevo nella produzione di Ezra Pound.

Maria Dario
Maria Dario è professore a contratto di Letteratura francese all'Università di Ferrara e di Lingua francese all'Università di Padova; le sue ricerche vertono principalmente sulle avanguardie poetiche del primo Novecento, in relazione soprattutto alla figura di Apollinaire e al suo tempo e ad importanti operatori culturali quali le riviste (*«Les Soirées de Paris», Laboratorio creativo dell'avanguardia*, 2009). Si interessa inoltre ai rapporti tra Francia e Italia nel contesto dell'avanguardia lacerbiana e all'apporto dell'estetica giornalistica nell'elaborazione della poesia sperimentale del primo ventennio del Novecento.

Claude Debon
Claude Debon, professeur émérite à l'université de Paris III-Sorbonne Nouvelle, est spécialiste de Queneau, dont elle a publié le premier volume des *Œuvres complètes* dans la Pléiade, et d'Apollinaire, auquel elle a consacré quelques ouvrages (dernier en date: «*Calligrammes» dans tous ses états*, éd. Calliopées, 2008*)* et de nombreux articles. Elle a travaillé aussi sur plusieurs poètes français du XXe siècle, dont Jean Tardieu ou Lorand Gaspar.

Anna Fierro
Anna Fierro ha conseguito il titolo di dottore di ricerca in Lingue e Culture del Mediterraneo presso l'Università degli Studi di Firenze nel marzo 2012, discutendo la tesi *Ibridazioni balzachiane: «meditazioni eclettiche» su romanzo, teatro, illustrazione*. I suoi interessi scientifici vertono principalmente sulla letteratura francese del XIX secolo, in particolare sulla contaminazione tra romanzo e teatro, nonché sul rapporto fra testo e immagine, argomenti su cui ha pubblicato diversi articoli. È membro dell'AIERTI/IAWIS (Association Internationale pour l'Étude des Rapports entre Texte et Image / International Association of Word and Image Studies) e fa parte dell'équipe InTRu (Interaction, Transfert, Ruptures artistiques et culturels) dell'Université François Rabelais di Tours.

Claudio Galderisi
Claudio Galderisi est depuis 2001 professeur de langues et littératures françaises du Moyen Âge à l'Université de Poitiers. Il est l'auteur d'ouvrages sur le lyrisme médiéval (*Le Lexique de Charles d'Orléans dans les Rondeaux*, Droz, 1993; *Charles d'Orléans: «Plus dire que penser»*, Adriatica Editrice, 1994; Charles d'Orléans, *L'Écolier de mélancolie*, Le Livre de Poche, 1995; *Charles d'Orléans: une poésie des présents*, Paradigme, 2007; *Bibliographie des Écrivains Français. Charles d'Orléans*, Memini, 2012) sur la poétique des genres (*Fonctions de l'incongru dans la littérature française médiévale*, Paradigme, 2000), sur les motifs narratifs (*Diegesis*.

Études sur la poétique des motifs narratifs au Moyen Âge, Brepols, 2005) et sur l'histoire de la traduction (*Translations Médiévales. Cinq siècles de traductions en français au Moyen Âge*, Brepols, 3 vol., 2011) ainsi que d'une vingtaine d'ouvrages collectifs. Il a fondé et dirige la *Bibliographie des Écrivains Français*. Il codirige la revue *Le Moyen Français*.

Francis Gingras
Francis Gingras, professeur titulaire au Département des littératures de langue française et directeur du Centre d'études médiévales de l'Université de Montréal, est spécialiste des formes narratives du Moyen Âge. Il est l'auteur, entre autres, d'*Érotisme et merveilles dans le récit français des XIIe et XIIIe siècles* (Paris, Champion, 2002) et du *Bâtard conquérant: essor et expansion du genre romanesque au Moyen Âge* (Paris, Champion, 2011). Il est par ailleurs directeur de la revue *Études françaises* et co-directeur de la collection «Recherches littéraires médiévales» des «Classiques Garnier».

Daniel Heller Roazen
Daniel Heller Roazen è professore di Letterature comparate a Princeton University. È autore di vari libri, tra cui *Ecolalie. Saggio sull'oblio delle lingue*, *Il nemico di tutti. Il pirata contro le nazioni*, e *Archeologia della sensazione*.

Barbara Innocenti
Barbara Innocenti è dottore di ricerca in Lingue e Culture del Mediterraneo. Si occupa, tra l'altro, dei rapporti tra il teatro francese e il teatro italiano nel corso del Sette-Ottocento. Ha dedicato particolare attenzione alla scena rivoluzionaria. Autrice di saggi sull'argomento apparsi in rivista, ha pubblicato nel 2011 per i tipi della Bibliotheca Aretina il volume *I sogni della ragione. La rappresentazione dell'Altro nel teatro della Rivoluzione francese*. Attualmente sta portando a termine una vasta ricerca condotta su un corpus di quattrocento pièces francesi e italiane nelle quali si assiste al complesso fenomeno politico-culturale della 'pantheonizzazione' degli autori di teatro rappresentati come personaggi sul palcoscenico rivoluzionario.

Michela Landi
Michela Landi, ricercatrice di Letteratura francese presso l'Università di Firenze, co-redattrice di «Semicerchio» e della «Rivista di Letterature moderne e comparate», si occupa principalmente di poesia otto-novecentesca. Al rapporto tra la poesia e la musica nel periodo romantico e simbolista ha dedicato alcuni saggi, tra cui il recente: *Il Castello della Speranza. I poeti simbolisti e il corpo arcano della musica* (Pisa, Pacini, 2011). Già curatrice dell'*Antologia della poesia francese* per il quotidiano La Repubblica (2004) ha curato recentemente, per la collana «Un secolo di poesia» del Corriere della Sera, due volumi (Baudelaire, Verlaine, 2012).

Marco Lombardi
Marco Lombardi è docente di Letteratura francese presso la Facoltà di Lettere e Filosofia di Firenze. È specialista del teatro francese del Sei-Settecento anche nelle sue interrelazioni con l'Italia e la Spagna. Al teatro di Marguerite Yourcenar ha dedicato alcuni saggi in cui affronta il rapporto della scena yourcenariana con i processi alchemici che hanno ispirato alla scrittrice la composizione de *L'Œuvre au noir*.

Alessandra Marangoni
Alessandra Marangoni è ricercatrice di Letteratura francese presso l'Università degli Studi di Padova. Si è interessata al Surrealismo, alla poesia di Otto e Novecento, alla favola in versi del Cinquecento. Con Claudio Rugafiori, cura l'edizione degli scritti giovanili di René Daumal (*Se dégager du scorpion imposé. Poésies et notes inédites 1924-1928*, Éolienne)

Maria Emanuela Raffi
Maria Emanuela Raffi è professor di Letteratura francese presso l'Università di Padova. I suoi principali interessi di studio riguardano la poesia francese da Baudelaire alla fine del XIX secolo e il movimento surrealista. Ha pubblicato diversi articoli su Rimbaud, di cui ha anche tradotto la Corrispondenza, e alcuni saggi sul surrealismo (*André Breton e il surrealismo nella cultura italiana*, 1986; *André Breton e la scrittura della poesia*, 1996; *Autobiographie et imaginaire dans l'œuvre d'Ernest de Gengenbach*, 2008).

Mario Richter
Mario Richter, per trent'anni professore di Letteratura francese alla Facoltà di Lettere e Filosofia dell'Università di Padova, ha dedicato la sua attività di ricerca e di critica prevalentemente alla poesia del Cinquecento e agli sviluppi della poesia moderna da Baudelaire al Surrealismo, nel cui ambito rientrano i due volumi dedicati alla lettura integrale delle *Fleurs du mal* (Slatkine, 2001). I suoi interessi si sono estesi alla letteratura italiana, come attestano gli studi su Giovanni Della Casa e sull'ambiente della «Voce» e di «Lacerba».

Patrizio Tucci
Patrizio Tucci est professeur de Littérature française à l'Université de Padoue. Ses travaux ont porté principalement sur la littérature des derniers siècles du Moyen Âge, mais il s'est aussi intéressé à la littérature du XVIe siècle, au romantisme, au symbolisme. Il a consacré de nombreuses études à Chateaubriand et participe à l'édition des *Œuvres complètes* de l'écrivain en cours chez Champion.

Fabio Vasarri
Fabio Vasarri insegna Letteratura francese all'Università di Cagliari. Ha partecipato all'edizione Einaudi-Gallimard («Biblioteca della Pléiade») dei *Mémoires d'outre-tombe* di Chateaubriand, autore al

quale ha dedicato numerosi articoli e un volume, *Chateaubriand et la gravité du comique*. È inoltre autore di contributi sulla letteratura francese moderna e contemporanea, tra i quali il volume *Nominativo plurale. Letture dell'androgino romantico,* e di studi sulla traduzione letteraria.

Olivier Wicky
Olivier Wicky est assistant diplômé à l'Université de Lausanne. Après avoir consacré son mémoire de licence aux images de la quête médiévale dans quelques romans modernes, il prépare une thèse sur l'héritage du Moyen Âge dans la littérature française des années 1900 à 1950. Ses recherches portent notamment sur les mythes arthuriens, les conflits idéologiques de l'entre-deux-guerres, et de manière plus générale, sur la réception de la littérature médiévale durant les premières années du XXe siècle.

Michel Zink
Michel Zink, professeur au Collège de France, est Secrétaire perpétuel de l'Académie des Inscriptions et Belles-Lettres. Il est l'auteur de nombreux ouvrages consacrés à la littérature du Moyen Âge ainsi que de romans et de contes. Derniers ouvrages parus: *Nature et poésie au Moyen Âge* (2006), *Un portefeuille toulousain* (2007), *Seuls les enfants savent lire* (2009), *Moyen Âge et Renaissance au Collège de France*, dir. avec Pierre Toubert (2009), *Livres anciens, lectures vivantes*, dir. (2010).

Indice dei nomi

Abiker, Sévérine, 274
Adéma, Marcel, 239
Adenet le Roi, 30, 194
Agosti, Stefano, 282
Ajazzi Mancini, Mario, 332
Albinoni, Tomaso Giovanni, 302
Alciato, Giovanni Andrea, 280
Alembert, Jean-Baptiste Le Rond d', 40
Alessandro Magno, 231
Allemand de Montmartin (Mademoiselle), 300
Amedeo VI di Savoia, 116
Amouroux, Henri, 314, 318
Ampère, Jean-Jacques, 264
Anacreonte, 16
Andreose, Alvise, 198
Angiolieri, Cecco, 24
Anglade, Jean, 190
Antonelli, Roberto, 201
Antonio d'Arezzo, 286
Apollinaire, Guillaume (Wilhelm Albert Vladimir Apollinaris de Kostrowitzky), 237-252, 253-269, 282
Appiano, 16
Apuleio, 16
Aquien, Michèle, 276
Aracri, Basile, 295
Aragon, Louis, 307-328
Arese Simicik, Marichia, 291
Ariosto, Ludovico, 132, 142
Aristofane, 16
Aristotele, 16, 18
Arman de Caillavet, Madame (Léontine Lippmann), 215
Armani Speranza, Ada, 258

Arnaut Daniel, 196-197
Aron, Paul, 101, 109
Arras, Jean d', 186, 191
Arrous, Michel, 124
Artaud, Antonin, 217
Aubanel, Théodore, 194
Ausonio, 231
Austen, Jane, 109
Auvray, Lucien, 18
Avé-Lallemant, Friedrich Christian Benedict, 205
Aymon de Varennes, 248

Babbi, Anna Maria, 222
Bachelin (o Basselin), Olivier, 307, 311-319, 324-327
Ballin, Hugo, 227
Balzac, Honoré de, 109, 119-142, 205
Bancquart, Marie-Claire, 213, 231
Banville, Théodore de, 23, 188
Bara, Joseph, 317
Barbarant, Olivier, 310
Barchusen, Johann Conrad, 340
Baron, Anne-Marie, 131
Barrès, Maurice, 177, 307
Barthes, Roland, 169
Basilio di Cesarea, 12
Baskins, Cristelle Louise, 288, 295
Bassy, Alain-Marie, 125
Bastaire, Jean, 275
Baude, Henri, 280
Baudelaire, Charles, 11, 143-152, 153, 168, 188, 262, 264, 265

Bazille, Frédéric, 184
Beatrice di Monferrato, 196
Beaumanoir, Jean de, 101, 102
Beaumarchais, Pierre-Augustin Caron de, 29
Bec, Christian, 256
Beckford, William, 109
Beda il Venerabile, 15
Bédier, Joseph, 123, 274
Béguin, Albert, 281
Belleau, Remy, 281
Bénichou, Paul, 301
Béraldi, Henri, 121-122
Bercegol, Fabienne, 88, 90, 92
Berchet, Jean-Claude, 77, 78, 83, 87, 88, 90, 92, 99, 100, 114
Bérenger, Laurent-Pierre, 198
Beretta Anguissola, Alberto, 275
Bergaigne, François, 17, 22
Bergson, Henri, 273, 277
Berman, Antoine, 19, 22
Bernadet, Arnaud, 172
Bernard-Griffiths, Simone, 78, 100, 124, 171
Bernardo da Treviri (Bernard de Trèves), 20
Bernardo di Chiaravalle, 254
Béroalde de Verville, François, 129
Bertini, Ferruccio, 216
Bertolino, Alessandro, 18
Bertran de Born, 195
Bertrand, Aloysius (Louis Bertrand), 144
Besson, Anne, 274
Bethléem, Louis, 183
Bigazzi, Isabella, 122
Bini, Lucrezia, 294
Biondi, Carminella, 329
Bivort, Olivier, 175
Blasselle, Bruno, 125
Blémont, Émile, 155
Bloy, Léon, 175, 176
Boabdil, 91
Boccaccio, Giovanni, 130, 132, 142, 285-306
Boezio, 217, 220

Bois, Bernard, 257
Boisson, Madeleine, 238, 244
Bologna, Corrado, 254, 263, 268
Bonald, Louis-Gabriel-Ambroise de, 86
Bonaparte-Wyse, William, 194
Bonnet, Jean-Claude, 83
Bononcini, Giovanni Maria, 302
Bony, Jacques, 112
Borel, Jacques, 155, 170
Bosch, Hieronymus, 338, 344
Boschetti, Anna, 257, 259, 263, 269
Botticelli, Sandro, 294
Bouffler, Adrien de, 45
Bourdenet, Xavier, 88
Bourgoing, Catherine de, 82
Boussard, Florence, 124
Boussard, Nicolas, 124
Boutière, Jean, 195
Bovet, Honorat, 20
Branca, Vittore, 286, 288
Brasillach, Robert, 323
Brassens, Georges, 23
Brel, Jacques, 23
Brentano, Clemens Maria, 239
Brereton, Georgina Elizabeth, 287
Breton, André, 117, 303
Brunel, Clovis, 45
Bucard, Marcel, 309
Buchon, Jean Alexandre C., 103
Bufano, Antonietta, 295
Buffon, Georges-Louis Leclerc de, 40
Bunyan, John, 334
Burac, Robert, 271, 276
Burgos, Jean, 238, 242, 246, 247, 248, 252
Burle-Errecade, Élodie, 307, 310
Burne-Jones, Edward Coley, 184
Bussy-Rabutin (Roger de Rabutin), 40

Caillois, Roger, 336
Caizergues, Pierre, 259
Callimaco, 16
Callistene (Pseudo), 16
Callmann, Ellen, 294
Calvino, Giovanni, 181
Cambronne, Pierre Jacques Étienne visconte di, 262
Cammarano, Salvadore, 330
Canudo, Ricciotto, 257-259, 264
Capelli, Roberta, 23, 190, 198
Carlo di Blois, 101, 103
Carlo VI, 102-103
Carlo VII, 311
Carlomagno, 157, 159, 164, 165, 167, 172
Carreau, Pierre, 183
Casati, Charles, 17
Casimir-Perrier, Simone, 278
Cassien, Jean, 146
Cassiodoro, 15
Castets, Marie-France, 248
Castries, marchesa di, 132
Caterina de' Medici, 129
Catone Uticense, 95
Catullo, 15, 16
Cauchon, Pierre, 321, 323
Cavalca, Domenico, 220
Cavallaro, Cristina, 44
Cayol, Cécile, 125
Céard, Jean, 201
Celtis, Conrad, 214
Cendrars, Blaise, 261
Certain, Eugène de, 274
Cervantes, Miguel de, 120
Cesare, 16
Cessoles, Jacques de, 204
Chabaneau, Camille, 190, 196
Chabanon, Albert, 282
Chadourne, Louis, 265
Chagall, Marc, 261, 266
Champion, Pierre, 280
Chappuis, Françoise, 225
Charest, Nelson, 275
Charles d'Orléans, 23, 203
Charles de France (Carlo di Valois), 18
Chartier, Alain, 192
Chartier, Roger, 125
Chasles, Michel, 231
Chasles, Philarète, 122
Chateaubriand, François-René de, 77-97, 99-118, 179-180
Châteaubriant, Alphonse de, 323
Chaucer, Geoffrey, 287
Chevalier, Jean-Claude, 267
Chiappelli, Alberto, 43
Chiari, Pietro, 53
Chobham, Tommaso di, 264
Chollet, Roland, 119, 125
Chotard, Loïc, 178
Chraïbi, Aboubakr, 294
Chrétien de Troyes, 36
Christine de Pizan, 18, 308
Cicerone, 16
Ciprés Palacin, María Àngeles, 194
Citati, Pietro, 273
Claudel, Paul, 256, 274, 275, 276, 283
Clermont, conte di (Giovanni II di Borbone), 312
Cocteau, Jean, 307
Colin, Paul, 316
Commines, Philippe de, 189
Compagnon, Antoine, 265
Condé, Gérard, 227
Condorcet, Nicolas de, 32, 36
Conner, Wayne, 123, 126, 129
Conort, Benoît, 282
Conti, Francesco Bartolomeo, 302
Contini, Gianfranco, 201, 276
Copeau, Jacques, 275
Correggio (Antonio Allegri), 216
Corrozet, Gilles, 280
Cottin, Sophie, 89
Couret, Alphonse, 96
Cranach, Lucas (il Vecchio), 338, 344
Crane, Frank Hall, 227
Crapelet, Georges-Adrien, 102
Cristina di Svezia, 32
Curmer, Léon, 125

D'Annunzio, Gabriele, 260, 274, 333
Dante Alighieri, 12, 15, 17, 18, 21, 22, 24, 120, 148-151, 170, 171, 172, 181, 192, 253-269, 329-347
Darío, Rubén, 178
Darnis, Pierre, 294
Daudet, Alphonse, 231
De André, Fabrizio, 23-24
De Nardis, Luigi, 23
De Rentiis, Dina, 18
Debolini, Francesca, 291
Debon, Claude, 250, 263, 268
Décaudin, Michel, 186, 237, 239, 259
Delacroix, Eugène, 144, 151
Delahaye, Ernest-Jean, 172
Delaunay, Robert, 261
Delbreil, Daniel, 259
Delcorno, Carlo, 220
Delisle, Léopold, 231
Delteil, Joseph, 275
Delvau, Alfred, 47-49
Demerson, Guy, 281
Deneys-Tunney, Anne, 94
Deneys, Henry, 94
Derème, Tristan, 182
Dérens, Jean, 173
Déroulède, Paul, 209
Deschamps, Eustache, 192, 203, 204
Desnos, Robert, 320
Desplanques, François, 273
Desprez, François, 123
Desprez, Louis, 178
Devoyod, Élise, 220
Di Michelino, Domenico, 334
Di Stefano, Giuseppe, 286
Dietrich, Auguste, 179
Dolbeau, François, 221, 222
Donizetti, Gaetano, 330
Doré, Gustave, 120-123, 126, 127, 130, 134, 136
Doriot, Jacques, 309
Dronke, Peter, 215, 216, 217
Drû, Gilbert, 315
Du Bellay, Joachim, 22
Du Guesclin, Bernard, 325

Duchamp, Marcel, 262
Duehren, Eugène, 260
Duffetel, Jacques, 174
Dufournet, Jean, 173
Dujardin, Édouard, 279
Dumas, Alexandre, 274
Duperray, Ève, 21
Dürer, Albrecht, 214, 338, 342
Durrieu, Paul, 18
Durry, Marie-Jeanne, 100, 101, 102, 105, 112
Dusolier, Alcide, 143

Edmiston, William, 44
Edwards, Paul, 214
Eleonora d'Aquitania (Aliénor d'Aquitaine), 195
Ennio, 16
Enrico II di Valois, 127
Ermengarda, viscontessa di Narbona, 197
Erodoto, 16
Eschilo, 16
Esiodo, 15, 16
Estiennes d'Orves, Honoré de, 315
Estieu, Prosper, 194
Euripide, 16
Eusebio, 15

Fabien, colonello (Pierre Georges), 326
Fabre d'Olivet, Antoine, 23, 191
Fabricius, Johannes, 336, 340, 341, 343
Façon, Nina, 257, 258
Fagus (Georges-Eugène Faillet), 267
Faidit, Gaucelm, 20, 197
Fénéon, Félix, 187
Férat, Serge, 262, 265
Ferrando, Enrico Maria, 227
Ferré, Vincent, 108
Ferrigni, Mario, 43
Filiger, Charles, 303
Fiorio, Maria Teresa, 291

Flassans, Blanche de, 195
Flaubert, Gustave, 118, 161, 222
Fleuret, Fernand, 45
Florian, Jean-Pierre Claris de, 28, 32, 33, 34, 36, 37, 40
Floupette, Adoré (Henri Beauclair-Gabriel Vicaire), 176
Folquet de Marselha, 191
Fongaro, Antoine, 253, 254, 255, 263, 265, 268
Fontenelle, Bernard Le Bouyer de, 40
Ford, Philip, 15
Fortuna, Aldo, 123
Fraisse, Simone, 283
France, Anatole (Jacques François-Anatole Thibault), 193, 198, 213-227, 229-235, 280, 309
Francesco I, 91
Frappier, Jean, 116
Freeman, Michael, 173
Fréminville, cavaliere di (Christophe-Paulin de La Poix), 102
Freud, Sigmund, 14, 90, 117
Froissart, Jean, 102-103, 204
Frye, Northrop, 164
Fumaroli, Marc, 83, 174
Fumet, Stanislas, 275

Gabriele, Mino, 346
Gaillard, Christian, 336
Galaup de Chasteuil, Pierre, 198
Galderisi, Claudio, 14, 24, 224, 234
Galey, Matthieu, 329, 335, 338
Gallet, Louis, 224, 225
Garavini, Fausta, 11
Garden, Mary, 227
Garnier, Joseph, 204
Gasté, Armand, 311, 312, 315, 316, 325, 326, 327
Gaulle, Charles de, 309, 326
Gautier, Jean-Maurice, 114

Gautier, Léon, 83
Gautier, Théophile, 11-12, 113, 120, 142, 145, 186, 187, 188, 194
Gauvard, Claude, 308
Gayet, Albert, 225
Genette, Gérard, 101, 278, 331
Genetti, Stefano, 105
Genoveffa, santa (sainte Geneviève), 280, 282
Germain, Jean, 281
Ghil, René, 162
Gide, André, 272, 277-278, 282
Gillybœuf, Thierry, 257
Gilson, Étienne, 273
Ginori, Francesco, 44-45, 49, 53
Ginzburg, Carlo, 206
Giovanna d'Arco (Jeanne d'Arc), 231, 271, 280, 282, 307, 309, 310, 319-321, 324-328
Giovanni II, 115, 116
Giovanni III di Bretagna, 101
Giovanni della Croce, san, 174
Giovanni di Borbone, 18
Giovenale, 16
Giraud, Yves, 10
Glaudes, Pierre, 78, 84, 90, 100, 124, 171
Glencross, Michael, 78, 89
Glinoer, Anthony, 109
Godenne, René, 33
Goethe, Johan Wolfgang von, 255, 262
Goffredo di Buglione, 83, 91, 95, 96
Goldoni, Carlo, 302
Golenistcheff-Koutouzoff, Élie, 288, 297, 299
Gomez, Madame de (Madeleine Angélique Poisson), 44-53
Góngora, Luis de, 162
Gori, Carlo Onofrio, 43
Goujon, Jean-Paul, 24, 178
Gourdin, Jean-Luc, 37
Gourmont, Remy de, 181, 186-187, 257-259, 303-304
Graf, Arturo, 179
Grangier, Balthazar, 17
Gregorio di Tours, 230

Grénier, Paul-Louis, 23
Gripp, Carlo, 120, 121
Gros, Gérard, 274
Guenée, Bernard, 17
Guessard, François, 274
Gueullette, Thomas-Simon, 300
Guglielmo d'Alvernia, 245
Guglielmo IX, duca di Aquitania, 195
Guieyesse, Georges, 208-211
Guiffrey, Jules-Joseph, 280
Guillem de Cabestaing, 196
Guimet, Émile, 224
Guiraud, Pierre, 203, 204
Guise, René, 119
Guyaux, André, 154, 174

Haitze, Pierre-Joseph de, 198
Halm, Friedrich (Eligius Franz Joseph von Münch-Bellinghausen), 301-302
Hamblin, Vicki Lou, 274
Hamon, Philippe, 125
Hanska, Ewelina, 130, 142
Harf-Lancner, Laurence, 240, 242, 245, 246, 247, 248, 251
Heine, Heinrich, 187-188, 239
Henry, Albert, 276
Herold, Alphonse, 214
Herold, André-Ferdinand, 214
Hetzel, Pierre-Jules, 125
Heugel, Henri, 224
Holbein, Hans (il Giovane), 79
Hölderlin, Friedrich, 22, 24
Hubert, Étienne-Alain, 238, 303
Hueffer, Francis, 196
Hugo, Victor-Marie, 90, 117, 120, 122, 124, 145, 146, 153, 182, 187-188, 205, 209, 211, 255, 256, 277, 278
Huysmans, Joris-Karl, 174, 175, 176, 181

Imbert, Barthélemy, 300
Imbert, Jean, 321

Ineichen, Gustav, 20
Innocenti, Barbara, 44
Ippocrate, 16

Jaccottet, Philippe, 22, 24
Jacob, Max, 260, 268
Jacoubet, Henri, 32, 35
Janin, Jules, 100
Janni, Ettore, 274
Jannini, Pasquale Aniel, 274
Jarry, Alfred, 214, 278, 279, 303
Jaurès, Jean, 309
Johannet, René, 279
Johannot, Tony, 125
Joinville, Jean de, 273, 281
Jones, Shirley, 44
Jouanny, Robert André, 186, 187, 190, 193, 194, 195, 200
Jourda, Pierre, 188, 194
Jourde, Pierre, 176
Jung, Carl Gustav, 329-339, 342-345

Kaenel, Philippe, 120
Keats, John, 192
Keller, Barbara, 78, 89
Kendrick, Laura, 11
Klapisch-Zuber, Christiane, 294, 297
Klossowski, Pierre, 22
Kraus Reggiani, Clara, 295
Kyriel, Thomas, 311, 312

La Curne de Sainte-Palaye, Jean-Baptiste de, 29, 80, 84, 85
La Fontaine, Jean de, 120, 132, 142, 198, 199
La Forge, Georges de, 15
La Place, Pierre-Antoine de, 51, 52
Labé, Louise, 319
Lafontaine, August, 108
Lagarde, André, 275
Lambsprinck, Abraham, 341
Landi, Michela, 154

361

Latini, Brunetto, 20, 24
Laura, Pierre de, 104-107, 109
Laurencin, Marie, 263, 264, 267
Le Dantec, Yves-Gerard, 155
Leclerc, Marie-Dominique, 299, 300
Leconte de Lisle, Charles-Marie-René (Lecomte, Charles-Marie), 151
Lecouteux, Claude, 244, 251
Lecoy, Félix, 215
Legrand d'Aussy, Pierre Jean-Baptiste, 29, 30, 198, 300
Lelio (Luigi Riccoboni), 300
Lemaire de Belges, Jean, 116
Lemaitre, Jules, 175
Léna, Maurice, 224
Lenoir, Alexandre, 82
Lentengre, Marie-Louise, 259
Leonardo da Vinci, 143
Leroy, Maxime, 90
Levaillant, Maurice, 110
Lévy, Edmond-Maurice, 276
Lewis, Matthew Gregory, 109
Libau, André, 344
Libera, Alain de, 308
Lindvall, Lars, 301
Livio, 16
Lombardi, Marco, 330, 331, 335, 342
Lombroso, Cesare, 179
Lorenzi, Alberto, 291
Lorenzo il Magnifico, 294
Lorrain, Jean, 143
Lotte, Joseph, 271, 276
Louis, Georges, 178
Louÿs, Pierre (Pierre Louis), 24, 178
Lucano, 16
Luciano di Samosata, 222
Lucrezio, 15, 16, 343
Luigi, san (saint Louis), 91, 95, 96, 273
Luigi XI, 18
Luigi XIV, 299
Lurati, Patricia, 288
Lusignan, Serge, 17
Lutero, Martin, 181

Mabille de Villeneuve, 195
Macouin, Francis, 225
Macpherson, James, 132, 191
Maeterlinck, Maurice, 11, 333, 343
Maeuz de Montanhac, 195
Maggi, Angelo, 123
Magnin, Charles, 214
Magrelli, Valerio, 275
Mahn, Carl August Friedrich, 196
Makeieff, Jean-Pierre Serge, 45
Maier, Michael, 339
Maillet, Jacques, 36-37
Mallarmé, Stéphane, 147, 157, 162, 170, 176, 188, 259, 266, 275
Malraux, André, 324
Malraux, Clara, 306
Mamin, Simon, 34
Manouchian, Missak, 314, 317-318
Marcabru, 23
Marcellus, Marie-Louis-Jean-André Demartin du Tyrac, conte di, 100, 113-114
Marguerite de Navarre, 132-133
Marie de France, 301
Mariette, Auguste, 225
Marin, Michel-Ange, 213-214
Marinetti, Filippo Tommaso, 257, 261
Marini, Giovanni Ambrosio, 34
Maritain, Jacques, 271, 273
Margherita d'Antiochia, santa, 326
Marquèze-Pouey, Louis, 176
Martin, Henri-Jean, 125
Martini, Ferdinando, 43-44, 49
Maspéro, Gaston, 225
Massenet, Jules, 223-227, 302, 306
Mathieu, Anselme, 194
Matsuo, Kuni, 334
Mauclair, Camille, 195
Maurain, Charles-Honoré, 184
Maurras, Charles, 162, 177, 197-200, 323

Mauté de Fleurville, Mathilde, 159, 161
May, Georges, 10
Mazouer, Charles, 274
Meazzi, Barbara, 261
Mélèze, Josette, 124
Melot, Michel,125
Melzi, Francesca, 336
Ménager, Daniel, 201
Menut, Albert D., 18
Mercier, Louis-Sébastien, 83
Mérimée, Prosper, 105
Merrill, Stuart, 11
Meschonnic, Henri, 14
Metge, Bernat, 287
Meyer, Paul, 21
Mézières, Philippe de, 287
Micha, Alexandre, 183
Michard, Laurent, 275
Michaud, Joseph-François, 82
Michaud-Fréjaville, Françoise, 283
Michel, Arlette, 178
Michel, Francisque, 204-205, 209
Michelet, Jules, 83, 280, 309
Michiels, Alfred, 89
Millenet, Johann Heinrich, 301
Milner, Jean-Claude, 211
Milosz, Oscar Vladislas, 274
Milza, Pierre, 309
Minois, Georges, 308, 312, 314, 318
Mishima, Yukio, 334
Mistral, Frédéric, 186, 194
Molière (Jean-Baptiste Poquelin), 34, 133, 298
Molinet, Jean, 15, 203
Molino, Jean, 277
Mondeville, Henri de, 20
Monstrelet, Enguerrand de, 102-103
Montaigne, Michel de, 10-11
Montalbetti, Christine, 96
Montale, Eugenio, 213, 223
Montfort, Jeanne de, 101
Môquet, Guy, 315
Mora, Francine, 11
Morabito, Raffaele, 298, 301

Morand, Eugène, 224, 302, 306
Moras, Paul Albert, 303
Moréas, Jean (Ioannis A. Papadiamandopoulos), 11, 23, 162, 179, 185-201, 257, 259
Moreau, Gustave, 177
Morel, Camille, 17
Morhardt, Mathias, 180
Morice, Charles, 181
Mourot, Jean, 114
Mozet, Nicole, 119
Munthe, Gerhard-Louis, 279
Murat, Michel, 275-276
Murphy, Steve, 172
Musset, Alfred de, 118
Mylius, Johann Daniel, 343

Nardini, Massimo, 43
Nau, François, 225
Nerval, Gérard de, 109, 112, 113, 300-301, 304
Niceforo, Alfredo, 206
Niklaus, Robert, 23, 193-194
Nisard, Désiré, 100
Nodier, Charles, 85, 124-125
Nordau, Max, 179
Nostredame, Jehan de, 22, 190, 194-197
Noverre, Jean-Georges, 53

Olsen, Michel, 301
Omero, 15-16, 22, 83, 85, 92
Omoto, Keiko, 225
Onimus, Jean, 275
Orazio, 16
Orcagna (Andrea di Cione di Arcangelo), 145
Oresme, Nicole, 18
Orlandini, Giuseppe Maria, 302
Orvieto, Paolo, 332
Ovidio, 16, 81

Pakenham, Michael, 172
Palacio, Jean de, 260, 268, 302-303

Pange, contessa di (Pauline de Broglie), 100, 102
Paolini, Claudio, 288
Parent, Monique, 275
Parenti, Daniela, 288
Pascal, Blaise, 231
Pasquinelli, Tania, 43
Paris, Gaston, 247-248, 274, 281
Paris, Pierre, 194
Paulhan, Jean, 276
Paulin Paris, Alexis, 281
Paulmy, Antoine-René de Voyer, marchese di, 28-32, 35, 37
Peacock, Thomas Love, 109
Péguy, Charles, 271-283, 307
Péguy, Marcel, 271
Péguy, Pierre, 271, 279
Péladan, Joséphin, 186
Pellegrini Arluno, Bianca, 291
Péret, Benjamin, 310
Péri, Gabriel, 315
Pernoud, Régine, 321, 324, 328
Peron, Gianfelice, 198
Perrault, Charles, 120, 133, 242, 297-300, 302-303
Pesellino (Francesco di Stefano), 288-289, 296
Pétain, Philippe, 309, 323, 327
Petitmengin, Pierre, 220-222
Petrarca, Francesco, 15, 21, 196-197, 201, 286-287, 295, 297-298, 303, 305
Petronio, 16
Phanette de Gantelme, 195, 197
Philipon, Charles, 120
Phoebus, Gaston, 175
Piave, Francesco Maria, 301-302
Picabia, Francis, 261
Pierné, Michel, 182
Pierrot, Jean, 173
Pindaro, 16
Pinzuti, Eleonora, 330
Piranesi, Giovanni Battista, 337, 340
Platone, 16, 19, 21, 146, 259, 330, 341-342

Plauto, 16
Plet-Nicolas, Florence, 274
Plinio il Vecchio, 16
Plutarco, 16
Poinsinet de Sivry, Louis, 28, 34, 37-40
Poisson, Madeleine Angélique (Mme Gomez), 44
Poisson, Paul, 44
Poisson, Raymond, 45
Poizat, Alfred, 283
Poliziano, Angelo, 200
Pollock, Jonathan, 109
Ponchiroli, Daniele, 201
Porché, François, 271, 275, 278
Porcher, Jean, 123
Poupon, Marc, 238
Predieri, Luca Antonio, 302
Premierfait, Laurent de, 18, 286
Prévost, Jean, 318
Properzio, 16
Proudhon, Pierre-Joseph, 105
Proust, Marcel, 14, 24, 118, 273
Prungnaud, Joëlle, 109
Pucci, Giannozzo, 294
Pujo, Maurice, 309
Purnal, Roland, 124
Puvis de Chavannes, Pierre, 177

Querini, Angelo Maria, 33
Querlon, Pierre de, 303
Quicherat, Jules, 280
Quinet, Edgar, 100, 274
Quintavalle, Arturo Carlo, 291

Rabelais, François, 13, 114, 120, 123-124, 126-129, 132, 189, 203, 279-280
Rabustel, Jean, 205
Racine, Jean, 157, 184, 199
Raffaello Sanzio, 243
Raffi, Maria Emanuela, 282
Ragghianti, Carlo Ludovico, 291
Raimbaut de Vaqueiras, 196-197
Ranson, Paul, 214

Raupach, Manfred, 20
Raupach, Margret, 20
Raynouard, François-Juste-Marie, 191, 195
Rebatet, Lucien, 323
Reboul, Yves, 171
Regard, Maurice, 77, 99, 180
Reid, Martine, 11
Renan, Ernest, 224, 330
Renato d'Angiò, 18
Renonciat, Annie, 120
Ribard, Jacques, 183
Richter, Mario, 245, 265-266, 282
Ricketts, Jill, 285
Rilke, Rainer Maria, 22
Rimbaud, Arthur, 154, 157, 171, 256
Risset, Jacqueline, 256-257
Robert, Hubert, 82
Robertet, Jean, 15
Rochegude, Henri-Pascal, de, 191, 195
Rodriguez, Jean-François, 282
Rogier, Peire, 197
Rolland, Romain, 272
Rollinat, Joseph-Auguste-Maurice, 143
Romagnoli, Daniela, 291, 293
Romains, Jules, 261, 274-275
Ronsard, Pierre de, 22, 184, 195, 198-201
Roob, Alexander, 341
Rops, Félicien-Joseph-Victor, 143
Roques, Mario, 238
Rosbo, Patrick de, 335
Rosi, Ivanna, 83
Rossi, Pier Maria, 291
Rosso, Corrado, 330
Rosvita di Gandersheim, 214, 216-218
Roud, Gustave, 24
Roulin, Jean-Marie, 83
Rouquette, Max, 23
Rudel, Jaufre, 187, 196
Rutebeuf, 23-24, 189
Rychner, Jean, 158-159, 166

Sabiani, Julie, 271
Saffo, 16
Saffrey, Alfred, 272
Saint-John Perse (Saint-Léger Léger, Alexis), 275-276
Saint-Léger Lucas, Anne, 267
Saint-Marc, Jean-Paul-André Razins de, 51-53
Saint-Valéry, Thomas, 46
Sainte-Beuve, Charles-Augustin de, 24, 78, 90, 94, 100, 112
Saintonge, Madame de, 299
Salmon, André, 253-254, 259, 268
Samson, Jacques (padre Ignace de Jesus Maria), 46
Samxon, Jehan, 15
Sangsue, Daniel, 101, 108-109
Santangelo, Giorgio, 257-258
Sarrasin, Gabriel, 193
Sapiro, Gisèle, 327
Savigneau, Josyane, 335-337
Scarlatti, Alessandro, 302
Schaeffer, Pierre, 154
Scheler, Auguste, 194
Schmits, Georges, 254
Schöne, Lucien, 208
Schopenhauer, Arthur, 189, 193
Schutz, Alexander Herman, 195
Schwob, Marcel, 203-212, 280
Scott, Walter, 116-117
Scoumanne, Annette, 280
Sebregondi, Ludovica, 288
Ségur, contessa di (Célestine de Vintimille), 102
Seneca, 16
Senofonte, 16
Sérant, Paul, 323
Sercambi, Giovanni, 287
Sforza, Galeazzo Maria, 291
Sgard, Jean, 80
Shakespeare, William, 120, 149, 259, 262
Shelley, Percy Bysshe, 193
Short, Ian, 156, 158
Signoret, Emmanuel, 179
Signoret, M. (Henri Signoret), 214
Silvestre, Armand, 224, 302, 306

Simonin, Michel, 201
Socrate, 330
Sofocle, 16
Sorel, Charles, 10
Soriano, Marc, 298
Sorismonda, 196
Soyez, Jean-Marc, 325
Sozzi, Lionello, 256
Spadolini, Giovanni, 43
Spitzer, Leo, 273, 277-278, 282
Squillacioti, Paolo, 191
Staderini, Andrea, 288
Stazio, 16
Steinilber-Oberlin, Émile, 334
Sultan, Agathe, 274
Svetonio, 16

Taat, Mieke, 335
Tailhade, Laurent, 175, 180
Taillandier, Saint-René, 301
Tancrède de Visan (Vincent Bietrix), 181
Tapora, Marius, 176
Tarbé, Louis Hardouin Prosper, 198
Tardieu, Jean, 23
Tasso, Torquato, 83, 96
Taylor, Robert, 20
Teocrito, 16
Teofrasto, 16
Terenzio, 16
Teresa d'Avila, santa, 174
Terneuil, Alexandre, 336
Thalamas, François-Amédée, 309
Théroldus (Théroulde), 157, 273, 277-278, 282
Thibaut de Champagne, 84, 197-198
Thierry, Jean-Jacques, 124
Tibullo, 15-16
Tilliette, Jean-Yves, 11
Tillon, Charles, 309-310, 315
Tinténiac, Johan de, 101-102, 112
Toupance, Désiré, 180
Tournon, André, 11
Traut, Wolf, 214

Tressan, Louis-Élisabeth de la Vergne, conte di, 28-32, 35-36, 38-40
Triolet, Elsa, 327
Trismosin, Salomon, 341, 346
Tucci, Patrizio, 100, 185, 257
Tucidide, 16

Ueltschi, Karin, 287
Ungaretti, Giuseppe, 22

Vaissermann, Robert, 275, 278
Valerio Massimo, 16
Valéry, Paul, 19, 22, 175
Valesi, Aurelio, 123
Valla, Lorenzo, 15
Valmy-Baysse, Jean, 120
Vegezio, 16
Velay-Vallentin, Catherine, 298
Ventadorn, Bernart de, 21
Verhaeren, Émile, 257
Verlaine, Georges, 162
Verlaine, Paul, 22, 153-170, 171-184, 188, 193, 278
Vibert, Bertrand, 78, 100, 124, 171
Vidocq, 205
Viegnes, Michel, 178
Viélé-Griffin, Francis, 181
Vignacourt, Adrien de la Vieuville de, 48, 51
Vigny, Alfred de, 153, 198
Villedieu, Madame de (Marie-Catherine Desjardins), 34
Villon, François, 23, 157, 171-175, 184, 189, 199, 204-205, 207-208, 255, 259
Vinet, Alexandre Rodolphe, 91
Virgilio, 16, 83, 92, 195, 329, 331, 334
Visconti, Filippo Maria, 291
Vitruvio, 16
Vitu, Auguste, 204
Vivaldi, Antonio, 302
Vivier, Robert, 157, 163-165
Volney, Constantin-François Chassebœuf, conte di, 94

Voltaire (François-Marie Arouet), 10, 18, 34, 44, 184
Vovelle, Michel, 317, 319

Warburg, Aby, 220
Weber-Maillot, Tatiana, 100
Weidlich, Carlo, 43
Whitman, Walt, 262
Willy (Henry Gauthier-Villars), 180
Wilstach, Paul, 227

Yourcenar, Marguerite, 329-347

Zayed, Georges, 157, 173
Zeno, Apostolo, 302
Zimmermann, Margarete, 18
Zink, Michel, 23, 308
Zoppi, Sergio, 274
Zumthor, Paul, 153-156, 158-161, 164, 167

CARREFOURS
Testi & Ricerca / Textes & Recherche

collana diretta da
Giovanna Angeli, Elena Del Panta,
Anna Lia Franchetti, Marco Lombardi

La collana si propone come luogo di libero confronto tra approcci diversi, attenti alle aree di contaminazione tra i generi, ed anche luogo d'incontro con opere francesi rare, inedite o comunque emarginate da una ricerca letteraria che resta spesso ancorata a rigidi schemi storiografici e metodologici. I testi saranno proposti in edizione critica, con traduzione e commento.

1. A.L. Franchetti, *Tra narrativa e teatro. Luoghi dell'ibridazione nella letteratura francese*

2. M. Lombardi (a cura di), *Il San Genesio di Rotrou a Bologna. Visioni del teatro celeste*

3. A.L. Franchetti (a cura di), Desmarets de Saint-Sorlin, *Europa*

4. E. Del Panta, *Il "récit" multiforme* (in preparazione)

5. M. Lombardi, *Beaumarchais e il teatro dell'io* (in preparazione)

6. L. Verciani, *Marie de l'Incarnation. Esperienza mistica e scrittura di sé*

7. G. Angeli (a cura di), *Tradizione e contestazione I. La letteratura di trasgressione nell'Ancien Régime*

8. M.E. Raffi (a cura di), *Tradizione e contestazione II. La manipolazione della forma nella letteratura francese dell'Ottocento*

9. C. Maubon (a cura di), *Tradizione e contestazione III. Canon et anti-canon. À propos du surréalisme et de ses fantômes*

10. G. Angeli (a cura di), *Tradizione e contestazione IV. Le avanguardie: canone e anticanone*

11. G. Angeli e M.E. Raffi (a cura di), *Medioevo e modernità nella letteratura francese / Moyen Âge et modernité dans la littérature française*